ロベスピエール

Robespierre

A Revolutionary Life

ピーター・マクフィー • Peter McPhee

高橋暁生 訳

白水社

ロベスピエール

リリーとジャックに

ロベスピエール*目次

装幀＝小林剛　組版＝鈴木さゆみ

マクシミリアンが、彼の同僚たちが彼の死後に告発したすべての革命的暴力に、ほんとうに責任があるのかどうか、歴史がいつか明らかにしてくれるでしょう。[1]

一八三〇年、シャルロット・ロベスピエール

私たちは、過去の人々について、その人物が正義の人か断罪されるべき人かを裁断するけれど、私たち自身や私たちのいるこの時代についても、同じように確信を持って判断できるだろうか……ロベスピエールを支持する者たち、あるいはアンチ・ロベスピエールの者たち、どうかお願いだ、頼むから、ロベスピエールとはどういう人物だったのか、ただそれだけを私たちに語れ。[2]

一九四二年、マルク・ブロック

謝辞

一七八九年の理想に満ちた諸原理を強調していた人物が、一七九三年から一七九四年の「恐怖の支配」を体現する者として認識されるようになるということが、いかにして起きえたのか、学生時代に考え始めて以来、私はマクシミリアン・ロベスピエールに惹かれ続けてきた。これは、影響力のある文学的な脚色が私に教えるように、思想的、性格的厳格さの危うさが生み出す悲劇の一つなのか、それともむしろ、偉大な指導者たちが、自分が奉仕し、救済した者たちによって、いかに貶められるかということの、極めつきの実例なのだろうか。あるいは、このどちらでもない解釈が成り立つのだろうか。

歴史家はみな、自身が関心を持ったテーマを提示し、それに対する回答を用意してくれた者たちに多くを負っている。ロベスピエール研究の場合、この先駆者たちの数は膨大である。無数の歴史家たちが、この「清廉の人」について書きたいという欲求にとりつかれてきたからである。個人としても、私は、ロベスピエールについて語ろうとするこの挑戦につきあってくれた人たちへの謝意を表したい。ジュリエット・フレッシュは忍耐、鋭敏さ、そして驚くべき専門性をもって、リサーチ活動を引き受けてくれた。同僚、友人は寛大さと見識とをもって原稿全体に眼を通してくれたが、特にマリサ・リントン（キングストン大学）、エリザベス・マクナイト（アバディーン大学）、デボラ・メイヤーセン（クイーンズランド大学）、ジョン・メレマン（イェール大学）、妹ヒラリ・マクフィー、そして息子のキット・

マクフィーにはお礼を言いたい。また、ある一人の人間の性格や肉体的特徴に関して、頼りない断片的な証拠しかない中で、この人物に寄せられた賛美や嫌悪をいかにして説明できるのか、シャーロット・アレンは、このプロジェクトを通し、私とこの懸念を共有してくれた。ヘザー・マカルム、レイチェル・ロンスデイル、カンディダ・ブラジル、そしてタミ・ハリデイからなるイェール大学出版局の面々は、激励と知恵をもたらしてくれた。編集作業はリチャード・メイソンが完璧にこなしてくれた。専門的なサポート、アドバイスをもらった人たちもいる。イゾベル・ブルックス、ハワード・ブラウン、ピーター・キャンベル、ヴァンサン・カンティエ、ヘレン・デイヴィス、グリン・デイヴィス、ソフィ・フリーマン、ジェフ・ホーン、ビル・マリ、マーカス・ロブソン、ティム・タケット、リンゼイ・タナー、ジェフリ・ウォール、そしてアマンダ・ホワイティングに感謝する。

メルボルン大学のベイリュー・ライブラリ所蔵の素晴らしいコレクションにアクセスする機会にも恵まれた。ここの資料の大半が、かつてフランス革命史を教えていたキャスリン・フィッツパトリックによって設立されたピット遺贈基金を通して、購入されている。また、パリの国立公文書館、県公文書館などでの職員の方々のお仕事のおかげで、私は、古文書の保管という点で偉大な成果を残しているフランスを扱う歴史家たる幸運に浴している。最近、二〇一一年五月に、このパリの国立公文書館が、ロベスピエールのいくつかの演説草稿を入手したのだが、この伝記の出版には間に合わなかったことは残念ではある。

私がこの謝辞を書いているのは、スペイン国境沿い、地中海に面し、ロベスピエールの生地アラスからは遠く離れたフランス本土の極端の町コリウールである。この小さな港町を、仮にロベスピエールが訪れていたとしても、農民も、漁師も、ワイン製造業者も、彼が話すフランス語を理解できなかっただろう。また、彼らの話すカタルーニャ語は、ロベスピエールを当惑させただろう。けれど、それにもかかわらず、アラスの弁護士ロベスピエールと、コリウールのカタルーニャ人たちの運命は、一七九二年から一七九四年の時期、戦争と死によって分かちがたく結びつくことになる。そしてコリウールの人々は、ロベスピエールを忘れ去ることはなかった。フランス革命は、パリにおけるのと同じように、農村地帯、地方においても激動であった。つまり革命の特質や傾向は、フランス中に散らばる農村や都市における異議申立、反応の結果なのである。マクシミリアン・ロベスピエールに関する私の考察は、こうして、地方の、ある町の中の、ある場所、時間から始まる。

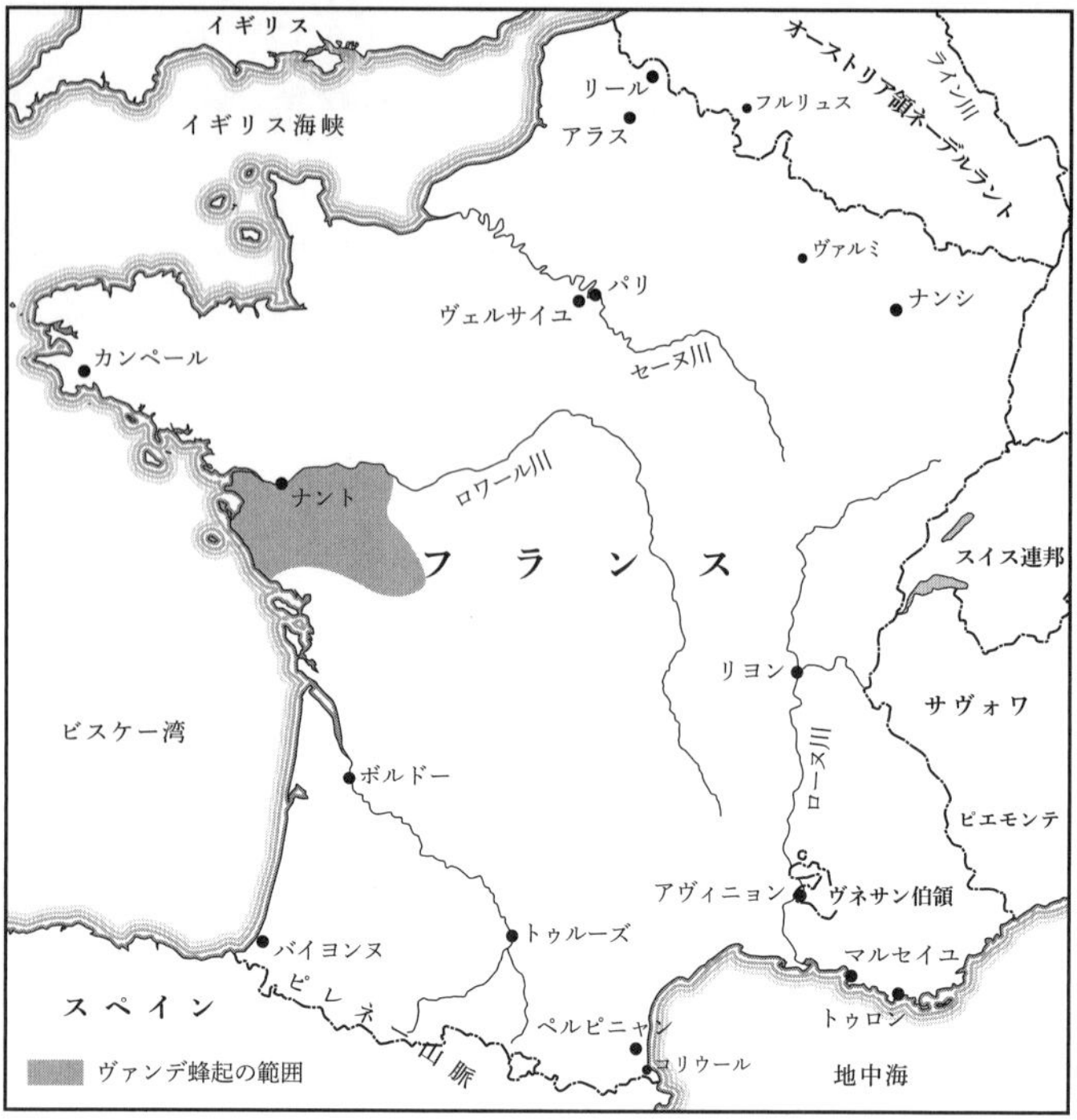
イギリス
イギリス海峡
リール
アラス
フルリュス
オーストリア領ネーデルラント
ライン川
ヴァルミ
パリ
ヴェルサイユ
ナンシ
カンペール
セーヌ川
ナント
ロワール川
フランス
スイス連邦
リヨン
サヴォワ
ビスケー湾
ボルドー
ローヌ川
ピエモンテ
アヴィニョン
ヴネサン伯領
トゥルーズ
バイヨンヌ
マルセイユ
スペイン
ピレネー山脈
トゥロン
ペルピニャン
コリウール
地中海
ヴァンデ蜂起の範囲

序章　「著者の掌中の粘土」

マクシミリアン・ロベスピエールの最良の友人はアントワーヌ゠ジョゼフ・ビュイサールであった。彼もまた弁護士であったが、ロベスピエールよりも二十も年上だった。一七八九年十一月初旬、ロベスピエールは、この記念すべき年に三通目となるビュイサール宛の手紙を彼らの故郷アラスに書き送り、ヴェルサイユとパリで起きていることを報告している。ロベスピエールはここで革命を推し進める国民議会のメンバーの一人だった。彼は、ビュイサールが自身の「最も偉大なる友人」からたまにしか便りがないことにいらだつのも当然だと認める。しかし、進行中の革命の激動は人を夢中にさせ、深い喜びを味わわせる。人民の代表者たちは驚くべきことを成し遂げてきた。ただ、いまだあまりに多くのことが不確実なままで、国家の再生という仕事を完遂するのにいったいどれだけの時間がかかるのかについても定かではないように思える。「ですから、お願いします、愛情を込めた私の尊敬の情をビュイサール夫人にお伝えください。私がアラスに戻る際、そこでの時間が楽しいものになるかどうかは、夫人のお仲間とあなたのご友人たちに主にかかっているのです。アラスを発ったとき、最も残念に思ったのはこの点です。ただ、私はここにあと数カ月はとどまることになると思います。」[1]

事実そのとおりだった。この手紙から二年経ってようやく、ロベスピエールはアラスに戻る機会を得て、ビュイサールやその妻シャルロットの歓待を受ける。ロベスピエールはこのときすでに国民の間に広く名前を知られていた。特にほとんどのパリ市民から広範な人気を得ており、一般に「清廉の人」とあだ名されていた。一七八九年に彼がビュイサールに予言していた「数カ月」は数年間となった。この時期は、古くさくなった封建制のシステム、宮廷、そしてカトリック教会に至るまで、国民の公的な生活に係るあらゆる側面に影響を与える変化が起きた重要な時間だった。国民議会の事業は主に一七九一年に成し遂げられ、ロベスピエールは、この議会のメンバーは後継の立法議会に選出されないようにすることを提案し、承認された。今一度ロベスピエールは、革命後の人生について考える余裕ができた。休んでいる間、一七九一年の十月と十一月にアラス、またアルトワ地方に帰郷した彼は、アラス近郊の小都市ベテュヌに赴き三日間滞在している。公的な諸機関の対応は冷淡なものだった。ロベスピエールは、彼の見解に伴う妥協を許さないラディカリズム故に、トラブルメーカーのように見られていたのである。けれど、この町の民衆は熱狂的に彼を迎えた。ロベスピエールはのちに友人、おそらくはここでもビュイサールに宛てて書いている。「アルトワ地方に戻る際は、ベテュヌで生活することができると一番嬉しいです」と。彼は、地方の町の裁判所で司法官としての職を得る考えを持つに至ったのである。[2]

ロベスピエールは、生まれ故郷での静かな生活を切望したのかもしれない。しかしその機会を得ることは永遠になかった。三年もしないうちに死を迎えるのだから。かつて祭り上げられたのと同じように徹底的に、しかし今回は罵詈雑言の限りを浴びせられながら。一七九一年十月の時点で、その後の人生がこのような運命を辿ることをもちろん彼は知らない。同じ時期を生きた「ジャコバン派」の仲間と同じように、彼は革命の激動がもたらしたカオスに意味を与えようとし、自身の才能を使って新しい秩序のための安定と確かな見通しを創り出そうとしていた。歴史家たちは、彼の人生が一七九四年七月、どこに行き着くのかを知っている。しかし彼にできたのは、未来を想像してみることだけだった。

伝記を書くに際しての大きなチャレンジとは、単に結果から過去にさかのぼって歴史を読むということではなく、むしろ過ぎ去った事柄について、いかに眼前で展開しているかのように書けるかということだ。通常個人の人生の大まかなアウトラインを知っているので、私たちはその人物の人生を、個人のコントロールを越えた諸状況や結果を知り得ない選択との偶然の邂逅としてよりも、しっかりとアレンジされた諸段階によって構成されているかのように作り上げてしまう誘惑に駆られるし、おそらくそれは避けがたい。そして、こうした帰納的な書き方をしないというチャレンジが、マクシミリアン・ロベスピエールほど難しい人物も歴史上他にはいないだろう。というのも、彼が三十六歳で死ぬや否や、人々は、生きているときにもてはやしたのと同じくらい、彼をすぐに中傷し始め、噂やはたまた自分たち自身が犯した罪に基づいた行為や動機のすべてを、彼と結びつけたのだから。彼の人生全体が、過去に逆行しながら読まれることになり、暴政やギロチンに結びつく不可避の道程として提示されてきたのだ。

ロベスピエールは近代最初の冷酷で狂信的で尊大な独裁者、スパルタ風の「徳」の国という、妥協を許さない自身の理想を押しつけようとその政治権力を行使した妄想狂だったのだろうか。それとも、信念を持ち、自己犠牲もいとわない先見性のある人物、圧倒的な軍事的困難にもかかわらず革命と共和国を導き、その危地を救うことに成功した革命の偉大な殉教者だったのか。個人の自由の制限、共和暦二年（一七九三〜九四年）の「恐怖政治」による大量の逮捕と処刑、これらは革命を救うために払われるべき必要な代償だったのだろうか。あるいはこの年は恐怖と不必要な死、投獄と困難の時代だったのか。[3] ロベスピエールは常にこの二つのイメージに分裂した人物であったが、そのネガティブイメージの方がはるかに強い。一九八九年のフランス革命二百周年の際に行われたフランス人の世論調査によれば、彼こそ最も否定的な感情を呼び起こす人物であり、好感度ではルイ十六世やマリ＝アントワネットにすらはるかに先行を許していることが明らかになった。[4]

ロベスピエールが政府の一員だった一七九三年から一七九四年にかけての一年間に失われた人命は、相対的に限られた数であったにもかかわらず、不合理にも、ロベスピエールは毛沢東やポル・ポト、あるいはスターリンやヒトラーにすら比肩すると描かれてきた。エリ・サガンにとってロベスピエールは偏執狂的な精神病患者、悪辣なナルシシスト、「無辜の民の大殺戮者の一人」であった。彼を研究することは「暗闇の核心」の探究であるとサガンは書いている。[5] 恐怖政治期を扱った重要な小説の著者ヒラリー・マンテルは、戦争や死刑制度、「民衆」、あるいは政府の諸制度に対するロベスピエールの一貫性のない態度を指して、「矛盾のかたまり」として描いた。「彼は戦闘的な信仰心を持っていたが、それはキリスト教の神に対してではない。人間を平等に創りたもうた善き革命の神に対してである。」イスラムの闘士、その純粋さへの熱狂、進んで死に向かおうとする意志。マンテルは、ロベスピエールを見ているとこうしたものを思い出すというのである。他にはイランのアフマディネジャド大統領に似ているという者もいる。[6] トニー・ブレアとジョージ・ブッシュ、また彼らの敵であるウィキリークス創設者のジュリアン・アサンジになぞらえもされてきた。[7] ラディカルな批評家スラヴォイ・ジジェクにおいては、ロベスピエールの鉄の意志は、資本主義を非難するのに使われる。彼にとって、ルース・スカーの近刊書であるロベスピエールの伝記のタイトル『致死的な純粋』に含意される自己満足は、切迫した危機に直面した西側諸国のリーダーシップが抱える欠陥を、白日の下にさらしているというのである。[8]

今日、フランスの左翼においては、ロベスピエールは依然としてしばしば、社会正義への戦闘的な関わりについて忘れられてしまったことを思い出させてくれる人物として見られている。その一例が、一七八九年の二百周年記念日前日のミシェル・ヴォヴェルのアラスにおけるスピーチである。彼はソルボンヌ大学の教授で、一九八九年の一連の記念事業をアカデミックな立場から組織する責務を担っていた。「なぜ私たちは依然としてロベスピエールを支持するのか」。このヴォヴェルの講演タイトルは、やはりソルボンヌの教授でロベスピエールの最も著名な崇拝者であるアルベール・マティエによって一九二〇年に行われた講演タイトルを想起させた。[9] ロベスピエールに関して肯定的な評価を下す伝記に共通する前提は、彼のすべての行動は、反革命に対する適切で必然的な反応であったというものだ。フランス共産党中央委員会の元メンバーだった歴史家クロード・マゾリックにとっては、ロベスピエールは一七九二年においては平和と信念の人だった。その後、最大の苦難に直面した状況下で指導的立場に立つという責任を引き受け、革命的状況下にあった国家が必要としていたことに「従った」というのである。「歴史を見渡しても、彼の立場はユニークである」というわけだ。[10]

ロベスピエールに関するこれらのイメージが持つ両義性が明らかにするのは、伝記の持つ固有の性格である。伝記の著者は、自身の質問や先入観に答えることのできない人と、ひっきりなしの問答を必然的にすることになるのだが、この問答はきわめて主観的なものである。シルヴィア・プラスの伝記作家ジャネット・マルコムは次のように述べている。「実のところ、誰が実際に善良で誰が悪人なのか、誰が高尚な人物で誰が若干ばかげているかについて述べることは私の役目ではない。……著名な死者たちは、彼らについて書く者の手の中にある粘土なのだ。」[11]

ロベスピエールの人生三十六年のうち最初の三十一年については、知られていることは相対的に少ない。そして私たちが手にしている証拠資料をじっくり見たことのある伝記作家たちはほとんどいない。魅力的なのは革命の最初の数年というわけだ。私たちは、総計五千六百六十ページほどにもなる中身の充実した十一巻本を手にしているけれども、これらは圧倒的に革命期数年間の彼の演説や新聞への投稿記事によって占められている。[12] 彼について書く際に私たちが抱え込む困難の一つは、私的な文書を通して得られる情報がほとんどないことである。何通かの個人的な書簡と、二十代に書かれたいくつかの詩くらいなものだ。彼は自分の人生とそこにこめられた意図についての回想を公にすることを決してしなかった。彼は突然に、そして若くして亡くなったのである。妹のシャルロットやパリのコレージュ時代の師の手になる長くて詳しい記述から革命に関わった者たちの多くの論評まで、彼以外の他者が残した考察は、それらが書かれた諸状況によって、それぞれ色がついている。[13] 私が書く伝記は、ロベスピエールの人生における公私の間の障壁のいくつかを解消しようとする試みである。ただしそれは、私たちが手にしている知識の大きな欠落によって必然的に制限を受けることになるだろう。[14]

マクシミリアン・ロベスピエールは一七八九年に革命が始まった当時、わずか三十一歳でしかなかった。彼と仲間たちにとって、混乱の渦中にある世界を再創造する革命の衝撃は、一七九二年には、反革命と軍事侵攻に対するすさまじい苦闘によってたちまち飲み込まれてしまう。けれどロベスピエールに関する百を超える伝記のほとんどで、彼の人生は奇妙なくらいに人間味を欠き、また変化に乏しいものとして描かれている。五年の政治生活を通じて、厳格さを増大させつつ、一連の革命的諸原理を実現しようとしたが、あたかも彼はその化身でしかないかのようだ。ジャコバン独裁の具現化であれ、民主主義の純粋さの具現化であれ、いずれにせよ「ロベスピエール」は、未来の可能性に鼓舞されると同時に未来に不安を抱く一人の若者として理解されるよりはむしろ、「イデオロギーがかたちをなしたもの」として描かれてきたのである。[15]

一七五八年から一七八九年の間の青少年期や人格形成過程については、その生涯を描く叙述のほとんどが、わずかに章を一つ割くだけである。あたかもこの最初の三十一年間が現実にはほとんど重要ではないかのようだ。一七八九年以降のあの数年間のカオスによって、彼は他のすべてのフランス人と同じように、大混乱と不安と不確実性からなる、空前絶後で予期しようのない世界に置かれた。彼がやがて果たすことになる役割は、一七八九年の時点では予期されてなどいなかった。他方、一七八九年から一七九四年にかけて、徐々に展開してゆくドラマに対する彼の反応、彼が成し遂げたこと、また彼がもたらした恐怖は、全く無自覚になされたわけでもない。三十年間の家族との生活、学業や仕事を通して培われてきた価値観や信念を、彼は革命に参加するに際して持ち込んだのである。

ロベスピエールや彼の同時代人が自分たちの見解を表明するに際して使った言葉は、人々の心情や道徳、良心へのアピール力という点で、私たちには驚くべきものだ。そのためしばしば伝記作家たちは、彼のことを感傷的で自己執着心が強く、情緒的すぎる人物として切って捨ててしまうことになる。[16] 実際、彼ら革命家たちの言説は、「愛国的」感情や価値観を強調するという点で私たちを当惑させる。ロベスピエールも例外ではなく、彼の演説は、誠実や犠牲、徳目の要求を織り込んでいることに特徴がある。特に一七九二年九月の共和国創設のあとになると、彼の演説には、古代ギリシアやローマの人々、また彼らが関わった陰謀についての言及が多く含まれるようになる。これらは単なる修辞的な装飾ではなかった。革命期議会を構成した教養ある中流階級のほとんどがそうであったように、ロベスピエールも古典世界を英知の源泉と捉え、ここから直接に価値ある教訓を引き出せるはずだと考えていたのである。

ロベスピエールの伝記は、以上のような数々の理由で叙述することが特に難しい。ロベスピエールはジャコバン革命の化身というよく知られた名前となった。このことを知らないふりをすることはできない。私たちから見ても彼の人生は一貫していて、すべてが、先学がこれまでに作り上げてきた彼の筋の通った「性格」の帰結であるように思える。ロベスピエールは一年間、政府の一員として、権力を持つ地位にあったに過ぎない人間である。彼が手をつけ、具体的な政策として承認されたものはほとんどない。それにもかかわらず、誹謗者や護教論者は彼のことを、ある意味では革命の権化のように見てきた。彼らにとっては、革命へのスタンスとロベスピエールへのスタンスとはほぼ常につながっているのである。

しかしロベスピエールの人生は、フランス革命の数年間だけで語れるものではない。革命もまた一七八九年から一七九四年のパリの政治的大混乱だけでは語れない。この若き革命家は、子ども時代を通して、あるいは学業や職業人としての生活を通して人格形成された。これらのほとんどの時間を、彼は北フランスの特徴ある一地域の小規模な地方都市で過ごした。この伝記はしたがって、マクシミリアン・ロベスピエールがどのように「かたち作られたのか」について、彼の革命期のキャリアと同じくらい十分に扱うことを目指す。三十一歳の誕生日の数日前にヴェルサイユに到着した彼は、いったいどのような人物だったのだろうか。

第一章　「きまじめで、大人びて、勤勉な」少年——アラス一七五八〜六九年

フランスの他の地方の中心都市と同じように、アラスは今日、静かな旧市街から新興住宅地とショッピングセンターが建ち並ぶ地域が扇型に広がった町並みを呈している。特に第一次世界大戦の長引く戦闘と工夫を凝らした要塞に関心を持つ人々にとっては、この町は特別な魅力を持つ観光スポットとして注目を集めている。対照的に、十八世紀においては、ここは二万人ほどの住民からなり、十五分もあれば端から端まで歩けてしまう程度の町だった。今日名高い街区に立ち並ぶ優雅なフランドル様式の家々は、一九一五年五月から七月の血なまぐさい爆撃によってほとんどが破壊されてしまった十八世紀の建築物を、忠実に復元したものだが、これ以外でアラスをアラスたらしめているものは何もない。今やこの町はパ＝ド＝カレ県のつつましい県庁所在地である。一七五〇年代においては、アラスはアルトワ州の首府として活気が渦巻いていた。そのコンパクトさにもかかわらず、アラスは当時隣接し合う小集団が織りなすタペストリーであり、独特な社会的・職業的特徴を有していた。貴族やブルジョワの住む富裕な小教区、スカルプ川から延びるどぶ川沿いとスカルプ川の支流クランション川沿いのすし詰め状態の貧民街、軍事要塞、そして官庁舎や行政官、高位聖職者、司法官等の建物がひしめく独立タウンがある。

一七五八年にアラスで生まれた子どもは数百人おり、そのうちの一人がマクシミリアン＝マリ＝イジドール・ドロベスピエールであり、彼はのちに単にマクシミリアン・ロベスピエールとして知られ

るようになる。彼は五月六日に誕生し、洗礼を受けた。彼の父は法曹家のフランソワ・ドロベスピエール、母はビール醸造業者の娘であったジャクリーヌ・カロである。[1]この一家に関わるドラマはこれに先立つ数カ月前にすでに始まっていた。というのもジャクリーヌは、一月三日の婚姻の際にすでに妊娠五カ月であり、フランソワの両親は旧市街の南、富裕な小教区にあるサン゠ジャン゠アン゠ロンヴィル教会での結婚式に参列するのを拒否した。カトリック教会の影響力の強い敬虔な町にあって、このような結婚を恥じたためかもしれないし、フランソワの犯した不道徳な行動の結果にいらだってのことかもしれなかった。ジャクリーヌが妊娠してから結婚までの間の数カ月間に、なんらかのやりとりがあったかもしれないが、推測でしかない。サン゠ジャン教会の小教区司祭は、両家が結婚の公示を行うべき三回のうち二回分を免除し、結婚の実に二日前に一回のみ公示を行ったのだが、この公示はサン゠ジャン教会と、アラスのもう一つの富裕な小教区にあるサン゠ジェリ教会の両方で公表され、ドロベスピエール家周辺の人々は皆、この醜聞を間接的に知っていた。[2]

一七三二年にアラスで生まれたフランソワは、アラスの西、トルトフォンテヌの修道会で教育を受けた。しかし十七歳の時、彼は最終誓願の直前に聖職を断念し、その後はドゥエで法律の勉強をする。彼は州で最上位の裁判所にあたるアルトワ州上級評定院で弁護士となった。彼は八人兄弟の一人であったが、評判が良く有名な司法一族の中ではとりわけ問題のある人物だと見る者もいた。この一族をよく知るある司祭によれば、フランソワは「アラスの町では多少軽率で、何よりも自分の考えに固執して、周りが見えなくなってしまうと噂されていた」[3]。この地で古くから地位を確立し、大いに尊敬を集めている一族の出身であったために、ジャクリーヌ・カロとの突然の結婚は彼の両親にとってひどくやっかいなものだった（一族においては、これは最初のスキャンダルというわけではなかった。フランソワの叔父ロベールは、この数十年前にカルヴァン近郊で非嫡出子をもうけていた）[4]。

生まれたばかりのマクシミリアン・ロベスピエールの父方の一族が、これに先立つ三百年にわたってたどってきた軌跡は、アルトワ州の権力と特権の構造に関して、私たちに多くのことを語ってくれる。王国中の有力ブルジョワ一族と同様に、彼らもまた、社会の中心的な地位にある人々、つまりは教会、土地を領有する貴族層、そして王権そのものにとって、自らを有益な存在にすることに長けていたのだ。ロベスピエール一族——de Robespierres、DRobespierres あるいは Desrobespierres としても知られていた——は、アルトワ州の各都市、たとえばベテュヌ、ランス、そしてカルヴァンといった町でその地位を長きにわたって確立してきた。[5] 一族は十五世紀初頭にカンブレ大聖堂の司教座参事会員だったボデュアン・ド・ルヴェスピエールと縁戚関係があったのかもしれない。ただ、一四六〇年代、ベテュヌ近郊のヴォドリクールの領主に仕える法務官だったロベール・ド・ロベスピエールにさかのぼる血縁関係はより確実性が高い。通常貴族の家名にのみ許される「ド」の小辞をつける権利を許されたのは、この官職を保持していた結果であったのだろう。[6] 続く十六世紀を通じて、ロベスピエール一族はアラス北方十一マイルに位置するランスで食料雑貨屋や宿屋を経営する商人として身を立てている。しかし、もう一人別のロベール・ド・ロベスピエール(一五九一～一六六三年)から一族の男系が法曹家としての系統を作り上げ、王権や領主制のシステムに関わると同時に、私的な法律実務にも従事することとなった。

ロベールとその子孫たちは法曹関連の官職をアルトワ州の小規模な諸都市で保持していたが、この頃アルトワはスペイン領ネーデルラントの一部であり、三十年戦争(一六一八～一六四八年)の間、この地域にはスペインとフランスの軍隊が展開していた。一六五九年にはピレネー条約がフランスとスペインの間で結ばれ、アルトワはフランス領と認められた。国境付近での生活は不確実性を伴っていたにもかかわらず、ロベールとその子孫たちは、ランス北東の人口三千五百人からなる小さな行政の中心都市カルヴァンで王権に仕える公証人として身を立てた。その後、マクシミリアン・ド・ロベスピエールは、一七二二年、二十二マイルの距離にあるアラスに移り、アルトワ州上級評定院の弁護士となり、法曹家としての位を極めたのである。この人物が革命家の祖父である。

このマクシミリアンは「アラス人」として、州都における法曹関係の同業者コミュニティに強く結びつけられることとなったが、彼の法曹家としての実務は、彼が都市と農村の地所から得る収入に比べると二次的な重要性しか持っていなかったようだ。[7] ロベスピエール家の先立つ世代の人々と同様に、彼は商いの業界出身の女性に惹かれた。一七三一年、マリ・ポワトという富裕なサン＝ジェリ小教区に住む宿屋の娘と彼は結婚する。マクシミリアンとマリは別の富裕な小教区サン＝トベールに落ち着き、八人の子どもをもうける。そのうちの一人が、すでに述べたように、フランソワであり、一七五八年一月にジャクリーヌ・カロと結婚したのである。

カロ家はロベスピエール家と同じくらいアルトワに根付いた一族ではあったものの、裕福さや知名度という点では劣った家系であった。この一族を最初に確認できるのはエストリュスという小さな村の小教区簿冊においてである。この当時彼らは、ちょうどアラスの西方四マイルにあるエトランの織工だった。彼らは首府アラスにおいてより堅固に身を立ててはいたものの、依然として土地と結びついていた。マクシミリアンの母方の祖父ジャック（一七〇一年生まれ）はビール醸造業者であり、一七三二年に、アラスから西に九マイルの所にあるラトレ＝サン＝カンタンの借地農の娘マリ（一六九三年生まれ）と結婚した。ロベスピエールの母方のいとこたちの親はアラスの植物油商人だった。一七五八年にジャクリヌがフランソワ・ドロベスピエールと結婚したとき、ジャック・カロは、娘が結婚することになった富裕な小教区の外れにあるロンヴィル街に、小さなビール醸造所を稼働させていた。フランソワの父とは異なり、ジャックは結婚式に参列している。[8]

結婚の時、フランソワとジャクリーヌはそれぞれ二十六歳と二十二歳だった。ロベスピエール家は息子のしでかしたことを受け入れることができたようだ。というのもフランソワの父は数カ月後にマクシミリアンの代父になることに同意しているのだから。ちょうど同じ時、ジャック・カロの妻マリがこの男の子の代母となることに同意している。結婚生活は不幸なかたちで始まったし、ジャクリーヌが自身の妊娠に気付いてから結婚まで長い間があったものの、このカップルは多産だった。マクシミリアンのあと、ジャクリーヌはシャルロット（一七六〇年）、アンリエット（一七六一年）、そしてオギュスタン（一七六三年）を、間を置かずに生んだ。子どもたちが洗礼を受けた小教区はそれぞれ異なる。これはフランソワが彼の若い家族とともに身を落ち着けることに苦労したことをうかがわせる。ただ彼は、一七六三年に三十四件、一七六四年には三十二件と、十分な数の訴訟を担当し、彼の法律事務所は成功を収めていた。[9]

オギュスタンが生まれて一年後の一七六四年、この若い家族を悲劇が襲う。七月七日、五番目の子どもが出産の間に死んだ。ジャクリーヌは当時二十九歳だったが、このことがもとで九日後の十六日に亡くなってしまう。彼女は、駐屯軍士官と彼女の兄弟の立ち会いの下、サン＝トベールに埋葬される。[10]彼女の死は、ようやくできあがったばかりだった家族を、破壊してしまうのである。

どんな理由があったにせよ、フランソワは妻の葬儀に出席しなかった。この年の十二月、彼はアラス東方十五マイルにあるオワジ＝ル＝ヴェルジェで、広大な封建領主所領の法務官となった。この任務が一七六五年七月に終わると、彼はアラスに時折姿を見せるようになった。ただこの訪問中、彼が生き残った四人の子どもたちに会ったり、あるいは子どもたちを養ったりといったことはなかったようだ。一七六五年十一月、フランソワはアラスに戻るが、それは弁護士の同業組合がルイ十五世に対し、王太子の病に関するお見舞いを送るべきか否かについて、同業者たちと話し合うためだった。

フランソワは一七六六年三月に妹のアンリエットから七百リーヴルを借りるためにアラスに現れる。一七六八年十月には、一七六二年に夫を亡くしていた彼の母が、彼女の控えめな土地のうちの彼の取り分を与えることに同意している。彼はこの後、東へ向けて旅立ち、国境を越えてマンハイムで働くことになっていた。彼が再びアラスに姿を現すのは一七七二年の二月〜五月のことである。彼はこのとき、弁護士としての訴訟案件を十五件抱えていた。しかしこのときすでに、マクシミリアンとシャルロットは、学校に入るためにアラスから遠く離れた場所にいた。[11]

子どもたちは散り散りとなる。マクシミリアンの父方の叔母がアンリエットとシャルロットを引き取り、一方マクシミリアンとオギュスタンはそれぞれ六歳と一歳の時に、年老いた祖父母と母方の叔母アンリエット、ウラリとともに暮らすために、カロ家のビール醸造所に向かうこととなった。こうして、弁護士と役人の長く続く家系に生まれながら、マクシミリアンは今や手工業の世界で、手押し車の音、ピカルディ方言で怒鳴る労働者たちとともに、ロンヴィル通りで育てられることとなったのである。また、彼が天然痘にかかったのもこの六歳の時だった。このせいで彼の顔には軽度のあばたが残ることになる。

マクシミリアンの子ども時代の、絶望的に哀れなこの状況に、大人になったときの彼の性格のヒントを見出そうとする誘惑に駆られるし、実際多くの伝記作家たちがこの誘惑に魅了されてきた。そもそも彼は、社会的要請から結婚しただけの夫婦から産まれた子どもであったかもしれないのだから。そして愛する母は、彼がちょうど六歳の時出産の際に死んでしまい、彼は四人兄弟の長子として残され、四人は親戚に引き取られてばらばらになってしまう。父親はといえば、しばしば気まぐれで放縦といわれており、その後再び自分の子どもたちに会ったとはとても思えない。このような子ども時代が、親の愛に飢え、四人兄弟の長子という立場のせいで、早くからきまじめで、不安げで、勤勉で、また親密さを疑い、自分より幸せな境遇にある人々にいらだつような少年を作り出したのだろうか。職業上の成功と名声から生じた一族の遺産もまた、個人の身に降りかかった悲劇によって奪い去られたのだということを、彼はいつ知ったのだろう。

この人物を読み解く鍵を、彼の子ども時代の想像上の「トラウマ」と「貧困」の中に見た者もいる。これが最も有名なのは、フランスの政治家であり作家のマックス・ガロによって書かれた伝記だろう。これによれば、マクシミリアンの直接の家族を一七六四年に襲った崩壊は、彼の持つ「病的な感受性」や「やっかいな承認欲求」を理解する手がかりであるという。彼は父の犯した罪や母の死がもたらした苦痛から回復することは、決してなかったというのだ。[12] 他にも、子ども時代に起きた両親の喪失に関する、以上のようなわずかな断片的証拠に基づいて、想定された彼の個人的な特徴（そのどれも魅力的ではない）を、この小さな男の子に投影する機会を手にした者もいた。ロラン・ダングリは、愛する母（ダングリの主張するところによれば、それにもかかわらず彼女は息子にいかなる注意も払わなかった、なぜなら彼女はさらに子どもを産むことで頭がいっぱいだったから）を失い、続いて「常軌を逸して放蕩にふける」父に棄てられた、小さな、心的外傷を受けた男の子に関する見解を明らかにしている。ダングリは、なぜロベスピエールが常に、彼が裏切りや退廃であるとしたことに特別に敏感になるのか、またなぜ彼が常に、英雄たちの住まう古代世界の空想に取り憑かれるのかを、このことは説明するというのだ。子ども時代に受けた傷から生まれる悲しみが原因となり、他者と親密な関係を作っていくことができなくなり、また外見、清潔さ、あるいは身体的な親密さについて嫌悪感すら持つようになったという。[13]

これらの結論を導く論拠を提供しうる、いかなる明証も存在しない。そして私たちは、アラスの中流階級の家族に存在したかもしれない愛情の絆について、一般的に多くを知らない。[14] それなら次のように想定することもできるわけだ。マクシミリアンは、人生の最初のきわめて重要な六年間に、母親との間に愛情深い関係を持ち、そのあとは温かい親戚によって支えてもらった。この親戚はマクシミリアンを助け、彼が破滅的な喪失を乗り越える助けとなり、子どもたちがお互い定期的に会えるように取りはからってくれた。これは、彼の子ども時代についてのある記述が、確かに示唆してくれることなのだ。この記述は彼の妹シャルロットによるもので、一八三四年に彼女が亡くなる前に集成されたものだ。[15] 彼女のメモワールは興味深く、兄に対する深い愛情を偲ばせるものであり、彼女がパリで人目につかぬよう、つつましやかに生きていたときに書かれた。

マクシミリアンよりも二十カ月若いシャルロットは、良き母であり妻であった母ジャクリーヌについて語り合うときはいつでも、兄の眼に涙が溢れていたと思い出を語る。一方シャルロットは自分の父についても、立派で上品な人物で、「町中から尊敬され愛されていた」ことを強調する。妻の死によってすっかり打ちのめされた彼は、法曹家としての仕事を事実上続けることができなくなってしまった。子どもたちは二度と彼に会うことはなかった。シャルロットは回想する。母の死はマクシミリアンにとってひどく悲惨な出来事であり、これによって彼はいくぶんきまじめで従順な子どもになった。典型的に「騒がしく、乱暴で陽気な」少年だった彼は、「きまじめで、思慮分別のある、勤勉な」人になったのだ。彼は今や、騒々しい遊びよりは、読書とチャペルの模型を作ることに興味を抱くようになった。叔母たちは、敬虔な雰囲気に包まれた環境で彼を養育しており、彼のこのような傾向を導いたのだろう。日曜日になると、姉妹はロンヴィル通りの家に行かせてもらい、兄や弟と「幸福と喜びに包まれた日々」と言える時を過ごした。このとき、彼らはマクシミリアンの絵のコレクションを眼にしていたようだ。シャルロットは次のようにも回想している。彼は鳩とスズメのペットをことのほかかわいがっており、妹たちが一羽を放っておいたために死んでしまったことで、とても怒ったという。[16]

妹たちの住居は、マクシミリアンにとってはわずか数分しかかからない距離にあった。なにしろこの少年は、町の中心部を駆け抜けて、大聖堂や裁判所、行政官庁に近い富裕な界隈にある生家に行ったのだから。幼年期を終えたこの子どもが暮らしていた都市環境とはどのようなものだったのだろうか。

彼が直に接していた物理的な世界は、騒がしく、人々が働いていて、活気があった。というのも、そこを覆っていたのは、この世紀で最も野心的な教会建築プロジェクトとされてきたものだったからだ。マクシミリアンの上と下の世代に相当するアラスの子どもたちが眼にした都市の光景の中には、壮大なサン＝ヴァアスト修道院がそびえ立っていた。ただ、これはマクシミリアンにはあてはまらない。というのも、修道院の尖塔が一七四一年に崩れ落ちた後、修道院長アルマン・ガストン・ド・ロアンが、寄せ集めの建物全体と、隣接するラ・マドレーヌ教会を壊してしまうことに決めたからだ。このラ・マドレーヌ教会は、マクシミリアンが洗礼を受けたところでもあった[17]。その規模と様式において、一七七〇年になってようやく完成を見たこの巨大プロジェクトは、新古典主義による再建築の際立った事例のうちの一つである。同じ様式のものは、パリではラ・マドレーヌ教会やサント＝ジュヌヴィエーヴ教会、あるいは地方主要都市に見ることができる。ともあれ、マクシミリアンの少年時代、そこにはただ広大な建設予定地が広がっているだけだったのだ[18]。

マクシミリアン少年が育ったアラス市には、他の同規模の都市（ディジョン、グルノーブル、リモージュ、ポワティエあるいはラ・ロシェル）と同様に、その地域の教会、行政、軍事機能が集中し、農村の後背地と緊密に結びついた小規模な手工業が存在した。十八世紀の他の多くの都市と同様に、その州の首府であり、王国の第一身分である聖職者、第二身分の貴族に関わる諸機関が存在し、農村地帯に広がる彼らの広大な領地からの収入を管理していた。これらの地所は、全部合わせると地域全体の半分を占めていた。ロベスピエール家は、「ド」という小辞を使用する権利を有していたものの、貴族ではなかった。ただし彼らは、教会と領主権力の諸構造に奉仕することを通して、アルトワ州社会の権力、特権、そして富の構造に深く関与していた。[19] 社会的境界線が非常に細かく引かれており、結果としてロベスピエール家はアルトワ州の貴族社会に受け入れられた。一方で彼らは、商取引や小売業の世界としばしば婚姻関係を結んできた。こうした世界から、彼ら自身のし上がってきたのである。一七五八年のビール醸造業者の娘とフランソワの結婚が非常識だったのは、そのタイミングだけだった。ロベスピエール家は「文化的な仲介者」、特権を有するエリート層とまともな平民層との橋渡しであった。

マクシミリアン少年の感覚に毎日、破壊と再建築が刻み込まれたとしても、毎日の家の中での経験は逆に、秩序ある日常の静寂であった。何年ものち、ロベスピエールの友だちではないが、アラス出身のある司祭がカロ家の二人の叔母について、彼女たちが、敬虔さで知られる良き女性としてマクシミリアンとオギュスタンの世話をしていたことを回想している。二十五人に一人が司祭、修道女、修道士、教会参事会員、あるいは他の修道僧であるような町で、彼女たちの敬虔な信仰心と日常の生活リズムの中に、子ども時代のマクシミリアンはどっぷりと浸っていた。教会の主要拠点の一つで、徹底的にカトリック的な子ども時代を送ったのだ。ジャンセニズムによる改革の潮流も、この地域の聖職者にはほとんど影響を及ぼしていない。彼らは依然として満足し、保守的なままだった。[20]

この「百の尖塔の町」は、平坦な後背地を支配していた。八百人もの第一身分がおり、彼らはアラスで、つまりはサン＝ヴァアスト大修道院、大聖堂、十二の小教区教会、十八の男子修道院や女子修道院、十二の黙想の家、多くの救貧院や施療院、また小さな礼拝堂、これらそれぞれに付属する宗教団体の中で生活していた。アラスはカトリック教会のエリートの中心地だった。司教は最高収入を得ている王国の高位聖職者の中から選ばれた。彼らの年収はおよそ四万リーヴル、ほとんどの村落の司祭のそれの五十倍に相当する。十八世紀フランスの典型的な州都として、アラスには多くのカトリックの宗教団体が存在した。しかし、実際に多くの人がその内部に住んでいるという点では、典型的とは言えない。一七五〇年、十八ある男子修道院と女子修道院には五百人の修道士がいた。教会は、アラスの家内奉公人の多くを直接雇用していたし、おまけに間接的には、熟練職人、商店主、小売り商人の多くがこの第一身分に依存していたのである。[21]

小教区の聖職者は、聖職者身分の中の階層においては、社会的背景と影響力という点で末端に位置するのだが、それにもかかわらず権力を持ち、相対的に富裕である。アラスにある十二の小教区教会には四十八人の司祭と助任司祭が奉仕している。徹底的に訓練を受け、自身の神学に自信を持っていた彼らはまた、農村地帯の小教区つき聖職者よりも、報酬という点ではるかに恵まれていた。農村の小教区つき聖職者たちは、一年をわずか七百五十リーヴルで生きながらえることもしばしばであるし、これは小さな土地を所有する農民と同等レベルである。にもかかわらず、彼らは王国でも最も活動の活発な司教管区の一つで、時間を使い、務めに従事することが求められているのである。対照的に、アラス市内のサン＝ジェリやサン＝ジャンのような最も富裕な小教区の司祭たちは、一七八〇年代には年収約九千リーヴルを得ていた。[22] アラスはまさに信仰の要塞であったのだ。

巨大な新しい大修道院の建設現場と同じくらい壮観を呈していたのは、軍事要塞と中世の市壁の間の湿地帯に、市当局のイニシアチブで行われる全く新しい街区の建設であった。かつての湿地帯はアラスの洗練された「下町《バス・ヴィル》」となった。特徴としては、道幅のある並木道と壮大な八角形の公共スペースである。オギュスタン誕生時の一七六三年、ロベスピエール家は発展しつつあるこの新しい街区のサン＝テティエンヌ教区、ジェズイト通りに住んでいると記録されている。六歳からは、マクシミリアンは、そこで起きていることを見るためには、カロ家が住むロンヴィル通りの端まで行ってみる他なかった。

マクシミリアンが子ども時代に生きていた世界とは、いたるところにあった建設現場の一つだった。というのも、アラスは個人住居、サン＝ヴァアスト大修道院、そして新しいバス・ヴィルを大規模なかたちで再構築しようとしていたからである。大土地所有者たち（ほとんどが五十ある貴族の家系であった）はすでに市内に優雅な邸宅の建設を始めていた。今日、復元されたこれらの邸宅のファサードのおかげで、アラスは特徴ある様式を見せている。マクシミリアンが生まれる前三十年の間に千五百を超える新築・改築の認可が出ている。専門職や商業を生業とする成功を収めた中流階級の人々も、農業生産物の長期にわたる高騰から利益を得て、貴族や聖職者と同様に、名声と自信とを表現する建物を造った。家屋の大きさとファサードに対しては厳しい規制が存在した。二階建てでなければならず、さらに地上階と地階も必要だった。これは市のメンツのためだけではない。兵士宿舎に利用できる部屋の数を増やすという軍事的な要請を反映したものでもあった。

というのも、この戦略拠点となっている町のいたるところに兵士がいたからである。一六五四年のスペインによるアラス占領と一六五九年のピレネー条約のあと、巨大な軍事「要塞」がこの町の南西部に建造された。結果として、条約によって取り決められた領土的な帰結が揺るぎないことを保証すると同時に、地元の住民をおびえさせることとなった。これと隣接する兵舎によって、要塞は五千人の人員と千頭の馬を収容することができた。さらに民間利用のために、ちょうど同数の馬を収容する能力も持っていた[23]。しかし、他の多くの兵士たちは個人宅に宿営する必要があった。それゆえに彼らは町中のどこにでもいたのである。ロベスピエール家はこうした士官たちの何人かを知っていたのだろう。ジャクリーヌの埋葬の証人となったのは、要塞駐屯軍の大隊長アントワーヌ＝アンリ・ガランという人物だった。

中世のアラスは、ヨーロッパの大部分にわたって大きな経済的な影響を及ぼしていた。実際「アラス」は当時英語とイタリア語では、つづれ織り《タペストリー》に対して与えられた一般的な呼称として通っていた。十八世紀の後半になるとすでに、この町の経済的影響力は実質的にはその周辺地域に限定されていた。アラスは王国とアルトワ州の行政・司法の中心として重要ではあったが、今や何よりもその重要な経済的役割が農業生産物の取引にあるような地方都市であった。繊維製造業はもはや北はリールに、南はアミアンにかなわなかった。ほとんどの人がその雇用と収入を周辺農村に依存していた。この点は特に教会について言える。というのもその収入の大部分が、広大な教会所領から上がる生産物や、そこで働く者たちに地代や領主特権に係る様々な手数料というかたちで存在する諸権益から生まれていたからである。ロベスピエール家は、このシステムに奉仕し、またそこに依存していた。

小さなビール醸造所の所有者として、カロ家はアラス社会で二番目に重要な経済力をもたらす源、すなわち穀物取引と結びついていた。市場が開かれる日には、農民たちが町にやってくる。かつてサン＝ヴァアスト大修道院の果樹園があった敷地にアラスの巨大な方形広場（合わせるとおよそ二ヘクタール）が二つ造られ、ここに、十八世紀フランスで最大級の穀物市場がある。ロンヴィル通りのカロ家からちょうど一分の所にある「プチ・マルシェ」には、市庁舎とそこに付属する鐘楼がそびえ立っている。北側には「グラン・マルシェ」の巨大で平坦な空間が広がり、その周囲は商人たちの邸宅や見事な家屋に囲まれている。方形広場を囲む百五十五の家屋のうちの多くが、アーケードの上の華麗なファサードに、麦束がクロスしたかたちの石の彫刻を掲げていた。このアーケードの下で、市場の取引が行われていたのだ。

新しくできたこの下町を除くと、アラスは依然として中世の市壁の中にあり、しかも史上最も多くの住民を抱え込んでいた。二千六百の建物に二万人を収容していたのである。オールド・アラスは依然として平面図で見ると中世都市のままだった。暗く狭い街路が、主要な中心軸と二つの巨大な中央方形広場を囲んでいた。アラス人口の半分が商人と職人であったが、彼らの財産規模はきわめて多様であった。小さなマクシミリアンにとっては、わくわくするお店や商品がすぐそばにあったわけだ。たとえばプレクールの小さなお店には、お米と並んでシロップにつけてパウダーをまぶしたフルーツが売っていた。傷んだ商品は安売りされており、「だめになったお茶、嫌なにおいがします」あるいは「お茶くず」のような説明がついていた。衣類と革製品を扱う家が多かったが、建築業に従事する者はそれよりもさらに多かった。

これらの産業の賃金労働者や何らかの理由で正規に働くことのできない者たちが、全体では最も多数を占めるグループである。三人に一人がその日暮らしの生活をしているといえ、彼らは臨時の、または低賃金の仕事、施しあるいは犯罪に頼っていた。家内労働が可能なレース産業に関しては、農村地帯や、市内の労働者階級が多く住む小教区の女性たち数千人が、これに従事していた。日雇いや貧窮者たちはほとんどが、マクシミリアンとその弟や妹たちから見て反対側、メオラン近郊やクランション川近くに住んでいたが、彼らは常に市の中心部でも存在感を放っていた。そこでは八百人が働いており、二つの大方形広場から階段を下りてアクセスできる地下室に住んでいたのである。彼らは非常に貧しい人々であった。急成長する建築業や穀物取引にもかかわらず、物乞い、売春、浮浪、犯罪は都市生活を織りなす要素の一部であったようだ。

マクシミリアンは、学校や教会に行くために、こうした人が溢れかえった通りを歩き、また妹のシャルロットやアンリエット、遊び友だちに会うために、これらの通りを走り抜けていた。だからおそらく彼は、司祭や修道女、弁護士や役人、石工や大工、肉体労働者や市場の女たちのそばを通り過ぎていた。あらゆる階級の兵士もいたるところにいた。たまに、高級士官や修道院長あるいは貴族がこうした群衆に紛れて通過することもあった。アラスでは週に何度か、農民たちの叫び声や、彼らの牛車のきしむ音が響いた。こういう日は、牛のにおいが馬のそれを上回る。常に物乞いと多くの小さな子どもたちがいた。マクシミリアンにとって、これが世界だった。そこは、農村の訛りと臭い、上流社会の言葉遣い、手工業者や農民が口にするののしり言葉、アラスに百もある酒場や宿屋から聞こえる叫び声に溢れかえっていた。マクシミリアンはここで、服装や清潔さ、身振りが何を意味するのかを学ばなければいけなかった。言葉それ自体が、富裕階層のフランス語（訛りはあるが）と、農民や手工業者の使うピカルディの地域語との間の社会的差異を明らかにする。

マクシミリアンはときどきアラスの西九マイルにあるラトル゠サン゠カンタン近くのベル゠アヴェヌの小集落を訪れた。ここにはカロ家が農場を持っていたからだ。しかし基本的には、マクシミリアンは、子ども時代を人と動物の入り交じる都会のざわめき、建設現場と市場の喧噪の中で過ごした。彼自身の家族も動き回っていたし、町中の別の場所にしばしば引っ越していた。少年が遊んだり、見たり、聞いたりしていた場所は顕著な変化が進行中だった。騒音、人々の動き、様々な臭い、それらがまさにそこにあるものだった。マクシミリアンはそれゆえ、刷新と喧騒、破壊と改良、同時に彼の敬虔な叔母たちが献身と善行に対して見せた静かな尊重、そういったものに囲まれていたのだ。一七六四年に彼の家族に起きた悲しい変化を、彼が受け入れていくのを手伝ってくれたのが、この女性たちだった。

アラスは、学校教育の提供という点では長い歴史を持った町だった。そして十八世紀を通じて、初等教育が重要であると見なされるようになった。基本的な読み書きのできる人の割合が、すでに六十三％になっており、ブルジョワの多く住む小教区であれば七十五％に達していた。たまたまマクシミリアンには才能があり、また勉強好きだった。そして、彼の叔母たちの配慮のおかげで、八歳でアラスのコレージュに通い始める頃にはすでに、文字を読めるようになっていた。彼女たちには、彼に書くことを教える個人教授をつけるような余裕はなかったものの、コレージュがラテン語の授業を無料で提供しており、彼は一七六六年、これに登録している。ここは教会の運営する学校だった。教師たちは、「イエスのオラトリオ会」からやってきた司祭あるいはオラトリオ会士であり、また司教は、一七六二年にイエズス会が学校運営を禁じられて以降、この学校の管理にあたっていた運営委員会のメンバーであった。この学校が目的としていたのは、「高い徳を持ったキリスト教徒の市民を国家に供給し、またこの地域の臣民を育てること」であった。この目的のため、少年たちが勉強したのは、歴史と世界地理の基礎であった。最も高い評価が与えられたのはラテン語についてであったものの、少年たちに対してはフランス語がますます重視されるようになっていた。「彼らにとって依然として外国語でしかなかった言語で、正しい文章を組み立てることができるようになること」が大切だったのだ。[24]

この学校でマクシミリアンは、およそ四百人の少年たちの一人であった。半分が他の都市や農村からやってきた寄宿生であった。しかし、彼はすぐに頭脳の明晰さで飛び抜けた存在となった。彼は賢く、しっかりした子どもであったようだ。そしておそらく、三人の弟妹たちへの責任を感じ始めるにつれて、勉学を義務とする意識も持つようになったのである。十一歳の時、彼はある文学パフォーマンスに参加する一団の一人に選ばれ、ラテン語のテキストに注釈を加える能力を披露している。彼の躍進は続く。サン゠ヴァアスト大修道院長によって一年に一度与えられる四つの奨学金がある。これを獲得するとアラスのコレージュが提携しているパリの有名なコレージュ、ルイ゠ル゠グラン校で勉強することができるのである。マクシミリアンはこれに選ばれる。そして彼の家族も、少年がこれを受けることに賛同した。これは少年にとって利があり価値のある奨学金であると同時に、ロベスピエール家の先祖たちが成功を収めてきたアルトワ州を、はるかに大きく越えた場所へ、少年を導いてくれる入り口でもあった。[25]

マクシミリアン少年は、安心感があり、親密な雰囲気に包まれた世界に住んでいた。そこは、母、父方・母方の叔母たち、祖母たち、そして二人の妹といった女性たちが切り盛りしていた。シャルロットは八歳の時、つまり一七六八年に、すでにアラスを離れトゥルネに行っていた。「レースの製造と縫製、それに役に立ちそうなことは何でも」学ぶためだった。[26] そして一七六九年十月、十一歳のマクシミリアンはパリへ、完全に男だけの世界、ルイ＝ル＝グラン校に向かう長距離馬車に乗せられたのである。

第二章　「成功へのとても強い希求」――パリ一七六九〜八一年

マクシミリアンの乗った馬車は南下し、バポムを通ってアミアンへ向かい、ここで乗り換え、ボヴェを経てパリへ向かった。百二十マイルの道のりは二十四時間かかり、アラスから九マイル離れたカロ家の農場への旅くらいしか経験のなかった少年にとって、この旅程は骨の折れるものだった。[1] 馬車は北方の丘陵地帯からパリに近づくと、自分の故郷の町の三十倍の大きさの首都の最初の風景は、十一歳にとっては圧倒されるような経験だったようだ。当時、サン＝ドニとそこにある壮大なバジリカ聖堂と、パリの市壁の間に、「偽の町」（城外区）があってそこを越えていかねばならなかった。ここでは、市壁を越えてパリの影響が及んでおり、古い村落のそばに仮設小屋群がある。ここは貧窮を極めた流入民の住居であり、また革なめし業や化学薬品製造業のような環境に有害な産業が集まっていた。そのさらに外側には、大都市に食糧を供給する人びとの耕す小麦畑や野菜畑が広がっていた。モンマルトルの風車は、このような都市のパン用の小麦粉に対する尽きない需要を物語っていた。

マクシミリアンがパリに到着したのと同じ年、ジュネーヴの哲学者ジャン＝ジャック・ルソーは彼の自伝的著作『告白』の執筆を終えた。この中で、彼は自分が若者として抱いたパリの第一印象を次のように述べている。

最初私は、この町についてその大きさと同時に美しさをイメージしていた。壮大な外観、大通り、大理石と黄金の宮殿だけが広がっているというように。実際にサン＝マルソ城外区からパリ市に入っていくと、私が眼にしたものはただ、薄汚れて悪臭を放つ狭小な街路、不格好な石組み平屋、汚物と貧困が充満した空気だった。……私はとにかくこれらすべてのことに非常に驚いてしまい、そのあとパリで真に壮麗と言える物事を見てきたものの、この最初の印象を消し去ることはできなかった。[2]

マクシミリアンの方は、南というよりむしろ北側から町に入ったのだけれど、最初の印象は、彼の思想上の師となる人が抱いたものと同じ、失望だったようだ。市場が開かれる日、アラスでも人と動物とがひしめき、騒音と臭気のカオスだったが、狭くて曲がりくねった街路、貸部屋のある大きな建物（ルソーの記憶とは異なり、その多くが漆喰を塗られていた）、そして時々お目にかかる壮麗なる貴族の館といったものが入り乱れているさまに、マクシミリアンは度肝を抜かれたのである。ここは絶えることのない活気と騒音、富裕と腐敗、華麗と不潔からなる都市なのだった。マクシミリアンはポルト＝ド＝ラ＝シャペルを通ってパリに入った。レ・アルという市場近くを通ったために、腐りかけの魚の放つなじみある臭いを吸い込むことになった。サン＝ドニ通りの端では食肉処理場そばの動物の血の臭いに面食らったことだろう。彼の乗る馬車はノートル＝ダム大聖堂そばでセーヌ川を渡った。川は小舟や平底荷船と人で活気に満ちていたし、橋は荷車、客馬車、動物、はたまた家屋や店舗までが混在していた。たくさんの洗濯女たちが洗濯物を川岸に叩きつけていた。

マクシミリアンの乗った四輪馬車はサント＝ジュヌヴィエーヴの山という名前で知られる丘を登り、南に向かってカルチエ・ラタンを通過していった。ここはコレージュやその教授陣、また書籍商や文筆家が集まるヨーロッパでも最大の場所であった。そのコレージュの一つがルイ＝ル＝グラン校で、パリ大学の一部であるソルボンヌの、サン゠ジャック通りを挟んだ向かいにあった。少年はノートル゠ダムの司教座聖堂参事会員ド・ラ・ロシュの歓迎を受けたかもしれない。というのも彼はロベスピエール一族の遠い縁者で、シャルロットによれば、マクシミリアンの「保護者かつ師」になるはずだった。[3] マクシミリアンは、他の新入生と同様に、学校での勉学準備に向けて、五人の審査官による試験をすぐに受けることになり、これによって正式に入学を許可されたのである。同レベルのほとんどの少年たちに比べて彼は年齢が若かったために、アラスで彼がすでに修了したのよりも低いクラスに登録された。

ルイ゠ル゠グラン校はカルチエ・ラタンに三十八あるコレージュの一つで、これらが全体でパリ大学の自由学芸学部を形成していた。[4] ルイ゠ル゠グランは長きにわたって王国のトップレベルの中等学校として認識されてきたが、ロベスピエールが入学する前の数年間に劇的な変化を経験していた。一七五七年に起きたルイ十五世の暗殺未遂が、コレージュがかつて雇っていた人物ロベール゠フランソワ・ダミアンの仕業であるというニュースが、当時コレージュの管理をしていたイエズス会士たちの〔国王への〕忠誠心に関する古い疑念を際立たせることになっていたのである。コレージュの校長の信頼が失墜したこと、そしてイエズス会士たちが事件を王国の最高裁判所であるパリ高等法院に任せる決定を下したことで、コレージュはさらに手ひどい攻撃にさらされることになり、イエズス会士たちは一七六二年にコレージュの閉鎖を命じられた。[5] 一七六三年、コレージュはオラトリオ会の管理の下で復活することになり、正式にソルボンヌ大学と結びつけられることとなった。今やコレージュは、奨学生への中等教育を提供する使命を負い、国王の直接の保護下に置かれたことになる。一七六四年のイエズス会士たちの王国からの排除はまた、教育の性格と目的をめぐる活発で息の長い議論の渦中で起きた。ルソーの『エミール』(一七六二年)もその一つだが、この著作はまさに多くの意見表明の中で最も包括的なものとなるのである。続く三十年の間に、教育の専門家たちはより「愛国的な」教育を主張するようになった。神学や「死んだ」諸言語を教えることよりも、社会発展のための力として、より社会性の高いものとなる。

マクシミリアンは、級友とは良い関係を築いた。貴族の子弟が若干名いたものの、大半は彼のように弁護士などの専門職、あるいは商人や大規模製造業者の息子たちだった。仕立屋、毛織物業者、石工、その他の職人を親に持つ優秀な子弟もわずかだがいた。フランス社会は圧倒的に農村的性格が強いが、それにもかかわらず、田園地帯からやってきた奨学生は八人中ようやく一人といった具合で、しかも彼らは富裕農民の息子だった。賢くとも、農民の息子はコレージュには行かなかったのだ。生徒たちはそのほとんどが王国の北東部出身で、マクシミリアンもその一人である。[6] イエズス会に対してなされた非難の一つは、奨学生のカリキュラムを軽視してきたというものだった。寄付金のより効率的な管理を行ったおかげで、マクシミリアンがパリに到着するまでの間に、実質的に少なくとも五百人の少年が奨学金を受けていた。マクシミリアンは、ルイ・ベフロワ・ド・レニやフランソワ・スュロといった同年齢の少年たちと知り合った。年下のカミーユ・デムラン（一七六〇年生まれ）もいた。彼は、アラスからそう遠くないギーズ出身の軍士官であり領主であった人物の息子である。また、年上で、著名な定期刊行物『文学年鑑』の発行人の息子、スタニスラス・フレロン（一七五四年生まれ）もいた。フレロンは哲学教授陣の一人であったアベ・ロワイユの甥で、一番年下の弟クロード＝ミシェルはマクシミリアンと同じ日にコレージュに入学している。[7]

コレージュで、ロベスピエールはアラス出身の他の少年とも出会っていただろうが、のちに彼が教育について行った演説では、彼らやコレージュについて言及することはなかった。当時コレージュにいたことが分かっているアラス出身者の一人がレオン＝ボナヴァンテュール・プロワイヤール〔Léon

ではなくLiévin-Bonaventure Proyartリエヴァン＝ボナヴァンテュール・プロワイヤールの間違い」である。彼はマクシミリアンの十五歳年上で、学校では「学監」と副校長を務めていた。プロワイヤールの家は、ロベスピエール家と同様に、アルトワの社会に固く結びついていた。彼の親族の一人は、ロベスピエールの祖父や父のように、アルトワ州上級評定院の弁護士だった。プロワイヤール家は、なによりも教会と土地所有を通して、ローカルな社会とつながっていた。彼はロベスピエールのことをひどく嫌うようになり、彼の死後、あらん限りの罵りを浴びせて彼を非難した。とはいっても、この年若い奨学生についてプロワイヤールが持つにいたった記憶の中には、わずかながら真実も含まれているのかもしれない。というのも、例えば以下に挙げるような彼の記述は、ロベスピエールが子どもの頃から怪物だったという彼の主張にとっては、さして重要ではないことだからだ。

彼は、それまで自分の故郷で出会った者たちよりもいっそう手強いライバルたちとはじめて戦わなければならなくなったが、彼は戦意をなくすこともなく、断固として戦い、二年もしないうちに同級生たちの間で異彩を放つようになっていった。……彼は自分の勉学のことしか頭になかった。自身の勉学のためなら他のことはどうでもよかった。勉学は彼にとってすべてだったのだ。……ほとんど口を開かず、話す時は、人々が彼の話に耳を傾ける気になっている時だけだった。何かを話す際は、常に断固とした、彼特有の口調を崩すことはなかった。他者からの賞賛を常に渇望していたが、いざそれが与えられると、舞い上がることもなく、控えめにそれを受け取った。[8]……

教育の目的をめぐって、広範に活発な議論が起きたにもかかわらず、コレージュからイエズス会が手を引いたあとも、カリキュラムにほとんど変化はなかった。高学年の生徒向けに自然科学入門と数学の科目が設けられたことが、主な刷新だった。マクシミリアンは、注意深く構築された勉学のプログラムに従って、八年間を過ごすことになった。初年次生（第七クラスあるいは「文法科生」）はラテン語文法とある程度のフランス語も学ぶ。十五、十六歳の生徒たち（「修辞科生」あるいは「人文科生」）はラテン語、フランス語、そしてギリシア語にも手をつける。最上級生、「哲学科生」になると、道徳哲学と論理学を学ぶ。彼らはまた、十七世紀の司教たちや、その神学論争の相手であったボシュエやフェヌロンの著作を通して、キリスト教思想の手ほどきも受ける。さらに偉大な貴族モンテスキューの近著だった『ローマ人盛衰原因論』を通して、古代史の基礎も学んだ。文学修士を獲得するには、さらに二年間、論理学と道徳哲学を学ぶ必要があった。ロベスピエールが卒業する年には、生徒たちは、「コンスタンティヌスが教会の保護をしたことにニケーア公会議の司教として感謝する」を題目として、フランス語のスピーチを作成することが求められた。[9]

ルイ＝ル＝グラン校は、ギリシア語の勉強に真面目に取り組んでいるパリでは非常に数少ない学校の一つだった。アリストテレスの『倫理学』は主要テキストとなっており、うぬぼれ、嫉妬、放蕩、そして貪欲は、英知、正義、節制、そして知識のアンチテーゼであること、また規律、謙虚、そして献身が弱き者を有徳の状態に導きうることが教えられたのである。加えて、フランス語に翻訳されたばかりだったプルタルコスの『対比列伝』は、歴史の教訓に関心を広げる上で、まさに完璧なテキストであった。ただし、これはラテン語に支配されたカリキュラムである。実際、哲学を教えるためにラテン語が使われたのだ。ホラティウス、ウェルギリウス、そして特にキケロなどのテキスト、さらにタキトゥス、リウィウス、サルスティウスのような他の著者の作品の要約を通して、生徒たちは古代史と政治、特に共和政後期とアウグストゥスのローマ時代のそれを学んだのである。カリキュラムは古典で満たされていた。生徒たちは、古代ローマとラテン語にどっぷりと浸かっていて、近年のフランス史よりローマ文化の方をよく知っているほどだった。生徒たちが、キケロの『弁論家について』を読んでいたかは定かではないが、彼らが、導入、陳述、論証、反駁、そして結語というキケロの弁論術における五段階モデルを使いながら、演説を書くことを訓練されていたことは確かである。[10]

カリキュラムで主に使用された――そしてのちにロベスピエールと彼の同世代の人々によって常に参照される運命にあった――テキストは、共和政ローマの最も輝かしい時代であったとされる紀元前八〇年から紀元後一二〇年の間に書かれたものだった。こうした古典の中では、共和政ローマの失われた徳、すなわち愛国主義と自由への愛、禁欲と勤勉、自己犠牲と勇気、高潔さと正義が記述されている。これらは、筆者たちが自らの周りで眼にしていた贅沢、貪欲、陰謀、堕落といった悪徳と、明確に対立するものとして描かれる。[11] このカリキュラムの中で使用されたテキストとして知られているものの一つが、カティリナの陰謀事件についてのキケロの演説である。この時キケロは断固、妥協せずに、紀元前一世紀のローマで、ルキウス・セルギウス・カティリナの一派によって権力掌握のためになされた企てに対し、行動した。カミーユ・デムランならば、のちに回想して言うだろう。「私は何度キケロを抱きしめただろう。涙が瞳を濡らす。」キケロの演説はコレージュ向きだった。というのも、このテキストは、陰謀家たちの不道徳な行動や、目的を果たすための性の利用、贈賄行為を強調していたからである。

国外に関わる物事はすべて安定している。……国内の争いだけが残っている。われわれに対する唯一の陰謀は、われわれの市壁の中にあるのだ。危険は、敵は、内側にいる。……

節度と厚顔、良俗と頽廃、誠実と欺瞞、敬虔と不正、調和と狂気、名誉と恥辱、節制と肉欲、これらが相争っている。要するに公正、節制、勇気、賢明、これらすべての美徳が、不正、放蕩、臆病、軽率といったすべての悪徳と戦っているのだ。[12]

キケロのテキストは美徳と悪徳を並べて見せ、前者が陰謀の脅威にさらされているとする。このような併置の仕方は、マクシミリアンの思考方法に埋め込まれていたように思われる。

コレージュの明らかな使命は、知育というよりはむしろ広い意味での徳育にあった。すなわち、論理的で規律ある学習能力の養成であり、また判断や行動の望ましいかたちの教化であり、さらには倫理的、宗教的、あるいは市民としての責任を受け入れる分別ある若者の育成である。ルイ十五世の言葉を借りるなら、その目的は「道徳と規律における教育」であり、コレージュ自体の規定の文言からするなら、それは生徒に「堅固なキリスト教教育を提供し、そうすることで国家と宗教にとって有益なものとなること」である。一学年のフィナーレは試験とその報賞なのだが、結局、有徳の状態へと到達するということとは、これらより広い徳性を獲得することであると理解されていたし、ラテン語運用能力は、こうした達成のための有効な手段であるとされていた。

少年たちの毎日の生活は厳しくコントロールされており、宗教的また学問的な規律とルーチンを軸にまわっていた。これらはマクシミリアンが入学してちょうど二カ月して、長い規定の一覧で体系化されたのである。一連の規則は、対人関係構築の意味を教え込むものから、勉強と余暇のための時間と場所を規定するものまであった。「調和と平穏」からなる雰囲気を作り出し、自ら「正しい行いへの愛情と勤勉」の実例を見せることで指導していきたいという、学校の教師たちの期待表明が冒頭に提示されている。生徒たちは、「厳格さ」というよりはむしろ「誠実で感受性の高い精神」を涵養することで、「敬虔と信仰からなる感情」を身につける。規定に埋め込まれた諸価値とは、調和と思いやりであり、勤勉と敬虔であり、自制と従順である。すなわち「俗悪さや無礼や汚辱、あるいは悪意あるあだ名は、許容されないだろう。乱暴で無礼な行動は、いかなる理由であれ、厳しく禁じられ、厳格に処罰されることになる。」

少年たちは、教師たちにはもちろん、同級生や学校職員にいたるまで、自身の教育に関わるすべての者に対して慎み深く、キリスト教に基づいた行動が求められる。

> 会話においては、生徒たちは自ら話すよりも、相手の言葉に耳を傾けたいと思わなければならない。……
>
> 自ら進んで他者を称えなければならないが、それはわざとらしさやばかげた行為なしでなされるべきだし、自分自身にとって都合のいいことを口にしてはならない。
>
> 使用人に対しても穏やかに礼儀正しく話しかけなければならない。彼らのことを手荒に扱ったり、恩着せがましく振る舞ったりすることは明確に禁じられる。[13]

少年たちは午前五時三十分に起床し、祈りと信仰のための読書の準備を始める。そして彼らは聖書学習と暗唱で始まる九十分間の勉強に取りかかる。そのあとで朝食である。彼らの一日は長い。厳重に監視されており、勉強と祈りに専念する。「教室、会議の場、予習の場、その他いかなる活動の場であれ、娯楽や建物内の徘徊その他、こうした活動に無関係なことで時間を浪費することがあってはならない。」午後九時十五分までに少年たちはお祈りを終え、寮の寝室にあるベッドに入っていなければならない。食事中でさえ、「賛美せよ」や「感謝の祈り」「深き淵より」を夕食に際して唱える場合を除いては、沈黙のうちに食事をし、聖書の朗読に耳を傾けることが期待されたのである。[14]
マクシミリアンの入学初年度に十六歳で亡くなったデカローニュ・ド・ラ・ペリという若い奨学生の人生についての、アベ・プロワイヤールの叙述が、生徒たちの敬虔の徳をさらに強化した。『有徳の生徒、あるいはパリ大学におけるある生徒の啓発的人生』によって、マクシミリアンと彼の学友たちは、最初の聖体拝領のあと、デカローニュが日々心に決めていたことについて、学んだようだ。

私の最初の思考は神より来たる。……

勉強中、私はただ先生方によって与えられた課題のことしか考えない。許可なく隣の者に話しかけることもしない。……

遊びの間も、私はしばしば自分の精神を神の方へと向けている。……

私は先生方に完全に服従する。彼らが私に罰を与えたなら、仮にそれが不条理なものであっても、私は決してそれに反抗しない。[15]

プロワイヤールがデカローニュに捧げた賞賛に見られる、こうした敬虔を重んじる教えの数々が、果たして少年たちに受け入れられたのか、嘲りの対象となったのか、われわれには知るよしもない。

少年たちは控えめな、また清潔で見苦しくない服装をすること、そして一日に最低一度は手を洗うことが求められた。これが神の、そして同級生や教師たちの視線の中で生きるということであった。要するにそこにはプライベート空間など存在せず、「不潔な習慣をそのままにしている少年がいれば、考えられる限りの手段が用いられ、必要とあれば罰を与えて矯正される」のであった。毎晩服を脱ぐ時も、その祭日を翌日にひかえた聖人の生涯についての朗読に耳を傾けるのであった。特に親しい友人間関係を持つことは、それ以外の者たちに対する「暗黙の軽蔑」であるとして、奨励されなかった。「生徒間のつながりに関していえば、これがあまりに親密なものになれば、たいていは陰口や中傷、教師への反抗、放埒、時間の浪費などにつながる」[16]というわけだ。

あらゆる組織の規則と同様に、これらは理想とされる行動の規範であって、必ずしも実際に少年たちがどう行動していたかを反映しているわけではない。行間を読む限り、おそらく彼らは実際には騒々しく乱暴で無礼であることもあっただろう。にもかかわらず、その処罰の厳格さからするなら、コレージュの監督者たちは秩序を強く求めるのに必要な力を持っていた。マクシミリアンは、小さな地方都市の密接に結びついた世界にある拡大家族の内側で、女性を中心とした諸関係に親しみながら成長した子どもであった。彼は今度は十代前半の少年期を、スコラ学的で男性的な世界の中で、厳格な規律に従って生活しなければいけなかったのである。

少年たちは外の世界からは隔絶されていた。彼らはきちんと養われており、その上に家族からの差し入れが許されることは滅多になかった。来訪者を受け入れたり、「信頼ある知己」同伴であれば遠出することが許されることもあった。ただし、マクシミリアンがこうした楽しみを享受していたかどうかは定かではない。家族との橋渡し役だった年老いたカノン゠ド・ラ・ロシュは、マクシミリアンがパリにやってきた二年後に亡くなっている。代わりに、教師や職員の監視の下ではあるが、彼はクラスメイトと一緒に、ほぼ毎週行われる半日のグループ遠足に参加していたようだ。パリ市内は誘惑と危険に満ちていると考えられていたため、こういった遠足のほとんどは、パリの市門を通って南にすぐの市郊外で行われたようだ。学校の規定では、少年たちは「追いかけっこをしたり、ぶどう園に侵入したり、小麦畑に踏みいったりするような、興奮や不平不満に結びつくかもしれないことはなんであれ」避けるよう指示されていた。[17]

確かにマクシミリアンは夏の休日にはアラスに戻っていたようだが、もはや彼の家族は、悲しいことに、縮小しつつあった。その頃には、彼の父フランソワはアラスを、さらにはフランスを離れ、自身の職業も捨て、ミュンヘンにフランス語学校を作っていた。彼は一七七七年にこの地で没する。マクシミリアンの祖父母カロ夫妻は一七七五年、一七七八年に相次いで亡くなる。またこの間、彼の直接の家族にも別の変化が起きていた。彼を育ててくれた二人の叔母が、ともに四十一歳で結婚したのである。ウラリが一七七六年に公証人で商人でもあったロベール＝フランソワ・デゾルティと、またアンリエットの方は一七七七年に医者のフランソワ・デュ・リュと結婚した。[18]

マクシミリアンの妹たちは他の場所でやはり勉学に励んでいた。シャルロットは一七六八年から、アンリエットは一七七三年から、国境を越えてすぐのところにあるトゥルネ（現在はベルギー）の「マナール姉妹の家」に入っていた。そこで彼女たちは読み書きや裁縫などの家事仕事を教えられた。シャルロットはのちに、夏の休日に子どもたちがアラスで再会した時の大きな幸せの時間を回想している。ただそうした時間は、毎年のように行われる親族の葬儀による悲しみで中断されもした。とりわけ一七八〇年に、十九歳の妹アンリエットが亡くなったこと以上に痛ましいことはなかった。この喪失は「想像以上にマクシミリアンの性格に大きな影響を及ぼした。暗くふさぎ込んだ人にしてしまった。」[19]そうシャルロットは信じている。彼はアンリエットに対する愛情に満ちたオマージュを書き残している。以下は、シャルロットが自身が死ぬまで持っていたマクシミリアンの詩である。

アンリエット嬢への歌

おまえは知っているか、ああ、素敵なアンリエット
神々の中で愛こそが最も偉大なのはなぜなのか……

恵みで満ちた宝箱を開いて
数多の魅力を使って
おまえのかわいらしい顔を飾った
愛らしい瞳には優しさを添え
聞く者を強く惹きつける声を与えた

三美神の微笑みをおまえに授け
あらゆる点で　女神を表現した
おまえの歩いたあとには笑みが続くように
そしておまえの足音には陽気さが伴うように

おまえの漆黒の髪を整え
その肌の白さを明らかにした
ヴィーナスの腕からベルトを取って
自らそのベルトでおまえを飾ったのだ[20]

夏の休暇に、アラスやパリの学友に会うこともあった。アベ・プロワイヤールがロベスピエールをあれほどまでに強く嫌うようになった理由は、ロベスピエールに軽視されていると感じていたからだ。プロワイヤールが「休暇中アラスにやってきても、ロベスピエールは、彼もまたプロワイヤールが誰にもまして世話をしているこの町出身のルイ＝ル＝グラン校の若者の一人であるにもかかわらず、プロワイヤールを無視し、偶然でもなければ会おうとすらしない唯一の存在だから」である。確かに二人の関係は冷え切っていた。一七七八年四月、アラス司教がパリにやってくることを知った時、ロベスピエールは短い手紙をプロワイヤールに書いている。その中で彼は、司教に会いたいのだが、「外套もなければ、外出するために必要な多くのものを持っていません。彼に直接私の状況をお話しし、御前に参上するために必要なものをいただくことができますよう、労を執っていただけないでしょうか」[21]と述べている。

プロワイヤールの憎しみには、傷つけられたプライドを感じる。そしてなぜ彼が、もう一人の教師アベ・エリヴォがロベスピエールに与える影響を腹立たしく思っていたのかの説明がつくかもしれない。「彼の中で発光する共和主義の害悪が成長するのに、修辞学の教授以上に貢献した教師もいないだろう。古代ローマの英雄たちの熱心な賞賛者エリヴォ先生のことを、彼が教えた生徒たちは、いい、ローマ人とあだ名していたが、彼はロベスピエールの性格は強靭なローマ人の諸特徴を備えていると考えていた。」事実エリヴォは、一七七五年に、ランスでの戴冠式のあとパリに立ち寄ったルイ十六世とマリ＝アントワネットに対して賛辞を捧げる生徒として、五百人の中からロベスピエールを指名したのである。プロワイヤールはこのことを回想している。「ロベスピエールは全生徒を代表して、先生が作った散文詩を朗唱し、表敬する役割を担った。私はその場におり、国王がもったいなくも、彼のことを優しげに見下ろしていた様子を覚えている。」実際には、国王夫妻は雨に降られ、馬車の中にとどまり、この若い学徒が賛辞を述べ終わるとすぐに、彼を雨の中に残して立ち去ったというのが真相のようだ[22]。ただ、ロベスピエールの勉強への真摯な取り組みや、彼の能力に関するプロワイヤールの回想は確かに正確であった。一七七二年から一七七六年の間、学校の表彰式において、ロベスピエールの名前はその常連となっており、何度も次席の表彰を受けていた。[23]

大学における医学、神学、法学という三つの専門学部の一つに入るためには、文学修士を授与されていることが必要だった。既述のように、マクシミリアンは長く続く法曹家の家系出身であり、彼の祖父と父は両者ともに地方の最高法院で働いていた。一七六四年の母の死後、父が見せた行動に彼がいかなる戸惑いや憤りを感じていたにしろ、彼の心は法曹家になるという点ではっきりと決まっていた。マクシミリアンはすでに、驚くべき決断力と自信を持っていた。一七七六年一月、まだ彼は十八歳になっていなかったし、法学に手をつける前にまだ数年間のコレージュにおける勉学が残っていたけれども、彼は優れた法曹家ギ＝ジャン＝バティスト・タルジェに丁寧な手紙を書き送っており、そこでは自分のことを法学部の学生であるとすでに述べており、自身を知ってもらうための口実だろう、ささいな質問をしている。[24]

のちに、一七七九年十月、ちょうど法学の学生として勉強を始めようとしていた時、マクシミリアンは国内で最も著名な法曹家の一人である貴族のジャン＝バティスト・メルシエ＝デュパティに手紙を書いた。ボルドー高等法院長であり、裁判上の誤りについての批判で名が知られた人物である。[25]彼が関わった中で最も有名な公的問題は、一七七五年、「国王の専制」に対する擁護者として、最高諸法院を見事な雄弁で弁護した件である。ロベスピエールは尊敬の念を抑えられずに、不躾なアプローチをしてしまったことを詫びている。裁判所における成功への熱意を述べた後で、彼は以下のように付け加えている。

私は少なくとも高い競争心と非常に強い成功への欲求を持っています。ただし、賢明なる師の助言は、私が目的を達するに際して大きな助けとなりましょうから、自分の勉学の計画を作成してくださる親切なお方を探したいのです。……もし手紙よりも直にお会いする方が良いとあなたさまがお信じなら、いつお話しする栄誉を得ればよいかご指示いただきたいと存じます。

メルシエ＝デュパティが返事を書いたかどうか分からない。しかしこの要求からするなら、マクシミリアンが野心家であると同時に抜け目ない人物であること、そして祖父と父の死によって、別の導き手やコネクションがなければ自身の職業上の成功は望めないことにおそらく気付いていたことが分かる。こういった年長の法曹家たちが、改革を求める力強い司法文化の中で、国を代表する指導層として現れつつあったのだ。彼らはモンテスキューやセザール・ベッカリーアに強く影響を受けている。その主要な関心は、下劣な身体刑、また諸法典と特権の錯綜の解体であった。[26]

今や二十歳となり、マクシミリアンはかなりの自由を手にすることになった。というのも、講義は毎日二コマあったものの、法科の学生はコレージュを離れて勉強をしており、講義が終わった時だけ戻ることになっていたからだ。毎日ミサに出席することが求められており、法律事務所で経験を積むために出ていく必要があるという共通の言い訳も、きちんとした理由説明の文書を提出しなければ通らなかった。しかし、法科の学生に対するコレージュ側の規則や、彼らの行動についてパリ高等法院レベルの権威が表明する関心によれば、多くの学生が、想定される合法的な見習い期間を利用して、パリ生活の別の側面を楽しんでいたことが推測される。[27]

マクシミリアンは間違いなく、今やこの都市を探検することができるようになった。すぐそばのカルチエ・ラタン近辺は、狭い道が交錯しており、これらはやがて十九世紀になると、サン＝ミシェル、サン＝ジェルマン大通りやエコール通りといった幅の広い道路によって切り取られてしまう運命にある。しかしルイ＝ル＝グランとソルボンヌからほんの少し丘を降りると、シテ島と裁判所へといたる。

ここには、パリにある三十五のそれぞれ別個の法廷のうち十六がひしめき合っていた。およそ四万人のパリ市民が、大都市の司法の中心を形成する場所で働いていた。

パリは、推定に幅はあるが五十五万から六十五万の人口を抱えていた。マクシミリアンの眼前にあったのは、よく見知ったものであると同時に、著しく独特な都市空間であった。アラスと同じように建設業は活気づいていたし、新しい家屋が富裕層のために建設中であった。彼らは、もとは中世における中心街だった場所から離脱していったのだ。この中世の街区には、道沿いに職人の仕事場や商店が並び、その上には収入差に応じて様々な社会層の人々が部屋を借りて住み続けていた。大きな「工場」はいくつかあったものの、パリは依然として職人の工房が多かった。[28]商人と法曹家、専門的な職人の家族、労働人夫、貧者と売春婦の都市だった。七千人以上、ほぼ百人に一人のパリ住民は、五十二の小教区、三つの聖堂参事会、そして百四十の男子・女子修道院からなる宗教団体で働いていた。パリ住民二百人に一つの割合で居酒屋もしくはカフェもあった。大きく見ればパリはアラスにある程度似てはいたが、コントラストも存在した。道に立つ修道士の姿は、アラスの方がパリよりもずっと普通だったし、パリには八千人の兵士がいたが、その存在は、アラスにおける駐屯兵ほど目立つというわけではなかった。

マクシミリアンがどの法律事務所で司法修習の経験を積んだのかは分からない。ここでの経験は、ソルボンヌの限定されたカリキュラムより教育的効果が高かったように思われる。ソルボンヌでは民法と教会法に集中し、理論的、歴史的諸問題はもちろん、行政法あるいは刑法にはほとんど注意が払われなかった。[29]ただ、マクシミリアンはすでに一七七〇年代後半には法律の勉強を始めていた。彼のすぐそばで、聖俗の権威の性質に関する重要で熱気を帯びた議論が展開していた。特に、イエズス会の追放の諸結果については、依然としてパリ大司教と彼の支持者の間ではやりとりが続いていたし、彼らはパリで影響力を誇る「ジャンセニスト」たちがカルヴァン主義と近いことを非難していた。マクシミリアンは聖職者とキリスト教の諸団体が大きな影響力を行使する町で、信心深い叔母たちに育てられたのではあったが、人々が群がる中心都市で今や大人になろうとしていた。そこでは、正統な権威に関する確信の根源について、最も基本的な疑問が、社会のあらゆるレベルで提示されていた。この都市では、見てはっきりと分かる教会の存在感と、人々が礼拝に通わなくなったり、教会の位階への尊重を失ったりといった明らかな衰微とが、強いコントラストをなしていた。一七七四年に敬虔な若い国王ルイ十六世が即位するも、この点で何らの変化ももたらすことはなかった。[30]

　プロワイヤールによれば、ロベスピエールが「悪書」を読み始めたのはコレージュ最終学年の時である。プロワイヤールは次のように回想している。別の学監（アベ・イヴ＝マリ・オドラン）が「突然ドアを開けた時、彼が飾り箪笥の上で醜悪なパンフレットを読んでいた。……彼が冒瀆的な書物を読み始めたのは哲学学年の頃で、法学を学び始めてからも続いている。」ロベスピエールはどんなものを読んでいたのだろう。ルイ＝ル＝グランの幹部会議は、少年たちの間でルソーの『ヌーヴェル・エロイーズ』やラブレーの下品な『パンタグリュエル』が出回っていることに懸念を表明した。もしかすると彼は、パリの「グラブ・ストリート」〔ロンドンの「ミルトン・ストリート」の旧称。「下品な」作品を生み出す三文文士たちが住む地区を指す〕に秘密裏に出回る多くの安価な出版物のうちの一つを持っていたのだろう。こうしたパンフレットの中では、高位聖職者や貴族のよく知られた性的・道徳的偽善が、公になった有名なスキャンダルによってさらに強化され、嘲りの対象になったり、喜ばれたりした。[31]こうした出版物は、プロワイヤールが言い張るように「冒瀆的」であったけれど、反教権的であったり非宗教的であったりするのではない。そうではなくて、パンフレットの中で卑猥さと説教とが組み合わさっているのは、素朴で、堅固な徳性と献身を備えた聖職者を切望する気持が表現されていたのだ。似た衝動が、ルソーが『エミール』や『ヌーヴェル・エロイーズ』で展開した道徳的、感情的な物語の人気を説明する。

マクシミリアンが読んでいたのは、これですべてではない。プロワイヤールの回想によれば、法学の学徒としてロベスピエールは、「珍しい回想録を読み、有名な訴訟について学び、派手な被告側弁論や、最も名の知られた法曹家たちに対して判決が下されるのを聞くために裁判所に駆けつけた。」当時激増し、二万部も出版されるようになっていた判決要約文を、プロワイヤールも参照していただろう。パリの人々が群がったこうした有名裁判は、およそ次のように特徴づけることができる。つまりこれらは、市民性、合理性、功利性という諸価値に対立する暴力的、封建的、非道徳的なものとして描かれた、伝統的なアリストクラートの世界の否認である。[32] 特権身分に対する、あるいは彼らが寄生する社会の秩序と機能になおしがみつこうとする要求に対する、激しい批判。ロベスピエールは、パリの司法界とそこでの最も醜聞にまみれた訴訟を通して、こうした批判に触れることになった。パリの特定の法曹家の中で見られる、自分たちは新しいビジョンを表明する指導的役割を担いうるという力強い認識は、この若者や彼と同世代の者たちの特徴ともなった。

おそらくまたこの頃、マクシミリアンはジャン゠ジャック・ルソーに面会したか、少なくとも彼を目にしている。数年後、彼は「ジャン゠ジャック・ルソーの精神への献辞」を書き、オマージュを捧げているが、この中で彼は「私は最晩年のあなたを目の当たりにしました。その記憶は私にとって光栄なる歓喜の源です。その時私は、あなたのご尊顔を拝したのでした……」と主張している。ルソーが死んだのは一七七八年であるから、彼を眼前にした時のロベスピエールは、せいぜい十代の終わりにすぎなかった。面会が実現したかどうかは分からないが、どちらにせよ、おそらくは『エミール』や『社会契約論』あるいは『ヌーヴェル・エロイーズ』など、彼が深く感動した著作を通して、ルソーとの知的な出会いはあったのだ。[33]

通常、法学士には二年が必要とされていたし、免許取得にはさらに二年が必要だった。ただし、これは短縮することができた。実際ロベスピエールは一七七九年十月に法学課程を開始し、これを通常より早く、ちょうど十八カ月で修了することに成功した。一七八一年五月に彼は免状を取得し、続く八月にはパリ高等法院に法廷弁護士として登録された。[34]プロワイヤールの個人的な失望にもかかわらず、ロベスピエールは、高等法院を困惑させるような行動をする面倒な法学部生の一人であったわけではない。卒業に際し、学校当局は、彼の行動や能力を高く評価したからこそ、異例のやり方をとったのである。一七八一年七月、コレージュを去る時、彼の学業優秀が評価され、特別に六百リーヴル（実質一年分の生活費に相当する）が報賞として授与された。「これは、もうすぐ勉学を終えようとしているアラスのコレージュ出身の奨学生ロベスピエール君の傑出した能力と、十二年間に見せた品行方正、これまで受けた大学での報賞と、哲学・法学の試験の両方で示された授業内での成功、これらに関する学校長の報告に基づいている。[35]」

十二年の間、ルイ＝ル＝グラン校はマクシミリアンの家だった。のちの人生で、彼が自分の子ども時代や若い頃のことを語ることはほんとうにまれだが、一七九一年に、アラスであれパリであれ、オラトリオ会士たちから受けた教育が呼び覚ましてくれる記憶は、「私にとって常に愛おしいものとなるだろう[36]」と告白している。彼はコレージュで、他の少年たちのほとんどと何ら変わるところはなかった。つまり、地方のブルジョワ的バックグラウンドを持ち、賢くて、勤勉な若者ということだ。他のほとんどの少年たちほど恵まれた子ども時代を送ったとは言えない。にもかかわらず、彼の生まれ持っての能力と決断力は、学校での成績や行動について傑出した結果を生み出した。彼は特に古典に関わる豊かな知識を吸収し、厳しく競争の激しい環境で成功するために必要な自己修練を身につけた。ソルボンヌから法学の学位、多くの報賞も獲得し、王国最大の都市において成功することによってしか得ることのできない自信も手にした。勉強のための最後の数年、特に激動して刺激的な時期に、彼はパリの司法文化の中に足を踏み入れたのである。こうして彼は、アラスに、ちょうどトゥルネでの自身の勉強を終えていたシャルロットのところに戻ることになる。彼らはもはや完全に自立していた。兄は二十三歳、妹は二十一歳になっていた。

第三章　「たいへんに有能な男」——アラス一七八一〜八四年

マクシミリアンは、十二年間の不在ののち、一七八一年に故郷の町に帰ってきた。国内でも最も優れた中等教育機関と大学で学んだ法曹家として。少年の頃、彼は自分の拡大家族や教師、同級生たちを通じてアラスという町で生きていた。今や、彼は故郷に一人の男として戻ってきたのだ。全体として以前よりも権力の構造に通じていたし、地方出身の少年がヨーロッパ本土の最大都市で成功できたという自信も持っていた。賢く野心に溢れた若者が、豊富な知識とささやかな生活資とともに、愛する妹の待つ故郷へ帰ってきたのだ。

　彼が少年時代を過ごした地方都市は、カトリック教会の諸機関が影響力を誇っていた。頭のいい少年ではあったが、母と父を失うという不幸を経験し、誠実な親戚筋のサポートでなんとか生活できてはいたものの、奨学金を与えるというこの教会の力がなければ、彼がパリで教育を受けることなどできなかった。ロベスピエールが学業で成功し、やる気を見せたおかげで、当時ドゥエのコレージュで勉強していた下の弟オギュスタンも恩恵を被ることになった。マクシミリアンが、サン＝ヴァアストの新しい修道院長エドゥアール・ド・ロアンを説得したおかげで、ルイ＝ル＝グラン校で受けていた奨学金をそのまま十七歳のオギュスタンに移すことになったからである。こうしてオギュスタンは一七八一年から一七八八年にかけてルイ＝ル＝グランで過ごすことになり、このため二人の兄弟は一七六九年以降、夏の休暇を除くと、ほとんど顔を合わせる機会がなかった。[1]

マクシミリアンの家族の事情は今や随分と変わった。不在だった父が死んだだけではない。近い親族たちのほとんども同様だった。アラスの司法当局によれば、彼らは才能溢れた一族の若者を歓迎したものの、彼の生活資はわずかであったし、彼とシャルロットは、顧客を引きつける彼の力しか頼るものはなかった。しかし顧客を得られるかどうかは、主にすでに地位を確立した法曹家たちの善意に頼るほかなく、マクシミリアンは、こうした専門家の間にある個人的ネットワークを持っていないことに苦しめられた。状況の変化で、再び彼が、この子ども時代を過ごした小さくて、信心深く、伝統的な町を出て行くことのできる可能性はほとんどなかった。この町で彼は子ども時代を過ごした。そしてこの町で、特権、財、権力に常にすがることになるのだが、同業者や知人たちはみな、彼の家族の過去のトラブルを知っていた。

ロベスピエールの帰郷が、縮小した彼の家族にとって幸福をもたらしたことは疑いない。ただ、彼が帰ってきたのは、祖父が所有していた醸造所の売却をめぐる一族の争いがまだ続いている渦中であった。親族の一人にこの醸造所は約八千リーヴルで売却されたものの、生きている三人の子どもたちにはその半分しか渡ってこなかった。それ以上に、彼の父方の叔母と叔父は、兄弟であるマクシミリアンの父の残した借金の支払いを依然として続けており、カロ家の財産の売却益を使うことを望んでいた。[2] おそらくこの未解決の問題ゆえに、マクシミリアンとシャルロットは当初叔母・叔父と生活をともにせず、代わりにソモン通りに部屋を借りたのだろう。ここは両親が結婚したサン＝ジャン小教区教会に近く、カロ家の醸造所からも遠くなかった。

マクシミリアン不在の間も、町は成長を続けていた。一七八〇年代には二万二千人の住人を数えた。この数は同規模の都市サン＝トメールよりも若干多く、急成長を遂げる北の繊維産業都市リールからはわずかに少なかった。[3] 市議会の懸命な努力が続けられ、王権からは関税優遇措置を受け、繊維製造業者と毛織物製品の取引を誘致しようとしたのだが、アラスの産業の長引く不況は続いていた。打つ手は効果なく、繊維産業は縮小、衰退を続けていた。工業分野で成長を続けているものもあるが、町の富はますます穀物取引に依存するようになっていた。十八世紀において、アルトワ地方は戦争とは無縁であったが、七年戦争やアメリカ独立戦争のような外地での戦争が、巨大な輸出マーケットを作り出した。駐屯軍の要請に従って、数千の人と馬のための糧秣が必要だったのだ。一番最近起きた破滅的な凶作は一七四〇年にさかのぼる。それ以来、穀物価格は倍になった。トウモロコシの長期的な価格上昇は、貴族や聖職者（特に司教、聖堂参事会、そして大修道院）、富裕なブルジョワのような、アラス周辺の農民から小作料を徴収している大規模土地所有者たちの利益となった。下町と市壁内の富裕な貴族やブルジョワの住居の改装で、建設業の活況は続いていたが、これは富のおかげだった。

　マクシミリアンが戻ってきた頃のアラスは、商業的な中心都市というだけではなかった。アルトワ地方の村落を結びつける特権、領主制、司法、行政が構造的に交差する、敬虔で保守的な地方の中枢でもあった。アラスのような地方の首府は、農村地帯に様々な利便性をもたらすと同時に、それに依存してもいた。裁判所、市場、そして社会秩序を提供する代わりに、十分の一税、領主貢租、地主地代を得ていたのだ。ロベスピエール家のような法曹一族はこうした社会の重要な柱であった。

　アルトワ州は、十四世紀にその起源を持つアルトワ州三部会を有していたことで、ある程度の自治と税務の管理をすることができた。州三部会は三つの身分の代表者たちを召集する。高位聖職者、四代以上家系が存続している貴族、そして全市町村の市民を代表しているとされた十大都市の都市参事会員である。ピレネー条約の二年後、一六六一年に再興されて以来、ローカルな権力の頂点に位置したのが州三部会だった。[4] 王権にとって枢要な行政官職となる地方長官は、アルトワ州ではリールにおかれ、王国の熟練の行政官たちによって担われた。その中の一人が、一七七八年からアルトワ州の地方長官となり、一七八三年には財務総監になるシャルル＝アレグザンドル・カロンヌである。しかし州三部会は毎年アラスで開催され、王国諸税の徴収に関わるすべての者たちの上に位置していた。アルトワ州は、他州では憎悪の対象となっていた塩税が免除されていた。代わりに、飲料と家畜への課税をすることで、四十万リーヴルという王権政府への「自主的な」献納金を納めることになっていた。アルトワ州三部会は、むしろ一七八〇年代までにローカル権力に対する影響力を強めていた。一七八二年、カロンヌは、「州三部会が、私の前任者からアルトワ州の共有財産の管理権を奪ってしまい、……関係者の諸利益を統制し、あらゆる共同体の審議を承認したり、否認したりしている……」と不満を述べている。特権的な州三部会の持つ諸権力の問題は、王権との間でくすぶり続けることになる。

　アラスの高位聖職者は、アルトワ州三部会と市参事会、あるいはアラスの「行政機関」の持つ権力構造に組み込まれていた。アルトワは高等法院ではなく、「州上級評定院」を持つ王国で四つの州のうちの一つであった。州上級評定院は、一六七七年に作られて以降この州における最高裁判所であり、民事と刑事、そして課税に関わる案件も扱う最終審である。アラス司教イリエール＝ルイ・ド・コンズィエは、ほとんど神政政治的なやり方で、州上級評定院を主導していた。[5]北はアルマンティエール、東はヴァランシエンヌまで及ぶ司教区にある四百もの小教区において、彼は精神的権威として振る舞った。コンズィエの年収は四万リーヴル（司教としては普通）あり、かつ一七八〇年までに自身の司教館の再建を完了させたり、女子慈善修道会を設立したり、あるいは新しい神学校設立を手がけたりするには十分な司教区の資産もあった。彼はサン＝ヴァアスト修道院の隣にあるノートル＝ダム大聖堂の再建にも取り組んだ。これは一七七四年に開始されたので、ロベスピエールが戻った一七八一年でも完成からはほど遠い状態だった。アルトワ州のすべての他の社会層と同様に、第一身分も地位と富における諸々の明確な差異によって引き裂かれていた。この身分の特権は、身分内での分裂を生んでいたのだ。

コンズィエは、司教座聖堂参事会の各施設の長、司教座聖堂つきの高貴な司祭、修道院やその他の宗教施設の長たちを含む高位の聖職者エリート層の頂点に立っていた。一七七〇年までに、巨大なサン＝ヴァアスト修道院の建物は完成した。一七七八年には、エドゥアール・ド・ロアンがサン＝ヴァアスト修道院の院長に任命された。このポストは、フランス全国で見ても最も収入の多い地位であった。同年、彼は枢機卿となり、その前年には自身の叔父を継いでストラスブール司教ともなっていた。これら聖職のポストから、彼は総計八十万リーヴルを超える収入をかき集めたが、それでも自身の借金を返すには不十分であった。一七七七年からはフランス宮廷司祭として、ロアンは、王国の宗教政策に関しても名目上の権威を握っていた。彼はパリとヴェルサイユの政治的な事柄に深く関与することになったが、このためストラスブールでは、彼の影響力は名目的なものにとどまった。アラスについてはよりその傾向が顕著であった。[6]

有力な貴族の諸家は、その財をアラス周辺地域における土地の所有と領主領収入から築いた。アルトワ州三部会に席を占めることができるのは、輝かしい「古き」家柄を持つ貴族だけで、アルトワで貴族の身分を持つ五百人のうち約百二十人に過ぎない。彼らの中には依然として自分の所領に住み、（フェルディナン・デュボワ・ド・フォスのように）農業の改良や所領内の市町村に関わる諸問題に深くコミットする者もいた。デュボワはまさに理想の領主であり、所領の共同体に対する配慮を忘れず、所領内の聖職者に対して寛大だった。[7] 他方で貴族は、司法・都市行政職に就いていたり、州政府（アルトワ州三部会）に参加したり、アラス王立アカデミーの会合に出席したり、あるいはそれ以外にも都市生活には魅力があったために、ほとんどが自身の所領にある住居を捨てていた。彼らに人気のあるアラス市内の地区は、サン＝ジャン＝アン＝ロンヴィル小教区で、州三部会議場のそばに多くの私邸が建ち並び、地方総督や市政府行政官の邸宅もあった。アルトワ州上級評定院の売官官職に就くことで授爵された者が多くを占める新貴族は、都市に住む傾向がさらに強く、古い家柄の貴族たちが依然として重視する社会的な階梯をきしませることとなった。

収入源と生活様式という点で、アラスのブルジョワ・エリート（特にほとんどが成功した法曹家と商人）は、彼らがそうなりたいと考えている新貴族の多くとほぼ変わらなかった。しかし、一つの社会グループとしては、ブルジョワジーの中で影響力が強かったのは、十もの主要な裁判所があるこの町においては法曹家であった。三十一人の裁判官、九十二人の法廷弁護士、およそ五十人の代訴人、そして錯綜する複数の裁判所に奉仕する二十五人の公証人がいた。一七八一年以降ロベスピエールが生きたのは、こういう世界だった。優秀な才能に恵まれてはいるが、不安定で、運命に抗して成功を収めたすべての若者と同様に、彼は自分の能力を深く自覚し、息苦しい町の中で、啓蒙の哲学を自分が代弁するのだという確信を持っていた。直近の問題は、この特権的で階層的なアラスの司法的な支配秩序の中に入り込んでいけるかどうかという点であった。司法的な名声あるいは社会的地位のある最上層の世界に、簡単に参与できる保証のあるような家名や家産を、彼は全く持っていなかったのだが、気分を害さないよう注意すべき人々の世話になるのである。この点で彼は幸運だった。あまりにパリ的であり、はなはだしく利口すぎ、あるいはよい育ちではないという理由で、彼はあからさまに無視されてもおかしくはなかった。しかしそうされる代わりに、アラスでも最も影響力を持っていた人物たちが彼に手をさしのべ、迅速に、重要な役職や援助を彼に提供したのである。

一七八一年十一月八日、申請が通り、彼はアルトワ州上級評定院つきの弁護士として登録された。[8]別の法曹家ギヨム・リボレルはロベスピエールの二十歳年上で、彼の人物証明を州上級評定院に提出し、さらに一七八二年一月に、最初の簡単な訴訟を彼に任せることで一本立ちさせてくれたのである。ただしこの時は異議申立がなされ、明確に彼らが敗れることになる。他の初期の訴訟も、同様に簡単なものであったが、これらについてはロベスピエールが勝利している。一七八二年五月、「宗教改革派」を信仰していた叔父に従うよりも、カトリックのままあることを選んだために、他人に相続権を奪われた甥たちのための裁判で勝利した。[9]

アラス司教はこの頃、偶然空席となった司教座裁判所の司法官として、一七八二年三月九日、ロベスピエールを指名している。同業の法曹家たちが十年は待つのが当たり前という地位である。この裁判所はアラスとその周辺三十ほどの小教区で司法的な権威を持っていた。この裁判所を通じて、彼はやがてリボレルと対立する訴訟を担当していくことになる。のちに殺人者に対して死刑判決を下さざるを得なくなるのもこの裁判所においてであった。妹シャルロットはのちに、この判決を下した夜の彼の動揺を回想している。「彼が有罪ということはわかる。」マクシミリアンは何度も繰り返した。「卑劣漢だというのは分かってるんだ。けれど、一人の人間に死を宣告しなければならないとは。」[10]

順調なスタートを切ったにもかかわらず、若い法曹家は、ささやかな家賃すら満足に払うことができないということをすぐに悟った。一族の意志に関わる話し合いはおそらくすでに決着がついていたので、彼は一七八二年の後半には、タンテュリエ通りに住む叔母のアンリエットとその夫で医者のフランソワ・デュ・リュのもとで世話になることを受け入れた。ここは、司法活動の中心地区にほど近く、また真向かいには、大聖堂と、今や完成した大修道院があった。ロベスピエールの収入が改善されると、彼と妹は下町のジェズュイト通りに戻った。マクシミリアンの学んだアラスの学校の医務官をしていたデュ・リュのおかげで、彼は成功した卒業生として迎えられた。そしてアンリ四世、あるいはこの頃アラスに駐屯していたサリス゠サマド連隊についてなど、歴史的なテーマで、卒業式に際しての講演を頼まれている。[11]

マクシミリアンは、階層的でコネクションによって成り立つ地方の司法組織が作る世界で身を立てていくために助力を必要としてきたのだが、今やさらに別の必要性を感じていた。自身にとって最初の、そして不首尾に終わった裁判を戦った後に続く週、彼とシャルロットは、シャルロットの友人の一人でデュエという名前の女性から贈り物としてカナリアを数羽受け取った。マクシミリアンは、これに対して、「論考」（おそらく裁判所での彼の最終弁論の原稿）数葉とともに、感じのいい手紙をしたため送っている。[12] 彼女のもとからやってきたこのカナリアたちは、いうまでもなく興味深い存在となった。「とてもかわいいです。あなたが育ててくださったカナリアです。どんなカナリアよりも優しく社交的になってほしいなとも思っていました。」だが彼は、彼が籠に近づくとカナリアたちが取り乱して騒ぎ立てることに頭を悩ませていた。「カナリアたちはあなたのようなお顔を人の顔だと思っているようですが、それで良かったのでしょうか。」マクシミリアンはこの寛大な若い友人に惹かれていたように見える。彼女からの贈り物で、彼が子どもの時にも飼っていた小さな鳥に対する愛情が蘇ったのである。ただし、これ以上二人の関係の進展は見られなかった。

ロベスピエールは他の人たちにも強い印象を残している。この若者を早熟と考えた者もいたことは疑いない。かつて彼にルイ＝ル＝グランで教えたアベ・プロワイヤールはまだパリにいたが、ロベスピエールがパリを去ったあとも彼のキャリアに興味を持ち続けていた。プロワイヤールの回想は現実を徹底的に歪めたものだが、彼の次のような主張の中には、幾ばくかの真実が含まれていただろう。「ロベスピエールは首都を眼にして、そこにある不道徳な物事を模倣した他のすべてのやんちゃな若者となんら変わることなく、戯言をいっぱいため込んで、そこから戻ったのだ。[13]」彼について好ましい印象を持った者もいた。一七八二年二月、別の法曹家アンサールは、アラス出身でパリの法科の学生であり友人のエティエンヌ・ラングレに、アラスから手紙を書いている。内容は、例の異議申立に関わる裁判におけるロベスピエールの活躍についてであった。「僕らの町に特に変わったことはない。ただ、ロベスピエールとかいう人物が、君のいるその場所から到着したばかりなのに、名の知られた裁判でデビューを果たしたよ。……噂によれば（僕はまだ彼の言葉を直接聞いたことはない）、話しぶり、表現の選択、そして法廷演説における明晰さという点で、彼に及ぶものは皆無というじゃないか。……」ラングレはこれに返事を書いている。「事実、このド・ロベスピエール氏という人物は、君がいうように恐ろしい人だ。付け加えていうなら、彼の優秀さに喝采を送り、このような才気溢れる人物を生んだわがふるさとを祝福したい気持を抑えられないよ。[14]」

疑いなくロベスピエールは勤勉で献身的だった。シャルロットののちの回想によれば、彼は六時から七時の間に起床し、八時まで仕事をすると鬘職人がやってきて髭を剃り、髪粉を振りかけた。軽い朝食（ボウルの牛乳一杯だけ）をすませると、再び仕事に取りかかり、十時に裁判所に向かうのだった。飲食は節制されており、果物とコーヒーを好んだ。夕方になると散歩をしたり知人と会ったりした。そのあとはさらに仕事である。妹は強調している。彼は、確かに家族と一緒にカードゲームに興じるよりは読書や沈思黙考を好んだけれど、生まれながらにして快活で陽気な性格に恵まれていた。彼はどんな仕事にも全力であたった。しばしば仕事で消耗しすぎて、意識ここにあらずの状態になることがあった。スープボウルがないことに気付かずに、テーブルクロスに直接スープを注いだこともあった。さらにいえば、ある夕べの会合からシャルロットに付き添って帰宅するという約束をしていたのに、これを忘れて一人で歩いて帰ってきてしまい、シャルロットはずっと後ろから追いかけなければならなかった。ロベスピエールはこのことをのちに恥じた。[15]

厳格に守られるルーチンと明らかな能力によって、彼はささやかだけれどもそれなりの顧客を獲得した。ただそれはつまり、アラスの裁判所で確固たる地位を築いた人々と同じような成功からは、ほど遠かったということである。一七八二年、彼は州上級評定院に十三の裁判を担当し、二十三日間は出廷した。この年は四つの裁判は示談となり、七つの裁判で勝利している。翌年は二十八回法廷に立ち、全体のおよそ三分の二の裁判で勝訴している。一七八四年は十二の裁判しか担当しなかったが、このうち十件の勝訴を勝ち取り、明らかな敗訴と言えるのは一件しかなかった。[16] 成功を収めた弁護士ではあったが、稼ぎは実際たいしたことはなかった。このような短い時間で、二十年、三十年と活動してきたリボレルのような者たちと張り合うことはできなかったのだ。

パリから戻ってすぐ、ロベスピエールは、(おそらく司法界のつながりを通して) やはり弁護士でかつ非常に裕福な土地所有者でもあるアントワーヌ＝ジョゼフ・ビュイサールと出会った。二十歳以上年上で、当初はビュイサールが、この優秀で若い同僚の教育係をしていたが、やがて二人は親しい友人になる。マクシミリアンはビュイサールの妻シャルロットのこともとても好きになった。彼女は州上級評定院長ブリオワ・ド・ボメズのいとこであった。ロベスピエールはパリから戻った時、思想と専門知識という点では豊かになっていたが、金銭的には困窮した状態だった。これに対してビュイサールは、膨大な蔵書からなる大規模な書庫を持っていた。百科全書全三十六巻、ダミアン事件の裁判記録集成、キケロの六巻本、あるいはウェルギリウスやホラティウス、オウィディウスのラテン語、フランス語の書物、その他多数の歴史や科学の本がそこにはあった。[17]

ビュイサールは、素人ながら熱心な科学者であった (地元の人々は彼に「気圧計」というあだ名をつけた)。そしてロベスピエールのために、サン＝トメールの法曹家ヴィスリ・ド・ボワ＝ヴァレの弁護の手はずを整え、弁護士として飛躍の機会を与えてくれたのもビュイサールであった。[18] ヴィスリが建てた巨大で複雑な避雷針は、周辺住民を不安に陥れ、彼らの訴えにより、裁判所が取り壊しを命じたのである。しかし、ヴィスリは解体を拒否した。アラスのアルトワ州上級評定院に訴え、ビュイサールに自身の弁護を依頼したのだ。ビュイサールは大部のリポートをまとめた。友であり師である人物の手になるこの調査資料を活かして、ロベスピエールは一七八三年に逆転の裁定を引き出すことに成功する。これは「蒙昧」に対する啓蒙の勝利であった。「みなさま、」彼は州上級評定院で訴えた。「科学を守らねばなりません。ヨーロッパ中がこの裁判を見守っているということは、あなた方の決定が考えられうる限り広く知られることになるということです。パリ、ロンドン、ベルリン、ストックホルム、トリノ、サンクト・ペテルスブルクは、ほぼアラスと同じくらい早く、科学の進歩に対するあなた方の英知と熱意の表れについて耳にすることでしょう。」

官報『メルキュール・ド・フランス』も彼の主張に同意している。一七八三年六月二十三日、「長く公衆の注意を引きつけてきた有名な裁判」について、おそらくビュイサール本人による解説記事を掲載した。「新進気鋭の法曹家ド・ロベスピエール氏は、この技芸のための裁判となっている問題において、力強い言葉と確かな判断力を示し、人々に彼の学識から生まれる高尚なる見解を提示している。」[19]すでに述べたが、パリの一学徒だった時、ロベスピエールは当世最も著名な法曹家のうちの二人、タルジェとメルシエ＝デュパティに直接接触しようと試みている。ヴィスリ裁判の成功で、今や彼は、ベンジャミン・フランクリン自身に接近してみようと思うまでになっていた。何しろ彼が弁護していたのは、フランクリンの発明だったのだから。[20]

この地方での、進歩に敵対する偏見を根こそぎにする助けとなりたいという望みを持った私は、この裁判で行った演説を印刷することを思いつきました。不躾ではございますが、あなたさまがこの印刷物をお受け取りいただけることをお願い申し上げます。……仮に幸運にも、徳に溢れ、この世界で最も著名な科学者である方からの賛同をいただけるなら、［私はさらに］幸せです。

この裁判での彼の相手であるフォアシエ・ド・リュゼやリボレルといった人々の小教区における名声は砕かれてしまった。ロベスピエールはまだたった二十五歳に過ぎなかったのに。[21]

マクシミリアンが、（おそらくシャルロットと一緒に）北方のカルヴァンへ旅行を決意したのは、裁判が終わったこの時期だった。旅行中、彼はこの小さな町で、いまだ数も多く名も知られていた遠い親戚を訪ねる予定だった。彼の祖父は一七二二年、この町を出てきたのだ。カルヴァンはアラスから二十マイルも離れていなかったが、ロベスピエールはこの旅に深く心を動かされ、思い立って、そのことについてシャルロット・ビュイサールに手紙を送っている。「喜びも友人たちと分かち合ってこそ本物です。」[22] 慎み深いものだし、教養ある男にとっては、「旅」について様々な考察を述べることは、いわば当たり前のことであった。ロベスピエール自身は皮肉をこめて述べている。「たかだか五リーグ［十五マイル程度］の旅について、散文詩と韻文詩の両方で賛美する作家を私は知っています。」これに対して彼は、友人に向けて、自身の考察を続けている。そしてそれゆえに、こうした考察は何にも増して価値を持つ。著名な法曹家の妻の注意を引こうと書かれたという影響を考慮する必要はあるものの、われわれが手にしている、彼個人の考えに最も接近しうるものだからだ。

ちょうど二十五歳になり、アラスに戻ってわずか十八カ月の時期であった。マクシミリアンは自身の才能でもって、たとえ五十マイルに満たない往復旅行についてであれ、古典作家たちの言葉をほのめかしたり、フランス史についての自分の知識を披露して楽しもうとしていた。カルヴァンへの途上、ランスでは、彼は「十字架が立つ丘に登りました。そしてそこから、哀れみと賞賛の入り交じった気持で、あの広大な平原を眺めたのです。この場所で二十歳のコンデは、父祖の地を守るために戦い、スペイン人に対するあの有名な勝利を収めたのです。」

まさに知力が横溢する若者と言えよう。彼はまたウィットにも富んでいた。オデュッセウスとテレマコスの旅など自分の旅に比べればたいしたことはないと茶化して述べたり、荷馬車で早朝に出発したことを次のように皮肉ってもいる。「私たちを運ぶ馬車が市門を通過したのは、太陽を運ぶ馬車が大海の真ん中から昇ってくるまさにその時でした。海は白光の敷布で美しく飾られており、その一部は西風の息吹で揺らめいていました。」カルヴァンに到着した時、「その幸福の大地で、私たちはみな、喜びのあまりに叫んだのです。それはちょうど、イレウムの災害から逃れたトロイアの人々が、イタリアの海岸線をみとめた時にあげた歓喜の叫びと同じものでした。」

これと比肩しうる似た光景を私は一つだけ知っています。アイネイアスがトロイア陥落のあと自身の船団とともにイピロスに上陸した時、……たぐいまれなる精神を有したアイネイアス、トロイア最強の戦士ヘレノス、そしてヘクトールの優しき妻アンドロマケは、この状況に滂沱の涙を流し、何度もため息をついたのです。私は容易に信じることができます。彼らの感動は、私たちのそれに劣りますまい。この点で、ヘレノス、アイネイアス、アンドロマケ、そして私たちは別格と考えるべきでしょう。

ただ、ロベスピエールは手紙を通して、自身の特異な性格について考えてもいる。いささか自嘲気味に、野心と神経質は、ハードワークをこなす能力とともに、自分の大きな特徴なのだということを認識していたのだ。この時の旅は、順調に始まったわけではなかった。親戚に会えるというので舞い上がっていたこの若者は、この特別な感覚を他のアラス市民にも分かち合ってほしいと期待していたようだ。ところが、町の北にあるメオラン門を早朝に通過した際、彼の表情は仏頂面に変わってしまった。「ここら辺りの店員たちは、粗末な小屋の戸口に立ち、私のことをじっと凝視していました。私が挨拶をしたのに、それに返礼もなかったのです。私は常に強い誇りを持っています。この非礼なやり方は、私の心に深く刺さったし、その日一日最悪の気分で過ごすことになりました。」逆に、人口三千五百人というアラスに比べるとずっと小さな町カルヴァンに到着し、気持がなにやら高ぶって、楽しくなりもした。親戚たちとの時間は、温かなおしゃべりと祝宴の中で過ぎていった。ロベスピエールがアルトワのお菓子を好きだったのは明らかである。

到着して以降、すべての時間が喜びに溢れています。先の土曜日以来、私はタルトでお腹がいっぱいです。運命により、私のベッドは、部屋の中でお菓子が置かれているところにあるのです。一晩中食べ続けたい誘惑に駆られたのですが、私は熱くなりがちの感情をコントロールするのがよいと決め、これらの魅惑的なものたちに囲まれて眠ったのです。そして、この長い禁欲を埋め合わせしながら、日中を過ごしたことも事実です。

マクシミリアンはカルヴァンで、地域の有力者とも食事をともにしたが、そこには「ニンフに囲まれたカリュプソー〔ギリシア神話に登場するオデュッセウスを愛した海の女神〕のように光り輝いていた」カルヴァン市代理官もいた。彼はシャルロット・ビュイサールへの愛情を、次のように凝った言い回しで情熱をこめて述べ、その長い手紙を締めくくっている。

ちょうどオデュッセウスとテレマコスが、二十年の別離を経て再会したときと同じような満足感を抱いて、私たちも会うことになるでしょう。私は出会った町役人も代理官のことも難なく忘れてしまうでしょう。確かに市代理官は魅力的な人物だったかもしれませんが、マダム、私を信じてください、彼をあなたと比べることはできません。シャンパンが彼の頬を桃色に染めたときですら、その相貌が、自然のみによって与えられたあなたのお顔の持つ魅力を発揮することはないのです。そして世界中の町役人が束になったところで、あなたの愛すべき会話を恋しく思う私の心を慰めてくれることはありませんでした。

十八世紀の書簡の世界を研究したことのある者なら、友人間の大げさな愛情表現に驚いたことがあるだろう。[23] ロベスピエールも例外ではない。彼が書いた愛情表現は、確かに嘘偽りのないものではあるものの、こういった愛情を明確に述べているという点に特徴がある。これは特にビュイサール夫妻に対して顕著であった。

アントワーヌ・ビュイサールはアルトワの文化的な中心、アラス王立アカデミーの院長でもあった。ここでは、長い伝統を持つエリート家系の貴族や聖職者と、専門職の者が混じり合っていた。再びロベスピエールは、こうした人々の輪の中に加わることになった。ロベスピエールは、故郷に帰ってきた際、またヴィスリ事件の際、彼らの中に強い印象を残していた。彼は一七八三年十一月十五日、アカデミーの三十人のメンバーの一人として承認された。この時彼を任命したのは、ビュイサールとデュボワ・ド・フォスであった。このアカデミーで、ロベスピエールはアラス社会のエリートや法曹家たちと出会うこととなった。アルトワ州上級評定院で国王代官を務めたマルシアル・エルマンもその一人である。彼の父は、州三部会で書記官を務め、それ以前にはアラスの市参事会員でもあった人物である。[24]

一七八三年のアラス王立アカデミーは、そのマスコット、エンブレムとして、巣の縁から自分の翼で飛び立とうとしている数羽の若鷲を採用していた。一七八四年四月、ロベスピエールは、ちょうどこの若鷲のように、三人の若手の一人であった。新たにアカデミー会員に選ばれたこの三人は、それぞれ個別のテーマについてスピーチをした。法曹家ル・サージュは、才能の悪用を批判する演説をした。医師のアンサール（ロベスピエールのアラス帰郷の際、心のこもったリポートをした法曹家の姻戚）は、大気についての長大な解説を行った。他方ロベスピエールは、「偏見の起源、その不正義ともたらされる損失、そしてこの偏見によって罪人の汚名がその親戚にまで及ぶ事態を招いていることを証明することになった。[25]」

ロベスピエールが、アカデミー会員就任後初の、このスピーチに採用したアイディアは、メス技芸王立協会が公募した懸賞論文の論題に由来している。「市民権の喪失を伴う処罰によって生まれた不名誉を、罪人の親族の構成員すべてに拡大するような判決」、彼はその起源に関する一連の諸問題を扱ったのである。「こうした判決は、有益というよりはひどく有害なものであるのか。もしそうだとするなら、ここから結果として生じる損失をどうやったら避けることができただろうか。[26]」彼の回答は、モンテスキューの君主政の「精神」に関する考察、イギリス人の哲学者フランシス・ベーコンから直接導かれているし、間接的ではあるがベッカリーアも根拠としている。自分はパリで、古典からの隠喩を生む能力よりも、はるかに多くのことを学んできたことを示した。

最も重要なことは、この回答が、健全な社会の基礎としての徳に関するロベスピエールの中心的前提を明らかにしているという点である。「ちょうど太陽が光を生み出すのと同様に、徳は幸福を生み出す。他方、汚れた虫が腐敗の中で生まれるように、不幸は罪悪の結果である。」彼のように、中流階級の若者たちは、モンテスキューやルソーあるいは古典から学んで、次のような確信を持っていたのだ。すなわち、健全な社会とその政治は、市民としての、また個人としての徳に基づいているというものだ。偏見の起源と、それを消し去る手段に関する彼の主張は、政体とそれぞれを基礎づける価値に基づいていた。「専制的な国家においては、法は君主の意志でしかない。」それと対照させながら、彼はモンテスキューに依拠しつつ、次のように主張した。

共和国の根本となる原動力は徳であり、『法の精神』の著者が証明したように、それは換言すれば、法と国を愛すること以外の何ものでもない。これらを形作るには、あらゆる個別の利益、すべての個人的な関係よりも、公共善が常に優先されることが必要なのだ。……［市民は］最も愛されている罪人であっても、共和国の幸福のため、その処罰が必要な場合は、これを決して許してはならないのである。

しかしながら、これは司法判断の正確さに注意が必要になる。「たった一人の無実の人間を犠牲にするよりは、百人の罪人を助ける方が良いということの高潔な原理は、常に繰り返し言われている。」

アラスのアカデミーで演説を行ってすぐに、ロベスピエールはこの演説にいくらかの付け足しをして、メス王立協会に送っている。募集のあった論題に関する報賞は四百リーヴルの価値のある金メダルであった。協会は二十二の論文を受け取った。検討の結果、協会が選んだのはパリ高等法院の法廷弁護士で、よく知られたメスの法曹家であるピエール゠ルイ・ラクルテルであった。ラクルテルは得意げに、しかし鷹揚に、ロベスピエールの応募について、「理にかなった意見に満ち、適切で正しい才能を感じる」というコメントを残している。結局、選考委員会がロベスピエールの応募に感銘を受けたため、ロベスピエールは同じ額、四百リーヴルの特別賞を受けたのである。彼は一七八四年の終わり頃、パリでこの懸賞論文を自費出版するのだが、そのためにこのお金を使っている。[27]

ロベスピエールのアラス・アカデミーでの演説とメスでの成功は、この若い法曹家にとっての勝利であったが、彼の演説に見られる二つのポイントは、耳を傾ける上流階級に冷や水を浴びせるものだっただろう。第一に、彼はメスの協会が提示した諸問題の法的要素を大きく踏み越えて、特権的な社会の基礎となっていたコードそのものを問題にしたのである。この一七八〇年代に、哲学あるいは芸術の表現において、周知であった古代世界の市民的徳性《シヴィック・ヴァーチュー》を取り上げることは、陳腐ですらあった。しかし、ロベスピエールはそれをはるかに越えていた。彼は「名誉」をその原理とする君主政体において、生まれとそれに伴う偏見に基礎づけられた社会秩序の根幹を問題にしたのである。「一人の市民を評価する基準が、その人物の持っている家系の古さ、家の名声、親族の偉大さに依存させられているという他でもないこの慣習こそが、私が言及した偏見とすでにして強い関係があるのです。」[28]

ロベスピエールはつまり、アラスの最も権威あるエリート集団に対し、その社会的地位を下支えする諸価値は、本来的に不公平で不当なものであるという彼の見解を明らかにしたのである。彼の演説の第二のポイントは、彼が権利侵害の事例としてある特殊なケースを持ちだしたことである。これは、個々の犯罪で有罪となった者の家族成員全体の権利が損なわれるところに起因するものだという。「私生児に対し、法がいかなる傷跡も残すことを私は望まない。父祖の罪を罰するのに、私生児たちに対し、彼らが市民としての地位を享受することや、教会活動に参加することすら禁じるということがないよう、私は望む。」彼は、「理性と知性の力を借りて」この「すでに啓蒙の進展によってかなり弱体化している憎むべき偏見」と戦うことを、人々に求めるのである。

庶民に対する貴族の嘲りに言及する中で見られる彼の辛辣さ（そしてこのアカデミーでの最初の演説に際してのトピックの選択）が、自身の誕生をめぐる諸状況にずっとついてまわっている苦痛の表出なのかどうかについては、われわれは推測するよりほかない。彼は両親が未婚の状態で産まれたのではなかったけれども、なぜ両親の結婚が母親の懐妊後にずれ込んだのかについては、思い悩まなければならなかった。この父の不名誉が知れ渡ることで（「不名誉の烙印を押された男の血を引いている」とされることで）、生まれ故郷の小さな町で権力と地位を独占していた人々の目には、永遠に自分が傷物として映るように感じていたのではないだろうか。

マクシミリアンの知性と承認欲求は、避雷針をめぐる裁判とアラス・アカデミーでの彼の成功の原動力となった。そこで彼は、アミアンのアカデミーが募集した一年に一度の懸賞に論文を応募することに決めた。アカデミーは、すでに三度にわたって地元の詩人ジャン＝バティスト・グレセ（一七〇九～一七七七年）への頌詞を公募していたが、賞に値する作品が出てくる気配はなかった。一七八四年、アカデミーは四度目の公募を出した。この時の賞金額は四倍となり、千二百リーヴルに達した。ロベスピエールは最初から最後までこの論文に苦闘した。グレセの最も有名な詩を引用したあとで、次のように告白している。「文学的な所産という点では、彼が私に遺してくれたものはほとんどない。」代わりに、「彼が持っていた徳性、道徳の尊重、宗教への愛情」を強調している。彼は、グレセを流行にのって批判している哲学者《フィロゾーフ》たちを難詰する機会を捉えた。「その才というよりはむしろその冷淡さによって知られる著述家たちよ、あなた方は仲間の苦しみを和らげ、人生の道程に花を投げ込むことを使命としているのに、実際には人の生を毒するまで堕落してしまっている。」[29]

再び、アミアンの審査官たちは厳格で、賞を授与することを拒否した。ロベスピエールが称賛に込めた熱意に特別の意図があったことが、あまりにも明らかだったためかもしれない。一七六六年、シュヴァリエ・ド・ラ・バールが冒瀆罪で拷問を受け、首を切られ、その後ヴォルテールの『哲学辞典』で囲んだ薪の上で燃やされるという事件が起きていたが、これに巻き込まれたアミアン司教を、ロベスピエールは称賛しようとしていたからである。ただこの小論は、デュボワ・ド・フォスとの友情を強化することになった。小論の写しを受け取った彼は、ロベスピエールに長い詩とともに返事を書いている。この詩の中で、彼は自分の若い友人を次のように描写した。

不幸な人を支え　無実の人の敵を討つ
君は美徳、甘美な友情のために生きる
だから君は、私の心に同じものを求めてよいのだ[30]

ロベスピエールはやがて、ある長く続く裁判で、より得意な分野を担当することになる。そしてそこで、彼の教育に出資してくれていた教会の人々や、彼に顧客を推薦してくれていた著名な法曹家たちと対立していくことになる。

第四章「独身は反抗心を強めるようだ」――アラス一七八四～八九年

ロベスピエールは宗教に対して、また宗教組織で実践に生きる人々の多くに対して、深い敬意の念を抱いていた。彼はアラス司教座裁判所での職を得ていたが、一七八四年には、改装費用を請求していた建築家に対して、地域のオラトリオ会修道士たち（彼のかつての教師たち）を弁護した。彼は他にも、個々の聖職者たちからの求めに応じて、裁判を戦っている。[1] ただ、すでに彼はこの故郷の上級聖職者を困惑させ始めていた。アラスの法廷の著名人たち、例えばリボレルやフランソワ＝アンドレ・デマジエールらは、この若い同僚への警戒心を抱きつつあった。一七八一年にロベスピエールが故郷に戻った時、彼を援助しようとしていたのはリボレルであったが、この人物は、一七八三年に始まるアンシャン修道院に対するフランソワ＝ジョゼフ・ドトフの長く続き、論争を呼んだ裁判で、ロベスピエールにとって重要な敵対者となるのである。[2]

　ドトフは修道院の経理として働いていたある修道士から、巨額のお金を盗んだとして告発された。被告として弁明する中で、ドトフは、この修道士が自分を告発したのは、自身が盗みを働いたことを隠すためであり、またドトフの妹を口説いたのに断られたからだと主張していた。ロベスピエールは弁護で妥協するつもりはなかった。彼は広く知られ、論争を呼ぶことになる戦略をとった。すなわち、一つの個別エピソード（この場合なら、堕落したとされる修道士に対する非難）を、制度に対する徹底した攻撃というコンテクストに位置づけたのである。彼は次のように考えたのだ。軽薄な哲学者なら違うことをいうだろうが、「有徳の」修道士は「国家にとって価値がある」と彼は認めている。ただしドトフは、「汗にまみれて働きながら、質の悪いパンすら家族に供給することも難しい状況にある一方、静謐な修道院の住人たちは彼を苦しめてきた。そして今、余裕ある暮らしを送りながら、彼の正当なる訴えを、いかにしたら退けることができるかを考えることに時を費やしている。」

裁判は長引き、一七八六年にようやく終結した。結果として勝利したものの、それは怨恨を残すものとなった。この時ロベスピエールは、「法と司法体系に関わる甚だしく常軌を逸した見解を表明し、裁判官を侮辱した」とアラスの弁護士会から叱責を受けている。事件は示談によりようやく解決を見た。この中でロベスピエールはその主張のいくつかについては譲歩し、また修道院側はかなりの物質的な補償をドトフに対して行った。叱責は受けたものの、ロベスピエールはそれで萎縮したわけではなかった。一七八七年、別の訴訟中に、「法の権威を攻撃し、……法廷を侮辱した」として再び譴責処分となっている。[3]

ロベスピエールは、アラス王立アカデミーに所属してわずか一年で、一七八五年にある常設書記官が亡くなった際、その後継を狙っている。しかし十二月、彼に投票したのは十二人中わずか一名、十名がデュボワ・ド・フォスを支持した。アカデミーは、エネルギッシュな書記官の助けを得て、全国規模で支持者を獲得することになる。この人物は卓越した名声を得ており、かつてはロベスピエールを支援したことのある貴族でもあった。ロベスピエールは、ラトル＝サン＝カンタンのカロ家の農場を通して、農村地域の親族たちとの緊密な関係を保っていたようだ。そしてカロ家は、デュボワとのつながりを、彼がフォス近郊に所有していた地所を通じて維持していたのかもしれない。現にデュボワは、ロベスピエールが一七八六年十月のアカデミーの会合を、「私たちの地所で飛び回っていた」

ために欠席したことを優しく叱っている。[4]

一七八五年四月、アラス・アカデミーは毎年行われる懸賞論文公募のテーマとして、アルトワ州の広大な小作地は分割されるのが望ましいかどうか、もしそうなら、最適な広さはどれくらいかという問題を提示した。この題目に惹かれた一人が、ピカルディ州の農村出身で、若い役人だったフランソワ＝ノエル・バブフである。ただ、彼が提出した論文は締切を過ぎており、受け取られなかった。バブフは、デュボワが一七八五年以降アカデミーを代表して、実に二万千通にも及ぶ書簡のやりとりをした千二百人のうちでも、最も熱心な相手の一人となった。この千二百人の中には、スペイン国境沿いコリウールの商人ジャン＝ポール・ベルジュのように、遠方に住む人々もいた。バブフの平等主義的な農地分割に関する提言を生み出すような題目設定に、ロベスピエールが関わったかどうかは分からない。ただ、彼がこの題目と、これに関して書いた論文作成者たちをしっかり認識していたことは間違いない。ロベスピエールの方も、バブフに対して消えることのないインパクトを残していた。バブフは次のように評している。「ロベスピエール氏はお金を稼ぐことに関心はなかった。彼は貧者のために働く法曹家であり、この先もそうあり続けるだろう。[5]」

法廷での率直な物言いは増えてきているのに、アカデミーの同僚たちは、彼の出世欲をことさらいやがってもいなかった。一七八六年二月には、四月から一年の任期でアカデミーの院長に選ばれた。今や、アラス知識人の世界で頂点に立ったのである。伝統的に、新しい院長はスピーチを行う。ロベスピエールなら、知と徳の重要性に関する決まり文句を暗唱することもできたはずである。しかし、彼の選択は聞く者を仰天させるもので、二年前に会員としての就任式で行った、婚外子が苦しむ法的な不利益に対する激しい批判演説を思い起こさせた。四月二十七日、ロベスピエールは「一時間四十五分の間」、「私生児の持つ諸権利と彼らが置かれた状況を規定している法律について話した。」

出席していた全員が、ロベスピエールの家族の醜聞を知っていた。彼は、婚姻外でできた子どもたちの諸権利という中心的な問題に、静かなる情熱をもって、自身のことにも一度ならず言及しながら向き合おうと決めたのだ。スピーチは驚くべきもので、数年たっても同僚たちが言及するほどであった。ロベスピエールは自身のスピーチの目的を、「人類の多くを守り、幸せにするためのもの」と位置づけた。このスピーチが記念碑的なのは、これが社会的不平等に的を絞って、自身の核となる信念を示した率直な表明であるからというだけではない（「貧困は人民の振る舞いを堕落させ、その魂を退化させ、犯罪に向かわせてしまう」）。結婚に対するスタンスが明確になり、彼が家族を社会の基盤として位置づけたからでもある。

婚姻は徳の豊かな源泉だ。婚姻によって、精神は無数の価値ある物事と結びつく。穏やかな情熱、誠実なる感情に馴染んでいく。自然そのものから導き出された一つの法則である。人は父親になると、普通はより誠実な人間になる。このことはとりわけ、私が今語っている階層の人々にとって真実である。妻や子どもというものは、一人の従者を、その身分が要求する義務に結びつける強力な紐帯となる。彼らは忠誠と従属を保証してくれる貴重な存在だ。私は、このタイプの従者よりも、孤独な者たちを好む人が理解できない。彼らは独り身であることから生まれる独立精神によって、反抗心や放埒がますます強まるように思われるのだが。

「統治のあり方は時とともに変化し、人々の思想や慣習の傾向に追随する」ということこそ重要だった。より大胆に、彼は次のように結論している。すなわち、婚外子はその父の名と地位、さらには相続を通じて所有権すらも享受すべきなのだ。[6]

ルイ＝ル＝グラン校でのロベスピエールのかつての先生、アベ・プロワイヤールは彼の故郷にいる聖職者の同僚とずっとやりとりしていたのだが、一七八〇年代のロベスピエールの仕事に対する彼の辛辣な解釈は、「いかなる権威も無謬ではありえない」とするこのやっかいな若い法曹家について、年長の聖職者がどのように感じていたかを、正確に反映しているかもしれない。[7]

彼は、自身の野望が目指す高みに到達することはなかった。それこそが貴族や、彼が住む州の教会の有力者の信任をもたらすはずだったのだが。土地所有者たち、あるいは守るべき大きな財産を有した善良な人々にとって心地よい仕事をするのを諦め、彼は法曹家という職業がなし得るありとあらゆる種類の浅ましさの中に身を投げ打ってしまった。

例えば、彼は婚姻への反対を著した。政治的、宗教的罪であるところの離婚を合法化することにも賛意を表明した。あるいは彼は、放蕩の擁護者を自認した。ある意味ポリガミー（複婚）を認めるよう求め、また仮に不貞の結果であったとしても、父祖たちの遺した価値あるものを分配するに際して、私生児を嫡出子と同様に扱うべきだと主張することとすらしたのである。

アカデミーに在籍したことによって、ロベスピエールは才能ある知人たちとの交友を広げる機会を得た。ここで出会った人々の中には、アラス駐屯軍の優秀な若き将校だったラザール・カルノがいた。彼はすでに、一七八四年にディジョン・アカデミーで金メダルを受賞した『ヴォバン頌栄』で名前を知られていた。カルノは、一七八七年にアラス・アカデミーの会員に選ばれたが、自分の人生が後に、マクシミリアンの人生とどれほど緊密に結びつくかということを知るよしもなかった。[8] ロベスピエールは、院長としての権限を使って、一七八七年四月、アカデミーが年に一度開催する公開会議を主催し、新たな四名の名誉会員の承認を、本人たちは不在であったが、祝った。その中に二人の女性文士がいた。ル・アーヴル出身のマリ・ル・マソン・ル・ゴルフと当時パリに住んでいたルイーズ・ド・ケラリオである。この会議の議事録には、書記官デュボワによって朗読されたケラリオの謝辞に対するロベスピエールの答辞が記録されている。ロベスピエールはこの機会を捉えて、次のような主張を展開している。女性たちの持つ「本性」が男性たちの持つそれと相互補完的な役割を果たすという見地から、女性は学術の世界への参加を認められるべきだというのである。本性とはすなわち、「男性の真髄を特徴づける精神力と眼識、また女性の真髄を際立たせている人を惹きつける力と優雅さ」である。ところで彼は、アカデミーは男性と同じように女性に対しても、門戸を開いておかなければならないと強調する。それは「この世界の空疎な飾りとしてではなく、その影響と幸福に貢献してもらうため」なのである。単なる耳目を集めるための言動を越えて、女性の市民権について真剣に考えていたという点で、ロベスピエールは明らかに希有な存在であった。この主張にデュボワは感激し、これを広めたことで、多くのアカデミーで、男性と対等な女性の能力（仮にそれが相互補完的なものであったとしても）についての議論に火をつけることとなった。ロベスピエールはジャン＝ジャック・ルソーを自身の知的な師と考えていたようだが、生物学上の制約という点では、意見を異にしていた。[9]

　アラスには、ある重要な社会的、文化的な集まりがあった。当初、ロベスピエールはそのメンバーとして加わってはいなかった。一七七八年六月、法律、医学、あるいは神学の分野で仕事を始めた多くの若者が、近隣のブランジーの庭園に、「友情から、詩とバラとワインへの嗜好を通じて」集合したのがこの集まりの起源である。この日の幸福の経験から、彼らは毎年、同じ時に集まることを決めたのである。彼らが言祝ぐことを約した友情関係は、やがて「ロザティ協会」となり、協会への入会は、アラスの学識層にとって一つの報償となる。

ロベスピエールがメンバーになるのは、一七八七年を待たなければならない。アラスの弁護士会での同僚であるルイ・ルゲは、ちょうどその場に居合わせたロベスピエールに向けて行った演説の中で、一七八二年以来のロベスピエールの仕事に言及したが、その中には、婚外子を擁護したメス・アカデミーでの受賞論文も含まれている。法曹家たちは、ヴィスリの裁判では、総じてロベスピエールとは反対の立場にいたし、ルゲのアカデミー入会に対してはロベスピエールは強く反対していた。ロザティ協会からの招待が遅くなったのは、計算された警告であったように思われる。にもかかわらず、ロベスピエールが喜んで参加したことは明らかで、彼の会員証を贈呈する役にルゲ自身が選ばれた。ルゲは彼を歓迎し、「草色のクッションを分かち合い、その上に座って、私たちはバッカスの杯を手に、アドニスの血から生まれたバラの官能的な香りに酔いしれている」と述べ、次のように続けている。

この男は、その力強いペンによって、この啓蒙が最盛期を迎えた世紀にあって、無辜の人間への刑罰を導く偏見との戦いに勝利してきた。この男は、不幸な子どもを損なっているある法律上の瑕疵について、もちろん表現豊かに、声を上げた。こうした子どもの父母は羞恥心から、非人間的にも、全市民に共通の諸権利を、その子の誕生の時から見えなくしてしまう。またこの男は、裁判における最初の段階から、同僚たちの注目を集めることにもなった。

慣例に従い、韻文で書かれた会員証がロベスピエールに贈呈された。アベ・ベルトからみると、彼はいろいろな意味で輝いていたという。彼は「火花散るような言葉を紡ぎ出し、皮肉を込めて核心を突く」マクシミリアンの能力を賞賛する一方で、こうした物言いがトラブルを引き起こしがちであったことも付け加えている。彼は「詩を詠むこともお酒を飲むこともできる」とベルトは確信している。しかしロベスピエールは禁欲的なことで知られていた。そしてロザティ協会の創設者の一人ルイ・シャラモンは実際、彼が水を飲むことをある詩の中でからかっている。

彼は水差しか？
彼は水道管か？

ロベスピエールは才能ある詩人でもなかった。すぐに彼は選ばれて、ある別の新メンバーを歓迎するために、「バラ」についての詩を提供するよう求められた。そのメンバーとは、避雷針裁判でのもう一人の敵対者だった法曹家フォアシエ・ド・リュゼである。「ここでの唯一の過ちは、この詩を作った張本人ド・ロベスピエール氏の不適切な詩句にあった」という。マクシミリアンは、ロザティ協会を、その知的祖先たちの一覧を朗唱することによって讃えた。彼がルイ＝ル＝グランで学んだギリシア人やローマ人に加え、「フランス人では、シャルルマーニュ、シャルル五世、サン・ルイ、ルイ十二世、アンリ四世、ショリュ、カティナ、コルネイユ、フェヌロン、ヴォバンそしてコンデ」を挙げている。明らかに彼のこの「天分と有徳の人々」のリストから漏れているのは、イエスとキリスト教の殉教者たちと啓蒙の巨人たちであった。[11]

ロザティ協会は公的な諸問題に関心を向ける集団ではなかった。むしろ招待された者たちが、文学的な遊びに興じ、友との時間を満喫し、何よりもただ楽しさを享受する、似たような感性を持った人々の中に加わっているという特別感を味わいに来る場所であった。「ロザティ協会はきまじめな道徳家たちによって作られていたわけではない」というのはラザール・カルノの言葉だ。ただ同時に、自分たちは蒙を啓かれた人間だという自覚を持つ者たちの集団でもあった。彼らの思想的ネットワークと影響力は、じわじわとアラスに浸透していった。ロベスピエールがジョゼフ・フシェと出会ったのも、ロザティ協会を通してであることは間違いない。フシェは一七八八年一月以降、アラス・コレージュでオラトリオ会のために科学の教師をしていた。またおそらく、ロベスピエールの妹シャルロットに言い寄っていた。[12]カルノと同様に、やがてマクシミリアンと、大きく異なる状況下で再会することになる。

一七八七年、ロベスピエールはその成功の頂点に到達していた。すなわち、祝福され、しかしぎこちなさもあった帰郷の六年後には、彼は地方のアカデミーとロザティ協会における重要人物となり、一連の主要な裁判で勝利を収めていた。おまけに彼の存在は広く認知されるようになっていた。ルイ・ベフロワ・ド・レニに、グレセや避雷針の裁判に関して彼が出版したものの写しを送っている。一七八六年、ベフロワは自身の文学評論『いとこジャックの狂乱』の中で、ロベスピエールについて「彼は優雅な様式や独創的な思考に驚くことは全くない」と述べている。ベフロワは「コレージュであの魅力的な同級生が果たしていた役割を完璧に思い出すことができるし、彼のような才能は忘れがたい」というのだ。[13]しかし、マクシミリアンはすでに二十九歳になっていた。彼がともに仕事をしていた同業者たちのほとんどが結婚し、家族をなしていた。ドトフ裁判で大きな勝利を収め、またアカデミーでは同僚たちに認められたちょうどその頃、彼はまた出会いを探し求めてもいた。

ロベスピエールは、ある「寛大で素敵な婦人」が示していた関心をとらえ、控えめながら愛情のこもった彼女宛の手紙をしたためている。「誰か不幸な人の福利を守るのはとても骨が折れることです。……不正義がこの感覚を引き起こすわけで、乗り越えなければいけないのですが、こういうとき、あらゆるものの中で最も甘美で最も素晴らしい〔報い〕は、気高い心を持つ、寛大で素敵な婦人にこの感覚を伝え、共有できることです。」半年後の一七八七年六月、マクシミリアンはある「意地悪な」手紙に返信しているが、この手紙の主と「婦人」が同一女性かどうかはわからない。ただ彼は、この「意地悪な」手紙に明らかに傷つき、当惑している。彼は愛の告白をしている。「あなたの手紙にある意地悪についていうなら、私の感情を愚直に伝えることでお返事としたいと思います。私が人々に対して持っている関心は限界のないもので、あなたもその中にいます。あなたを理解しているすべての人たちの中にあなたが呼び起こした関心が、私の中でなくなるとすれば、それは私が何ものにも関心を持たなくなったときだけです。関心を持つに値する人として、私はあなた以上の人を知らないのですから。」三週間後、彼は再び手紙を書き、一枚の文書の写しを彼女に送っている。これはおそらく州上級評定院への答弁書の一枚だろう。[14] この時の手紙は短く、悲しい内容だった。自身の不幸についてのマクシミリアンの告白であり、また誰かのために幸せをもたらす存在でありたいという願いであった。「あなたが幸せなら、あなたが今いる立場は、全く重要なことではありません。けれど、あなたは幸せなのですか。むしろ私はそれを疑ってしまう。そしてこの疑いが私を苦しめるのです。自分自身で幸福を感じることのできない人は、他人の幸福から慰めを得ようとするものだから。少なくとも、幸福に最も値する者が、幸せになるのを目にしたいと思うものだからです。」

　一七八六年十月、マクシミリアンはベテュヌに住むある女性を励ますための私的な手紙を書いている。彼は彼女の裁判を戦っている最中だった。彼は「悪人どもの術策」と向き合うために、「卑しく残酷な者たちの下劣さに対抗して、自分を慰撫する力を持っている内的な自己」の中に避難することを勧めている。これが、一七八二年彼とシャルロットにカナリアを提供したデュエ嬢であったのではないか。「彼らはとてもかわいい。あなたが育ててくれたからだろう。」一七八八年六月にも、彼女はロベスピエールから別の手紙を受け取っているようだ。[15]

一人の愛らしい女性に、お送りしたような書き物を贈呈することができるなんて、そうあることではないでしょう。私の走り書き、もし退屈だなと思ったらすぐに知らせてくださいね。そうすれば、あなたが読むのをやめてすぐに、私も書くのをやめることができますから。

あなたが私の妹のために育てている子犬は、私がベテュヌにうかがった際に見せてくれたのと同じくらいかわいらしいですよね。どのような犬であれ、うちでは格別の計らいをもって歓待されるでしょう。どれほど醜くても、常に愛らしい存在として扱われると述べてもよいでしょう。どうであれ、妹は、最高に情感のこもったすべてを、自分に代わって述べるよう私に頼むのですが、確かにこの点で、私は妹に引けを取りません。

ロベスピエールは他に詩を書いているが、どれも彼の存命中は刊行されなかった。一つは実験的な作品で、ハンカチの無用さについて表現する。私たちの祖先は「ハンカチなしで鼻をかんだし、その方が幸せだったのだ。」実のところ、一七八六〜一七八七年に刊行され、オフェリ・モンランに捧げられた二篇の詩がある。ロベスピエールは彼女と一度パリで会っている。二篇のうち一つは、「田舎の男」を讃えている。この詩中で彼は、自己充足する農民とその家族のシンプルな生き方の持つ誠実さを称賛した。その生き方は、「犯罪によっても、恐怖によっても乱されることがない。」そして二篇のうち二つ目は「叙情短詩」であった。

若く美しいオフェリ　私を信じて

世界が何と言おうと　鏡がどうこたえても　何も知らなくても
美しければよい
常にしとやかであれ
常に自分の魅力の持つ力を怖れよ
今よりもいっそう君は愛されるだろう
愛されないことを怖れるならば[16]

おそらく、他にも多くの愛の詩や手紙があったのだろう。ただ、愛の告白を受け取った者たちは、それが報われないものであった場合、捨てずにおいたり、後々まで残しておくようなことは、仮にマクシミリアンのそれのように繊細に表現されたものであったにしても、まず滅多にない。一七九四年より後になると、処分する別の理由ができた。なぜ彼の愛情表現が結婚という実を結ばなかったのか、知る術はない。確かに彼には、外見上の魅力はなかった。当時としても身長は低く（おそらく五フィート三インチ）、痩せていて、髪は薄茶色、青白くてうっすらあばたのある顔だった。視力は弱く、時には一度に二種類のめがねを必要とした。彼はまた顔面の痙攣をどうすることもできず、眼や、時には口が痙攣することもあった。[17]

成功を収めた切れ者の法曹家として魅力的な人物であったにしても、彼は周りを不安にさせる人であったのかもしれない。法廷での自分の陳述原稿の写しを、花束の代わりにプレゼントするという彼の習慣は、好評だったわけではないだろう。辛辣な彼の観察者プロワイヤールに再び登場願うなら、「彼は謹厳な精神を持っているかのように装うことすらした」。そして、このことが「彼を女性との交際から遠ざけることになった」のである。[18]ただ、彼が繰り返し、優しく、愛情を伝えようとしていたことは確かだ。事実、シャルロットによれば、一七八七年以降の数年間、叔母ウラリの養子アナイス・デゾルティに求愛していたし、彼らは結婚するものと広く思われていた。[19]

こうして、この頭脳明晰で論争好きな法曹家は、一方で賞賛を受け、他方、愛を拒絶されていた。彼のくどさや説教調を苛立たしく感じる者もいた。アカデミーの同僚は次のようにうたっている。

ロベスピエールはいつも同じ
偏見撲滅に向けて邁進
彼はいつも興味深い
目的に向けて驀進中
彼の言葉もどれほど短く感じられただろう
もし時計がなければ[20]

ロベスピエールは、法廷への陳述に際して、より大きな射程で世の悪を捉え、それに関する大胆な意見表明を行うことにこだわりを持っていたが、このために、官僚たちは、訴訟を彼に担当させないようにした。一七八二年以降、彼はトータルで約百十件の訴訟を担当した。圧倒的な成功を収めたものの、得られた収入はほんのわずかである。[21] 最もひどかったのは一七八五年で、かろうじて十二件の訴訟を担当し、十四日間にわたって出廷した。一七八七年は最も忙しい年だった。二十四件の訴訟で二十五日間にわたって出廷している。対照的に、アラスにいる他の八人の弁護士が、一七八八年に担当した訴訟は五十件を超えた。彼は、大きくて儲かる事務所を設立するほどの個人的なつながりを持ってはいなかったが、一世帯を維持するには十分な成功を収めていた。一七八七年、彼とシャルロットは、つつましいけれども快適な三階建ての家に引っ越している。ラポルトゥール通り九番地にあり、アルトワ州上級評定院のそばで、一七八五年に建てられた壮大なイタリア風新劇場からもすぐの場所だった。ここで、家内奉公人を一人雇うことができるくらいには、十分な経済力を有していた。[22]

こうして一七八七年までに、ロベスピエールはそこそこの成功を収め、時にめざましい働きをするものの、たいていは周囲を困惑させる、地方の法曹家となった。彼はアルトワにおいて、確かに収入は控えめなものではあったが、職業的な意味でも、また文化的な分野でもその頂点にいた。ただ、貴族社会を根底から支える「名誉」の規範体系や、偏見や、公正でないと彼が考える周囲の物事に対して、ますます率直な批判を浴びせるようにもなっていた。マクシミリアンは、こんなふうに生涯をまっとうする可能性もあったのだ。アルトワを支配する少数エリートを舌鋒鋭く批判しつつ、シャルロットと一緒に中年期を迎え、夫にも父にもなることなく、「独り身であることから生まれる独立精神によって、反抗心がますます強まるような孤独な人々」[23]の一人であることを嘆きつつ、生きることだってありえただろう。実際にはそうではなかった。王国の財政危機が生みだした新たな状況の中で、たちまち彼は、政治権力と社会的正義に関わる高次の議論に参与する機会を見出したのである。彼の人生は、激動していく運命にあったのだ。

一七八七年当時、貴族たちが支配する最高諸法院あるいは高等法院の、王令登記を拒否できる権限についての争いはまだ続いていた。一七八八年五月、ルイ十六世は、パリ高等法院に一連の王令を提示している。意図されたのは司法体系の根本的な変革であった。法の登記権を事実上高等法院の手から引き離し、国王による自由な新税創設を可能にすることであった。生計基盤とアイデンティティを、現行の地方司法機構においている全国の法曹家と同様に、この国王による改革に対するロベスピエールの最初の反応は懐疑的で、否定的なものだった。彼が属している司教座裁判所は、「事前にこの法が州上級評定院の承認を得ていないので」、これに従うことを拒否した。改革志向を持つ彼の同僚たちと同じように、ロベスピエールもまた、制度上の諸構造を変えられるとは想像できなかった。一七八八年中頃、「大臣たちの専制」〔革命前夜までの王権主導の諸改革は、その反対陣営からはこのように呼称された〕は、彼らにとって最もわかりやすい新たな脅威だったのだ。[24]

しかし、八月八日のルイからの発表がすべてを変えることとなった。一七八九年五月ヴェルサイユにおいて全国三部会を招集するというのである。三身分の代表が集まるのは、実に一六一四年以来のことであった。一七七五年から一七八三年にかけて、イギリスの北アメリカ植民地が独立戦争を引き起こす。フランスはこれに介入し、インド、カナダ、カリブ海でイギリスに敗れてきた屈辱を一部晴らすことに成功するものの、十億リーヴルもの戦費がかかり、これはフランスの年間歳入の二倍の金額であった。一七八三年以降、国庫は破綻の危機に直面し、巨大な負債の利息を支払うために、王権は貴族の免税特権の廃止を模索せざるをえなくなった。王権と貴族の間の対立は一七八八年八月に頂点に達し、高等法院は、国王の大臣たちが押しつけようとしている諸措置は、今や「国王専制」に等しいと主張した。こうした状況下で、二つの陣営ともに、自身の主張に正統性を持たせるために全国三部会に期待したのである。両者ともに間違っていた。彼らの期待とは逆に、一七八九年五月の全国三部会招集によって、アルトワを含むフランス社会のあらゆるレベルで、社会不安が一気に噴出することになるのである。

これは、フランス社会の内部に存在する、より長期的でより構造的な危機が表面に現れたに過ぎない。国王のイニシアチブによる国家建設という長年の要請は、貴族の免税特権廃止への圧力を強めていたが、これと同時並行的に、より富裕で、大きな影響力を持ち、批判勢力となっていた専門職や商人の階層が、貴族身分にたいして異議申立を行っていた。フランスの都市社会全般に言えることだが、市民の文化であるところの「世論」が一七七〇年代、一七八〇年代に発展を遂げた。市民、ネイション、理性、社会契約あるいは「一般意志」といった概念が大衆化し、使用されるようになっていた。これらは、身分や慣習、同業組合をめぐる議論の中で、特権身分の人々が使うより古い言葉遣いと正面からぶつかる。アラスでも同様であり、ロベスピエールと彼の同僚たちは、自分たちの訴えは、「理性」の言葉を使う人たちに向けて行われているという自意識を持っていた。

一七八九年五月の全国三部会招集に先立つ数カ月の間、世論は沸騰することになるが、それは新聞検閲の中断と、数千点に及ぶ政治パンフレットの刊行によって刺激された結果であった。この言葉による戦いは、ヴェルサイユでの会議の手順に関するルイ十六世の優柔不断によって、さらに激しさを増した。前回一六一四年の三部会同様に、三身分の代表者たちはそれぞれ別個に会合を開くのか、それとも三身分合同の会議とすべきなのか、という問題である。一七八八年十二月五日、ルイは、第三身分代表の数を倍増するという決断を下していたが、政治権力をめぐるこの重要な問題に、さらに注目を集める結果を招いただけだった。というのも、会議での投票方法については、ルイは沈黙を守ったままだったからである。

全国三部会の招集によって、ロベスピエールは、自身の中でくすぶっていた不満をはっきりと表明し、自身根本的に不公正であると結論づけていた社会システムを下支えする役割を果たしていた諸法院に対してではなく、むしろ「世論」の法廷に向けて、主張を展開していくチャンスを獲得する。彼は敏速にこの機会を捉え、自身の雄弁と文章の力を、特権を有したローカルエリートにぶつけた。彼らは、一七八九年五月のヴェルサイユに向けて、この地方の代表指名を牛耳ろうとしていたからである。[25]

自身の不満と希望とを公表する機会をロベスピエールが得たのは、ある悲しい出来事が同時に起きたからである。一七八八年九月、彼はメルシエ＝デュパティの死を知る。ボルドー高等法院長で、有名な著述家であり、司法改革を推進した人物でもあった。ロベスピエールは十年前、法学徒であった時、彼に熱心に手紙を書いていた。ラ・ロシェルのアカデミーは、デュパティに敬意を表したエセーの公募を決定した。一七八九年に刊行された『高等法院弁護士R氏』という頌詞の著者は、ロベスピエールでおそらく間違いない。デュパティの、そしてロベスピエールの関心の中でも突出していたのが、恥辱刑であった。デュパティは、一七八三年〜一七八七年の間にあったある悪名高い裁判での車輪刑の執行について、つい最近論争に巻き込まれていた。ロベスピエールのデュパティ賛辞は、次の点に特徴がある。第一に、残虐性と迷信的行為を攻撃し始めた時代への共感である。第二に、デュパティのような、「共同体内の法の執行を監視し、秩序と調和を維持する有徳の市民[26]」としての理想化された役割への自覚である。

同胞市民の役に立つという栄光を望み、これほどまでに偉大で崇高な目的のために自分の能力を使い、この世界の権力者に対しあえて「あなたは不正を犯している」と口にする。このようにして抜きんでた存在となるような人物は、危険な敵を作ることを疑いようもなく予感しているに違いない。憎しみと復讐心とが嫉みと相まって、自分を打ち倒そうとしていると信じるのも無理はない。古来、これこそが偉大な人物たちの運命だった。

しかしロベスピエールは、法曹としての手本を示した信念の人に捧げるお決まりの賛辞を、大きく踏み越えてしまう。「野蛮極まりない偏見」、「人間性を貶める暴力」を攻撃しながら、彼にとっての重要なテーマ、すなわち「われわれの犯罪的な法律によって生まれる貧しく、無名で、不幸な犠牲者たち」の脆弱さというテーマを再び持ち出すのである。「これほどまでに多くの貧窮者がいる理由を、あなた方は知っているか」と彼は問う。

それはあなた方が、その欲深い手にすべての富を握っているからである。貧窮な父が、母が、子どもたちが、なぜありとあらゆる天候の苛酷さに、頭を覆う屋根もないままさらされ、飢えの恐怖に苦しんでいるのだろうか。それはあなた方が、豪華な家屋に住んでいるからである。富のおかげでその家にはあらゆるものが引き寄せられ、それらはあなた方の軟弱さを助長し、無為の時間を埋めている。また、あなた方の贅沢が、たった一日で千人の食糧を蕩尽してしまうからでもある。[27]

ロベスピエールは、特権と無為な富を（そして全国三部会招集の準備に関与するアルトワ州のスタンスについても）攻撃したが、これは王国のほとんどの地域を襲った深刻な不作という状況下でなされた。公的な諸問題に対する関心は高まり、『アフィシュ・ダルトワ』という地方新聞が発行された。一七八八年十二月二日に創刊号が出ている。[28]国境を越えた出来事もあった。数千にも及ぶオランダの敗れた「愛国派」の人々がすでに北フランスに避難してきていた〔ネーデルラント連邦共和国では、いわゆる「バタヴィア革命」が起き、一時敗北した革命派がフランスに亡命してきた〕。彼らはルイの恩恵を頼って、避難できる住まいとサポートを求めていたのだが、一七八七年、プロイセンの支配者たちに対して反旗を翻したとき、フランス王とその政府が彼らの援助に失敗したことには、依然として憤慨していた。[29]一七八八年三月までに、避難民たちはフランス王権の支配下に入り、サン＝トメール、グラヴリーヌ、ダンケルク、そしてベテュヌの避難拠点に分けて収容された。彼らがいることで、変革の約束とその失敗が常に思い出されることとなった。

全国三部会に参加する代表者を選ぶ資格は誰にあるのか。何が有権者資格となるのか。アルトワ州三部会に選出された貴族は、貴族として四世代続く家柄であることを証明でき、また小教区あるいは主要な教会所領の領主である者たちに限られた。聖職者の選挙人となったのは、アラスとサン＝トメールの司教、十八の修道院院長、さらに聖堂参事会や司教区教会の長たちであった。小教区の司祭は選挙人とはなれなかった。[30] 第三身分を代表したのは、アラス市参事会員や他の主要都市の代表者であった。ただし、全員が都市の代表であり、各都市の代表団は一名から三名しかいなかったので、事実上第三身分はわずか三十票ばかりしか持っていないことになる。他方で聖職者は四十票、貴族は百票持つことになった。さらにいえば、州三部会は都市参事会メンバーを指名できる権限を握ったままだった。驚くべきことではないが、こうして第三身分の代表者たちは、この地域の権力構造の中で最も裕福な人々となったのである。

一七八八年十二月、アラスでアルトワ州三部会の会議が開かれ、「人民の苦難の最大の原因は政府による悪政にある」と主張した。ロベスピエールは、この時点でアルトワ州の特権身分層とは完全に手を切っている。一七八八年の『司教座裁判所のある弁護士からドゥエ高等法院弁護士である友人への手紙』の刊行を知った地方の名士たちから、すでに嫌われていた。この著作の中で彼は、州三部会がこの州を代表しているという主張を激しく非難し、この主張を、全国三部会招集の告知とともに、再び検討の俎上に上げたのである。一七八九年一月、『アルトワ人に向けてアルトワ州三部会改革の必要性について』というパンフレットの中で、彼はこうした特権諸集団を公然と非難した。これらは「人民にのみ帰すべき権力を、自らのものとして奪い取ってしまった幾人かの市民の同盟」でしかないのだと主張した。この八十三ページのパンフレットは匿名で出されていた。しかし、必ずしも内容が厳密というわけではないのだが、この徹底した猛攻撃の主が誰であるかを疑う者は一人としていなかった。[31]

ロベスピエールにとって、アルトワ州三部会とは、永続的にその権力を維持し続ける寡頭体制でしかないのであって、そこでは第三身分の代表すらも、特権身分層によって選ばれる。こうして彼は、直接選挙で選ばれる代表を率直に求めたのである。ただし、「自分たちの代表者を選べる自由」を人民に返す一方で、こうした代表者たちは、人民の利益のために語ることができなければならないと考えた。「都市や農村に住む非常に多くの人民は、貧困に押し潰され、どうしようもないところまで追いこまれている。生き残ることにただただ必死で、自分たちの不幸の原因についてよく考えたり、自然が彼らに与えた諸権利について知ることもできないでいる」。リボレルは、ドトフ裁判でのロベスピエールとの衝突で生じた怒りをいまだに引きずっており、しかも彼は長年アラス市参事会員でもあった。彼は激しい怒りを込めて次のように述べる。「下劣な利己主義とさもしいまでの貪欲が君の心の中にはあって、激しい嫉妬心のせいで、単にその能力と開明性によって公的な地位を得ている才能ある者たちや公平無私な法曹家たちを、自分の水準にまで引きずり下ろそうとしている。[32]」他の地方の同業者たちと同様に、アラスにおける法曹家集団には連帯感があり、これを支えていたのは、まず世代と家族のつながりであり、またラテン語を通じて古典の世界に没頭したことによって染み込んだエリート意識であった。[33] 王国の破産という緊急性のある問題が起き、一七八〇年代に特権による役得にはっきりと光が当たったことで、この連帯は引き裂かれた。ロベスピエールは彼を買っていた人たちと、たちまち、明確なかたちで、対立するようになった。

一七八九年一月二十四日、ルイは全国三部会の来たるべき会合に向けた詳細を発表し、アルトワのみならず他の地域でも見られた同様の選挙方法に関わる問題が解決された。こうしてアルトワ州三部会は王権によってその伝統的な権力を奪われることになる。州三部会の「構成」は事実上破棄され、そのメンバーは代表者としての地位を失った。[34] 状況は強く緊張したものとなった。二月二十二日、ロザティでロベスピエールの同僚だったシャラモンは、デュボワ・ド・フォスに「裁判所のニュース」という書簡を書いている。「先週の金曜日、ル・サージュ氏とド・ロベスピエール氏との間で争いがありました。前者は後者に、公衆の面前でならず者呼ばわりし、今にも殴りかかりそうでした。」ル・サージュは「酒に酔っていて」、自分は司法官としてロベスピエールと法廷で同席することは拒否すると言明した。アラスの法曹界は分解しようとしていた。というのも、多くの法曹家がこれを、「ロベスピエールと喜んでやりとりし、彼とともに法廷活動を行いたいと思っている法曹家全員への公然の侮辱と捉え」、出廷の拒否を決めたからである。[35]

ロベスピエールには、一七八九年初頭、アルトワ司教座裁判所で取り上げるべき重要な訴訟があった。彼はこの緊迫した国家的な状況を最大限利用し、「人々を幸福と美徳とに導くために[36]」国王が果たすべき特別な役割に言及した。これは、一七七四年国王封印状によって拘禁された初老の農民の裁判だった。一七八六年十一月にこの農民は釈放されるものの、財産に関わる諸権利は回復されなかった。そこで彼は、裁判をロベスピエールに依頼するのである。一七八九年初頭、ロベスピエールは裁判所に出廷する。ここで裁判所に提出されたロベスピエールの陳述書の内容は、五月に差し迫る全国三部会開催という状況下、国王に対してなされる主張というかたちをとっており、単なる「国王封印状の恐ろしいシステム」への攻撃を越えたものだった。人類は幸福と正義を享受すべきだという神の意志を実現した政府は、これまで存在しなかった。しかし今神意は、ルイ十六世が徳の王国への先導役をつとめ、フランスを神に選ばれた土地とするよう求めている。ロベスピエールの長く、感情のこもった法廷での陳述は、一七八九年という状況にあって、まず何よりもルイに向けた嘆願であった。

ロベスピエールによれば、この状況においてルイの果たすべき役割は、

美徳を通じて人々を幸福へと導くこと、普遍的徳性の持つ変わることのない諸原理に基づいた立法を通じて、人々を有徳な状態へと導くことです。君主を人々から見えなくしてしまう宮廷人たちの外側に、農村のあばら屋をやはり見えなくしてしまうその壮麗な宮殿の外側に、どうか目を向けてください。絶望に投げ込まれている職人や農民を見守ってあげてください。理性の目から見れば、人民とは非常に神聖で威厳あるものなのに、あまりの貧窮に苦しみ、ほとんど無理矢理、人としての尊厳、徳性の諸原理を忘れてしまっているのです。[37]

一七八九年三月七日、ルイ十六世は、アルトワのすべての選挙は、フランスの他の地方と同じ方法で行われると発表した。州三部会の拠点アラスは、こうして州都としての役割を象徴する一つの制度を失うこととなった。そしてロベスピエールの主張は、その正当性を認められたことになる。しかしそれでは、いったいどのようにして、アルトワの第三身分の代表が選ばれるのだろうか。ロベスピエールは、おそらく四月に、『アルトワ人に向けて』に内容を追加した第二版を出版したが、これは非常に力強い選挙運動の基盤となった。[38] 有権者とその代表を選ぶことに関する議論の中心を占めたのは、いかにして農村地帯が代表されるべきなのかという問題であった。都市の第三身分代表が、その都市に住む人々によって選ばれていないだけではなく、農村地帯はそもそも代表を持っていないとロベスピエールは言明している。一つの結果として、この州における、悲惨な生活の経済的状況の改善のために、州三部会は何も対策を施してこなかった。「そこかしこで不幸な者たちは、汗をもってしても肥沃にはならなかった大地に、絶望の涙で水をやっているのだ。[39]」ロベスピエールは、彼の世

界観の中核にある二つの重要な政治原理を述べていた。第一に、貧しい者たちは、不正義の世の中にあって、正義に値する人々であり、第二に、だからこそ民主的な代表制が必要だというわけだ。

一七八九年の春、国王に提出する「不満の一覧」(『陳情書』)を編集し、国政の改革案を提示することを求める指示が全国になされた。これらの陳情書の作成は、食糧危機、政治的動揺、そして財政的混乱の中でなされ、社会的な対立に光が当たる決定的な機会となった。少なくとも表面上は、三身分によって編まれた陳情書は、注目すべき主張を明らかにした。全国三部会の会議は定例とし、五月の会議はその最初のものに過ぎないと彼らは見なしている。そして、課税制度、司法制度、カトリック教会、そして行政についての包括的な改革の必要性を理解していた。しかしながら、社会秩序や政治権力に関わる基本的な諸問題について深刻な分裂が存在し、合意形成を通じた改革の可能性を妨げていた。農村共同体と貴族は、領主地代をめぐって鋭い対立関係にあったし、ブルジョワが貴族層に対し、「能力に応じた職業選択の自由」や租税負担の平等、特権の廃止を掲げて異議申立をするという傾向は、全国的なものだった。多くの小教区司祭は、特に課税制度の改革という点で平民層に賛同していたが、聖職者身分特有の諸特権は死守しようとしていた。

アラスのエリート層のロベスピエールに対する敵意は増すばかりで、これに対して彼は、農村と都市労働者層の利益の擁護者として振る舞った。三月、彼は靴職人と靴修理工の同業組合との会合に招かれ、彼らの陳情書の起草を要請された。この団体は、アラスにある三十九の同業組合・職能団体の一つで、その中でも最も貧しい人々であった。ロベスピエールは陳情書の中で、彼らが苦しむ貧困と日々の偏見を激しく非難した。とりわけ、一七八六年の英仏通商条約を取り上げ、この条約のせいで皮革の価格が上昇する一方で、靴職人たちの賃金が上がらないために、彼らの収入が激減したと指摘している。靴職人たちはこうして、「国民」に対し、この条約の見直しを要請している。[40]

ロベスピエールは、すでにずいぶん以前から、アラスの有力者層から敵意を向けられてきた。司教コンズィエ、アルトワ州総督（由緒ある貴族の家系を持つギュイヌ公）のような高位貴族層、アルトワ司教座裁判所長ブリオワ・ド・ボメズ、そしてリボレルやデマジエールのような著名な法曹家たちである。数年にわたって、ボメズは毎週自邸で、アラスの有能な法曹家たちを集めた会合を開き、アルトワ州の複雑な慣習法をいかにして改革していくかについて議論をしていた。一七八八年三月、彼はロベスピエールをここから排除することを決めた。若手の法曹家たちが、先輩たちからの恩着せがましい態度に憤慨していると訴えたからだ。[41]一七八九年初頭の政治的対立によって、ロベスピエールは、社会的・政治的エリートの中でも重要な人物であり、古い友人でもあったフェルディナン・デュボワ・ド・フォスとも対立することになる。デュボワはアラス市参事会員、王立アカデミー常任書記官、また活発に活動するロザティのメンバーでもあった。一様に尊敬を集め、アラス社会に広く支持者を持っており、第二身分の陳情書起草に密接に関わっただけではなく、アラス第三身分やその区域全体の第三身分の陳情書を作成するよう求められてもいたのである。

　アラス市の第三身分の会議は、三月二十三日午前七時、ロベスピエールがかつて学んだオラトリオ会コレージュ付属の教会で始まった。そこには市内の職能団体が集まり、ロベスピエールが陳情書を書いた靴修理工もいた。激動の選挙の五週間がスタートした。ロベスピエール自身もまた、商工業団体に所属しない市民からなる騒々しい会合に出席した。職能団体が選出する五十三人に加わる十二人の代表選出のためである。ロベスピエールは、アラス市参事会員たちを刺激する。彼によれば、参事会員たちは、アルトワ州三部会と親しく、あまりに信頼が置けないし、どうであれ、何者も代表していないというのだ。司教に任命された二人をのぞくと、市参事会員たちはアルトワ州三部会に任命されており、彼らは寡頭体制を構築し、事実上自身の後継者を指名することもできたのである。ところが彼らは、自分たちは都市共同体を代表していると主張し、それゆえに、来たるべき全国三部会へ向けた選挙を牛耳ろうとした。[42]

六十五人の代表は、三月二十六日、市庁舎で行われる第三身分の会合に出席することになった。これは、アラス市の第三身分の統一陳情書を作成し、バイヤージュ管区〔「バイヤージュ」は誤り。この地域は「アラス・グヴェルナンス管区」というアンシァン・レジーム期の行財政、司法管区〕会議への代表団を指名するためであった。ここで平民間の争いが表面化する。ロベスピエールの古い友人デュボワを含むアラス市参事会員たちの中には、市参事会自身が任命する八名を第三身分代表に含める要求を試みる者もいた。険悪な議論が一日中続き、最終的に二名ならという提案がなされた。ロベスピエールは、それでも多いと考えていた。政治的な争いと非難合戦が続き、消耗戦となった。三月二十七日、エクス男爵がピュイゼギュール伯爵に大荒れの会議について報告している。

ロベスピエールが「長きにわたって抑圧されてきた不幸な人民」について話すために発言しようとすると、市長は、彼の発言を排除することを要求しました。「奪い取られていた大切で聖なる諸権利を、人民に与える最も迅速で確実な諸手段を講じるためには、下層市民層が長きにわたって不幸で抑圧されてきたということを想起せざるをえなかったのだとド・ロベスピエール氏は反論したのです。[43]」

ロベスピエールは明らかに親しい友人のデュボワを批判していた。ロベスピエールは、デュボワは第三身分の会合で発言する資格を持たないと感じていたのだ。

実際、市参事会員たちは、三月二十八日に会議を放棄する。ところがデュボワは翌日、再び第三身分の統一陳情書の作成に影響力を発揮しようとした。四日間の会期が終了するまでに会議が生み出したものは、時に相矛盾するものも含んだ不平不満と助言の寄せ集めに過ぎない。にもかかわらず、グヴェルナンス管区会議にアラスから二十四人の代表を選出するための作業にかからなければならなかった。ロベスピエールは、十四番目の代表となった。三月三十日、この二十四名が合流し、合計五百五十四人となった代表は、オラトリオ会コレージュ付属の教会に集合した。彼らはアラス・グヴェルナンス管区の二百四十五の社団を代表していた。[44]

『アルトワ人へ向けて』第二版出版とほぼ時を同じくして、ロベスピエールはやはり匿名で『仮面をはがされた人民の敵――アラス市の第三身分の会議で起きていたこと』[45]を出版した。この中で彼は、デュボワと、伝統的な権力構造と運命をともにすることを選んだ法曹家たちを、再び攻撃している。新聞『アフィシュ・ダルトワ』は、今や彼に「へつらいのおしゃべり男」とあだ名をつけたし、リボレルは彼に名指しされた「敵」を、即座に擁護している。両者の隔たりは大きく、これを架橋することはできなかった。

一七八九年四月二十日、合わせて千人を超える聖職者、貴族、第三身分の代表がサン゠ヴァアスト修道院に集結し、合同の陳情書を作成し、五月五日にヴェルサイユで招集される全国三部会へのアルトワの代表を選ぶことになった。三つの身分が別々に会議を開いたことは、すでに表面化していた分裂状態を確認したに過ぎない。ギュイヌ公は、三身分の和解のためになされた試みを拒絶するに際し、ロベスピエールが演じた役割について、痛烈な声明を発している。「三つの身分がそれぞれ別個に会議を開いた際、貴族の会議の議長を務めていた地方総督代理官は、第三身分の会議がその代表団を他の二つの身分の会議に派遣し、誠意を示してはどうかと提案した。ある法曹家が立ち上がり、悪弊を放棄したに過ぎない人々に謝意を表す必要などないと述べたのである。この意見は多数派の支持を集めることになった。[46]」「古い家系の貴族」と高位聖職者の中には、激怒して関わりを断ってしまった者もいる。コンズィエ司教は代表に選出されることを拒み、ギュイヌ公もこれに続いた。四人の小教区司祭が選ばれ、アメリカ独立戦争の英雄シャルル・ド・ラメットを含む「自由主義」貴族四人も選出された。第三身分代表八人の選挙は四月二十四日金曜日に始まり、二十八日まで続いた。この選挙がとりわけ長引いたのは、千二百人の選挙人から一人の代表を選ぶ投票を八回繰り返したからである。ロベスピエールは四回目の投票で選出され、他は二人の別の法曹家、一人の商人、四人の農場経営者であった。

アベ・プロワイヤールは、ロベスピエールの選挙運動をこき下ろしている。

彼が人民の足もとで這い回っているのを、よく眼にしたものだ。人民は、非常に熱心なおべっか使いたちに常に騙されてきたのではあるが、実際騙されやすい。彼には血のつながった親族が農村にいる。その時まで彼はこの親族たちを見下してきたし、必ずしもよく知っていたわけでもない。自分の役に立つと思った瞬間、彼らを思い出したのである。この親族のもとに弟［オギュスタン］を遣わし、自分が彼らの面倒を優しくみることを約束した。また一方で、同じ郡に住む農民たちに、彼らが善意をもって接することで、うまく自分が全国三部会の議員として選出された場合に、一族全体にもたらされる大きな名誉を想像させもした。弟が、兄への投票を求めて村から村へと渡り歩いている間も、彼以外に、自ら進んでアラス市やその郊外の売春宿や居酒屋に散らばって、人民に取り入り、ロベスピエールのことを偉大な人物だと激賞してまわっている密使もいたのである。[47]

プロワイヤールは、ロベスピエールが自身への支持を集めるために、徴兵を嫌う農民の気持を利用したと非難している。しかし現実には、農民たちの関心事は徴兵よりも別のところにあった。おそらくアルトワ州の全農村共同体のうち三分の一が、次のような諸問題について、領主と争っていたことは周知の事実である。たとえば、争いの種である「共有地」の管理と使用、道沿いに木々を植えることのできる領主特権と製粉機の独占、そして幾人かの領主が、共同体が支払う封建的貢租の帳簿を、より厳格なものに改訂しようとしている、といった諸問題である。フランスの他の地域と同様に、全国三部会招集と、農村共同体も陳情書を作成し代表の選挙に参加せよという国王の命によって、農村住民はより積極果敢な気持を抱き、自分たちの行動の正義を自覚するに至った。[48]

　現状の社会構造に対するロベスピエールの批判は、地方にあって専門職に従事するきわめて多くの人々に共有されていた。ただし、より良い世界の構築を支える諸原理の表明という点で、ロベスピエールほどに辛辣で大胆な人物はほとんどいなかった。首都で長く教育を受けた後、自身の故郷の町を人とは違った視点で眺めることができた若い人たちの中で、彼は最初の人物でもなければ、間違いなく最後の人物でもなかった。愛する町で受け入れてもらう必要性と、頑迷な保守性に対してますます強まるいらだちとの間で、彼は引き裂かれていた。近代史において、最も重要な急進派や革命家たちは地方都市の出身である。彼らはロベスピエールのように教育をきちんと受け、才気に溢れ、社会システムがどのように、誰のために機能しているかを理解することができ、そしてこのシステムにおいてはなお依然としてマージナルな存在であるために、このシステムに日々不快感を覚えているのである。

　仮にルイ十六世が、一七八九年の五月に政治的なチャンスを提供しなかったなら、ロベスピエールは不満を抱えながら、地方で無名のままでいただろう。プロワイヤールはそう確信していた。プロワイヤールにとって、今や進行しつつある革命は、必要ないと同時に悲しむべきものでもあった。というのも、革命がなければ、地方の淀みの中でゆっくりと腐るしかなかっただろう怪物たちを、歴史の表舞台に登場させてしまったからだ。[49]一七八八年に様々な状況の変化がなければ、ロベスピエールは小さな町の法曹家のままでいただろう。しかし実際には、彼の人生は平凡とは到底言いがたいものになった。多くの個人的な悲しみを乗り越え、素晴らしい教育を受け、刺激的で、物議を醸すキャリアを築きあげてきた。ルイが全国三部会招集を告げるかなり前の段階で、ロベスピエールは、教会、司法、行政におけるこの錯綜した特権的階層社会で最上位を占める者たちから、完全に疎外されていた、あるいは自ら彼らを遠ざけていたのである。一七八四年四月のアラス・アカデミーにおける入会演説の中で、彼はすでにして、君主的・貴族的な社会における「名誉」の体系が、不幸な者たちに対する偏見の根本的な原因であると認識していた。一七八八年のデュパティへの頌詞においては、彼はさらに大きく進んで、この賞賛の機会を捉え、彼の生きる社会に特有の貧困に対する告発の場に変えたのである。[50]

ロベスピエールの中に、容易に屈することのない鋼のような力と野望を育んだのは、子ども時代の育てられ方、若くしてパリで収めた成功、自分の持つ能力への自信、そして献身的で賢い妹とともにあったこと、これらの相互作用の結果である。一七八八年から一七八九年にかけての冬の間に見られた特権層との激しい争いは、それに先立つ数年の間、彼が法曹家として日々経験してきたことであった。彼は人々を分裂させた。愛情や賞賛を鼓舞したが、同時に憤り、あるいはむしろ激情を喚起したのである。「人民のための法曹家」としての彼の評判や、冬から春にかけてローカルな場で展開した激動の政治状況への熱心なコミットは、必ずしも万人受けするものではなかった。実際、第三身分代表としての彼の選出は僅差であった。

ヴェルサイユで五月五日に予定されている全国三部会開会に備え、ロベスピエールがヴェルサイユに到着するわずか数日前のことである。彼が出発準備をしている頃、同僚の法曹家フルダンは、『アフィシュ・ダルトワ』に、アルトワの議員たちそれぞれの寸評を掲載している。お世辞と言えそうなものもあった。たとえばシャルル・ド・ラメットは「最高の資質に恵まれた純血の人物」と評されていた。そうでなければたいていは、洒落のきいた紹介がされている。農民のプティは、「馬より荷馬車が似合う人。たくさん食べ、それ以上に飲む」と評された。しかしロベスピエールについては、そっけないものでもなければ、温かいものでもなかった。

> 狂人。怖がりの双頭の馬で、馬銜と鞭に我慢がならないし、ラバみたいに怒りっぽい。鞭が怖くて大胆にも噛みつくこともあるが、いつも後ろからだ。人々は彼が選ばれたことに驚いている。けれど、彼は愚かなロバたちの一角を占めることになるらしい。ミラボやベルガス、マルエといった者たちが相争う競争にもついていける。というのも、彼らの足並みを滑稽にも真似る訓練をこれまでしてきたのだから。[51]

数年前、彼はカルヴァンへの旅行について書いたシャルロット・ビュイサールへの手紙の中で、自身が批判に弱いことを認めていた。フルダンがロベスピエール個人に向けた辛辣な言葉の数々はひどいもので、その分彼にとっては堪えたに違いない。

第五章「われわれは勝利しつつある」——一七八九年のヴェルサイユ

ロベスピエールがパリからアラスへの帰郷の途についてからほぼ八年が経っていた。今、三十一回目の誕生日前夜、彼はパリ西方十マイル、王国の首都ヴェルサイユに向かうため、再び南に向かっていた。『アフィシュ・ダルトワ』の編集者バルブ＝テレーズ・マルシャンは、後に次のように主張することになる。彼女は、ロベスピエールが自身のわずかな衣服を全国三部会の会合のために持っていくのを、手伝ったというのである。

黒い布地のコート、いくぶんよい状態のサテンのベスト、ラ・ド・サン＝モールのよれよれのベスト、三本のズボン（黒のベルベット、黒のウール、それとサージのものがそれぞれ一本ずつ）があった。さらに六枚のシャツ、六組のカラー、六枚のハンカチ、三足の靴下（二足はほぼ新品）、靴は履き古したのが一足と新しいのが一足。彼の法曹家としての上衣は丁寧に折りたたまれて、この小さなトランクに収まっていた。これに、衣服用のブラシ二本、靴用のブラシ二本、絹、綿、ウールの布地と縫い針（というのも彼は自分のボタンを縫い付けることを厭わなかった）の入った箱、そしてパウダーとパフの袋を加えれば、この若い男のワードローブすべてだった。[1]

ロベスピエールは外見に気を遣う人だった。理髪職人を呼んで髭を剃ってもらい、鬘に髪粉をまぶしてかぶせてもらう習慣を手放すことは、一度としてなかった。カラフルなベストへのこだわりをのぞくと、彼の服装はいたって地味なものだった。アラスでの彼を知る者たちはみな、彼が野心家で厳格、ハードワーカーであったと口をそろえるが、彼の性格についての意見は様々だ。孤独癖があり、冷たく、打算的で嫉妬深いという者もいる。彼のことをよく知る人々は、彼は愛情深く賞賛に値する人物で、才能があり、信念を持った法曹家だと評している。いずれにせよ彼は経験豊富で断固とした人民の代弁者であり、人的ネットワークを持ち、名前も知られていた。そんな彼が今、権力の中心へと赴くのである。彼には崇高な理想があった。それは全国の仲間に支持されていたし、アラスでの経験によって鍛えられてもいた。

第三身分の集会は、彼にとっては刺激的な体験だった。王国中から「人民の代表者たち」が集まってくるのである。ブルターニュやバスク、あるいはルシヨン、アルザス、パリやペリゴールといったそれぞれの地方のアクセント、時にはその地域の言葉で、彼らは話した。しかし、お互いのアクセントを理解しようと悪戦苦闘する彼らは、自分たちが深いところで、社会や政治体制に関わる懸念を、また新たな時代がよって立つべき一連の思想をも共有していることを知った。

他の第三身分代表と比べると、そのほとんどがロベスピエールよりも裕福だった。しかし、別の尺度からは、彼らは完全な同類と言える。全体を見ると、六百四十六名の平民の議員のうち、ほぼ半数が法曹家であった。彼らは、公衆の面前で演説する経験を積み、国家レベルの諸問題に関する知識を持ち、また当然のことながら、批判的な立場に立つ市民としての役割を果たしていたので、自分を支持する平民を代表していると主張できるだけの自信を持っていた。ロベスピエールと同様に、法曹家やそれ以外の専門職の議員のほとんどは地方の中心都市出身だった。こうした経歴によって、彼らはローカルな場でその名を知られ、尊敬を集める人々でもあった。[2]

これほど多くの第三身分代表が一堂に会すのは空前絶後のことであった。全員がこの機会の重要性を理解していたが、とりわけはじめて首都を訪れた者、あるいは南の遠方からやってきた者は、多くが圧倒されていた。ロベスピエールはそのどちらでもなかった。ほとんどの議員たちと違って、ヴェルサイユはともかく、パリは彼にとってよく知った町だった。アルトワ選出の議員たちとは別に、彼には以前から知っている人が全国三部会議員として、あるいは三部会を注視する人の中にもいた。ルイ＝ル＝グラン時代からの知己がいたのである。カミーユ・デムランはピカルディの領主の息子だったし、スタニスラス・フレロンは熱心な王党派の一族と結びついていたものの、彼らは両者とも第三身分の諸権利を熱心に擁護した。[3] コレージュ時代のロベスピエールの先生の一人ジャン＝バティスト・デュムシェルは聖職者身分の代表だったが、別の先生、フレロンの叔父アベ・ロワイユよりもはるかに変革の必要性を強く感じていた。

三つの身分の代表者たちがそれぞれ個別に会議を開くのか、それとも合同とするのかという点は、根本的な問題であった。国王による議員たちの歓迎式典が行われた二日間のうちに、状況は緊迫した。というのも、第三身分代表は、その議員資格の確認あるいは点呼のために身分ごとに分かれて会議を開催することを拒否したからである。彼らは自分たちの議場でただちに議論を開始した。これは重要なステップの一つだった。アラスでマクシミリアンと親しかった友人アントワーヌ・ビュイサールは、ヴェルサイユの情報に飢えていた。五月二十四日、ロベスピエールは彼に宛てた手紙の中で、全国三部会開催後三週間で起きた出来事を、彼の理解の範囲で詳細に説明している。[4] 核心を突き、情熱のこもった手紙だった。第三身分が、個別に会議を開けという国王の指示に従わなかったことの詳細を綴っている。

平民（というのも第三身分という言葉は、かつての奴隷由来のレッテルとして使用を禁じられたので）の議員たちは、別のかたちを考えました。すべての階層の、全議員の、あらゆる力を国民議会というかたちで一つにまとめなければいけないと決心したのです。そしてもし、聖職者と貴族が、国民の本体である平民たちの会議への合流をあくまで拒否する場合は、平民たちは、自身こそ国民議会であることを宣言し、その自覚を持って行動することを決めました。

彼は、アルトワ州選出の第三身分代表、とりわけ農民たちが表明した「確固たる愛国精神」を喜んでいる。

ロベスピエールはまた、レンヌ出身の議員イザク・ル・シャプリエとニームのプロテスタントの牧師ジャン＝ポール・ラボ・ド・サン＝テティエンヌに心からの賞賛を贈っている。もっとも、ラボが特権身分に近づくために仲介役を買って出ようとしたことには、反対を表明した。他方で、最高位に位置する身分の何人かに対しては、彼は失望している。ジャン・ジョゼフ・ムニエ、男爵マルエ、そしてタルジェについてもである。ロベスピエールはタルジェに、十年前の彼の教え子の一人として、尊敬を込めた書簡を送っていたし、デムランはタルジェの秘書として働いていた。しかし、今やタルジェは、「すでに最大得票を勝ち得た側について、陳腐な言葉をやたら強調して述べるだけだ[5]。」

ラファイエット侯爵のような幾人かの「合理的な」貴族は別にして、ロベスピエールは、二百八十二人の貴族議員のうち二つの主なグループを激しく攻撃していた。一つは、高等法院あるいは他の最高諸法院で権力を握っていた人々である。彼らは、自分たちの権力を守るためであれば、「全人類を犠牲にするであろう」者たちだ。もう一つのグループは、宮廷の「大貴族」で、「彼らは特権階級としてのプライドと、高級娼婦の卑屈な追従精神から生まれる感情を抱いている」。三百三人の第一身分の議員たちの三分の二は、小教区司祭であった。聖職者議員たちの中で少数派となった司教や大司教たちは、ロベスピエールに激しく非難された。というのも彼らは、かつての第三身分である平民たちに当然のように同調しやすい傾向を持つ小教区司祭たちに、圧力をかけていたからである。「彼らは、私たちがカトリックを攻撃しようとしていると、ほのめかしすらしたのだ」とロベスピエールは訴えている。

ヴェルサイユでは、彼は宮殿に近いエタン通り十六番地（現在はフォシュ将軍通り）に住んでいた。アルトワの代表三人と同居していたが、彼らは法曹家や土地所有者ではなく、農場経営者であった。彼の住居は、宮廷とともにカフェ・アモリにも近く、そこではブルターニュからの代表者が集まっていた。ロベスピエールは、ブルトン・クラブとして非公式に名を知られていた、よりいっそう急進的なこれらの議員たちにたちまち親近感を覚え、彼らと行動をともにするようになった。ミラボ、ジェロム・ペティヨン、ラメット兄弟、そしてアベ・シイエスらである。[6] 彼らは堂々とした身振り、実務能力を身につけ、経済的余裕がある議員であったが、ロベスピエールにはそのいずれもが欠けていた。演説や風体においてさらにより堂々としている者も他に多くいた。しかし、ロベスピエールをこうした人々の中で早くから際立たせていたのは、驚くべき決断力だった。

六月六日、彼は注目すべき最初の演説を行い、教会のヒエラルキーを攻撃した。ニームの大司教が、貧民のために、全国三部会の諸手続を始めるよう要請しに第三身分のもとにやってきた、そのあとに行われた演説である。ロベスピエールは反論している。「司教たちに贅沢をやめさせてください。これはキリスト教の敬虔に背く行為でしょう。四輪馬車や馬を売り、貧者に施しをするよう促してください。」ジュネーヴから来た自由主義的な牧師エティエンヌ・デュモンは、やりとりを観察し、後にこう回想している。「演説している者は誰だと、みな訊いていた。彼のことを誰も知らなかった。」彼はロベスピエールに二度会っている。「意地悪そうな顔をしている。彼は人の目を見て話さない。彼の目は、いつもイライラしたように引きつっている。……自分は子どもと同じようにシャイで、演壇に近づく度に震えがきて、話し始めれば周囲を気にする余裕はなくなってしまうと彼は語っていた。」[7]ミラボの親友でスピーチ・ライターでもあったデュモンと同様に、エティエンヌ・レイバズは、あえて次のように述べている。ロベスピエールの演説は「あまりに冗漫で、話を止めることができない。けれど彼には、雄弁で辛辣な演説を行う資質があった。たくさんの人たちの中にあって、彼がひときわ脚光を浴びたのも、この資質ゆえであった。」このスピーチがきっかけとなって注目を集めることになるが、彼はこのあと、メモなしで演説することを避けようと決意した。これ以降彼は、満足のいかない文章を何度も消しながら、注意深く演説を準備するようになった。今や新聞も彼に注目するようになった。もっとも、彼の名前はロベール＝ピエール、ラベス＝ピエール、ロベルツ＝ピエール、さらにはロベッス＝ピエールなど、様々に不正確な表記で記載されてもいたのだが。[8]

平民の代表者たちの目指す目的は、急速に一貫性のあるものになっていった。すなわち彼らは、自分たちの尊厳と「国民」への責任を主張していたのである。そして六月十七日、自ら国民議会を名乗り、王国全体の利益のために行動できるようになった。三日後、彼らは議場が閉鎖されたことを知る。疑念を持ちつつも決意を固めていた彼らは、議場を近くの室内球戯場に移し、決して解散しないことを誓っている。マクシミリアンは熱心な署名者の一人で、四十五番目に署名している。これは、絶対主義と特権に対する、最初の革命的な挑戦であった。国王は一見譲歩したように見せて、すべての議員に一つの合同の会議を開くよう命じると同時に、彼の側近たちが、十マイル離れたパリを、ほとんどが外国人傭兵で構成される二万人の兵士で取り囲ませたのである。これに先立って、議論を呼んだ演説を行ったにもかかわらず、ロベスピエールは、この軍隊行動への懸念を表明する国王宛の請願書を、七月九日にヴェルサイユで提出した二十四人の議員の一人に選ばれている。[9] ただ最終的には、国民議会が強制的に解体されるその瀬戸際から救い出したのは、数千にも上るパリの労働者階級による暴力的な騒擾であった。彼らはパン価格の高騰に怒り、また議会が軍隊の脅威にさらされていると確信した。ロベスピエールのかつての学友デムランとフレロンは、この反乱を助長した人々である。七月十四日のこの反乱のメインターゲットは、武器と弾薬を貯蔵しているとされていた、サン＝タントワーヌ城外区にあるバスティーユ城塞である。ここはまた、専制的な国王権力の恐ろしい象徴でもあった。城塞の守備隊長は、包囲する群衆に向かって発砲するよう守備隊に命じ、およそ百人ほどのパリ市民が死亡しており、バスティーユの陥落によって、ここにもまた自分たちの大義があるというパリの労働者階級の主張が説得力を持った。そして陥落のニュースは、王国のみならずヨーロッパ全体にとっても衝撃を与えた。

バスティーユの騒動のあと、ロベスピエールはアントワーヌ・ビュイサールに手紙を送り、抑制できない熱狂とともに引き起こされたこの蜂起の意味するところを書いている。「親愛なる友よ、今起きている革命は、人類史の中でも最も偉大な出来事を、この数日の間にわれわれに見せてくれたのです。」[10] 変化を嫌うアリストクラートが、国民議会を押し潰すために軍隊を使おうと決意したのだと、彼は確信していた。ヴェルサイユとパリの周りに軍隊を集結させたこととの意味はここにあった。これに対し、パリの人々が見せた反応に、彼は衝撃を受けたのである。「あらゆる階層の市民からなる三十万人の愛国者たちの軍勢によって、蜂起は全体的なものとなったのです。」戦闘のあと、バスティーユの総督ド・ロネ侯とパリ市長《プレヴォ・デ・マルシャン》ジャック・ド・フレセルは、血の報いを受けて殺される。ロベスピエールは、これを懲罰と認識していた。「前者は、住民の代表者たちに発砲するよう、バスティーユの砲兵たちに命じたとして有罪宣告されていましたし、後者は、宮廷の最上層の人々とともにに、人民を攻撃する陰謀に加担したと有罪宣告されたのです。」

騒擾の間、ロベスピエールと同僚の議員たちはヴェルサイユにいた。しかし、王弟アルトワ伯が亡命したという知らせがあってすぐに、ルイ十六世がパリに行幸するという七月十七日、百人の国民議会議員が王に同行することになり、ロベスピエールはその内の一人に選ばれた。ド・ロネやフレセルが蒙った暴力的な報復について、彼がいくらか迷いを感じていたにしても、パリの民衆がルイを迎える「壮大で崇高な光景」を目にすることで、今やそういった感情も消え去った。ルイは、ブルボン家の白とパリの都市章の青と赤を合わせた帽章を受け取った。これは国王と国民の融和を象徴したのである。「国王が人民に降伏したこの偉大な出来事のイメージは、これを目撃した者全員の心に永遠に刻まれた。」ロベスピエールのこのコメントを見ると、議会の権力が王権をしのぐという確信が、彼の中でどんどん強まっていることが分かる。

前の週に起きた驚くべき出来事に対するロベスピエールの反応は、直感的なものであると同時に一時的なものでもなかった。彼の心の中で消すことのできないものとなった一連の確信にもとづいていた。第三身分の議員たちこそが、人民の意志を象徴するということである。人民の意志を理解し実行することは、議会の義務であった。彼にとっては、七月十四日に起きた蜂起と、十七日にパリ市民によってルイに対して示された歓迎とは、人民の意志、人民が国民議会の愛国者たちと結びついていることの最も純粋な表現であった。反対に、貴族身分の「非愛国的な」人々は、人民の議会を破壊しようと計画する宮廷と同盟を結んでいる。ビュイサール家への手紙の中で、彼はシャルロットに、「あなたの親しいいとこブリオワ・ド・ボメズに、あなたからの挨拶を言付ける」ことを申し出ている。「ただ、彼は良き市民の仲間ではありません。彼は身分別投票を支持したり、貴族の同僚たちが平民たちの会議に合流しようとするのを妨害することに労を惜しみませんでした。国民の幸福のために、悪しき市民はあぶり出されるべきなのです。」アラスで、一七八八年から一七八九年の冬に見られたあの苦い政治的対立が続いていた。ロザティ協会の同僚シャラモンは、七月二十六日にデュボワ・ド・フォスに次のように報告している。「あの異常者ロベスピエールの支持者が何人か、彼が妹に宛てた手紙をばらまいています。曰く「こちらが最新のニュースです。私は元気です。われわれは最大の危機から脱したのです。われわれは勝利を収めつつあります。これ以上の言葉はいらないでしょう。」」[11]

バスティーユ奪取のあとも、散発的ながら集団による殺害は終わることはなかった。七月十七日、サン＝ジェルマン＝アン＝レでは製粉業者が殺された。十八日ポワシでは、議会の派遣した議員団の仲裁によって、一人の農民がかろうじて救われている。[12] 二十日は、貴族身分代表のラリ＝トランダル侯爵が、不穏な情勢にある場合、信頼が置ける人物たちだけで構成される市民軍創設を、各市町村当局に許可する声明を発するよう、提案している。ロベスピエールは即座に起立する。「パリのこの騒擾で、いったい何が起きたというのか。全体的な自由が実現し、血はほとんど流れなかった。いくらか首が落とされたことは確かだが、それらは罪ある者たちの首だった。……この暴動のおかげで、今や国民は自身の自由を手にしている。」[13] 革命的激動の騒ぎの中で、誰が人民を、敵に対して守るべきなのか、いつ人民は武器をおくべきなのか、これらは重要な問題であった。ミラボは市民軍の創設を強く求めており、ロベスピエールもこれを支持していたが、この「国民衛兵」から、自身で装備を準備できないほど貧しい人々を排除するということには躊躇していた。

暴力はさらに続く。七月二十二日、一七七六年以来パリ地方総督〔原文では「パリ地方総督」となっているが、これは誤り。実際には Intendant de la généralité de Paris で「パリ地方長官」〕だったルイ・ベルティエ・ド・ソヴィニは、パリから逃げようとしたという廉で逮捕される。ネケールに代わって宰相に就いた義理の父ジョゼフ・フロンとともに殴り殺され、首をはねられた。事の真偽はわからないが、パリ市民が一七八八年から一七八九年にかけて経験した長い飢饉の時期を、さらに悪化させる陰謀を企んだという理由で、その復讐のためと称して、彼らの首はパリ中で見世物にされた。フロンの死後、ロベスピエールは、アントワーヌ・ビュイサールに宛てて、ただ次のように書いている。「フロン氏は昨日、人民裁判の決定により、つるされました。」七月十四日、人民を殺害する陰謀というこうした罪について、説明を求める迅速な行動があれば、こうした行為は防ぐことができただろう。ロベスピエールは議会で警告した。「人々の動きを鎮めたいと思われるのか。それならば、彼らに対し、正義と理性の言葉で話しかければよい。彼らの敵どもは、法の復讐から逃れることなどないと安心させよ。そうすれば、正義の感情が、憎しみの感情に取って代わることだろう。[14]」

ロベスピエールは、革命が引き起こすことを理解していた者たちの一人だった。暴力に対し彼が無頓着だったと考えることはできない。彼は命が失われることを怖れていた。しかし、抑圧に対抗する人民の大義の正しさを確信していただけに、自ら暴力を行使することで特に憎悪されている者たちの中には、報復のターゲットとなる者がいても仕方ないとも彼は考えていた。人民の不満に応えようとする国民議会の迅速な行動だけが、このような怒りによる行為が、不必要なだけでなく不法なものとするような新しい統治システムを、生み出しうるというわけだ。

この革命は、暴力が依然、司法制度と権力の言語の中に本質的に付随している社会で起きた。若きピカルディの革命家フランソワ＝ノエル・バブフは、一七八九年、皮肉を込めて、アンシァン・レジームは、革命家たちが生み出した暴力に責任を負っていると述べている。「われわれの主人たちは、われわれをきちんと管理せずに、われわれを野蛮にしてしまったのだ。というのも、彼ら自身が野蛮であったから。[15]」事実、革命家たちはしばしば、アンシァン・レジームをあらゆる形態の暴力の専制であると定義した。一七八九年七月のフロン死後に見られた、議員アントワーヌ・バルナーヴのものとされる尊大な態度を、支持する者もいた。「それでは、流された血は、それほどに純粋なものだったとでも？」[16]。しかし、ロベスピエールは、こうした論拠で一七八九年の暴力の正当化、あるいは弁明をしたわけではない。彼は古典古代とイギリスの歴史に詳しく、革命の激動は本質的に暴力的なものであると理解していたし、暴力に頼る必要をなくすような諸改革に着手するよう、議会に強く迫った。

七月十四日にパリで起きた想定外の出来事のニュースに当惑し、怖れや不安を抱いていた議員たちは、国王が起きたことを受け入れたことで、力を取り戻していた。この世界は本当に、人間の意志で作りかえることができるのだと。[17]時にショッキングであったり安心させたり、刺激的な出来事の知らせが議会に殺到するのと時を同じくして、以上のような認識が受容されていった。暴力的な懲罰を伴う散発的だが仰天するような諸事件、都市や農村での平民による権力の掌握、あるいは市民にふさわしい義務感や寛大さを示す行為などのニュースである。

バスティーユ騒動の知らせは、対立、希望、恐怖で爆発寸前だった農村地帯にも到達していた。一七八八年の不作に続いて、やってきたのは厳冬だった。新たに作物が実った頃には食糧不足は広く見られたが、同時に全国三部会に託された希望を確認することもできる。「大恐怖」と呼ばれる噂が農村地帯を席捲する。パリの革命のあと、貴族たちが「ならず者」を雇って、収穫物を台無しにすることで復讐しようとしている、という噂である。ロベスピエールとアルトワ州出身の他の議員たちは、地元で見られた大恐怖の詳細をすぐに知る。そこでは、一七八七年から一七八九年六月の間に、穀物価格が三倍に跳ね上がっていたのだ。「恐怖」はピカルディからアルトワへと広がっていった。『アフィシュ・ダルトワ』[18]の報告によれば、七月二十七日の夜、まだ緑色の麦が、収穫されようとしているという噂が広まった。全国のほとんどの地域で、ここで言われたような貴族による報復行為は現実化することはなかったが、武装した農民たちは、食糧を強奪したり、領主やその代理人に領主が持つ帳簿受け渡しを強いたりした。

王国の社会構造は、領主制と特権の体系によって成り立っていた。領主の地代帳簿の強奪や破壊、あるいは国王諸税や教会十分の一税、領主地代の支払いの拒否、これらを前にして、議員たちは何をすべきなのか。八月四日の夜、何人かの貴族が議会の演壇に上り、大恐怖への対応として、封建的諸特権の放棄、廃止を宣言したのである。[19] しかしながらその翌週、竃や圧搾機を領主が独占するなどといった「人格的支配」に関わる諸特権は無条件で廃止されたものの、特に収穫に対する領主貢租のような「土地所有に関わる諸特権」については、貢租支払いをやめるには、農民がこの権利を買い戻さなければならないとされた。この区別は、その後の三年間にわたって、農民反乱の火種となる。

八月四日の熱狂的な雰囲気の中で、自らの、そして他の者たちの特権をも犠牲にしたのは、個々の聖職者や貴族ばかりではない。三月の段階で、アルトワ州の三つの身分が合同して作成した陳情書では、一六五九年のピレネー条約を通じてこの州に保証された諸特権（塩税の免除、州独自の課税権、アルトワ州三部会）は維持されるよう主張していた。今、八月四日のあと、アルトワ州代表の議員十六名は、全員が自分たちの州の「諸特権、自由、免除」を放棄した。[20] これは、アイデンティティのパラダイム・シフトであった。四カ月前の四月二十日、アルトワ州の貴族の会議は、きわめて明確に、強い調子で、自分たちの州の特殊性を述べていた。「アルトワ州は、王国に全体の一部としてではなく、より大きな集合体の内部にある一つの完全なる存在として王国と結びついたので、アルトワ人が望むのはただ、全国三部会に、一つの対等な国家内国家として参加することだけだ。」ほとんどの者は、自分たちを選んでくれたアルトワの選挙人たちとの強いつながりを維持する必要性を気にしていたけれども、ロベスピエールにとっては、アルトワ州の諸権利の守護者から、フランス国民の代表者への移行は迅速でかつ完璧だった。故郷の町においては、これによって彼の評判がより両極端なものになる可能性があった。[21]

その後八月二十七日〔実際には八月二十六日〕に、議会は「人間と市民の権利の宣言」を採択した。人権宣言において重要なのは、自由主義の本質についての主張である。すなわち「自由とは、他者を害さないすべてのことをなし得ることにある」。人権宣言は、自由に発言し、結合する権利、信教と意見表明の権利を保証していた。その構成員すべてが法の前で平等であるような国家となることであった。要するに、一人の国王の臣下たることをやめて、一つの国家の国民となるよう定めたのである。しかしながら、人権宣言が権利の普遍性と全国民の市民としての平等を宣言した一方で、全員が法的平等と同様に政治的平等を享受するのか否かについてはあいまいであったし、個々の適性を活かす手段は、そのために必要な教育や財産なしに、いかにして確保されうるのかについては何も語られていない。

八月に出された諸法律や、「人間と市民の権利の宣言」をめぐる議論で、ロベスピエールは目立った役割を果たしたわけではない。しかし、折に触れて議論に介入し、累進課税や宗教・出版の自由、あるいは権力を握っている者たちの説明責任について、主張を展開した。[22]いずれにせよロベスピエールが主張したのは、国家は代表機関を通じて、全体の利益のために、課税のような義務を課したり、個人による無制限な自由の行使を制限したりする権利を持つということである。これに賛同する者は他にもいた。したがって、人権宣言の楽観的かつ普遍的なトーンにもかかわらず、宣言が明記している諸権利は、「一般意志の表現」と定義された法律の限度内で行使される限りにおいて完全に保証されたのである。「法律に可能なのは、社会にとって有害な行動を禁ずることだけ」なのだが、人権宣言はそれゆえに、このような自由の行使にいかなる限度を設けるかについては、立法者の判断に任せているのである。[23]

国民議会において、議会の運営に慣れていない議員たちは、自分たちで話し合ったり、議場を動き回ったりするなど考えたこともなかった。ロベスピエールは通る声ではなかったし、アクセントはときどき馬鹿にされもした。発言を妨害されて演壇から降りなければならなくなったことも、少なくとも一度は経験している。[24] 早くも九月には、彼はミラボ、ペティヨン、バルナーヴそしてアベ・グレゴワールと同様に、活動的な急進派の一人として、風刺新聞の格好の標的となりつつあった。たとえばロベスピエールと「アラスからやってきたお針子」スュザヌ・フォルベールの間の「恋文のやりとり」をでっち上げて楽しんでいる。[25] しかし彼は、注目を集めるこのまたとない機会を、最大限利用するとはっきり決めており、貴族の恩着せがましさも、彼のアクセントや発言への嘲笑も、いかにしても彼を押さえ込むことはできないのである。第一に彼の母親、そして叔母たち、妹たち、とりわけシャルロット、そしてアラスやパリでの彼の教師たちのおかげで、ロベスピエールは鉄製の背骨を身につけていたのである。彼は全く並外れた意志の強さを持っていた。彼を笑う者たち、また親愛なるプロワイヤールのような敬虔ぶった人々に、敢然と立ち向かってきた三十年の賜である。

ロベスピエールについての評判はすでに広まっていた。たとえば彼は財務長官ジャック・ネケールの夕食に招待されている。数年後、ネケールの娘で辛辣な物言いで有名なジェルメーヌ・ド・スタールは次のように回想している。「一七八九年、父の家で私は彼と何度もおしゃべりした。あの時、彼は単に、きわめて誇大な民主的諸原理を主張する、アルトワ出身の法曹家として知られていただけだった。彼の顔つきには育ちの悪さが出ていて、青白い顔をして、緑がかった血管が見えた。落ち着き払って、これ以上ないばかげた主張をするのだけれど、どうやら彼にとっては信念みたいなものだったようだ。」賞賛する者もいた。六月、グラスの小教区司祭で第三身分代表の議員となっていたボニファス・ムジャン・ド・ロクフォールは、アルトワの知り合いへの書簡の中で、ロベスピエールは「素晴らしい演説をする。……彼は公正に評価されるべきだ。熱意に溢れており、社会全体の再生を私たちにもたらすはずの諸原理から外れることのない人物だ。」同じように、エクス出身の第三身分代表シャルル＝フランソワ・ブシュは、ある友人に宛てて手紙を書く中で、ロベスピエールについて「偉大で高尚な人物だ。勇気があり愛国的な精神を有している。もし彼に敵がいるとすれば、私はその敵を憐れむだろう。彼はその優れた行動によって、こうした敵を意気消沈させてしまうような男なのだ。[26]」

「人間と市民の権利の宣言」を承認したのち、国民議会にとってすぐに取り組まなければいけない課題は、主権者である人民の代表としての議会と、国王の執行権との関係だった。核心は、議会の決定に対する国王の承認という問題である。九月十一日、国王に法律の暫定的拒否権を与える提案が可決された。同時に議会は、この拒否権は、さらに続く二つの議会で有効であるとする決定も行った。ロベスピエールはいかなる拒否権にも反対であり、重要な演説をしようとしていたのだが、議会の決定に機先を制されることになった。代わりに、彼はこの演説を印刷することに決めた。[27]事実これは重要な声明であった。というのも、この暫定的拒否権の問題をはるかに越えて、人民主権の本質とその具体化について、彼の基本的な信条が述べられているからである。

そもそもの本質からして、人はみな自分の意志で、自身を統治する能力を持っている。一つの政治共同体、すなわち国民として結集した人々は、それゆえに同じ権利を持っている。この公共の意志、すなわち個人の意志の集積である立法権は、ちょうど個人にとってそうであったように、社会全体においても、奪うことのできないもの、至上のもの、何ものにも依存しないものである。

法律とは、単にこの一般意志が具体的なかたちをとったものである。大きな国民共同体においては、直接この立法権を行使することはできないので、自らの代表にこの行使をゆだねるのである。こうしてこの代表たちに立法権が保持されるのである。

われわれは見られている、そう彼は同僚の議員たちに説いている。また彼は、自身を支持する市民たちが、隣国イギリスのような政治的自由を求める戦いの長い経験がないことを懸念していた。フランス人が自分たちの「軽薄さ」、「精神的な弱さ」を捨て去り、全ヨーロッパにとっての模範になるという使命を果たすことは、いかにして可能なのだろうか。答えは、「人間と市民の権利の宣言」に具体化された諸原理を、文字どおり理解することにあった。「これらは正義から、人の生まれながらの権利から生まれた諸原理であり、人の作り出した法が改変することのできないものである。」[28]

八月に出された諸政令、人権宣言ともに、ルイによって承認を拒否された。全国三部会は、王国の状態について彼に助言する目的で招集されたのであった。したがって、「国民議会」の存在を国王が認めたことで、彼がその議会の決定を受容しなければいけないということになるのか。ふたたび議会の地位が問題になったように思われる。同じ頃、数カ月前の収穫は良好であったにもかかわらず、小麦不足をめぐる不安に煽られた不穏な空気が、ヴェルサイユとパリの間では漂っていた。そして、ここで先頭に立ったのは、パリの市場の女性たちだった。彼女たちは、国王は諸政令を承認し、パリに帰還すべきだと確信しており、こうしてこそ、パリを飢えさせようと企む貴族たちの陰謀がくじかれると信じていた。

十月五日、数千に及ぶ女性たちがヴェルサイユに到着する。この事件は、ロベスピエールのキャリアにとっての転換点となった。というのも、女性たちの代表団が議会になだれ込んできたとき、彼はちょうど演壇に立っており、要求に応えるかたちで、パリへの食糧供給についての調査を命じたからである。翌日、ルイは国王一家が、女性たちと国民衛兵とともに、パリへ戻ることに同意した。国民議会もそのあとに続くことを決定した。革命は危険なく成し遂げられたように見えた。しかしこの革命は、国王の一連の抵抗は単に宮廷の人々の悪意ある影響によるものだという虚構によって、支えられていたのだ。

議会は十月十五日、ヴェルサイユにおける会議を閉会し、十九日にパリで再開した。最初はパリ大司教館で、その後テュイルリ庭園の北側にあるルイ十五世の馬術教練場ル・マネージュが議場となった。ロベスピエールも新たに、マレのサントンジュ通り三十番地にある家屋の三階に居を定め、そこから毎日、議会あるいはブルトン・クラブまでの二マイルを歩いて通った。彼は今や、首都の勝手知ったる環境の中に戻ってきたことになる。そして、パリへの議会移転の機会を利用して、アルトワ選出の農場経営者の議員たちとは物理的に距離を置くことになった。彼の弟オギュスタンは、ヴェルサイユで数カ月一緒に過ごしたが、ここでアラスへと戻っている。

議会は難しい立場に置かれた。一方で、ほとんどの議員は、宮廷から一歩離れることができ、また重要な政令が国王の承認を得られたことで、ほっと一息ついていた。しかし他方で、パリ民衆からの圧力に議会がさらされるようになったことを、深く憂慮してもいた。十月二十一日、パン屋のドゥニ・フランソワが、穀物をため込んでいたことを責められ、市庁舎の外、グレーヴ広場でリンチに遭い首を切られてしまう。戒厳令を要求するパリ市当局を支持する演説を、バルナーヴに続いてミラボも行うが、それに対しロベスピエールは、次のように反論している。「諸君、もし問題の根幹をつきとめたいと思うなら、われわれがとるべき措置は他にあります。なぜ人民が飢えているのか、それを明らかにすることが重要なのです。」ロベスピエールは戒厳令の発令を阻止することには失敗するが、革命に対してなされる明らかな「陰謀」にも焦点を合わせるよう、議会を促すことにもなったのである。トレギエの司教によってばらまかれた脅迫的な司牧書簡や、必要不可欠な食糧がため込まれていることが断定されたことからも、脅威は明らかだった。「実際、人々はあらゆるところで、大きな代償を払って生まれたばかりのフランスの自由を、抑えつけようと決めているように見える。[29]」議員たちは起きたこと（要するに革命）の巨大さ、新しい世界を作るという責任と向き合うことになったのであり、歓迎しない出来事が起きれば、これを変化に反対する者たちの悪意、陰謀とさえ説明したくなるのも驚くべきことではない。ロベスピエールは、そう確信していた最たる人々の一人であった。

一七八九年秋の高揚感は、依然として残されている課題の大きさに気づいて、薄らいだ。革命家たちは、新体制を支える諸原理を宣言したが、これは公的な事柄のあらゆる側面が再編されることを意味した。「アンシァン・レジーム」（今やそう呼ばれるようになった）は打倒された。しかしそのあとに、何がもたらされるべきなのか。その後二年以上にわたり、議員たちは、公的な事柄のあらゆる側面に手を加える仕事に、没頭することになった。その社会的・地理的な出自がなんであれ、フランス人は国民として平等な地位にあるとする考えが、フランスを再構築していく際の基礎をなしていた。行政、司法、税制、軍隊、教会、治安など、公的な事柄のあらゆる点で、社団の諸権利、官職任命制度、そして階層制度が作り出すシステムは、市民的平等、説明責任、そして人民主権のシステムに取って代わられた。アンシァン・レジームの国制の特質は、王権による任命官僚のネットワークによって管理された、地方ごとの驚くべき多様性にあった。今や、この多様性が改められたのである。どのような公的機関においても、官吏は選挙で選ばれることになり、彼らが仕事をする全国の各組織のかたちが統一された。制度上の基盤となったのは、全国で四万千にも及ぶ新しい「市町村《コミューン》」で、これらのほとんどは、アンシァン・レジーム期の小教区がもとになっていた。さらにその上の組織として、郡、区、そして八十三の県が作られ、かつての諸州に代わったのである。[30] 国王裁判所、領主裁判所、教会裁判所、さらに地方によっては、これらのバリエーションも存在する複雑な裁判組織は、より利用しやすく、人間的で、平等になるよう、慎重に設計された単一の全国システムで、置き換えられたのである。

　政治的正統性の中心課題、すなわち人民主権はどのように、また誰によって表現されるのか、という問題を意識していたことが、ロベスピエールが他の大半の同僚議員たちと異なる点であった。健全な社会と政治体制をめぐる彼の考え方は、古代共和政の市民的徳性《シヴィック・ヴァーチュー》について学んだこと、また政治への直接参加を志向し、人民と代表者の間のあらゆる関係に透明性を求めるルソーの理想を認識したこと、この両面から作られたのである。彼の目には、貧困と無知という重荷を背負っているにもかかわらず、平民は徳が具象化したものに見えたのだ。彼らの生活は、人間的な行動（「あらゆる法のうち第一のものは、人民の福利である」）と有徳の個人が果たす役割を通じて改善されうるし、されなければならない。この時、この有徳の個人は、多数派の意見とは必ずしも同じではない「一般意志」を、具体的に表現する力を持つのである。[31]

　巨大な国家を統治するというタスクを前にして、代議制をとる政府へのルソーの批判に同調するわけにはいかなかったものの、ロベスピエールは、完全なる人民主権の原理から逸脱することには反対であり、このスタンスを支えていたのは、議会を人民の意志と結びつけたいというルソーの考えであった。十月下旬、選挙権を三日の労賃に相当する直接税を支払っている「能動」市民に限定する、すなわち成人男性の三分の一を選挙権から排除するという提案が、議会でなされた。さらに、これらの能動市民たちは、十日分の労賃を税として納めている者たちの中から選挙人を選び、続いてこの選挙人たちが、税として「銀マルク」（およそ五十四リーヴル）を支払えるような財産を持つ人々の中から、国民議会の議員を選出するというのである。ロベスピエールは、これでは富裕な特権階級を新たに生み出すことになるし、いずれにせよ人権宣言に対する目に余る矛盾であるというアベ・グレゴワールの批判を支持した。「宣言の文言は、主権は人民に、すべての個人に存すると定めている。それゆえ各個人が、自らを統治する法の制定と、公的な事柄の管轄に、それぞれ参加する権利を持つのだ。そうでなければ、すべての人が平等な権利を持つこと、すべての人が国民であることは、真実でないということになる。」同じ意見の議員は一握りしかいなかった。しかし、ロベスピエールの立場は地方の政治結社においては支持を得ており、北のサン＝マロや南のペルピニャンの人民協会、つまりは王国の両極の辺境から、彼を讃える書簡が届いたのである。[32]

選挙権に関する議論は荒れ続ける。ロベスピエールは、ユダヤ人や「信用がおけない」とされた役者のように、「人としてそれを保持する資格のある聖なる諸権利」を今や取り上げられてしまった人々への精神的な影響について、繰り返し強調している。彼は女性については語っていない。役者に対する「ばかげた偏見」を取り除くことで、結果として劇場が「善行と愛国心の公的な学校」になるというのだ。同様に、彼はユダヤ人にも平等を認めようというグレゴワールの行動を支持した。「広い範囲で誇張され、しばしば誤った話を伝えるような、ユダヤ人に関する話を聞いたことがあるだろう。ユダヤ人の悪徳は、あなた方が彼らを貶めたことにその根本的な原因があるのだ。善良であることの利を彼らが悟れば、彼らは善良になるだろう。[33]」一七八九年の終わりまでに、完全な市民権がプロテスタントに与えられ、また翌年一月の下旬には、ボルドーとアヴィニョンに住むセファルディム系のユダヤ人にも与えられた。東方のアシュケナジム系ユダヤ人は、同様の扱いを受けるのに、一七九一年九月末まで待たなければならなかった。

一七八九年の暮れ、一七九〇年初頭に行われる予定の市町村選挙を背景として、ロベスピエールは、フランドル、エノ、カンブレジ、そしてアルトワという北東部の諸州の人民に宛てて、意見書を起草している。彼が強調したのは、憲法作成の進展である。必ずしもすべてについて、彼が望むようなかたちにはなっていないにしろ、この憲法は、人権宣言の掲げた諸原理の賜だというのである。諸原理とはすなわち、

一、社会の目的は、その構成員全員の幸福である
二、人はみな、生まれながらにして自由であり、権利において平等であり、そうであることをやめることはできない
三、主権の淵源は国民にあり、あらゆる権力は国民に由来し、そこからしか生まれえない[34]

ロベスピエールにとって最も重要なのは、ただ有徳の市民だけが、真の民主政を育てうるということだった。国民議会の役割は、「われわれの同志である市民たちの精神を、この偉大で見事な革命が求める思想と意識のレベルにまで、育て上げること」でなければならない。人民の代表者たちが、公正な法律を制定し、本質的に有徳な社会を創り出すのに成功するまでは、いかなる政府も、抑圧に対して人民が抵抗する権利を廃すことはできない。「諸革命の歩みは、安定したかたちを持つ平和な国家を管理する諸政令に従うことはない。」もし人民の行動が有徳なそれとは隔たりがあるなら（そうなるのが自然なのだが）、数世紀にわたる偏見と抑圧についてだけでなく、現在の陰謀についても、責めを負うべきなのは、悪意ある諸勢力であることは明らかであった[35]。

ロベスピエールが、人権宣言の諸原理にあくまでこだわっていたことが、妥協と安定を切望する人々を不快にさせ始めていた。十月八日、かつて政令を登録するために国王が使う定型句（「我らが喜びゆえ」のような）を次のような言葉に代えるべきだと、彼は提案していた。「神の恩寵と国民の意志

により、フランス人の国王ルイは、フランス帝国の全市民に告ぐ。人民よ、これがあなたたちの代表者たちが作った法である。私はこれに国王の印璽を与えた。」大騒ぎになり、ある議員はロベスピエールの一本調子な言い方を攻撃して、「われわれはここで賛美歌を歌うことを望んでいるわけではない」と叫んだ。けれど彼は驚くほど決然とし、少しもひるむことがなかった。実際この若者は、アルトワ州選出議員の中では、全国三部会への当選順位が低かったにもかかわらず、一七八九年には、少なくとも三十八回の演説を議会で行っている。発言に耳を傾けてもらえるようになるために必要だったのは、強靱な肺腑ではない。彼を攻撃する騒々しい人々の中で、なお発言する権利を、粘り強く主張し続けることだった。[36]

彼の繊細な神経はたびたび傷つけられた。完全なる報道の自由を謳歌する新しい新聞が多数存在した。王党派の新聞の一つ『使徒行伝』は、十一月に、ロベスピエールについての長大な、内容としてはかなり偏った人物評を掲載した。おそらく彼のかつてのクラスメイトであるフランソワ・スュロの手になるこの記事は、ロベスピエールの地元での評判、とりわけ避雷針事件における名声を嘲り、aristocrassique という彼の発音を茶化して、彼が実際には農民であるとほのめかしたのである。そして読者に向かって断言する。「仮にミラボがプロヴァンスの猛炎だとすれば、ロベスピエールはせいぜいアラスの蠟燭に過ぎない」と。これはおそらくアラスのプティ・マルシェにあるサント＝シャンデル［聖蠟燭］聖堂を巧みに示唆したものであろう。より好意的な世評もあった。聖職者身分代表でサンリスからきたアベ・ポンスラン・ド・ラ・ロシュ＝ティラクは、ロベスピエールのことを、「興奮しすぎることもなく、とても良いことを発言する」人物であると述べている。国民議会を支持して、アルトワ州選出の貴族議員としての立場を六月に放棄していたシャルル・ド・ラメットは、次のようにロベスピエールを賞賛する。「特徴であるその勇気と熱意、これをもって彼は、社会の最底辺の人々の利益を擁護するのである。[37]」

一七八九年十一月の初旬、ロベスピエールはアントワーヌ・ビュイサールに宛てて、この記念碑的な年についての三通目の長い手紙を書いている。[38] この手紙を書いたことで、ロベスピエールは、革命が現在どの程度達成されたかという点について深く考える機会を得た。教会財産が国有化され、特権階層を構成していた高等法院など最高諸法院が消滅したことを肯定的に評価した。「封建的な特権を有する者たちは、かなりの打撃を受けました。最も深刻な悪弊は、国民の代表者たちの願いのもと、消え去ったように見えます。」しかし、彼は自問している。「われわれは自由になるのでしょうか。思うに、依然としてこの疑問を抱いてしまうのです。……新しい憲法は、少なくとも私にとっては、良き市民には歓迎しがたい基本的な欠陥を、いくつか含んでいます。」議会において「特権階層の徒党」によって提示されたある提案に対し、彼はきわめて重要な関心を持ち続けてきた。市町村議会ですら財産上の制限選挙によって選ばれるべきだという提案である。アラスの一法曹家であった頃、彼はカーストとしての不当な名誉特権に立脚するアリストクラートたちを目にしてきた。今や彼は、これをフランスの再生への第一の障害と捉え、心底からの敵意を剥き出しにしたのだ。こうして彼には、アラスの友人たち、とりわけアントワーヌ・ビュイサールとその妻シャルロットとの再会を楽しむ前にやらなければならないことが、依然山積していたのである。「まだ数カ月間、こちらにいることになると思います」と彼は書いている。

第六章　「アウゲイアースの家畜小屋掃除に挑戦しながら」——パリ一七八九～九一年

一七九〇年三月の初旬、ロベスピエールはアントワーヌ・ビュイサールにまた手紙を書き、再び無沙汰を詫びている。そして、改革が要するヘラクレス級の仕事に言及している。「積み重なる諸問題、その解決の困難さ、これらをあなたは想像できなかったと思いますが、私の無沙汰の理由はここにあります。……国民議会の愛国派の議員たちは、アウゲイアースの家畜小屋掃除〔エーリスの王アウゲイアースの家畜小屋は一度も掃除されたことがない。これをヘラクレスが一日で清掃したギリシア神話のエピソードから、不可能と思われるような挑戦を意味する〕に挑みつつ、人間の能力を超えるかもしれない事業に取りかかっているのです。……あなたと途切れないやりとりを楽しむよりは、疑いようのない私の永遠なる友情の印をお見せするために、私はペンをとっています。」[1]

一七九〇年初頭、アウゲイアースの家畜小屋の一つの牛房は、一七八九年夏の農民反乱から生じた未解決の諸問題で一杯だった。その第一のものは、森林、共有地利用権の問題であり、資源の管理をめぐって、農民と領主の間に長年にわたって存在した争いの核心であった。全国で問題となっていたが、アルトワ州とフランドル州では重要な意味を持っていた。この地域では、一六六九年の王令によって、領主たちにとって寛大な諸条件が規定されていた。領主たちは、トリアージ特権を行使して、共同体の森林と共有地の三分の一を独占的に領有することができた。ところがアルトワ州上級評定院によって、彼ら領主はこの条件すら無視できた。ロベスピエールの中では、この「強奪」はきわめて重要であった。早くも一七八九年五月には、北東部で「領主たちによって侵害された共同体の所有権の復活」を要請するための提案を、下書きしていたようだ。全国的に農村共同体が自ら行動を起こしたために、国民議会は森林と共有地への侵入を抑制しようとしていた。これに反応したロベスピエールは、十二月、再びこの問題に立ち返っている。[2]

この問題の影響は大きく、議論が王国全体を巻き込むまでに広がった。最終的にはトリアージ特権の廃止を定めた政令で決着したものの、影響を受けたのは直近三十年の間に領主が獲得した部分についてだけだった。ロベスピエールは再び反対の論陣をはる。「この強奪者たちは、横領して得た領有権を相も変わらず享受し続けることになるだろう。加えて、この法律をより遡及的に適用しない言い訳は現実から遊離しており、あなた方は、［人民が］諸権利を奪われている破滅的な状態を、また封建制が支配していた時代の最も憎むべき記念碑を、未来にまで延命させているのだ。」長期間にわたって記録が保存されている農村共同体は、時間的な制限なしに、権利の回復を求めようとしていた。シンプルに法を破る共同体もあった。アラスのちょうど北に位置するノワイエル＝ス＝ランスでは、一七九〇年六月、最も貧困な者たち（役人によれば「フランス語を解さない者たち」）が共有地を奪い取り、分割してしまった。[3]

次に重要な問題は、さらに争いを生み出すものであった。八月の政令は、その冒頭で高らかに言明していた。封建制は「完全な形で廃止された」と。ところが、最も重荷となっていた収穫に対する貢租は領主の資産であり、これを失う領主たちがその保証を共同体から受けられるとする決定は、共同体利用権をめぐる躊躇よりも、はるかに激しい怒りを呼び起こすことになった。一七九〇年二月九日、アベ・グレゴワールは国民議会に対し、南部のケルシ、ルエルグ、ペリゴール、リムザン、そしてブルターニュの一部で見られる不穏な状態について報告している。これらの地域では、武装した農民の集団が領主たちの城館を襲っていたのである。ジャン＝ドニ・ランジュイネは、ブルターニュ地方での不穏な情勢の理由は、八月の政令に関わる未解決の諸問題にあると主張した。この発言に続き、ロベスピエールはランジュイネを支持して発言を求めているが、騒擾に加担している者たちに「ごろつき」というレッテルをはり、ロベスピエールが口にする「人民」ではないと主張する貴族たちとの論争に巻き込まれている。「あらゆる権力が廃止された時代に、われわれはいるということを忘れないでいただきたい。人民は、長く続いた抑圧から突然解放されたと感じているのだ。……その不幸の記憶のせいで、はからずも道を踏み外してしまった人々は、常習的な犯罪者とは異なるということを、忘れないでいただきたい。」二月二十日、ブルターニュ出身の議員イザク・ル・シャプリエによって起草された法律が、議論されることになった。問題となっている地域に軍隊を送り込むためのもので、戒厳令を伴う。再び、そしてやはり不首尾に終わるのだが、ロベスピエールは次のように主張した。もし「ブルターニュの城館のいくつかが燃えたとしても」、それはその主人たちこそが、革命に対して激しい敵意を持っているからであると。いずれにしても、彼が付け加えたところによれば、とんでもない噂、誇張を広めることによって、不安を煽ろうと意図的になされる企てに対し、国民議会はしっかりと警戒すべきなのである。「フランスが二分されていることは間違いない。人民と特権層である。後者は死滅しつつあるものの、断末魔は長く続き痙攣を伴うだろう。[4]」

四月二十日になると議題は狩猟権へと移った。フィリップ＝アントワーヌ・メルラン・ド・ドゥエは封建制委員会を代表して、八月四日の政令は、土地所有者に対しては、自身の土地で狩猟を行う権利を認めただけだと強調した。ところが実際には、全国で、所有権と関わりなく、大きな規模で狩猟が行われていた。無制限に狩猟の自由を認めるべきだと主張する議員は何人かいたが、ロベスピエールはそのうちの一人であった。「私は断言する。狩猟は所有権から生まれた権利ではない。土地が開墾されれば、そこでの狩猟は差別なくすべての市民にとって自由になされるべきなのである。いずれにしても、野生動物は最初の居住者に所属する。したがって私は、身体と公共の安全を確保するための諸措置が講じられている限りは、無制限の狩猟の自由を求める。[5]」彼の急進的な提案は、例によって国民議会内に激論を引き起こした。

最もよく知られた議員たち（例えばミラボ、バレール、カミュ、マルエ、あるいはシイエスのような）とは異なり、ロベスピエールは一七八九年以前に、サロンのような洗練された世界に頻繁に出入りしていたわけではなかった。彼の演説はしばしば冗漫で、必ずしも時宜を得たものとも限らなかった。一七九〇年七月、アメリカ独立戦争の英雄ポール・ジョーンズに応答しようとした彼の演説は、絶え間ない妨害にあって終えることができなくなった。ロベスピエールはまた、国民議会内にある三十の作業委員会のどこにも所属したことがなかったし、おそらくそれを望んでもいなかった。そしてすぐに、シャルトルのジェロム・ペティヨン、エヴルのビュゾ、そしてシャロン＝スュル＝マルヌのピエール＝ルイ・プリウールという三人の地方出身の法曹家とともに、最も急進的な少数派の一人として知られるようになった。ただ、ロベスピエールとは違って、彼らは委員会の作業の中心にいた。[6]

ロベスピエールのアラスの支持者たちとの関係は、彼の率直な物言いによってもつれるようになりつつあったが、サン＝トノレ通りの旧修道院に本部を置き、パリでは一般にジャコバン・クラブとして名を知られるようになった憲法友の会との関係は、だんだん親密なものとなっていった。一七八九年十一月以降、彼はこの場で、国民議会での演説の予行演習をするようになった。クラブは、彼のように国家に関わる諸問題を議論するために年会費を支払うことを厭わない者たちの集まりであり、ロベスピエールにとっては国民議会の「陰謀家たち」や、やさぐれたカフェの世界よりも、気心の合う者たちと会えたのである。一七九〇年八月までに、ジャコバン・クラブは百五十二に及ぶ地方の提携クラブを持ち、その中にはアラスのクラブもあった。ここでは弟のオギュスタンが注目を集めるメンバーの一人だった。

一七九〇年三月後半からの一時期、ジャコバン・クラブの議長に選ばれたロベスピエールは、新たに提携関係を結んだ地方クラブに書簡を送って、全国的な通信網を維持しなければならなかった。彼はこうした書簡と一緒に、「人間の最も神聖なる諸権利と公の幸福のための最も重要な諸原理を説く」自身の演説原稿の印刷された写しをしばしば同封していた。[7] 同時に彼は、例えばアルトワのボミ小教区の司祭シャルル・ミショのような支持者たちと、農村の法整備の状況について詳細な書簡のやりとりを続けた。ミショは彼に、彼の強い情熱について、慎重さを持つようにとのアドバイスを送っている。ロベスピエールは、「愛国心が依然十分に育っていない」者たちに対し、この情熱でもって自身の意見をぶつけていた。一七九〇年六月十九日、議会が世襲の貴族身分、爵位を廃止したのち、彼の署名は変化している。姓である「ド・ロベスピエール」は以前から受け継がれてきたものであり、また貴族身分や爵位とは関係はなかったが、マクシミリアンはこの接頭辞の使用をやめる好機と判断した。アラスの憲法友の会に宛てて書いた六月二十七日の書簡は、われわれが知る、彼がこの接頭辞を用いた最後の事例である。[8]

革命家たちは、フランスの再構築だけをやっていたのではなかった。一七五六年から一七六三年の七年戦争でカナダを失うなど一連の屈辱をなめたヨーロッパの強国としての再生も、当初から彼らの念頭にあった。ヨーロッパでも最も力のある国の政治的、社会的基盤を作り直していることを彼らは認識していたし、それは、常に国際舞台でのフランスの威信を復活させようとする意志とともにあった。フランスの再構築、ヨーロッパにおける威信の回復というこの二つは、同じ再生プロジェクトの一環として理解されていた。一七九〇年以降、多くの、しばしば要求レベルの高い政治的亡命者の集団が、パリとアラス周辺の町々に集結しつつあった。彼らはブラバン、リエージュ、ブリュッセルでの蜂起で挫折した亡命者たちだった。[9]

外交政策の核心は、戦争と平和、また外交政策一般に関わる決定権を、執行権を持つ国王にこれまで通り預けるべきか、それとも国民議会に移すべきかという点にあった。議会は、国王によって示された提案をベースとして行動しなければならないというのは、五月にミラボによって実現した最終的な妥協案だが、これはロベスピエールと彼に近いペティヨンにとっての勝利だった。フランスは領土拡張のための戦争を永遠に放棄すべきであり、他国の諸国民の自由を脅かすような行動はすべきではないとロベスピエールは強く主張したが、このコンセプトは、最終的には、一七九一年憲法に書き込まれた[10]。これは、アヴィニョンの教皇領やヴネサン伯領のような飛び地を併合する可能性は排除していない。というのも、そこに住む人々にどうするかを決める権利があるからである。最後に、ロベスピエールは次のように主張する。「国民とは単に、共通の利益を通じて、共通の政府と一連の法の下に結集した人々が作る社会である[11]。」誰であれ、万が一ライン川を越えて新しいフランスの一部になろうと決めた人がいれば、これは彼らの支配者がどうこうする問題ではないのだ。

しかしながら、軍隊については、人民主権の革命的実践や個人の諸権利の行使と調和しながら、かつフランスの世界における地位を再生するに十分なほど、強力でなければならない。どうすればよいのか。ともあれ軍隊には、その公的な職位を選挙によって決めるという、革命の核となる原理は適用されないことを受け入れなければならない。ただたとえば、様々なかたちの罰則が軍隊には依然として存在し、それらは士官と他の兵士とで異なっているという事実は、ロベスピエールにとって悩みの種だった。この問題は、ナンシ、メス、ベテュヌなどでの兵士たちの反乱というかたちで表面化した。しかし、ブイエ侯爵がナンシのシャトーヴィユ連隊の兵士三十三名を車刑あるいは反乱罪で絞首刑にし、また四十一人に終身のガレー船送りが宣告された際、これに反対したのは国民議会ではロベスピエール、ペティヨン、その他数名だけだった。[12] ほとんどの議員にとって、社会秩序こそ最も重要だった。

議会は王国財政の破綻状況を引き継いでいたし、人々が諸税を支払うことを拒否したために、今や問題はより深刻化していた。この危機に対処するために、いくつもの措置がとられた。一七八九年十一月の早い時期に、広大な教会所領が国有化された。そして一七九〇年十一月にこれらの国有財産が、主にローカルなブルジョワや富裕農民を対象に競売にかけられた。こうした土地の売却は、アシニアの発行を支えるためにも利用された。アシニアとは、前年の十二月から流通している紙幣だが、その価値はすぐに下落し始めた。ロベスピエールはこの国有財産売却とアシニア紙幣を支持しており、インフレが起きている原因を、この紙幣の大量発行ではなく、憎悪されている「買い占め人」と「投機家」による陰謀に求めていた。[13] 財産規模により税負担が決定される新たな租税システムの創設によって、免税制度は廃止された。新租税システムは一七九一年初頭から導入されることになる。

一七九〇年半ばまで、革命は人々の圧倒的な支持を得ていた。公的な領域における包括的な諸変革は、大衆的な楽観主義と彼らの支持の中で生じた。バスティーユ襲撃の一周年に挙行された連盟祭は教会、王室、そして革命の間の融和を祝ったのである。ただし、この祭典の二日前、議会はこの融和を打ち砕くことになるある改革を決定していた。教会改革の必要性については、陳情書を見ても広い合意が得られていた。これを受けて、議会は教会所領の国有化、修道会の廃止、そしてプロテスタントとユダヤ教徒への信仰の自由承認を実現できたのである。しかし、こうした変革に対する聖職者側の反発は、最終的には、一七九〇年七月十二日に可決された聖職者市民化基本法〔司祭などを公選し国家からの給与で養う公務員とする条項が含まれた〕に集中することになった。この議会による改革は、国民を真っ二つに引き裂く。多くの司祭の場合、新しい給与体系から大いに利益を得ることになったが、司教の聖職給は劇的に下がることになり、この点に対して高位聖職者だけは喜ばなかった。しかしながら、最も議論を巻き起こしたのは、聖職者がこの先どのようにしてその職に任用されるのかという問題である。国民議会は、司祭と司教の選挙を要求したことで、権威は高位聖職者を通じて神より賜るという、教会にとっての大前提を攻撃したことになる。

ロベスピエールは、司祭を単に選挙で選ばれた公務員とみなしており、聖職者市民化基本法を支持するという点で、他の多くの議員と一致していたが、彼はまた、今や税金からその給与を支払われるようになった司祭の公的な役割に理解を示してもいた。反教権的な批判をする議員は増加していたが、ロベスピエールの着目点は、そうした批判のどれとも異なっていた。彼は、かつての第一身分内における不平等について容赦なかったし、修道院内の生活についての批判は凡庸なものだったが、教区の聖職者が受け取る俸給については、その増大を支持していた。というのも、彼らが「公的な礼拝を維持し、継続していく義務を負う行政官」であると考えていたからである。ロベスピエールは、司祭たちが礼拝の司式を行うときだけ、聖職者としての衣装を身に纏うことを望んだ。[14] いずれにせよ彼は、教会は国家の統制を一切受けるべきではないという考えには与しなかった。アンジェ出身のある聖職者の議員が、司教は県ごとの宗教会議によって選ばれるとする提案を動議として議会に提出した際、これに対しロベスピエールが次のように反論したことは、驚くことではない。

要するにあなたは、聖職者を、この国家内部にあるにもかかわらず、どこからも統制を受けない、例外的な政治存在として作り直そうというわけだ。この存在に新たな命を吹き込もうとしている。理性と自由の名において、これを廃止したばかりのまさにこの時に。特権団体としての聖職者身分の政治的存在が生み出してきた、途方もない悪弊を再び蘇らそうというのか。諸君、警戒すべきだ。

彼は、また別の事柄についてはより急進的だった。司祭が結婚する権利を擁護したのである。これについて、アラスにいるオギュスタンからは、懸念を表明する手紙が届いた。たくさんの修道士を含む多数から支持を得る一方で、信心深いアラス市民たちの中に、ロベスピエールに対する反感をさらに煽ることになるのではと心配している。[15]

風刺新聞は、今や多くが公然と革命に反対する姿勢を見せており、ますますロベスピエールを標的にするようになっていた。かつての同級生フランソワ・スュロは、一七九〇年に『使徒行伝』の重要な寄稿者の一人であり、彼はロベスピエールが若い頃に、オフェリ・モンランに書いた愛の詩を公開して嘲った。アラス発の根拠の希薄な噂も彼につきまとっていて、「世評」では彼は非嫡出子とされているると述べる者もいたのである。パリ選出の聖職者議員アベ・ド・モンテスキュー＝フゾンサクは、長大な『地方通信』を出版し、その中で「唯一、育ててくれた司教への恩知らずな行為によって、アラスで知られている小者ロベスピエール」によって導かれた「革命的無秩序」を告発している。この中でロベスピエールは、悪の側について戦っていることをのぞけば、ドン・キホーテと同類とされ、また「彼の吐き出す目に見えない毒液は、フランスを汚染し、良識や分別、真実を破壊してきた」[16]人物として非難を浴びた。

こうした攻撃は彼にとってダメージとなった。五月から六月にかけて、彼はジャコバン・クラブで時たま発言するだけだった。一七八九年の革命の本質であると考えている諸原理を、ことあるごとに、率直に擁護する彼は、そうあり続けるプレッシャーでくたくたに疲れ切ってしまったのだ。集会と意見表明の自由を擁護することにかけては一切妥協してこなかった彼が、ル・シャプリエが提案した、賃金労働者の団体交渉権を厳しく制限する法律に関する六月十四日の審議において、一切発言しなかったのは、こうした理由があったのかもしれない。[17]

仕事の重圧と心労が重なって、彼は常に苛々していた。『フランスとブラバンの革命』の一七九〇年六月七日号で、この新聞の編集者でマクシミリアンの旧友、一七八九年の英雄でもあるカミーユ・デムランが、ロベスピエールがテュイルリ庭園に集まった市民に向かって、ミラボの平和と戦争に関する素晴らしい動議について批判したという、誤った報道をした。ロベスピエールはこの誤報に腹を立て、デムランに公式の訂正記事を出すよう要求した。デムランは、このような小さなミスに訂正記事を要求されたことに驚いている。さらにロベスピエールの刺々しい言い方にも困惑した。「昔のクラスメイトには、少なくとも軽く頭でも下げて挨拶すべきなんじゃないか。僕が君を好きなのは、もちろん君が諸原理に忠実な人間だからだ。たとえ友情を軽く見る人間だとしてもね。[18]」しかしどうやら二人は仲直りしたようだ。数カ月後、ロベスピエールは、ペティヨンとジャック゠ピエール・ブリソ（新聞『パトリオット・フランセ』編集者）とともに、カミーユとリュシル・デュプレシの結婚の立会人を務めている。彼らは、ルイ゠ル゠グランの前校長アベ・ベラルディエの司式で結婚したのである。ロベスピエールはその後、デムランに手紙を書き、自身が国民衛兵について行った演説を新聞で取り上げてほしいと要請している。この時、彼はデムランをからかって、「あの魅力的なリュシルの美しい瞳や美徳であっても、僕の言葉を新聞に載せない理由にはならないよ」と書いている。結果、デムランは自身の新聞の次号で、彼のこの演説をしっかりと賞賛している。[19]

ロベスピエールのサントンジュ通り三十番地の部屋は、つつましいものだった。というのも、シャルロットとオギュスタンの生活を支えるため、アラスに給与の半分を送っていたらしい。これは、一七九〇年に七カ月、彼の秘書を務めていたピエール・ヴィリエの証言である。ヴィリエは次のようにも主張している。ロベスピエールのもとを二十代半ばの「質素ななりの」女性がときどき訪れていたというのだ。「この女性はロベスピエールを崇拝していたが、ロベスピエールの方は彼女のことを多少とも邪険にしていた。彼女の入室をしばしば拒んでもいた。」ヴィリエの手記は十年以上も後に書かれたもので、誇張や捏造をしていたと思われ、またロベスピエールと女性との間の性的な関係を示唆してはいるものの、十中八九でっち上げだろう。[20]

ヴィリエは、毎日のように届く特に女性たちからの大量の郵便物が印象的であったことを回想している。確かにロベスピエールは、情熱と繊細さを併せ持ち、幸福を希求する男性に惹かれるこうした女性たちにとっては、魅力的だったと思われる。ロベスピエールが保管していた手紙の中には、マルグリット・シャラーブルからのものが何通もあった。彼よりもいくつか年上の女性であり、ある侯爵家の子孫であることを示唆している。[21]いずれにしても、彼女は革命政治に強い関心を抱いており、ロベスピエールに心酔していた。繰り返し彼への賞賛を伝え、「愛国者たちとのちょっとした夕食会に、おいでいただく栄誉にあずかることはできませんでしょうか」と、彼を一度ならず招待してもいる。彼は、ちょうどアラスで、やはり彼を賞賛する女性たちに対してと同様、最近の演説や新聞記事の写しを送って返事としていたようだ。

他に新しい友だちもできた。一七九〇年、エヌ県の若き国民衛兵中佐ルイ＝アントワーヌ・サン＝ジュストは、ロベスピエールに手紙を書き、ある陳情書の草稿を依頼している。この手紙は賞賛で溢れており、次のような文で始まる。「専制と陰謀の激発に、よろめきながら立ち向かっているこの国を支えるあなた、ちょうど数々の奇跡を通して神を知るように、私はあなたのことを知っています。」手紙のやりとりを通じて、彼らは友人関係になった。サン＝ジュストと同様に、ロベスピエールも、革命の進路を妨害している「陰謀」の存在に深く頭を悩ませていた。国民は「人民」とその「アリストクラート」的な敵に二分されてしまったように見え、後者の中には、無知と貧困に長い間抑圧されてきた者たちを欺くこと、そのために再生への道程に次々と障害をばらまくことに明らかに長けた者もいた。[22]

ロベスピエールはとりわけ、愛国者を名乗るアリストクラートによる隠れた脅威を見つけ出す人物としてよく知られるようになった。ナンシ出身の議員アドリアン・デュケノワは、すでに一七八九年十月、自身の新聞『ジュルナル・ド・ラ・ヴィル』で、ロベスピエールを「卑劣で憎むべき煽動者」として紹介していたが、一七九〇年一月には、トゥロンの海軍駐屯地で起きたある事件について ロベスピエールが行った演説について、「ド・ロベスピエール氏は、相も変わらず企み、陰謀について語っていた」と述べている。[23] 一七九〇年の半ばまでの間に、ロベスピエールらにとって、革命の敵対者が徒党を組んで革命を消滅させようとしていること、また依然としてどちらともつかず、揺れ動いている者たちもいるということは、明らかであるように思えた。一七八九年の秋に表明された結束の瓦解によって、多くの「愛国者たち」は、ますます敵対的姿勢を強める者たちの動機を問題にするようになった。[24] 陰謀の存在を信じる傾向にあるのは、ロベスピエールだけでも、ジャコバン・クラブのメンバーだけでもない。王党派にとってみれば、非難すべきは「左翼の連中のみならず、教会と王国の主要な敵、すなわちユダヤ教徒、プロテスタントそして理神論者の醜悪な集まり」であった。一七九〇年において、反革命的な風刺新聞は、ロベスピエールを格好のターゲットとした。全体を見ると、『使徒行伝』では彼への攻撃は四十四件、『プティ・ゴティエ』で七十五件、そして『サボ・ジャコビト』で三十二件あった。十月、ヴェルサイユ区裁判所の裁判長に選出された際、ロベスピエールは「多くの人民を絞首刑にするだろう犯罪者」というレッテルを貼られている。[25]

一七八九年、「アリストクラートの陰謀」として広く信じられていたのは、アリストクラートがパリ市民を飢えさせ、活動できない状態にしようとしているらしいという観念だった。バスティーユ襲撃と十月事件の背景ともなり、また革命家たちが自分たちの政策への反対に対抗する言説を打ち立てたり、暴力を正当化したりする必要が生じる度に繰り返し現れた。陰謀の証拠は数多存在した。ルイの下の弟アルトワ伯は、一七八九年に革命から逃れて以降、東の国境を越えたコブレンツに亡命し、ここに宮廷と軍隊とを設置していた。非常に多くの貴族と聖職者の議員が国民議会を放棄したわけだが、彼らが議会を崩壊させるために地方で活動している、という不安を生み出したのも当然だろう。同様に、高位聖職者と教皇が、憲法への宣誓を拒否するよう、聖職者の半数を説得していた。

一七八九年以前の宮廷と大臣によって行われる政治の性質上、個人的な人間関係、コネ人事や派閥からなる政治文化が作られていた。そこでは、国王との関係は、なんらかの徒党を組んだ者たちによる術策や策謀を必然的に伴うと広く考えられていた。[26] 国民議会は、このアンシァン・レジーム期の政治文化を断ち切ろうとした。その際の足場となるのは、立憲王政の議会システムである。そこでは、法によって守られ、また定義される個人の市民的諸権利が保障されるのである。しかし、「国王は善良だが、彼の周囲にいる大臣たちには悪意がある」という信憑は、一七八九年に革命が起きたあとも存続していたし、国王を無気力にさせているとしてマリ＝アントワネットを攻撃する暴力的な感情にもつながっていた。一七九〇年中頃までには、反対者を陰謀家、裏切り者、あるいは敵と決めつける表現を使った革命派、反革命派のレトリックが出現した。[27]

革命の当初から、自由と平等の理想は、既得権益を考慮した実際的な判断によってねじ曲げられた。そしてこのことは、ロベスピエールにとって、革命の敵対者たちによる欺瞞に満ちた行動を説明する確実な証拠に見えた。同様のためらいは、一七八九年の諸原理をカリブ海植民地にまで拡大適用すべきかどうかをめぐっても表面化した。植民地ロビー（マシャック・クラブ）と黒人友の会の間で激しい論争が交わされた。後者は、一七八八年二月に、ジャック＝ピエール・ブリソらによって組織された。一七九一年の最初の五カ月に及ぶ一連の論争を通じて、植民者たちの権益擁護の立場に立つ植民地委員会は、国民議会に許されているのは、この委員会により提示された植民地関連問題を議論することだけだと主張した。これは、黒人奴隷問題のみならず、「自由有色人」問題をも回避するための策略であった。五月、バルナーヴは次のように強調する。すなわち商業、海軍、そして農業の利益は、革命の諸原理を植民地に課すことよりも重要性が高いというのである。議論は長期化する。ロベスピエールは、植民地ロビーに対抗するグレゴワールやランジュイネを支持している。「彼らはあなた方に言う。もし有色の自由市民から政治的な諸権利を奪い取らなければ、あなた方は植民地を失ってしまうと。私が求めているのは、人類にとって最も貴い諸利益、すなわち、われわれの仲間である数多くの市民の聖なる諸権利を、われわれは損なうべきではないということだ。」というのも、より広く奴隷制自体がテーマとなったからである。翌日には、議論はさらにヒートアップした。ロベスピエールは、騒然とした反対の声に対して叫んだ。「植民地など滅びてしまえばいいのだ！」「植民地主義者たちが、われわれを脅迫し、自分たちにとって最も都合がいい法律制定をわれわれに強要しようとするならば。」しかしながら、五月十五日、議会は奴隷制の問題は棚上げにし、「自由身分の父母から生まれた有色人」を平等な権利を持つ市民とするジャン＝フランソワ・ルベルが提出した修正案を可決した。[28]

ロベスピエールに言わせれば、議会はすでに「植民地における奴隷を公式に承認」してしまった。この点で、彼は奴隷制の即時廃止を主張したわけではないが、革命がこれを容認したかに見えるような政令に対しては、いかなるものであれ反対した。[29] 彼は熱意を込めて、奴隷や自由有色人の権利の擁護に努めたが、これによってある王党派のジャーナリストから、いつものような辛辣な批判を受けた。すなわち、彼は単に「血に飢えた革新者」であるだけでなく、国王暗殺未遂犯ロベール・ダミアン（アラス近郊の村落出身で、ロベスピエールと同じくルイ＝ル＝グラン校で過ごした数年間に影響を受けた）に連なる者でもあるというのだ。奴隷制賛成派のパンフレットは、ロベスピエールは植民地を、つまりはフランス自体を破壊するイギリスの企みに味方する「アラスからやってきた提灯持ちに過ぎない」という嘲りを、繰り返し浴びせた。[30]

一七九一年の春、ロベスピエールは、一七八九年の諸原理をフランス最初の憲法の中で実現しようと苦心してきた議員たちとともに、安定と秩序を優先する妥協的な方針に、反対の立場をとる代表的な論客となった。彼は、ここまで革命を主導してきたアドリアン・デュポール、アントワーヌ・バルナーヴ、シャルル・ド・ラメットによる「三頭政治」と決定的に手を切る。ド・ラメットはアルトワ出身の自由主義貴族で、ロベスピエールもしばしばその意見に賛同してきた人物である。議会による取り消しがない限り、議員は刑事訴追を免除される特権[31]や、通信の秘密、陪審員による裁判、報道の自由、死刑廃止といった問題が出てくる度に、ロベスピエールは一七八九年の諸原理を擁護して、激しい論戦を戦った。彼は、人民の敵対者たちによる中傷や陰謀によって、革命の進展、あるいは彼自身の健康に対していかなる攻撃が加えられても、一人ひとりの持つ諸権利と自由は決して損なわれてはならないとする点で、一歩も引くことはなかった。

一七九一年二月の初頭、陪審員裁判など、刑事裁判の再構築の詳細について議論が進んでいた。ロベスピエールは、こうした裁判では、全会一致を原則とするべきだと主張していた。「有罪判決は、非常に高いレベルの道徳的確信に基づいてなされるべきだというのが、社会の要求するところである」というわけだ。さらに、陪審員選出のやり方が提案されているが、投票権を税負担によって決めるという不正義が、再び問題として浮上することを指摘している。「というのも、このようにして市民はなぜか二つのカテゴリーに分断されるからである。一方は最初から裁かれるだけであり、他方は常に裁く側にいるというわけだ。」[32]

ロベスピエールは革命前、女性が王立アカデミーの正会員になることを支持していたのだが、女性に公式に政治的な権利を与えようとまではしなかった。しかしながら彼は、一七九一年四月、子どもの遺産相続上の権利の平等を決めた法律を支持した。この法律は、革命期の家族法に関わる最も重要な改革のうちの一つであった。この議論が長引く中、彼は、「平等こそがすべての善なるものの源なのだ。極度の不平等はあらゆる悪の源泉だ」という自身の核となる原則を表明している。ノルマンディと南部から来た議員たちは、家産の配分をコントロールする父権を守ろうとしたが、新しい社会秩序を支える道徳と平等の原則に脅威を与える「有害なる社会システム」として攻撃する者たちもいた。ペティヨンやロベスピエールらである。ロベスピエールは、家父長的な権力を、父と子の関係に有害なものだとして攻撃した。父子関係は、「父の本性、配慮、優しさそして徳」に基づいて形成されるべきだというのだ。「父の死後、個人の財産は、社会の公的な領域に返却されるべきである。公的な利益とは平等である」とすら主張するようになった。彼の発言は再び多数派の激怒を呼ぶことになった。[33]

一七八九年の革命は、報道の自由にかけられていた制約をすべて取り除いた。結果として、華々しい、そしてしばしば加熱した意見と報道が溢れ出る事態を生じさせたのである。一七九一年初頭までに、議会においては、猥褻で中傷的な図像、新聞、戯曲が激増していることについての関心が高まっていた。中には、市町村当局が介入できるように求める声もでてきた。ロベスピエールは、ペティヨンとともに、これら中傷の格好のターゲットとなっていたが、報道の自由への制限ではなく、自分で名誉毀損の訴訟を起こせばよいと主張した。「報道の自由を演説の自由と切り離すことはできない。この二つの自由は両方とも自然と同じくらい侵すことのできないものだ。」同時に彼は次のようにも主張した。「演劇の自由も決して制約を受けてはならない。世論は公益のための唯一の裁定者なのだ。」多くの「アリストクラート的な」新聞や書簡の包みが、関係する権力機関によって開封されるかもしれないことに対しても、彼は強く明確に反対した。いつかこれが前例となり、今度は「愛国者」に対して同様のことがなされるかもしれないと考えたのだ。王党派の新聞ですら、彼の清廉さを賞賛せざるをえなかった。ルイ＝ル＝グラン校の元哲学教師アベ・ロワイユは、一七九〇年に『国王の友』という新聞を発行していた。ロワイユは極端な王党派であり、かつての教え子のことを「素性の怪しい法廷の怒鳴り屋」と相手にしていなかったのであるが、一七九一年五月には、心底からロベスピエールを賞賛している。「われわれは、ロベスピエール氏について公正に扱うべきだ。深く公益と結びついていると考える事柄に関する彼の熱意は、いかなる秘密裏の利害、徒党精神、またどのような個人的な思惑によっても、揺らいだり、弱体化したりすることなどありえなかった。……彼は自身が掲げる諸原理を、個人的な利益よりも優先して考えている。[34]」

一七九一年五月、議会は、ルペルティエ・ド・サン＝ファルジョが憲法委員会、刑事法制委員会に提出した刑法草案に関する報告書を検討し始めた。ルペルティエは、死刑を維持すべきか否かについての最初の決定を要請していた。ロベスピエールは、古典を引いて、死刑を不正義で効果もないとして廃止するよう求めている。「ティベリウス支配下では、ブルータス賞賛は死に値する罪だった。カリギュラは、自分の像の前で脱衣した者たちに死刑を宣告した。専制が大逆罪を作り出すと、今度は狂信と無知とが、血によってのみ償われる神授王権への侮辱罪を発明したのだ。[35]」彼の主張は聞き届けられなかったものの、死刑になる罪の範囲は著しく狭められた。一七八九年十月、すでに議会は、死刑へのもう一人の反対論者ジョゼフ・ギヨタンの提案を受け入れ、死刑が依然として適用される不幸な出来事については、単一の、より苦痛の少ない処刑方法が用いられることになっていたのである。

一七九一年春になる頃には、議会における主導権をめぐるデュポール、バルナーヴ、ラメットの三頭派らと、ラファイエットを支持する者たちの間の争いで、議員たちの間には疲労感が広がり、懸念は増していた。五月十六日、ロベスピエールが、現国民議会のメンバーは次の立法議会に再選される資格はないと主張したとき、議会のほぼ全体が、彼をいっせいに支持したのである。[36]

国民議会がなした仕事は、その範囲も、そこに使われたエネルギーも膨大なものだった。新しい社会秩序の諸基礎は、市民間の友愛による国民的な結合という前提によって作られ、支えられていた。これは、公共生活の革命的な転換だった。[37]同時に議会は綱渡りをしていたことにもなる。一方で、封建的諸貢租の問題での妥協、政治的プロセスからの「受動」市民の排除、そして経済的自由の実施を通して、革命を支えていた民衆層と議会との距離は広がってしまっていた。他方では、地位、財産、特権を失った怒りにかられた貴族や高位聖職者は、革命に対して激しい敵意を燃やしていたし、多くの地域で、革命に失望した小教区の聖職者や小教区民は彼らを支持していた。小教区司祭は、職務を続けるには市民としての宣誓をすることが求められていた。彼らにとって、革命への忠誠と、神と教皇への忠誠のどちらかをとる選択は困難で、しばしば小教区民の意見に左右されることになった。一七九一年中頃には、フランスは二つに割れてしまっていた。教会の改革に賛同する南東部、パリ盆地、中部の大半の地域と、反対する西部、南西部、北部と東部のほとんど、そして中央山地の南部である。

ロベスピエールは南部の一触即発の状況をよく知っていた。反領主制的法制や宗教関連の改革に関わる摩擦は、この地域で長きに渡って続いてきたカトリックとプロテスタントの間の対立によって、さらに悪化していた。ロベスピエールは、辛抱強くこの地域と連絡を取ってきたし、アヴィニョンとヴネサン伯領のフランスへの統合を支持してもいた。さらに、彼の言動には常に一貫性があるという評判も伝わり、マルセイユ、エクス、アヴィニョン、そしてとりわけトゥロンのジャコバン・クラブは、彼のことを非常に熱心に支持していた。特に四月二日のミラボの死後、これら南仏の「愛国者たち」は、彼が新たな「護民官」となってくれることを求めたのである。六月の初旬、彼はトゥロンの人々にもっと早くに手紙を書かなかったのは、「激務が原因で気分がすぐれず、家に数日引きこもっていなければならなかったからだ」と認めている。[38]

扱う仕事量ゆえに、ロベスピエールが健康を害していたことを示す証拠はこればかりではない。それにもかかわらず、一七九一年六月十一日、彼はパリ県刑事裁判所の代訴人の職を引き受けている。彼はこの二日前、全く知らないまま、圧倒的な支持を受けてこの職に選ばれていたのである。右翼の新聞は、今度は彼のことを、オルレアン公の乱痴気パーティーに参加したとか、給与を買春に使っているなどと非難した。刑事裁判所の裁判長に選出されたアドリアン・デュポールは、ロベスピエールが選ばれたことに抗議して辞任している。これに対し、『フランスとブラバンの革命』紙上で、カミーユ・デムランは次のような辛辣な批判をしている。「あなたは、誠実を絵に描いたような人物であるロベスピエールを拒絶した。……彼があらゆる人々から尊敬されていること、友愛の絆で結ばれた人民協会から、市民として賞賛を受けていることを知らないわけではないだろう。彼のスピーチで、あるいはただ彼が出席しているだけで、ジャコバン・クラブでは満場の拍手が起きるのを、あなたは何度も目にしたはずだ。」[39]

六月十二日、ロベスピエールは、アントワーヌ・ビュイサールに、短くも胸を打つ手紙を書き、再び自分の弱さについて述べている。「この重要な地位が、私に強いるだろう困難な仕事のことを思うと、私は恐怖しか感じません。これほど長く続いた混乱のあとで、私は休息を必要としていたのです……。しかし荒れ狂う運命に身を投じねばならないようです。この国のために可能な限りの犠牲を払うまで、私はここから逃げません。」この代訴人としての選出を受け入れるというロベスピエールの決断は、ヴェルサイユの裁判所における司法官としての現職を辞めなければいけないことを意味した。彼はヴェルサイユの友人たちに宛てた書簡の中で、たとえヴェルサイユが、「私でも時折くつろぎ、勉強と偉大なる真実の探求に打ち込むことのできる平穏な休息の場」であったにしても、パリでの職務を引き受けることに気持がかき立てられたのだと書いている。ヴェルサイユの友人たちは、この決断に傷ついた。そこでロベスピエールは一七九一年六月二十日、ヴェルサイユのジャコバン・クラブに赴き、自らこの決断の説明をしている。[40]

この同じ夜、ルイ十六世がパリを抜け出した。革命が辿ってきた方向性、とりわけ教会改革に対して公にノーを突きつけたのだ。翌日の夕方、東の国境付近で発見され、ヴァレンヌ村で逮捕された。国王の逃亡の試みはすべてを変え、陰謀の存在に明白な根拠を与えてしまった。この時点よりのち、革命家たちは、ルイとその周辺が陰謀を企み、敵の侵略を手助けしようとしていたことに確信を持ったのだ。それにもかかわらず、議会の多数派は、なんとかルイをこのまま王座に据え置こうとしていた。というのも、もしそれがかなわない場合、事態は混沌の中に投げ込まれるからである。[41]

七月十四日、議会では激しい議論が起きていた。ロベスピエールは、「国王の不可侵性など作り物である」こと、そしてルイは退位すべきだと主張した。共和国建設の要求ではない。議会には、新たな専制を持ち込むようなクロムウェルのような人物は見当たらないとするが、バルナーヴ、デュポールそしてラメットの三頭政治のような権力を持つ徒党には警戒を隠さない。彼らは「自由な人民にはそぐわないほどに活発で強力である。」自身の新聞『フランスとブラバンの革命』の中で、一七九〇年、デムランはロベスピエールとの思い出を振り返っている。すなわち「［コレージュ時代、］私たちはローマやアテネの演壇に憧れを抱いていた。」そして、新しいフランスに共和政体を打ち立てる可能性について、熱心に話し合ったというのだ。ところが、他のほとんどの者たちと同様に、ロベスピエールも、古代の都市国家で見られた参加型デモクラシーは、大きな国家においては機能しないと考えていた。[42]

ドイツ人カール＝エンゲルベルク・オルスナーは、一七八九年以来パリにあるジャコバン・クラブのメンバーだった。彼によれば、一緒にマルグリット・シャラーブルの家に行った時、望む政体は何かという質問に対し、ロベスピエールは「リュクルゴスのそれ」と答えたというのである。学生だった頃、ロベスピエールはプルタルコスが書いたスパルタの小さな長老会に関する概要を読んでいたようだ。「船の底荷のように、常に物事の正しいバランスを保つ中心的な重しとして、長老会の二十八人はいつも国王を支え、民主政を阻止した。他方で、絶対的な王政が打ち立てられることに抵抗する人民を助けたのである。」ロベスピエールは、議員たちが人民との距離を置くような議会システムに不安を持っていたために、「人民がおかしな決断を下した場合」は、先導役として振る舞う小さな長老会というアイディアに惹かれたのかもしれない。[43]

ルイは、一時的に国王の地位を停止させられることになったが、議会は、民衆の騒擾はいかなるものであれ、立憲王政に対する脅威として抑圧することに決定した。七月十七日、ルイの廃位を求める非武装の示威行動が、民衆寄りのコルドリエ・クラブによってシャン・ド・マルスで開催された。このクラブの指導的立場にいたのが、ジョルジュ・ダントンやジャン＝ポール・マラ、そしてデムランである。廃位を求める請願書への署名が、前年に連盟祭を祝ったのと同じ「祖国の祭壇」で行われた。こうして国民衛兵司令官のラファイエットは、署名者たちを散会させるよう命令を受けていた。こうして国民衛兵は、おそらく五十人を殺害した。ジャコバン派はこの請願書への支持をすでに撤回していたのだが、ロベスピエールは、このシャン・ド・マルスの虐殺が起きた日の夕方、他の数人とジャコバン・クラブに対する怒りを表明している。「これらの人民は、自分たちの代表者たちに請願を提出する権利があると信じていたのです。それに、彼らの血は祖国の祭壇で流されたのですぞ。[44]」

シャン・ド・マルスの虐殺のあとの懲罰的な雰囲気の中で、ロベスピエールはジャコバン・クラブから議会への書簡を起草せざるをえないと感じた。この中で彼は、クラブ独自の請願書は取り下げられていたことを強調し、混乱し「誤った共和主義の、破壊的な観念」を批判した。七月の終わり、『フランス人に宛てたマクシミリアン・ロベスピエールの請願』においては、彼はもはや受け身ではなかった。彼はこれまで『人間と市民の権利の宣言』を「役にも立たない理論」などと思ったことはないと強調している。「私はこの宣言を、普遍的で変わることのない、いかなる限定も受けず、人類すべてにとって適用することが意図された基本的な公理の集成であると考えてきた。」このことは、「人民の権威が、その代表者たちを前にしても些かも損なわれない」限り、フランスが共和政か王政かという問題よりも重要であった。[45]

虐殺の責任は、「いかなる革命とも切り離すことのできないわずかばかりの不安すら、社会の破壊、全世界の転覆と捉えるような」「最も卑劣で堕落した人間たち」にあるとされた。革命を終わらせるために犠牲を厭わない者たちのうちでも、最も名を知られた者たち、すなわちバルナーヴやラファイエットがそれである。しかし、国民議会の大半のメンバーは、革命を起こしたこの国を、新憲法で表明されているように、強固にすることに関心を持っていた。そして、議員のうち二百六十名以上がジャコバン・クラブを去り、フイヤン・クラブへと移った（このクラブもまた、集会を行うかつての修道院の名前をとっている）。ロベスピエールは、今やわずかな急進的な少数派の一員となり（多くてもおよそ三十名）、アルトワ出身の国民議会メンバー全員と袂を分かつことになった。[46]

シャン・ド・マルスの虐殺のあと、幾人かの国民衛兵が、フランス国内の分裂を招いた責任があると彼らが考える者たちへの脅し文句を叫びながら、ジャコバン・クラブに乱入してきたとき、彼もその場にいた。彼を支持するクラブメンバーのモリス・デュプレが、彼の警護を申し出たのはこの会合においてであった。デュプレはある程度財産のある指物師・大工であった。彼は三つの家屋を所有していたが、彼がロベスピエールに暮らすよう提案したのは、彼がサン＝トノレ通り三百六十六番地に借りていた家で、議会からもジャコバン・クラブからも近かった。モリスも彼の妻フランソワーズも、ロベスピエールよりも二十歳以上年上で、他に家族は十四歳の息子が一人、甥が一人、そして三人の娘がいた。一番上の娘は二十歳でエレオノールといった。彼女のペットはコルネリといったが、これは古代ローマのコルネリア・アフリカナ〔グラックス兄弟の母。「ローマ女性の鑑」とされた人物〕からつけた名前である。彼女とマクシミリアンは、とても親しい友人となった。ロベスピエールが住んだのは、小さな中庭を見渡せる二階建て建物の上階にある、寝室を兼ねた部屋だった。彼は、議会かジャコバン・クラブにいるとき以外は、ほとんど常にこの部屋で時間を過ごしていたようだ。簡素な部屋だった。小さな机、ベッド、座面が藁製の椅子数脚、そして一つの書棚しかない。隣人にはマルグリット・シャラーブルがいた。[47]

憲法制定国民議会の最後の数カ月、彼はデモクラシーの立場からなされる抵抗の代表的な論客であった。一七九一年四月に、ミラボこそサント＝ジュヌヴィエーヴに埋葬される最初の人物であるべきだと要求したのは彼であったが、ミラボの死後、彼の演説の傾向は変化する。この人物の大きな存在感が重荷であったかのようであった。ロベスピエールは今や、デモクラシーを擁護するスポークスマンとして、より大胆でより信頼を置かれる人物となった。すでに一七八九年の諸原理を広め、この諸原理について譲歩してしまおうとする者たちに戦いを挑む人物としての評判をえていた。ロベスピエールにとっては、こうした者たちは、革命を行き過ぎと感じる人々と、実際に生活が良くなるといった具体的な変化がないことに失望している都市や農村の一般民衆との間に生じた分断を、より増幅させた責任があり、彼はこうした者たちと絶えず戦ってきたのである。

まさにアラスにいるときと同じように、彼独特の振る舞いとその頑固さは、彼に出会った人々の評価を二分することになった。イギリスの作家であり政治評論家のウィリアム・アウグストゥス・マイルスは、毎晩ジャコバン・クラブでロベスピエールを研究したと故郷の友人に書き送っている。「彼は冷静で、慎重、また決然としている。心中では共和主義者だ。……厳格な男で、自分が掲げる原理原則に忠実であり、率直で、作法や身だしなみには無頓着だ。賄賂に負けるようなこともまずない。富を軽蔑しているのだ。……」デュポールやラメット兄弟の否定的な密談や嘲笑にもかかわらず、マイルスは次のように結論する。「彼は本当に注目するに値する人物だ。常に成長し、結果へとつなげている。[48]」マイルスと意見を同じくする者たちの中には、王家の人々を描く肖像画家アデライド・ラビユ＝ギヤールもいる。彼女は、パリのサロンに出展する肖像画で描く十四人の議員の一人として、ロベスピエールを選んでいる。このサロンが九月に開催されるまでは、ロベスピエールの敵となるフイヤン派の数人を描いた別の肖像画が展示されていた。[49]

彼のことを毛嫌いし、怖がるようになった者たちもいた。オルスナーは一七九一年九月頃次のように書いている。ロベスピエールは冗漫で、妥協ができず、またフランスの隣国について何も知らないと。

彼は、自己愛と民衆愛から生まれる熱意で発言する。考えていることを繰り返しはき出したあとは、情婦の胸にへたり込むのである。彼に許されたこの陶酔を表現することは難しいだろう。彼が手を一振りすれば、大衆の喜びを自身の敵対者たちに対する弔鐘に変えることはたやすいことだった。民はロベスピエールの徳性を信じ切っており、彼の味方になりやすい傾向が強いために、彼が隣の人からものを盗んだのを目撃しても、そう信じないほどである。

ジェルメーヌ・ド・スタールと同様に、オルスナーもまた、ロベスピエールの人間関係における余裕のなさを不作法と見なしていた。「彼以上に不作法で、横柄で、むっつりしていて、退屈な人間を私は知らない。ケラリオ夫人宅では、彼が人の輪から離れて、一時間にわたって大きな犬と遊んでいたのを私は目撃している。」もし万が一、ロベスピエールが自身の「血まみれの計画」をやりぬくつもりなら、敵対者たちの悪意について彼が抱いている強迫観念は、「血染めの惨事」を必ず引き起こすと、オルスナーは確信していた。[50]彼を支持していたジャコバンの一人デュボワ＝クランセですら、ほぼ同じ時期に、彼の頑固さに驚いている。

彼はうぬぼれが強く、嫉妬深い。しかし正しく有徳の人物なのだ。彼を攻撃する最も舌鋒鋭い中傷者ですら、わずかでも人の道を外れたことをしたとして、彼を告発できたためしがない。彼は、ルソーの思想の道徳的側面を学んで育ち、自信を持ってルソーを模範として振る舞った。彼は信条や習慣についてはルソーと同じくらい厳格であり、懐柔されない独立精神を持ち、簡素であることを恥じることなく、また気むずかしさを持っていた。……仮に議会がロベスピエール一人でできていたなら、今日フランスはただの瓦礫の山と化していただろう[51]……。

デュボワ＝クランセはまた、彼のことを「サン＝キュロットの将軍」とも評している。一七九一年、パリの労働者階級の間で、活動的な民主派は、一般にこの呼称（サン＝キュロット）で知られるようになる。活動的な愛国者を指す政治的なレッテルであり、かつ上層階層の半ズボンと長靴下を身につけていない民衆の男性を指す社会的な言い方である。一七九一年八月に、ロベスピエール、ペティヨンらは、ジャコバン・クラブの民主派とサン＝キュロットとの間の新たな政治的同盟を築きあげていた。ロベスピエールは、八月に行った二つの主要な演説、すなわち、「能動市民」と「受動市民」の間の区別に関する最終的な攻撃を行った十一日の演説と、市民的権利と社会的正義の結びつきについて語った二十二日の演説とを通して、この同盟を強固なものとしたのである。後者の演説の中で、彼は貧者のために語っている。

私の身体を覆うこのみすぼらしい服、私がプライバシーを守り、平和裏に生きる権利を持っているこのつつましやかな家、妻と子どもを養うささやかな賃金、これらすべて集めても一つの大農園や一つの城館に及ばない。一国の財産すべてを、わずかな人々の手に集中させているこの極端な不平等の起源はなんであるのか。悪い法、悪い政府、あるいは堕落した社会の悪徳でなくてなんであろう[52]。

七月五日と八月二十七日、オーストリアのレオポルト二世とプロイセンのフリードリヒ・ヴィルヘルム二世は、国民議会に対し、国王と王家の人々の身の安全に関して警告を発していた。議会がこの警告に注意を払ったのは、国内の秩序維持が理由である。九月十四日、ルイ十六世は、一七八九年以来の議会の仕事をまとめ上げた憲法を公布した。フランスは立憲王政となったのであり、権力は執行権の長としての国王と、財産上の制限選挙によって選ばれた立法議会とで分割されることになった。九月三十日、ルイが議会を解散する政令に署名したとき、市民の集団がロベスピエール、ペティヨンそしてアベ・グレゴワールを待っていて、「汚点なき議員たちに万歳！ 清廉の人、万歳！」と叫んでいた。これは五月以来、ロベスピエールがもらったニックネームだった。ルイ＝ル＝グラン校の生徒たちは、三色のリボンとオークの葉を編み合わせたリースを彼らに手渡し、「あなた方の市民としての徳と清廉さに与えられる賞をお受け取りください」と述べた。ロベスピエールはこれに対し、馬車を飛び降りて次のように叫んだと報告されている。「市民諸君、あなた方は何をしているのですか。なんという屈辱的な振る舞いをしているのですか。二年間、私があなた方のために働いたその報いがこれですか。あなた方は自由な人民であることをもう忘れてしまったのですか。」彼の発言は、女性たちに静止された。そのうちの一人が、自分の息子をロベスピエールに紹介し、「ともかく」と述べた。「この子があなたにキスするのを許してくださいますか。」この女性たちのうちの一人が、この時ロベスピエールに対して演説している。

頽廃のただ中にあってなお、あなたは揺るがずに真実を守り続けてこられた。常に信頼に足る、常に清廉な人。常に自分の良心に従い、人の幸福のための哲学が求めた憲法の純粋さを守るために戦ってこられた。……ここに集まった人民は、あなたの名前を口にするとき、深い尊敬の念を込めているのです。あなたは人民の守護天使であり、希望であり、慰めなのです。[53]

こうして、一七八九年にようやっと選ばれたに過ぎず、生まれつき演説家としての肉体的な資質を何一つ備えていない、なんの特徴もないアルトワ代表の一人の議員が、一七九一年九月には、国民議会での最後の会議のあと、人々に歓呼で迎えられるほどの人望を得るまでになったのである。ロベスピエールへの賞賛は、彼が二年以上をかけて勝ち得た人々からの深い尊敬から生まれた。一七八九年の諸原理を守るという点で確固たる態度、アンシァン・レジームに根を持つ人々と慣行への妥協の拒否、これらを具現化した人物であったからだ。神経質な性格で、他人から頻繁に嘲笑を受け、恩着せがましい態度をとられたにもかかわらず、挫けることがなかったのは、同僚の議員たちのすべてが彼と同じ使命感を持っているわけではなく、むしろ権力から民衆層をうまく遠ざけ、自分たちの利益のために策をめぐらしているということが、ますます明らかになってきたからである。[54]

彼のこうした人気に嫉妬して、激怒した議員もいた。その一人でリヨン出身のペリス・デュ・リュクは、「ロベスピエール、ペティヨンそしてグレゴワールのおばかトリオに捧げられた賞賛、お世辞、そしてリース」を嘲って、「これら平凡な男たちは、憲法に関わる仕事を何一つしていないし、彼らはたった一つの政令も、たった一本の法律も作らなかった……」と非難を浴びせた。[55] ロベスピエールの長くて脱線しがちな演説は退屈だし、苛々させるものですらあるとして、その話の腰を折り、実際に彼にそう述べた者も多くいた。しかし、アラスの法曹家としての彼のスタイルを特徴づける決然たる態度は際立っており、これは彼の主張を弱めるどころか、さらに強固にすることになった。彼は演説をやめなかった。そのゆったりとした弁舌は、議会の議事報告をする多くの新聞記者にとっては、申し分のないものだった。ジャコバン・クラブにおけるのと同じように、彼は議会においても、意見の対立する者たちと対峙し、まごつく様子を見せることなく、非難を和らげる驚くべき能力を有していることを示した。最終的に、彼は演説と議論の中での意見表明を二百七十六回行い、議会では二十番目に多く発言した。カミュは六百五回、ミラボは四百三十九回発言している一方で、全体の三分の二が発言するにしても一回ないし二回にとどまる。ミラボ自身、次のような皮肉を口にしたとされている。「この男は遠くまで行くだろう。というのも、彼は自分の述べることすべてを信じているからだ。」一七八九年の中心的な諸原理を表明しようとするロベスピエールの主張は、より広い層に受け入れられるようになったのである。[56]

国王逃亡事件、そして多くのジャコバン派がフイヤン・クラブに移ったあと、ロベスピエールは、ジャコバン・クラブにおいてほとんど孤立無援となっていた。かつての仲間たちは、彼をペンで攻撃した。ミシェル・モプティは、彼を残酷で不誠実だと述べたし、フランソワ・ブシュは「悪いやつ」と評した。ところが数カ月のうちに、グレゴワール、ベルトラン・バレール、ピエール＝ルイ・プリウール、シイエス、ラボ・サン＝テティエンヌ、そしてデュボワ＝クランセといった主要人物たちが加わり、ジャコバン・クラブの会員数はおそらく八百人ほどになった。特にこのクラブにおいて、ロベスピエールは革命の真正の声を伝える者と認識されるようになってきた。一七九〇年、彼は議会を自身の演壇として使い、六十八回の演説をした。一方で同じ時期、クラブでは三回しか演説していない。対照的に一七九一年には、九月に解散してしまう議会で、少なくとも七十七回の演説をすると同時に、ジャコバン・クラブの仲間たちに向けて、六十三回の演説をしている。[57]

ロベスピエールはカリスマ性のある人物ではない。それだけにいっそう、彼が同僚議員や広範な公衆に、賞賛されたり毛嫌いされたりするようになったことは注目に値する。理由は、彼の尋常でない意志の固さと説得力ある議論にある。幼少時代、そして学校での学びは、彼の中に集中的に勉強する大きな力と、心理的不安定さを補う強い意志を育てた。革命の核となる諸原理についての断固たる発言と、貧しい人々の市民的・物質的な尊厳を高めることはこの諸原理の一つだとする主張によって、彼は一方で支持され、他方で嫌悪された。彼が二年以上離れていたアラスに帰ったとき、こうした状況は故郷にも持ち込まれることになる。

第七章 「数多くの、執念深い敵ども」――アラス一七九一年

マクシミリアンはたいした旅行家ではない。一七八〇年代アラスで法曹家だった頃、印象に残る旅行といえば、ランスからカルヴァンまでの小旅行、あるいはアラス近郊の市町村に住む親族や依頼人の訪問に限られた。彼が思いきって他の地方に行った、また西部に向かって海を見たというような証拠は一つもない。ただし、アラスからパリへ至る道は、彼も頻繁に往来しており、一七七〇年代にはルイ＝ル＝グラン校に通うため、一年に一度パリとアラスの間を行き来していたのである。そしてこの一七九一年十月、今度は三十カ月ぶりの故郷に向けて、彼は再びこの道を戻った。このアルトワへの旅は、彼の人生にとっての転換点となった。革命に対する地方の反応の厳しい現実に直面し、最終的に彼は、自身の未来における優先事項を確信することになるのである。

革命の当初から、ロベスピエールは、革命による改革が向かうべき全体的な方向性に賛同する彼自身の立場と、明確な特徴と特権とを持つ州の代表の一人として果たすべき役割との間で引き裂かれていた。一七八九年、十六人のアルトワ選出議員全員が、アルトワ州の特殊な諸特権を廃止することに賛同の票を投じたのであったが、ロベスピエールは最も率直な意見を述べた者として、この改革の結果として地位、収入、税制上の特権を失う者たちから責任を追及された。ロベスピエールは、この州の利益を失わせているというアラスからの批判にさらされた。『アフィシュ・ダルトワ』に掲載されたある記事は、一七八九年十一月に、宗教にとっても国家にとってもいいことはない教会財産の売却

に、彼が賛成であると述べているが、彼はこの記事に反応し、「古い悪弊を支持する者たち」が、「異常で不条理で残酷な大量の中傷文、あらゆる種類の誹謗」を彼にぶつけてくると訴えている。これら「誹謗」のうちの一つが、十二月にアラスのある法曹家から届いた、彼への怒りの書簡である。「この悪党、おまえはおそらくこの威厳ある国民議会に居座るつもりだろう。議会にいる尊敬に値する方々は、お前と一緒にいて困惑しておられる。合法的に選ばれたお前の同僚たちはみな、お前は二度とこの町に足を踏み入れることはないと断言している。お前に警告する。田園地帯の人々はみな、お前を見つけたらすぐにお前をたたきつぶすだろう。」

一七八九年の終わり、つまり一七九〇年初頭に行われる市町村選挙をひかえた頃、ロベスピエールは以上のような非難に対して、『ベルギー人への請願』を書いている。彼は「ベルギーの」という言葉を、地理的な意味というよりはむしろ文化的な意味で使っている。というのも、その対象はフランドル、エノ、カンブレジそしてアルトワの人々だったからである。彼は古典古代の歴史に造詣が深かったので、古代の「ベルジカのガリア」という言葉でフランスの北方に言及したのもよくわかる。ここで、特に国境を越えて、オーストリア領ネーデルラントのブラバンにおける革命への支持をも表明している。彼は、議会が今日までなしてきたことについて力説する。その中には領主制に対する攻撃も含まれる。「あなた方は、領主権のうちのいくつかについては廃止を、いくつかについては負担の軽減を、そしてそれ以外については譲渡されることを望んでいました。しかし国民議会は、この点であなた方の期待を越える成果を出しました。つまり議会は、補償のための一切の条件なく、人間の諸権利にとって最も不正義な、最も逆行するものを廃止したのです。」八月の封建的諸特権に関する政令は、彼の強調するように、実際に農奴制、無償の労役、狩猟権のような人格的な義務と権利は廃止したものの、領主貢租については農村共同体が重い補償を支払う必要があるという点については、ロベスピエールは明確に述べてはいない。[2]

パリにいる間、ロベスピエールは弟のオギュスタンや古い友人のアントワーヌ・ビュイサールを通して、アラスとアルトワにおける革命の進展について綿密に情報を集めることをやめなかった。そして、権力を握る者たちにおいては変化が弱々しいことにしばしば関心を示している。一七八九年十一月の早い時期に、ロベスピエールはビュイサールに書簡を送り、アラスにおいて革命への熱意が欠けていることに当惑を隠さない。「人々は何を考えているのでしょう。彼らは何と言っているのですか。彼らはアルトワで何をしているのでしょう。彼ら自身何をしようというのでしょう。現在そちらで諸事の責任を負っているのは、どういう人々なのでしょう。私はちょうど、アリストクラートの頑迷さを嘆くある愛国者からの手紙を受け取ったところなのです……」[3]革命の当初から、権力は、アラスのエリートに対抗する勢力に移ったというよりは、エリートの内部で移動したというのが正しい。一七九〇年初頭の市当局選挙の際、投票したのは「能動」市民の約二十五%に過ぎない。一七八九年にけんか別れしたにもかかわらず、ロベスピエールは、デュボワ・ド・フォスが最大の支持を集め、アラス市長として選ばれたことを喜んだらしい。しかし、新しい市当局が、一七八九年以前に市内で影響力を誇っていた多くの貴族や商人によって占められたことを、快くは思わなかった。[4]

アルトワの「愛国者たち」のエネルギーを多く費やすことになったのは、新しい県パ＝ド＝カレの首府の座をめぐるアラスとサン＝トメールの間の争いだった。パ＝ド＝カレ県は一七九〇年一月、旧アルトワ州と、カレ周辺地域のようなピカルディの海岸地域の一部から作られた。結局、八つの区、八十六のカントン、九百以上の市町村を含む新しい県の中心となるのはアラスということになった。他方、サン＝トメールは司教座都市になるという妥協がなされた。アラスでは、結果としてアラス大聖堂の聖堂参事会が消滅したこと、またそのために発生するコストについても、大きな反対が起きた。

古い歴史のあるアルトワ州上級評定院は、革命の改革によって廃止され、今や区裁判所になる。複雑なかつての司法機構に属していた二百人に及ぶ裁判官や法曹家のほとんどは、あっという間に失業してしまうか、仕事を探してかけずり回っていた。[5]

森林や、数世紀かけて領主によって非合法に収奪された、本来は共同体共有の財産だと農村が主張する土地の法的状況に関する法整備は、アルトワ州にとっては特に関心の高い話題だった。この点は、議会で自身の動議が承認された日、ロベスピエールがビュイサールへの手紙の中で指摘している。[6] しかしながら、共有地を取り戻したり、あるいは領主貢租の補償金支払いに異議申立をしようとしている農村共同体にとっては、課された諸条件は満足いくものではなく、結果として農村共同体はいらだちを募らせ、かつての領主を遠ざけることにもなった。

ロベスピエールは個人的に農村についての法整備に関わったが、そのことで故郷では不満をぶつけられることになった。一七九〇年に「能動」市民になるためには直接税の納税額による区別があることに対し、彼が繰り返し行った批判もまた、彼への攻撃を招いた。とりわけ貴族出身の議員ブリオワ・ド・ボメズとは激しい論争となった。ボメズとはアラス・アカデミー以来の仲であったが、彼はシャルロット・ビュイサールのいとこでもあった。二人はすでに一七八八年から一七八九年にかけて起きたアルトワ州三部会の持つ諸特権をめぐってぶつかっていたし、争いはヴェルサイユ、そしてパリでも引き続き展開することになった。男子選挙権をめぐる議論の中で、ロベスピエールは一七九〇年一月二十五日の自身の演説を次のような率直な主張で締めくくっていた。「フランス人は、徳性と能力という基準以外で、いかなる区別もつけられることなく、全員が、あらゆる公的な地位に就けるようでなければならない。」仮に直接税負担を基礎とした「能動市民」と「受動市民」の区別が適用されるなら、財政的な意味で相対的に特に優遇され、重い間接税に対して低い直接税が適用されているアルトワでは特にその結果に不平等が生じると彼は指摘していた。ボメズはこれを絶好の好機と捉えた。彼は自分の父親（彼と同じようにアルトワ州上級評定院の元院長だった）に手紙を送り、ロベスピエールは、アルトワ州の住民は直接税を十分に払ってこなかったと述べていることになると書いた。ロザティの元同僚で、法廷では敵対関係にあった裁判官フォアシエ・ド・リュゼが、『あるアルトワ人から同国人への建白』の中で、このボメズの告発を公にしたのである。ロベスピエールの弟オギュスタンによると、この告発は六月になるとアラスと周辺農村に劇的なインパクトをもたらした。オギュスタンは「あなたは人民の幸福のために、自分の血を流すことになるかもしれない」という不安を兄に伝えている。敵の中には、「その不幸ゆえにあなたを襲う」者もいるのではないかというのだ。

　ロベスピエールは、公開書簡『ボメズ氏への手紙』で返答することにした。この手紙は、他に七人のアルトワ州選出の議員の署名も入っていた。うち五名が第三身分、二名が影響力のある貴族身分の議員である（シャルル・ド・ラメットとクロワ侯爵）。ロベスピエールが強調したのは、多くの場所で、誤った情報を故意に流して、人民を議論の場から遠ざけてきた「アリストクラート」の企みである。さらに『アルトワ州の人民への建白』では、彼が自身を擁護しなければならないのは、自分を選んでくれた人たちを擁護しなければいけないからだと説明している。「生まれたばかりの自由を窒息させ、人民を怒らせることに血眼になり、彼らにとっての真の擁護者を誤解するよう仕向けるおそるべき計画」に関わった者たちを彼は再び攻撃し、「私を中傷する者のうち、最も勇気ある者たちを、彼ら全員が隠れている闇の中から引っ張り出した」のである。[7] そのうちでも最悪の人物がボメズであり、彼は、「自分たちが利益を得ていたアンシァン・レジームのあらゆる悪弊を熱心に擁護してきたが、これら悪弊が永遠に葬り去られるように見えた途端、これらを取り戻したいなどとは言わずにおく程度には賢い」者たちのうちの一人である。ロベスピエール自身についていえば、自分は「虚飾にも、威光にも、またそのかしにも屈しない」という。「自分を支持してくれる市民に奉仕できたことだけで十分で、それ以外何かを欲したことはないし、誰かに何かを期待したこともなかった。」

確かに、彼はもはや、アラスの『アフィシュ・ダルトワ』の所有者であり編集者であったバルブ＝テレーズ・マルシャンからのサポートを期待できなくなっていた。彼女はかつてマクシミリアンや妹のシャルロットと良好な関係にあった。一七八九年の選挙では彼を助けたし、彼がベルサイユに向けて出立するときには、おそらく彼を財政的にも支援していた。彼らの友情は、一七八九年を通じてあっけなく色あせていった。そして一七九〇年の春頃には、彼女は容赦なく革命の急進化に異議を唱えていた。一七九〇年四月、シャルロットはバルブ＝テレーズと対立し、兄に次のような手紙を書いている。

> 私たちはけんかをしてしまいました。すべての良き愛国者たちが、彼女の新聞について何を思うか、そして兄さんが何を思ったかについて話してしまいました。彼女がいつも人民について不愉快きわまりない意見を書いていることも批判しました。すると怒ったのです。アラスにアリストクラートはいないと彼女は主張して譲りませんし、彼女が知っているのは全員愛国者だというのです。頭に血が上りやすい人だけが、彼女の新聞をアリストクラート的だとしていると主張しました。彼女は私に、山ほどばかばかしいことを話し、それ以来、私たちのもとに自分の新聞を送ってくることはなくなりました。[8]

さらに難しい個人的な問題があった。アラスからオギュスタンは、一七九〇年六月十九日に、マクシミリアンに現実的な用件で手紙を書いている。「もし、私たちの小さな家庭にも同様に平穏をもたらしたいと思っているなら、お金を送ってください。以前送ってくださった分はニコラさんに家賃を支払ってなくなってしまいました。（四月十七日に亡くなった）フランクランさんの喪に服したところでもあります。」彼は、兄のボメズ宛の公開書簡が、あらゆる有名な政治クラブに配られたことも書き留めている。ただ、オギュスタンが本当に関心を持っていたのは、共有地に関する三月十五日の議会の政令以降も、収まる様子を見せない農村地帯の不穏な状況だった。彼はある村について次のように書いている。

この村の農民たちは十分の一税の支払いを拒否しています。彼らの言によれば、税を課してくる人々は、その資格がないからだということです。……この村の住民の多くが、ここにある湿地帯の共有を望んでいます。私のところに相談に来た誠実そうな者たちによれば、共有などすれば有害なだけだし、こんなことを要求しているのは頭が混乱した者だけだということです。この村に平穏をもたらしてください……。

こうした懸念のもとは、農村地帯で未解決の諸問題である。議会は、大所領のかつての領主たちをなだめようとしていたが、そのために、共有地の領有権や封建的役務の完全な廃止について、妥協せざるをえなかった。一七九〇年九月、デュボワ・ド・フォスは、パ＝ド＝カレ県の行政府の長として、すべての県下の市町村に五十九の質問項目からなる詳細な回状を送った。そこではたとえば、共有地や、それ以外の農村共同体と旧領主の間の法的なもめごとで困っている問題について情報を求めていた。九百四十一の市町村から七百七十二の回答があったが、緊迫した状況が広がっていることがわかる。たとえば、穀物の製粉場に対する領主の独占権は、農民の不満の原因として今や廃止されていたが、特に共有地に対する領主独占権は残存しており、一七九〇年三月の諸法も効果をあげていなかった。[10]

一七九〇年初めにロベスピエールが農村地帯の集団的な諸権利を擁護して、問題に関わろうとしたことは、アルトワ州の農村におけるマジョリティの意見によく合致した行動だった。しかし、アルトワの農村社会は、大借地農（このうちの四人はヴェルサイユにおいてロベスピエールと近い同僚議員だった）によるその独特の社会構造に特徴がある。大借地農たちの周辺に、多数の小土地所有者、独立自営農がいた。ロベスピエールは男子普通選挙を主張していたが、このことで必然的に農村人口のおそらく五％程度を占める農村の富裕層と対立することになった。彼ら富裕層は、一七八九〜一七九〇年の最初の激動のあと、制限選挙と市町村当局の権限拡大によって、自分たちのローカル権力が強化されるなら、これに完全に満足していたからである。ロベスピエールは、一七九〇年以降、農村問題に関わることは少なくなる。彼自身、農村大衆は本質的には同質な集団だと考えていたことを考慮すると、以上のように多様な利害関係を考慮に入れた農村政策を提示することができなかったのかもしれない。[11]

アラス周辺の農村地帯では引き続き不安は収まっていなかったが、依然として革命の未来については楽観的な見方が存在した。一七九〇年六月三日、ソム県周辺の国民衛兵は、パ＝ド＝カレ県からの国民衛兵と合流して、アラスの中心広場グラン・マルシェでの祭典に参加した。彼ら国民衛兵とアラスに駐屯する軍隊は、市長と司教ルイ・ド・コンズィエ列席の中、祖国の祭壇の周りに集結した。デュボワ・ド・フォスは熱のこもった演説をし、友愛、平和、そして「有徳だけが享受する幸福」、これら新しい価値を賛美した。出席者は宣誓をし、テ・デウムが歌われた。六週間後、バスティーユ陥落一周年には、アラスでも連盟祭が開かれ、その壮大さは、すでに革命の遠慮のない批判者となっていたコンズィエまでも動かし、次のように言わしめている。「宗教は、あなた方の中に、その価値ある成果を認めます。[12]」

しかし、連盟祭の二日前、一七九〇年七月十二日に、国民議会は聖職者市民化基本法を可決した。一七八九年十一月二日の教会財産の国有化とともに、この決定は教会の権力秩序をなす聖俗の組織を根底から覆し、カトリック勢力の根本に劇的なインパクトをもたらすことになった。県が教会の巨大な資産を売却する任に当たり、これを熱心に購入したのは富裕なブルジョワや貴族であった一方で、雇用されたり施しを受けることで教会に依存していた者たちにとっては、手痛い措置となった。

聖職者市民化基本法は、司教区を新しい県の枠組みに合わせることになっており、この法律の適用は公的な目的に基づいて構想されている。都市の小教区は、六千人ごとに一小教区という原則で合理化されることになった。司教と司祭は、前者については少なくとも十五年の聖務経験があり、後者については少なくとも五年の経験がある聖職者の候補の中から、能動市民による選挙によって選ばれることになった。国家によって給与を支払われる公僕として、彼らはまた基本法に対して宣誓もしなければいけなかった。パ＝ド＝カレ県の司祭でこの宣誓をしたのは、全体の五分の一に満たなかった。他の多くの司祭は、世俗の事柄についてのみ忠誠を誓う条件付の宣誓を行おうとしたが、うまくいかなかった。アラスでは、宣誓したのは二人の司祭だけ、十一人の元司祭はたった四人の司祭にその座を明け渡すことになった。全国の他の州の中心地と同様に、アラスにおいても宣誓した聖職者と宣誓拒否聖職者の間で争いが始まった。司祭が不足する事態が生じたため、宣誓をした最初の司教で元司祭のピエール＝ジョゼフ・ポリヨン（コンズィエはもう亡命していた）は、十九歳であっても聖務を開始できるようにした。[13]

宣誓をするしないに関する聖職者の分裂は、革命全般に関わる争いをひどく深刻なものにした。ただしこの争いは、ロベスピエールとボメズの間に生じた公然の亀裂にすでに現れていた。二人は一七九一年八月の段階で、依然として国民議会における選挙権の問題について論争を続けていた。既述のように、ロベスピエールと故郷との間の関係はこじれてしまっていた。結果として、彼は「住んでいた場所から完全に引き払っていた」ために、そのかつての住居のために支払っていた税の納税者リストから外してくれるよう、一七九一年初頭にアラス区に要請している。ただ、ロベスピエールと彼を支持する議員たちの動きは、一定の成功も収めていた。アラスの憲法友の会は、パリのジャコバン・クラブと提携関係を結んでおり、当初はジャコバン・クラブの政治的方向性に対して距離を置いていたが、一七九一年には、ロベスピエールの盟友（弟オギュスタン、マルシアル・エルマンそして特にアントワーヌ・ビュイサール）のつながりを通して、ジャコバン・クラブが重視する事柄や関心をアラスに伝えるローカル・パワーとなった。一七九一年中頃までに、アラス憲法友の会はおよそ三百名の会員を擁し、会合場所としてかつてのサン＝テティエンヌ教会に陣取っていた。一七八九年以来の帰郷を考え始めた時、ロベスピエールは以前より楽観的だった。実際、「あらゆる種類のかつての「上流」の人々特有の影響力」に対し、憲法友の会が抵抗を始めて以来、アラス社会の雰囲気は良くなっていた[14]。

七百四十五人の議員からなる新しい立法議会の十月一日の招集に、ロベスピエールも立ち合うため、アラスへの出発を遅らせたのかもしれない。全員が初選出となる議員の中には、アカデミーやロザティでロベスピエールとよく知っているラザール・カルノもいた。アラスの町からは、マルシャン夫人絶賛の若い保守派の法曹家シクスト・ドズィが選出されていた。オギュスタンは落選してしまっていたが、アラスの代訴人となり、また県行政官としても選出された[15]。

こうしてロベスピエールは、いろいろな感情が入り交じった状態でパリをあとにした。三十カ月も会っていない家族や友人に会いたかったことは間違いない。他方で政治的、個人的な対立に直面することも分かっていた。彼の旅程の準備は、オギュスタンやシャルロット、ビュイサール夫妻、アラス区の司法官であるアルマン・ギュフロワ、そしてマクシミリアンとすぐに友だちになるヌヴィル＝ヴィタス村の宣誓派司祭ジョゼフ・ルボンによって整えられた[16]。シャルロットと十人ほどの一団は、アラス南方十三マイルにあるバポムまで行き、ロベスピエールを迎え、彼に敬意を表して帰郷を祝う会に参加した。ロベスピエールがバポムに到着した十月十四日は、緊張感に包まれていた。一七八九年七月十四日に関わった者を含むパリの国民衛兵の一連隊が、この町で補給もなく汚い宿舎に押し込められ、不満を表明して国王と貴族の紋章を焼き捨てる事件を起こしていたのだ。十五日には、さらに多くの国民衛兵がセーヌ＝エ＝オワズ県から到着した。ロベスピエールが、二百人にまで膨れあがった彼の支持者たちとともにアラスに向けて旅立ったのは、そのあとだった。

アラスに着くとすぐにロベスピエールは、「親愛なる友人」モリス・デュプレに対し、帰郷の理由を事細かに説明する手紙を書いている。そこでは「私の親愛の情をデュプレ夫人、若いご息女たち、そして私の小さな友人（デュプレ家の子息ジャック）[17]に伝えてくれるようモリスに求めている。彼はバポムに「無事入港」し、国民衛兵たちが「バポムの愛国者とともに、私に対して至上の愛情を表すべく市民リースを献上しに来てくれた」時は感動している。ところが、バポム市や区の役人は彼をわざと無視していた。アラスでも、「民衆は言い表せないほどの愛情の表現で私を迎えてくれたし、今もそのことを考えると胸が熱くなります。足りないものなど何一つありませんでした。たくさんの市民が私に会うために町から来てくれたのです。」しかし、ここでも彼の敵、「フイヤン派」として排除されていた「アリストクラート」たちは、明らかに姿が見えなかった。

四十年後、シャルロットは二年ぶりに兄を抱きしめることができたこの時の喜び、アラスに溢れた彼への賞賛の雰囲気を、依然として思い出すことができた。彼はこの時、どうしても馬車を降りて道を歩きたいと言い張ったというのだ。しかし彼はすぐに気づいた。この町の古いエリート層から彼に向けられた恨み、敵意の程度をである。彼らは、彼らに依存してきた者たちの多くから支持も受けていた。この地域の新聞『アフィシュ・ダルトワ』は、バポムに向かったオギュスタンとシャルロットに同行した者たちの中に、かつてのアラス市立劇場の案内係が一人、洗濯女が二人含まれていたことを言い立てて、ロベスピエールの帰還を貶めようとした。十月十八日には、この新聞は次のように報告している。「ド・ロベスピエール氏がついに帰ってきた」と述べ、おそらくはわざと「ド」を入れることで、マクシミリアンの民主的なスタンスをちくりと攻撃している。続けて、「もしバポムに駐屯するパリの軍の将校三十名が彼に同伴していなかったら、われわれは彼が町に入ってきたことに気づかなかっただろう。彼らは歓呼をもって迎え、崇敬の念のあまり、彼をアラスまで送り届けたのである。」故郷の町での彼への民衆の歓迎は、やがてマルシャン夫人宅前での示威行動にまで発展した。もっとロベスピエールに対して尊敬の念を持つよう、夫人に要求するデモである。夫人はやり返している。「ときどき笑う許可を彼らに求めました。それだけの人たちが泣き叫んでいるのですから。」[18]

ロベスピエールは、アラスにぐずぐずしてはいなかった。彼は多くの人たちに熱狂的に迎えられた一方で、彼がよく知る司法や聖職の世界では歓迎されなかった。[19]一週間を使い、彼はアラスから二十マイル北方のベテュヌの町に三日間（十月二十三〜二十五日）滞在するために旅立った。途中エクス村を通ったが、ここで彼の馬車は花々とオークの枝で飾られた。ある農民の女が「月桂樹はないのよ。でもオークならもっともつわ」と叫んでいたらしい。ベテュヌでは、当局の反応はやはりよそよそしいものだった。市当局はもちろん、他の公的機関の役人も、彼のことを出迎えた者は一人もいなかった。しかし民衆の熱狂はアラスのそれをもさらに上回っていた。ベテュヌの憲法友の会は「『自由か、さもなくば死」という標語のもと、私たちが長く思い慕ってきた人」が会を訪問したことを、会の幹部が記録している。[20]「市民リースを彼に献上する名誉に浴したいと、すべての女性たちが思っていた。彼は控え目な性格だったため、リースを頭にかぶることは拒否したものの、胸に抱え持った。」前の月、国民議会で民衆に取り囲まれたときと同じく、彼は自身への賞賛に明らかに困惑し、出席者に対し会の議事を進めるよう促している。「ブティリエ氏は、彼を自宅に泊める幸運に喜んでいた。この栄誉ある役を希望して、彼は次のように述べた。「仮に一つしかベッドがなく、国王かロベスピエールのどちらかのためにベッドを提供しなければいけないとすれば、私は勇敢なる議員を優先しただろう[21]」」。

アラスで多くの時間を過ごすよりも、ロベスピエールはむしろ農村地帯にいる友人たちに会うために旅をしたり、アラス西方九マイルにあるベラヴェェヌのカロ農場で、思索と休養の日々を送ることを望んだ。彼とオギュスタンは、司祭ジョゼフ・ルボンとヌヴィル＝ヴィタスで夕食をともにした。[22]故郷の町での自分を落胆させる敵意から、遠く離れていたいと単に望んでいたようでもあるが、そこには個人的な理由もあった。シャルロットは自身の回想録の中で、マクシミリアンと、彼の叔母ウラリの養女アナイス・デゾルティが愛し合っており、彼が一七八九年にパリに出発する前の数年間交際していたことをのちに記している。シャルロットによれば、彼は一七九一年アラスに戻って、生涯の恋人が、別の法曹家で旧友のルデュクと結婚したことを知って、打ちひしがれていたと書く。事実は異なる。アナイスは一七九二年八月、つまりこの十カ月後にルデュクと結婚したのである。ただ、マクシミリアンは彼女のいるアラスに居心地の悪さを感じたのかもしれない。[23]

ロベスピエールは注目に値する論考を刊行するが、これはこの休息期間に書かれたものだったのかもしれない。タイトルは『ジャン＝ジャック・ルソーの精神への献辞』である。[24]ルソーの『告白』第二巻が一七八八年に刊行され、ロベスピエールに大きな影響を与えている。彼は「私は、この人物の尊敬すべき過去に分け入りたい」と述べている。『献辞』の中でロベスピエールは、ルソーの歴史的位置について熟考し、これを賞賛している。

最も雄弁で有徳の人。今日、かつてないほど雄弁と徳が必要とされている。完璧なる人よ、あなたは私に自分を知ることを教えてくれた。若年の頃から、あなたのおかげで私は、自然の持つ気高さを理解し、社会秩序の偉大なる諸原理について深く考えた。古い建物は崩壊した。新しい建物のポーチが瓦礫の上に立ち上げられ、あなたに感謝を表している。私はここに自分の石を付け加えた。……

この有徳の人の報酬は、同胞の美徳を望んだという自覚である。あなたのように、私も生涯を通して、たとえそれによって早く死んでしまうことがあっても、人々が美徳を獲得するという報いを受けたいと思う。

いまだかつてない最も偉大な出来事の渦中にあって、専制支配の断末魔と、主権の目覚めを目にしつつ、私は世界を揺り動かす役割を負ってここにいる。また、人の精神ではそのすべての結果を予見することができない嵐が、徐々に力を増し、あらゆる場所でその力を解き放つのをやがて目にするために、ここにいるのだ。[25]……

ありそうもないことなのだが、ロベスピエールは、ルソーにその死の前に面会し、彼の顔に「人の不正義があなたに強いた残酷なまでの悲痛」の跡を目にしたと主張している。彼は特に「神のような」ルソーに魅入られたのかもしれない。というのも、ルソーもまた母を出産時に亡くしており、若くして父に見捨てられていたからである。ただ、ロベスピエールは何よりもまず、健全なる政体を創り上げるには「徳」が必要であるとするルソーの関心を、完全に共有していた。「「人民」は生来善であるが、貧困と権力エリートの利己的な行動によって堕落している」というルソーの前提は、ロベスピエールの人民主権理解の中心軸であった。自身もまた、「有徳の人」であり、人生を捧げて人民の役に立つ徳の国家を創造する運命にあると信じるようになっていたのだ。[26]

ロベスピエールが、彼の「危険に満ちたキャリア」に関するこの考察をアルトワの農村にいた際に書いたのか、あるいはもっと早い時期、国民議会での職務が続いているときに書いたのか、いずれにしても彼は、革命が直面している敵意や異議申立、さらには彼にとってこれが意味するものに、向き合わざるをえなくなる。彼は農村の貧困層に同情をよせており、そのために、彼を急進的な平等主義者だとする攻撃にさらされた。彼を賞賛する一人に、フランソワ＝ノエル・バブフがいる。バブフは、一七八七年、アラスのアカデミーに宛てて手紙を書いている。この時、ロベスピエールは重要なメンバーの一人だった。バブフの初期の頃の革命のプランは、要するに領主貢租の全面的な廃止と、無産階級への土地の再分配を目指していた。バブフは、ロベスピエールの中に本質的に協同しうるものを見出したのだ。一七九一年九月、彼はある友人に書き送っている。「ロベスピエールを慎重に検討してみてください。そうすればあなたは、最終的な分析の結果、彼が一人の農地均等分配論者であることがわかるでしょう。」実際には、ロベスピエールは強制的に農地分配を行うという意味での「分配論者」ではない。しかし、さかのぼること四月に作られた、相続に関する諸法の変更について彼が述べたことを知り、バブフと同様に、多くの人が、彼が分配論者であると信じたのである。[27]

ロベスピエールにとってずっと大きな関心を呼んだのは、宣誓拒否聖職者の必要もない疎外によって表面化した危険であった。十一月四日、パリのある知り合いに向けて書かれたそっけない手紙の抜粋が、広く読まれている『八十三県のクリエ』と『愛国年報』で公開されているが、ここに彼の強いいらだちを見ることができる。[28] この中で、彼は教会改革の実施に見られる無能ぶりを批判している。「アリストクラート的な司祭は、いたるところで、宗旨替えする者を見つけて、これを革命の新たな敵にしている。というのもこうした司祭が欺いた無知な人々は、宗教に関する問題とナショナルなレベルの問題を、分けて考えることなどできないからだ。」アラスに行ったことで、ロベスピエールは教会改革が、古い聖職者の世界の中心に、どのようなインパクトをもたらしたかということに直面する。いくつかの宗教組織が廃止されたこと、司教座がサン＝トメールに移管されたこと、そして小教区教会の数が減ったこと、これらは、聖職者の失業と敵意を生み出すことになったのである。

彼は、宣誓拒否聖職者が信徒たちを公然と反革命へと導くそのやり方に、はっきりと気づいた。彼は、宗教的な信条については公然と共感を表明してはいたが、公の場を離れると、田舎の忠実な信徒たちが狂信を持ち続けていることに辛辣だった。デュプレに語っている。

ここでは、ある奇跡がまさに今起きました。……宣誓拒否聖職者が聖遺物が収められた礼拝堂でミサを行っていました。気取った信心深い女性たちが、これに耳を傾けていました。ミサの中程、一人の男が、持っていた二つの松葉杖を放り投げ、両腕を広げ、歩いたのです。彼は自分の足にできた傷跡を示し、彼が重症を負ったことを証明する書類を示しました。この奇跡には男の妻が立ち会っています。彼女は夫を探していました。彼女は、夫が杖なしで歩いていることを知らされ、気を失ってしまいました。気を取り戻すと、神に感謝し奇跡を賛美しました。私はこの奇跡の地に長く留まるつもりはありません。……私はそれに値する者ではないですから。[29]

この地域の他の町々を、ロベスピエールは旅したが、これによって彼は当惑を覚えることになる。というのも、これらの場所では軍事的な備えがしっかりとなされておらず、また多くの富裕層が、公然と亡命の計画を口にしているのだから。アラスに向かう途中の出来事を、デュプレに手紙で書いている。「道すがら、亡命者でいっぱいの宿屋がいくつもあるのです。宿屋の主人たちは、自分たちがこのしばらくの間に泊めてきた亡命者の数にびっくりしていると話していました。」ロベスピエールはデュプレに、こうした事態が国境近くの地方都市に与える脅威について懸念を伝えている。折しも、一七九一年六月の国王による逃亡事件が起き、八月二十七日にオーストリアの神聖ローマ皇帝レオポルト二世とプロイセンのフリードリヒ・ヴィルヘルム二世連名でピルニッツ宣言が出された状況にあった。実際、六月に国王が逃亡し、捕まって以来、亡命はパ゠ド゠カレ県で急増していた。戦争が近づいていると誰もが考えたからである。西部のモントゥルイユ市では、通常なら六十三家族の貴族がいるはずなのだが、この年の秋まで残っていたのはわずかに六家族に過ぎず、これらの家族も国を捨てることを話し合っていた[30]。

ロベスピエールのアラス帰還と周辺農村への旅は、家族や政治的な支持者たちが惜しみなく与えてくれた喜びやサポートのおかげで、教訓的な経験となった。第一に、諸地方から中央の議会に届くたくさんの報告が知らせてきていたことを、実際に経験した。教会改革で実際にもたらされた諸結果について、多くの人々の間でくすぶり続けている不満、領主制の破棄の結果、想定していたほどの恩恵を受けられなかったことに関する農村共同体が感じている深い失望、革命がもたらした変化に対する敵対者によるあからさまな反対だけでなく、革命の支持者たちの間に生じた分裂、そしてオーストリアやプロイセンとの戦争の可能性について増大する不安、これらを実際に見聞きしたのである[31]。

革命がいかに未完成で、かつ革命に対抗しようとする動きがもたらす脅威がいかに深刻か、ロベスピエールがこれらを理解する上で、アルトワ地方での経験は決定的に重要であった。仮に、パリから近いある地方が分裂し、諸外国列強からの剝き出しの敵意に対する備えもない場合、それは他の、より遠方の国境近辺の地域にとってどのような意味を持つだろうか。人民の意志を挫折させようとする陰謀に対して、彼が最初の頃持っていた警戒心は、この経験によって今やより強化された。同時代人の中には（あるいは多くの歴史家も）、ロベスピエールの演説から、被害妄想傾向の人間が持つような強迫観念を、彼が「アリストクラート」に対して持っていると考える者もいたが、耳を傾け、観察しながらアルトワで過ごした数週間が、脅威が現実に存在するということを示す、説得力ある証拠となったのである。

新たに議員として選出された立法議会のジャコバン・クラブのメンバーたちが口にする言葉が、ますます好戦的になってきてはいるけれども、バポムの崩れかかった兵舎、アラスやリールでの駐屯兵たちの諍い、これらを知ったロベスピエールは、今フランスは戦争をすべきではないと確信するようになった。アルトワにいる間、彼はある知人、マリ＝ジャンヌ（マノン）・ロランから一通の手紙を受け取っている。ロラン夫人はこの時、ヴィルフランシュ＝スュル＝サオヌの東、ボジョレ地方の丘陵にある夫の地所テゼにいた。この手紙はちょうど、収穫期に書かれていた。「ただでさえ耕地に向かない、石ころだらけの土地ですのに、これに加えて今年は異常な日照りが続いており、考えられないほどに悲惨な状態になっています。」またこの手紙は、「自身の信条にこれ以上ないほど忠実な、数少ない勇気ある者たち」のうちの一人に対して書かれた、温かみと気遣いに溢れたものであった。特段の理由があって書かれた手紙ではないことを彼女も認めている。しかし、「あなたが二人からのニュースに関心を持ってくださることを信じています。私たちは心からあなたにお会いしたいと思っているのです。私たちは、正しくあることの栄光と、感受性豊かであることの幸福を、何よりも大切にする人たちにしか賞賛の気持を抱くことはありません。その気持を、あなたに捧げたいのです。」ロベスピエールと同様に、彼女もまた革命に対する敵意を彼女の場合はリヨンで実際に体験することで、驚きを感じていた。そして、大衆が噂や術策に簡単にだまされてしまうことに懸念を覚えている。「大衆はどこでも良き人々です。……けれど、彼らは煽動され、物事が見えていません。[32]」マノン・ロランの手紙によって、ロベスピエールは、全国で革命が揺るぎない状態に達するまでに歩まなければならない道が、いかに不安定か、なお一層の確信を強めたのである。ロベスピエールは、ロラン夫妻とは、彼らが一七九一年にリヨンからやってきたときから友人関係にあった。マノンが主催するサロンの常連客でもあった。ところが、彼女の夫が新しい立法議会議員に選出され、国内の分裂を解決する方策は、ヨーロッパの君主国との戦争であるという信念を吹聴するにおよび、彼らの間の友情関係は、徐々に崩れていくことになる。

十一月十七日、ロベスピエールは、「兄にして友人」のモリス・デュプレに手紙を書き、数日のうちにパリに戻ると知らせ、またジェロム・ペティヨンが、パリ市長に選出された喜びを綴っている。また、自身の「あなたのご息女たちへの穏やかで変わることのない愛情」を伝えてくれるよう、再度デュプレに頼んでいる。実際には、彼のパリ帰還は月末まで遅れることになる。急遽、十一月二十四日から二十六日にかけて、リールの憲法友の会に招かれ、ここで三日間過ごすことに決めたからである。[33]

結局彼は、アルトワとピカルディの両地方で四十六日間過ごすことになった。彼はのちに、ある友人に向けて次のように書いている。

アルトワに戻るなら、ベテュヌに住めたら最高だろうと思うのです。数多くの執念深い敵の存在には、ほとほと嫌気がさしていますから。けれどベテュヌに住むには、それを可能にする然るべき仕事を見つけねばなりません。区裁判所の長に任じられでもすれば、目的は達せられることになるように思います。親愛なる友よ、この件はあなたに任せます。ちょっと考えてみてください。あなたの裁量に期待しています。[34]

もちろん、この時ロベスピエールは、議会のメンバーではなかったし、彼が知るすべての人々にとって、革命とそこで彼が果たすべき役割は、本質的にはすべて完了していた。憲法がすでに公布されており、新しい立法議会が誕生していたのだから。ロベスピエールがパリを離れての生活、そこで新しく手に入れた代訴人としてのポストを、辞める可能性すら考えていたのも無理はないだろう。彼と考えを同じくする同僚フィリップ＝アントワーヌ・メルランは、アラスの東に位置する故郷ドゥエで、刑事裁判所裁判官の地位に復帰していた。

　パ＝ド＝カレ県に適当なポストが単になかったから、パリに戻る必要があると彼が考えるようになったのか、それとも故郷に帰ることなど、ほんとうには真剣に考えていなかった人間の単なる物思いに過ぎなかったのか、分からない。どちらにせよ、彼がアルトワで過ごした六週間は転換点であった。パリへ戻るという彼の決心は、彼の人生において最も重要なものとなり、ベテュヌでの静かな人生の可能性など吹き飛ぶようなかたちで、彼を政治の世界に巻き込んでいくのである。

一七九一年十一月二十八日、パリに戻って二日後、ロベスピエールはアラスのアントワーヌ・ビュイサールに興奮気味に手紙を書き、自分がジャコバン・クラブや公の場でいかに熱狂的に迎えられたか伝えている。[1]パリに戻った日、彼はクラブに直行している。そこで直ちにクラブの議長に選出された。特に彼は、盟友のジェロム・ペティヨンに会えたことを喜んだ。ペティヨンはラファイエットに対し勝利し、パリの新市長となっていたのだ。「私はペティヨン宅で夕食を囲んだ。なんという再会の喜びか。私たちは嬉しさを共有していた。……彼が背負う責任は大きいけれども、民衆から愛されていること、そして彼自身の資質が、彼がこの責任を果たしていくための手段を与えてくれるだろう。」

温かく歓迎されたものの、首都の政治環境の変化を彼は感じた。六月の逃亡失敗以降、ルイ十六世との政治的妥協の実現可能性に関して不満がくすぶっていたし、ヨーロッパ周辺君主国からの剝き出しの敵意によってこの不満はさらに増していた。ところが、ロベスピエールはアルトワで戦争の可能性を心配する声に接していたのだが、パリで耳にするのは、新たに選出された多くの立法議会議員から上がる主戦論だった。

フランス内外で高まる革命の反対者たちの敵意は、議員たちの関心をコブレンツに集まる反革命の動きに集中させることになった。そこでは、国王の二人の王弟たちが亡命宮廷を作っていた。国王軍の将校集団はすでに自壊を始めていた。一七九一年九月十五日から十二月一日までの間に二千百人を超える貴族将校が亡命しており、一七九一年総計では六千人が亡命した。十一月九日に、立法議会はある厳格な法律を採択した。亡命者《エミグレ》たちは、もし一七九二年の年明けまでにフランスに戻らない場合は、法の保護の外に置かれるというものである。「陰謀の罪に問われ、告訴され、死刑に処される。」ルイは拒否権を三日後に行使し、法律の発効を止めようとした。

カリブ海植民地で起きた出来事は、フランスの敵国イングランドとスペインが狡猾な意図を持っていると議員たちにさらに確信させることになった。そして、植民地全住民への市民権拡大を拒否することの危険について、黒人友の会所属の議員が警告を発していた。そして、一七九一年八月、サン＝ドマング（現ハイチ）のムラートと奴隷数十万人〔実際には五万人、最大でも十五万人程度とされる〕が反乱を起こした。蜂起後十日のうちに、奴隷たちはサン＝ドマング北部の大半をその支配下に置き、孤立したプランターたちを取り囲んだ。そもそもの最初から、これはとりわけ血みどろの内戦であった。十万人の奴隷が反乱に参加し、二千人の白人が殺され、また白人たちも、捕虜となった反乱奴隷たちを処刑してこれに報復している。[2]

こうした状況下、立法議会議員たちの不安は増大していき、彼らは、もともとは革命を国王と憲法の下で安定させるというフイヤン派的な目標を掲げていたのだが、ジャック＝ピエール・ブリソが主導していたジャコバン・クラブの中の一派の煽動的な言葉が説得的であると考えるようになっていた。ブリソは、革命が困難に直面しているのは、内部で企まれる陰謀が外部の敵とつながっているからだと考えた。彼を支持するマクシマン・イスナールは「今や爆発寸前の陰謀の火山」について語った。十一月二十日、ミラボの宮廷との取引までもが明らかになり始め、今やこうした頽廃と陰謀の程度が明白となった。[3] 一七八九年の偉大な革命家が、人民をこのようなかたちで進んで裏切っていたとすれば、二枚舌の人間がいなくなることなどあるのだろうか。

ロベスピエールが、ジャコバン・クラブで熱狂的に迎えられたその翌日、彼は宗教上の改革に固有の危険について、率直な警告を行い、宗教的な慣習、この場合は告解に対して、いかなる攻撃も行うべきではないと勧告している。「民衆から愛されている宗教的な偏見と、直接衝突することは望ましくない。時が民衆を成熟させ、それと気づかずに偏見を乗り越えられる方がいい。[4]」戦争が起きれば、物事は悪化するだけだ。彼は依然として首都では非常に人気があった。しかし立法議会内においては、国内の敵を掃討し、外国からの圧力を取り払う戦争というアイディアに、反対する者はほとんどいなかった。議会内で発言する機会はなかったので、ロベスピエールはジャコバン・クラブと新聞を利用し、自身の意見を広めるほかなかった。彼はクラブで、国内の問題も未解決のまま、国外に対し準備不足の軍事行動を起こすことの危険を警告する一連の演説を行った。彼の姿勢の基盤には、アルトワで、分裂状態がより進み、軍隊が備えを怠っているのを見聞きして反省した経験があった。彼は同様に、革命に対し国内で敵対する者たち、特に宮廷は、革命に汚染されたフランスを浄化する機会を革命の敵に提供する戦争を、歓迎するだろうと確信していた。「国内の敵どもを征服しよう、そしてそののちに、もしまだ残っているなら、外国の敵に立ち向かおう。」ロベスピエールは、十二月十八日、ジャコバン・クラブのメンバーをこのように促した。革命が完成型からほど遠いというだけではない。もし軽率で準備不足の戦争が行われるようなことがあれば、国民が軍事的な支配の危険にさらされることになる。不安定な時代においては、「軍の指揮にあたる者が、国家の運命を決める力を持ち、自身が支持する党派のために局面を一変させてしまう。カエサルやクロムウェルのような者であれば、彼らは独裁的な権力を握る。[5]」

戦争に反対しているわけではない、しっかりと準備された自衛のための戦争であるならいいと主張していたのだが、ロベスピエールの演説は物議を醸した。十二月二十九日、ブリソはこれに応え、新しい国家は戦争を宣言する必要があり、それは「財政と公的な信用を回復し、恐怖と裏切り、無政府状態に終止符を打つために、名誉と外的な安全、国内の平安を求めて」であると強調する。ジャコバン・クラブでの一七九二年一月二日の二回目となる主要な演説で、ロベスピエールは、アメリカ独立戦争とフランス革命を同列に置くブリソの所論に反論し、アメリカ独立戦争では、開拓者たちが自分の土地で、イギリスの国王の軍隊に対抗して、自衛戦争を戦ったのだと述べた。[6] それに対して、「武装した宣教師を好む者がいるだろうか。自然、誰もが敵として追い払うことを考えるだろう。……権利の宣言はすべての人に同時に届く太陽の光ではないのだ。……」

準備も整わない段階でオーストリアに侵攻するよりも、国民衛兵を、祖国の土地を守る人民の軍隊として早急に武装させるべきだとロベスピエールは主張し、「国内と国外の戦争を押さえ込むための」諸措置が必要だと訴えた。それは公教育、公的な祭典、そして公的な演劇であった。

自由の精神が支配しているなら、また平等、人民そしてユマニテだけが、市民からの尊敬を通して、栄誉を与えられる絶対的な力であるというなら、……ギリシア諸民族のこれら崇高な慣行を、なぜわれわれは模倣しないのか。祭典や演劇においては、雄弁な芸術家や詩人たちが国の名を広め、市民の心の中に徳と自由の聖なる火をともすのである。[7] ……

ロベスピエールにとって、緊急にすべき仕事とは、市民の再生であった。戦争状態はこれに対する妨害、あるいは脅威ですらあった。

対立はかつての同志の間で起き、個人間の対立の様相を見せた。ロベスピエールの分析が意図していたことは、ブリソと彼の支持者たちが革命を危機に陥れようとしているということだった。逆にブリソ派は、ロベスピエールが自身を人民の「守護者」であると言い張って、人民の上位に位置づけようとしていると告発した。ロベスピエールは憤った。

私はこんな仰々しい肩書きを求めたことなどない。私は人民のうちの一人であり、これまでそれ以外の何者でもなかった。私はただ、人民でありたいと望んでいるのだ。……ルソー以上に、人民の真実の姿をわれわれに見せてくれた者はいない。彼以上に、人民を愛した者はいないからである。「人民は常に良きものを欲しているのだが、常にそれに気づくことがない。」生来の善良さのせいで、人民は政治的なペテン師につい騙されてしまう。こういったペテン師どもは、このことをよく知っているし、利用する。[8]

一月二十日、ジャコバン・クラブでブリソは、ロベスピエールに対し和解を迫った。そしてクラブのメンバーは、互いへの尊敬と友情の証に抱擁するよう二人に求めた。『アミ・ド・シトワイヤン』のジャーナリストによれば、「ブリソとロベスピエールは、お互いに身を投げ出すようにして抱擁した。こうして一時的にプライドは、真の市民の印であるところの平和と友愛の感情に道を譲った。会議は感動の涙、温かな拍手で包まれた。……」ただしロベスピエールは、直ちに、ブリソへの好意を示すことは、この問題に関する自身の意見を少しでも変えることではないことを明確にし、戦争に関するまた別の演説を予定していると通告したのである。彼は再び、『八十三県のクリエ』編集者のアントワーヌ＝ジョゼフ・ゴルサスを非難した。ゴルサスは、ロベスピエールがブリソの意見に同意したことを示唆して、偽りの情報を伝えたからである。[9]「この点で確かなことは」とロベスピエールは書いている。「われわれが心から抱擁した」ということだ。しかしこの抱擁は、意見の一致を意味しない。「自由な人間同士、率直に、必要なら精力的に、しかし思いやりと友情をもって、戦おうではないか。」

ロベスピエールとブリソの間の友愛的な抱擁など、たちまち忘れ去られた。十一月二十六日〔一月二十六日の誤り〕、ロベスピエールは「これはほんとうに、人民と暴君たちとの間の戦いなのだろうか」と問う。そしてブリソ派のロジックを攻撃している。「兵士の大部分は愛国者であると私も知っている。しかし将校の大部分はどうだろう。」オーストリアのレオポルト二世が、亡命王侯貴族たちの陣営を掃討しようとする立法議会からの最後通牒をはねつけ、特別な不名誉をもたらすものとしてジャコバン・クラブを名指ししたとき、ロベスピエールはクラブに向けて、レオポルトは平等の敵、革命の敵、人民の敵、つまりジャコバン・クラブに対して戦いを挑もうとする者たち、フランス国内にいるすべてのこうした者たちに向けても、語っていたのだと明らかにした。三月後半、新しく組織された内閣に国王がジャン＝マリ・ロランを含むブリソ派を入れたことは、宮廷の意図に対するロベスピエールの疑いを増大させただけだった。明らかに、「戦争そのものについてばかりが話題にのぼり、いかにして戦争を成功裏に遂行できるかについてはなおざりにされている。」けれども、ジャコバン・クラブにおいてすら、彼はごく少数派であった。そして彼の皮肉のせいで、そこでの会合も「ひどい無秩序のうちに」流会してしまった。[10]

一七九一年十一月二十八日から一七九二年四月二十日までの間に、ロベスピエールはジャコバン・クラブで六十五回、週四回開かれる会議のほとんどで演説している。ところが戦争に関する彼の度重なる警告にも、戦争の代わりに、遠大なる政治的・社会的改革を通して革命を完成させようという彼の要請にも、賛同する者はわずかだった。彼は嘲笑の対象になってしまっていた。パリを訪れていたプロイセン人ヨハン・フリードリヒ・ライヒャルトは、クラブの会合に出席していたが、一七九二年三月十八日、手紙を書き、ロベスピエールの様子を伝えている。「尊大な雰囲気で、ドア近くの自分の席に腰掛け、微動だにせずに足を組み、見事な巻き毛の髪の毛を後ろに流している。彼は、議論ではほぼ何も役割を果たしていなかった。表情は落ち着いており、たとえ落ち込んでいたとしても、彼の狡猾そうな外見は、その無礼な態度をより挑発的なものにしていた。」この翌日、デュムリエ将軍（新しい外務大臣であり、今や国王の内閣にあってブリソ派とも結びついていた）が、ジャコバン・クラブで、赤帽子をかぶり、好戦的なスピーチをした。ロベスピエールが反論のため立ち上がると、あるメンバーが帽子をロベスピエールの頭に無理矢理かぶせようとした。当惑し、気分を害したロベスピエールは、これをフロアに向かって投げた。[11]

この時期は、ロベスピエールにとって孤独で困難な時だった。そしてライヒャルトの描く、ジャコバン・クラブでの孤独で孤立した姿からは、彼が個人的な苦痛を感じていたことが伝わってくる。なるほど彼には信頼が置ける友人が何人かいた。その最たる人物が、マルグリット・シャラーブルである。彼女は、ロベスピエールが重要な演説をしたあとに、これを支持する手紙を書き、友情を表明することをやめなかった。彼が行った一月の反戦演説の後で、彼女は「残酷なる戦争派」を酷評して、彼らは、「屍肉に群がるカラスのように、戦争に向かって狂奔しており、もし彼らの主張が勝利を収めるようなら、この国に希望はない」と述べている。彼女は、新たなブリソ派内閣をこきおろし、また「清廉の人」への「平和の接吻」をという提案にも批判的であった。ロベスピエールの才だけが、彼女にとっての「唯一の希望の光」であり、彼が来てくれることを望んで、翌日の午前二時まで夕食の時間を遅らせることとすらしたのである。[12]

ロベスピエールとともにありたいと望んでいた他の女性たちは、彼のことをより居心地悪くさせた。

一七九一年九月、マノン・ロランは、ロベスピエールに、地所のあるボジョレ地方のテゼから長い手紙を書いた。彼との友情を望み、また彼の政治的な洞察力とその志操堅固なところを賞賛していた。彼女の夫が率いる内閣が、一七九二年三月にスタートしたその翌日、彼女はロベスピエールを家に招いている。彼女は彼のことを「賢明なる愛国者のリーダー」と目していたからである。しかし彼は来なかったし、彼女は彼のことを許さなかった。こうして四月の前半までに、彼はブリソや新内閣のメンバーと仲違いした上に、かつての友人マノン・ロランともけんかをしてしまっていた。[13]

一七九二年二月十五日、彼はパリ刑事裁判所代訴人として宣誓し、着任した。一七九一年六月、彼はこの地位に選出されていたのだ。昼間はこの職務に、夜はより大きな、革命家としての活動に専念するつもりだった。けれども、今やジャコバン・クラブでは、肉体的にもたないと感じていた。「もし身体の頑健さ、健康がこの二重の仕事に十分なほど強くないようなら、どちらかを選ばなければならないだろう。」そして結局、彼は選択する。代訴人としてのポストはかなりの好待遇だった（八千リーヴルの給与）。しかし彼は、四月十日に辞任するのである。彼はなんの説明もしていない。けれども、過重労働となることを考慮すると同時に、ブリソ派内閣のもとで働くことを潔しとしなかったのだろう。ブリソ派の敵対者たちは、このことで彼を「変節した」として非難している。影響力を持っていた新聞『フイユ・ヴィラジョワズ』は、ブリソ派の立場を共有し、全国的に農村地域の指導者たちを読者としていたが、五月三日、辞任したロベスピエールの判断を批判し、資産を持つ人々の「終身の監視官」たる方を選んだと主張した。「彼が良き信条の持ち主だということを信じて、われわれは、彼のばかげたプライドや、狂信的な物言いを大目に見てきたのだが、彼は今や狂信的というよりは、ペテン師である。[14]……」

シャトヴィユ連隊は、ブイエ侯爵（今や亡命貴族《エミグレ》。一七九一年六月の国王逃亡を駐屯兵を使って助けようとした）の命令違反を理由に、一七九〇年に略式の処罰を受けていたが、ジャコバン・クラブは、恩赦を受けたこの連隊の兵士たちの帰還を祝う歓迎会を以前より望んできた。四月九日、兵士たちは立法議会に招待された。その帰還をどのようにして記念するかをめぐるジャコバン・クラブでの議論は、ロベスピエールにとって、ブイエのいとこで彼の擁護者でもあったラファイエットへの攻撃開始の絶好の機会となった。ロベスピエールは、兵士たちの帰還を遅らせたと、ラファイエットを非難したが、それ以前から、全く信頼できない将軍であるとして攻撃したのである。「最も危険な人物である。なぜなら、かなりの数の、彼を支持する無学な市民を惹きつけておくに十分な、愛国者の仮面を依然としてかぶり続けているからである。[15]」

しかし、この戦争熱に浮かれた空気の中で、ロベスピエールに耳を傾ける者はほとんどいなかった。四月二十日、オーストリアに宣戦布告がなされた。反対票を投じた議員は七名に留まる。一七九〇年半ばの教会改革と並んで、この宣戦布告は、革命の主要なターニングポイントの一つである。マクシミリアン・ロベスピエールにとっては、状況は最悪だった。主導権を握っていたブリソ派は、彼への攻撃を続けた。ジャーナリストで詩人のアンドレ・シェニエは、ロベスピエールに退場を促した。「彼は頭のおかしい残忍さで知られ、また、妬みの対象になるとは思えないある将軍に対する、説明のつかない憎悪で有名な空論家である。……」四月二十七日、ロベスピエールは、ジャコバン・クラブでの会議で、再び独特の表現を用いる必要性を感じた。「私は預言者でも仲介者でもない。護民官でも人民の弁護人でもない。私自身が人民なのだ。」彼は、ここで再び自身を人民と同一視している。ただ、彼はこの時強い孤独感に駆られており、いつでも自己を犠牲にする準備はできているとも述べたのである。[16] 戦争を煽る言葉に耳を傾けることの愚を主張し続けた六カ月の間に、ロベスピエールの立場は、かつて彼に溢れんばかりの賞賛の声を向けていたパリ民衆と、鋭く対立するようになってしまった。
　五月に入って北部での戦況悪化が伝えられるようになった。トゥルネとモンスに向かっていた最初の二部隊が潰走していた。指揮にあたっていたアイルランド生まれで、亡命したナルボンヌ大司教の甥である将軍ディヨンは、部下に殺されてしまう。こうした中、ロベスピエールは、不安に襲われたブリソ派のスケープゴートになる。コンドルセの新聞『クロニク・ド・パリ』四月二十八日号は、ロベスピエールが宮廷の秘密諜報員だと示唆すらしているし、『パリの革命』は、彼が代訴人を辞職したのは、マリ＝アントワネットと会合するためだったかのように伝えた。ロベスピエールを擁護した一人ジャン＝ポール・マラは激怒し、新聞『人民の友』のある号をまるまる使って、彼を弁護している。マラによれば、ブリソ派の猛攻撃を引き起こしたのは、ロベスピエールのぶれない姿勢と、その結果としての彼の人気であった。同時にマラは、自身の怒り、しばしば冷血きわまりないその報道スタイルゆえに、自分はロベスピエールとは違うということを認めていた。おそらくデュプレ宅で開かれた一月のある会合で、ロベスピエールは、マラが「ペンを自由の敵の血に浸したり、ロープや短剣について語ることで、自分の新聞が革命に対して持っていた驚くべき影響力を、部分的に、自ら損なってしまったこと」をとらえて、マラを批判していた。ロベスピエールは彼の「常軌を逸した、暴力的な諸提案」を取り上げた。これらに対しては、アリストクラートのみならず、「愛国者」も吐き気を催したというのだ。[17]
　攻撃対象になっていたにもかかわらず、ロベスピエールは、ジャコバン・クラブでのスピーチを、依然として週に最低二回のペースで続けていた。ただそれでも、ブリソ派がクラブの通信委員会を押さえていたことで、ロベスピエールの影響力は制限されていた。一七九二年五月、彼は『憲法の擁護者』というタイトルの新聞を発行し始めた。前線からのニュースが届くと、彼をスケープゴートにする動きから自身を守るためである。[18]『擁護者』は、四十八～六十四ページの内容たっぷりの週刊紙で、原稿の大部分はロベスピエール本人が執筆し、これに加えて、ニュース、各地方や軍隊にいる通信員からの手紙を掲載した。数人の立法議会議員や革命家たちが、ときおり協力してくれた。とりわけヴェルサイユ時代の彼の支持者で、現議員のロラン・ルコワントルは、国境からたびたび報告を受け取っては、ロベスピエールに渡してくれた。他にも、ジャコバン・クラブの同志数名を含む人たちが、この新聞に協力してくれた。たとえば民衆演劇の役者で、パンフレット作者でもあったコロ・デルボワや、新たに仲良くなったジョルジュ・クトンがいる。クトンは、おそらく髄膜炎の影響で、車いす生活を余儀なくされていたが、ロベスピエールとは、しょっちゅうデュプレ宅で夜、ともに仕事をするようになった。

今はもうオーストリアとの戦争は始まってしまっていたので、これが真の「人民の戦争」となり、ヨーロッパにおける普遍的な諸原理の勝利のために最後まで戦われるように、そのために必要な事柄を報道するために、彼はこの新聞の第一号を使った。「私たちが関わることになったこの戦争は、敗北とともに始まった。自由の勝利とともに終わるか、それともこの地球上から最後のフランス人が消滅して終わるか、このどちらかしかない。」そしてこれは、暴君に対する戦いであり、断じて諸民族に対する戦いであってはならない。

なぜ政府は、人民の権利と自由の原理を育む意図を表明した声明を、ドイツ語やベルギー諸語に翻訳し、前もって人民とオーストリア軍の間に広めてこなかったのか。なぜ、占領した後、統治の政治的諸問題に関して、われわれがどう振る舞うかについて公式の保証をしていないのだろうか。

ロベスピエールは、戦争は必要だし、短期間で終わると人々を安心させてきた一派を攻撃対象とし、その指導者たちを名指しで取り上げる。ブリソとコンドルセである。彼らは、立法議会内で影響力を持っていたボルドーからの議員、ガデやヴェルニョ、ジャンソネといった人々の支持を受けていた。[19]

他にも、ロベスピエールとブリソ、それぞれの支持者たちを反目させる問題があった。一七八九年七月以来、ロベスピエールは、革命の完成だけが、民衆からの暴力的な反応を未然に防ぐことになると主張していた。一七九二年三月三日、パリ南西三十マイルに位置するエタムプ市の市長ジャック・シモノは、怒り狂った群衆が小麦価格を低く設定するのを阻止しようとして、市庁舎の外で銃弾を受け、刺殺された。[20] シモノは、六十名の労働者を抱える革なめし工場の所有者であり、この地のジャコバン・クラブのメンバーでもあった。アシニア紙幣の価値下落、広範囲に及んだ賃金労働者の食糧不足、そして戦争の脅威にもかかわらず、シモノは、食糧市場における自由の原則を守るために戒厳令施行も辞さなかったし、エタムプ市民と周辺農村からの農民が、市場で不穏な動きを見せた七時間後には、騎兵隊の将校に対し、指揮下の八部隊を武装させ出動準備するよう要請した。ところが、これらの部隊は、マスケット銃に弾を充塡することを拒否し、一度逃げた後、シモノに向けて発砲したのである。シモノの遺体に向けてさらに発砲する者、叩く者もいた。そして彼らは「国民万歳！」の叫び声を上げながら引き上げたのである。

シモノは、市民によって殺された最初の市長ではない。[21] しかし、彼は非常に明確に自身の職務を遂行していたし、憲法もすでに採択されていた。そして立法議会の多数派は、法の支配と商業の自由を強化しようと決心していたのである。事件に驚いた議会は、「法の祭典」を通じてシモノの勇気をたたえることに決める。六月三日、国民衛兵六十大隊とパリ市四十八セクションの代表が、シャン・

ド・マルスまで、二十万人の観衆が見守る中、市中を行進した。その様子はジャック＝ルイ・ダヴィドの巨大なキャンバスで描かれている。

これに対してロベスピエールは、エタムプ北方モシャンの小教区司祭ピエール・ドリヴィエの見方を共有することになる。ドリヴィエは、共和政を要求していたことでその名をすでによく知られていた。ドリヴィエの書いた請願書は、シモノを激しく非難するもので、エタムプ市民四十名の署名があり、「生存のために自然が与えた法」は経済的自由に優先しなければならないと主張していた。「富裕な者とその周囲にいる人、あるいは犬や馬までもが、遊んでいるのに満たされている、その傍らで、労働によって生活している人間や動物が、労働と飢餓という二重の重荷に押しつぶされるというのは、不快きわまりない。」ドリヴィエの嘆願は、立法議会においてはほとんど反響を呼ばなかった。ロベスピエールは別である。彼はこの陳情書を長いコメントつきで、六月七日の『憲法の擁護者』で発表している。[22]

「私は法律違反を正当化するつもりはない。」こうロベスピエールは強調する。そして「エタムプ市長の殺害犯が受けるべき怒りを、小さくしようなどとすることは、神が禁じている。」しかしシモノは、妥当な価格で食糧を求めていただけの自分の町の市民に対し、発砲するよう、進んで要請してしまった。こうして彼は、自分を犠牲にしなければならなくなったのだ。すでに一七九二年二月十九日のジャコバン・クラブでの演説で、ロベスピエールは遠大な政治的・社会的改革計画の要点を説明していた。確かに彼は、ドリヴィエの求めた財産の再分配からは距離を置いている。しかし、「労働を通し、社会がその成員のための生活必需品と食糧を保証する義務という意味での生存権」が、他のあらゆる事柄に優先するという点については、ロベスピエールの主張は明快である。

シモノは英雄ではない。……彼は、自身が犠牲者となる前に罪を犯している。彼の故郷の不幸と、彼の同郷人が非難されている暴力は、主として彼の行為から生まれたのだ。レオニダスはクセルクセス一世の大軍と戦って死んだ。ギリシアの敵に打ち倒された。しかしシモノは、小麦取引に不安を抱き、これをやめさせようとして集まった非武装の市民に対して発砲するよう命令を出して、死んだのである。両者の違いは疑いもなく、あまりに大きい。二人の人物を同列に置くことなどできないだろう。

『擁護者』の次の号で、ロベスピエールは自身の立ち位置を「法とそれに基づく権威の尊重」に立脚するものと位置づけようとした。[23] ここで彼は、危険な領域へと踏み込んだことになるのだが、どれほど誤り導かれたものであったとしても、一つの法は多数派によって作られており、これに対しては服従することが求められると主張している。一方で彼は、「多数派がその法の維持を求めるのであれば、いかなる個人も、これに違反する者は反乱とみなされる。その法が賢明なものかばかげたものか、正義に叶ったものかそうでないかは関係がない。これを守ることが義務となる」ということを認めていた。しかし同様に彼は次のことも強調している。「私はすべての法に従う。しかし、私が愛するのは、良き法だけである。社会は私に遵法精神を要求する権利を持つが、私の理性を犠牲にすることまで求めることはできない。」

ほとんど生来のといってよい、アンシァン・レジーム期の軍将校たちへの不信感のせいで、ロベスピエールは、あらゆる軍事行動は、彼らあるいは外国の将校たちが、特権を再度獲得する手段を提供する契機と見て、警戒した。フランスの将軍が勝利を収めた場合でも、危険なのである。彼は、一七九二年中頃には、おそらく王国で最も影響力ある人物であるラファイエット将軍を、不名誉をもたらす者として徐々に攻撃するようになっていた。ラファイエットは、アメリカ独立戦争の英雄で、立法議会において多数を占めるブリソ派の支持者でもあった。[24]

ラファイエットは、パリ北東モブージュにある自身の陣地から立法議会に手紙を送っており、そこでジャコバン・クラブについて非難している。「クラブは、われわれが経験している秩序崩壊の原因である。……首都の内側の独立帝国と、これと結びついた全国の組織で構成され、あらゆる権力を不当に手にしている。」六月十八日、ロベスピエールは、デムランと一緒になってラファイエットを激しく非難した。彼は常軌を逸していて危険であり、穏健さを装うベールの下に、野望を隠し持っているというわけだ。「これこそ、クロムウェルが内密に大きな力を手にし、やがて自由の廃墟の上に自らの権力を築きあげたやり方である。」これに対してラファイエットは、公にロベスピエールとジャコバンを攻撃し、自らの意志で、駐屯軍を残してパリに戻り、議会に出席した。国王ルイが、「サン＝キュロット」によって赤い自由の帽子をかぶるよう強制された六月二十日事件の後であった。[25]

ロベスピエールは、警告を発している。「将軍、私は偉大さの前では頭を下げます。しかし、あなたの権力にも、あなたからの脅威にも、私は恐れを抱くことはありません。」ジョージ・ワシントンの友人としてのラファイエットの名声は、ロベスピエールの目には大きな意味をなさない。それより重要なのは、この将軍が、宮廷に巣くうアリストクラートとして有名なノアイユの家族と姻戚関係をのちに結んでいた事実である。また、一七九〇年八月には、ナンシで起きた軍事蜂起を暴力的に鎮圧した従兄弟のブイエ侯を支持したこと、さらに一七九一年七月、シャン・ド・マルスで戒厳令を宣言したことも重要であった。ロベスピエールのラファイエットに対する敵意はことのほか強く、七月十七日には、この場所で「千五百人もの平和的な市民」が殺されたなどと、でたらめな数値を断言している。[26] 立法議会で演説するために、モブージュで危機の真っ直中にある駐屯軍を置き去りにするというラファイエットの決断は、到底許されない。さらにロベスピエールは、いつものように古典に言及しながら、次のように攻撃を続けた。

ロクリスの王アイアスの剛勇はあまりに知れ渡っていたために、彼の部下の市民たちはその陣地の中央に彼の陣屋をずっと維持していたという。おかげで、この英雄は死んでも、戦いには勝利したのである。……ラファイエット氏のテントは、彼が指揮する陣地の中程にある。ギリシアの王の場合と同じで、そこはしばしば空になる。アイアスの魂とラファイエット氏の唯一の違いは、後者は戦いには勝たないということだ。[27]

敗北は続いた。不安に駆られる愛国者たちにとって、一七九二年春と夏の軍事的敗戦が意味していたのは、戦争の危険についてのロベスピエールの警告には、先見の明があったということである。六月十三日にはプロイセンとも戦争状態に突入し、立法議会は、七月十一日、「祖国は危機にあり」の宣言を発した。この後、ロベスピエールはジャコバン・クラブで、国境に向かう途中、パリに到着したマルセイユからの義勇兵に向けた呼びかけの草案を読み上げている。この呼びかけは印刷され、パリ市中に張り出され、議会の議員、ジャコバン・クラブのメンバー、そして地方のクラブ支部にも配布された。真の危険は侵入者によってではなく、むしろ宮廷とラファイエットのような取り巻きからもたらされると彼は主張する。[28] だからといって、彼がこの時点で共和国を求める人々と同じ立場にあったかといえばそうではない。共和国を求める声は、一七九一年七月十七日のシャン・ド・マルスの虐殺以降、どんどん大きなものになってきてはいたのだが、ロベスピエールは、これが革命の急進性を攻撃する者たちに利用されるのではないかと懸念していた。とりわけ「土地均分法」あるいは強制土地再分配といった所有権に対する想像上の脅威で刺激し、恐怖を煽る運動についてジャコバン・クラブに警告したのと同じように、ロベスピエールは共和国を支持しながらも、警告を忘れない。「あらゆる偉大な精神、すべての高貴で寛容な感情が現れるのは共和国においてであることを、私は知っている」と彼は強調する。しかし、このような変化を求める主体は「より成熟した経験によって啓蒙された一般意志」なのであった。[29]

しかし、ロベスピエールは共和国について、理論的な不安も持っていた。彼にとっての革命家のモデルは、パスカル・パオリやジョージ・ワシントンのような同時代人ではなく、アルジャーノン・シドニ（クロムウェルとチャールズ二世双方と戦った）、リュクルゴス、ルシウス・ブルータス、あるいは特にローマの戦士で政治家、雄弁家で著述家でもあり、公権力にあっても、プライベートでもその厳格な徳性で知られる大カトー（マルクス・ポルシウス・カトー）など、過去の英雄的な人物たちであった。ロベスピエールは、その十代を、特にプルタルコス、タキトゥス、リウィウス、キケロといった古典、あるいは高潔な行動に関する教訓ゆえに選ばれた多くの著述家に没頭して過ごした。このおかげで、彼は、自分の演説を彩る引喩の宝庫を手にすることになったが、それだけではなかった。市民が互いに直接やりとりし、全員が集合することが難しい大きな国家においては、共和政を存続させることはほとんどありえないし、継続可能な共和国は、有徳の市民によって支えられるという知識も、彼はここから吸収していたのである。革命のフランスは、この両方の点で問題を抱えている。だからこそ彼は、一七九一年六月の国王の逃亡失敗の後、共和国を求める者がいても、あるいは一七九二年七月においてさえ、慎重だったのである。[30]

『擁護者』の巻頭言において、ロベスピエールは「私は共和主義者だ」と認めた上で、しかし、私は、アリストクラート的な元老院や独裁者のムチで奴隷化され堕落した人民よりも、国王とともにありながら、人民を代表する議会と、自由で高潔な市民を見たいと思う。私はチャールズ一世よりもクロムウェルの方を好むわけではない。……社会の大きな問題に対する解決策は、「共和国」や「王国」といった言葉の中にあるというのだろうか。[31]

というわけだ。健全な政治について、制度的な見方ではなく、精神的な見方をしている。人間の諸権利を基礎づけるものは、「人間社会の根底に存在する、正義と道徳性の原理」なのである。これらはもともとすべての人間の中に刻まれているものだが、「純粋な心と有徳な性質を持つ者」によってのみ理解されうる。良き政府とは、これら基礎となる、消去不可能な原理を追い求める政府をいうのである。

諸権利の宣言、報道の自由、陳情の権利、平和的な集会の権利。お偉方に対して厳格で、陰謀家に対しては容赦しない、弱者に対して寛大で、民衆の尊敬を集め、愛国心の熱心な擁護者であり、公的な品格の誠実な守護者である、立派な議員たち……。

こうした政府だけが、権力の座にある者に対する人民の復讐の契機を減らしうると、ロベスピエールは注意を促し、次のように強調した。「このような血塗られた出来事、人民が直面する巨大な悪を解消するための恐ろしい、死にいたる解決策を、私は誰より怖れる。」[32]

王政について討論が荒れると、ロベスピエールは、民衆蜂起の要求は避けながらも、立場を明確にしようとした。民衆蜂起は、もし不首尾に終われば、大量の血が流れる上、敵対者たちの力が強まることにしかならないからである。七月二十九日、彼はジャコバン・クラブでの演説の場を利用して、議会による国王の廃位と、民主的な立法府の選挙、すなわち「支払う税額に基づいて人の徳性と権利の程度を評価するこうした有害な差別を消し去ること」を要求したのである。[33]

事態は翌日に動いた。ロベスピエールは七月三十日、ジャコバン・クラブ議長に選出された。この時クラブは、二十五日に出されたプロイセン軍総司令官ブラウンシュヴァイク公の声明を受け取った。仮にルイとその家族に危害が加えられるようなことがあれば、パリ民衆を即決裁判にかけると脅したのである。「パリ市に対し軍事的な懲罰を加え、完全に破壊することによって、手本のような、決して忘れ去られることのない復讐がなされるだろう。不法行為に手を染めた反乱者どもは、それにふさわしい処罰を受けるだろう。」パリでは右派の新聞が、セーヌ川をジャコバン派の死体が埋め、街路はサン＝キュロットの血で朱に染まる、そうした凄惨なイメージとともに、プロイセン軍がパリに来た際に処刑するだろう「愛国者」のリストを公表していた。[34]

フランス軍の蒙っている敗戦に、ルイが加担していると民衆は確信していたのだが、そこに以上のような反革命的なレトリックを使った悪意が伝えられた。これに対し、パリの四十八の「セクション」はパリ・コミューン設立に合意し、蜂起のために、新たに民主化された国民衛兵から二万人のサン＝キュロット軍を組織することにした。ロベスピエールは、アラスにいるアントワーヌ・ビュイサールに、マルセイユの連盟兵の到着というニュースを伝えている。

フランスのブルータスたちが今やパリにいるのです。もし彼らが、祖国を救うことなくこの町を去るようなことがあれば、すべてが失われてしまいます。究極の措置をとることなく敗れ去るくらいなら、われわれはみなこの首都で死を迎えるでしょう。言葉で表現することのできない出来事が、迫りつつあるのです。
また会えるとよいのですが、これが最後になるかもしれません。[35]

マルセイユ人たちは、国境に向かう途上、すべての愛国者に対し模範を示した。「スパルタは自由を手にし、これを自らと周囲の小さな地域のために保持した。マルセイユは、……ほとんどそれと意識せずに、フランスの残りの地域を自由へと向けて率いていっているようだ。[36]」八月十日、テュイルリ宮殿への攻撃、そして王政の転覆に際して、彼ら連盟兵はサン゠キュロットと合流したのである。

蜂起が民衆の意志の表明であると解釈できることがわかると、ロベスピエールは、もはやこれを支援するのに躊躇することはなかった。新たな、民主的な国民公会の招集を求めたのである。十日の午後、あまり多くの出席者はいなかったものの、ジャコバン・クラブに対し、近隣のセクションがその支持を立法議会に伝えるようにし、またクラブが「いくつかの人民協会とのつながりを作り、これを維持し、さらに協会の会議にはすべての市民、いかなる差別もなくすべての市民が参加できるように」した。[37] ロベスピエールは、自身の住む「ピック・セクション」の政治により深く関わるようになった。そして八月十二日、セクション代表者会議に出席する六名の代表の一人となった。十三日、彼はパリ・コミューンのメンバーに選出され、二週間にわたりコミューン会議に出席してこれを助け、立法議会は、自身と並ぶ二つ目の権威の源になるとしてコミューンを完全に解散しようとするが、ロベスピエールはこれに抵抗した。

コミューンの正統性をめぐるブリソ派との戦いにおいて、ロベスピエールは、「コミューンは全人民の受任者によって構成されている。したがって、彼らだけが人民そのものなのである」と主張した。つまりは、コミューンだけが、全体意志を表明する主権者人民として理解されるとして、彼は、四月二十七日のジャコバン・クラブでの自身の意見表明を、再び持ち出している。「私は人民そのものなのです。」パリの人民が、主権者人民の一般意志を表現しうるというこの理解は、ちょうど一七八九年のように、彼らパリ人民が、フランス人全体を代表して行動できる理由をも説明することになる。にもかかわらず、コミューンは、自分たちの行動を説明するために地方に使者を送ることについては慎重になろうと決めた。同時に、八月二十七日、ロベスピエールは、国民公会の選挙へのコミューンの協力を取り付けることに成功している。一般意志と人民の代表者とは、より緊密な連携をする必要があったのだ。[38]

ロベスピエールにとって、八月十日の革命は、一七八九年以来の進歩を示していた。あの時、パリの人民は、自らを専制から自由にするために立ち上がった。ただし、自由はぼんやりとした概念でしかなかった。今や人民は、再び立ち上がったわけだが、これは「三年前、最初の代表者たちによって宣言された諸原理を実行に移すため」であった。ただし今回は、連盟兵の存在が、立ち上がったのはパリ市民というよりは、フランスの人民であるということを意味していた。「こうして、ユマニテの栄誉を讃えるべく、かつてない最も美しい革命が始まった。さらに言おう。人類にふさわしい目的を持った唯一の革命とは、平等、正義、そして理性という不滅の原理を基準とした政治を、最終的に打ち立てる革命である。[39]」

この「美しい革命」は非常に醜い側面も持っていた。テュイルリ宮殿を守っていた六百人のスイス衛兵が、戦闘中、あるいはその後国王が立法議会に避難したあとで、報復的な襲撃を受けて殺されている。八月十日の勝利のあとに起きたスイス衛兵などの虐殺は、取り返しがつかないほど人民の大義を汚してしまったという非難に対して、ロベスピエールは、彼らが略奪を働かなかったという報告をもって反論し、さらに民衆暴力を、民衆に対してなされた暴力の大きさと比較して見せた。蜂起した者たちが、宮殿から略奪を働いた者を捕まえ、その者たちを自分たちで罰したといった事例もいくつか引用している。[40] ルイ＝ル＝グラン校時代の同級生の一人で、王党派の活動家、『使徒行伝』の編集者でもあるフランソワ・スュロもこの時殺害された。それをロベスピエールが悔やんでいたかどうかはわからない。スュロは、共和主義者で女性の権利のための活動家であるテロワーニュ・ド・メリクールによって、サン＝キュロットに引き渡されたのである。

八月十五日、ロベスピエールは「臨時の裁判所」設置を求め、これを実現する。この裁判所は反革命を企てた「陰謀家」を裁くことを目的としている。その陪審員は「各セクションから選ばれ、最上級審で、上訴はできない」。国民への声明の中で、八月十日に犯された犯罪について話題にしたのは立法議会だけであると彼は主張する。現存する裁判所は単に限られた範囲の問題しか扱わない。「特別裁判所であれば、民衆暴力への抑制となり、犯罪が行われることはずっと少なくなる。犯罪は罰せられるべきであり、……正しくそうなされるだろう。[41]」

この新しい「革命裁判所」は、ロベスピエールとブリソ派の間の最終的な断絶となった。彼らは今や非常に弱い立場に追い込まれていたからである。八月半ばにパリで起きた革命に、賛同する立場だったスコットランド人医師のジョン・ムーアは、ジャコバン・クラブの会議に出席しようと思い立つ。十七日、彼はロベスピエールに対する暴力的な演説の数々に驚いている。「傍聴席の数多くの女性たち」を含む彼の支持者が阻止しようとしているにもかかわらず、こうした演説が行われている。[42] 国民を守るために短期決戦に臨むと主張したブリソ派のキャンペーンは成功するものの、結果的に国民を侵略の危険にさらし、革命に敵対する者たちすべての期待を高めた。またブリソ派は、十九日に亡命してしまうラファイエット、あるいは国王とすら結託し、権力がロベスピエールを含むパリの急進派の手に渡るのを、阻止しようとしているという非難を呼び込むことになった。殺戮、いさかい、不安定な状態が続く中での革命裁判所の設置は、かつての同志の間の歩み寄りのチャンスをつぶしてしまうことになった。
八月二十日、アラスから帰還したロベスピエールを温かく抱擁してから九カ月も経っていないのに、ペティヨンはこの友情を維持するのに悪戦苦闘していた。ただ彼は努力をした。「君は自由を愛することをやめてしまうのだろうか。」個人的な手紙でペティヨンはこう書いている。「もしそうなら、僕は君を好きではなくなってしまう。……核心的なことではないいくつかのポイントで意見が合わなくても、それでわれわれが敵同士になるわけではない。……僕たちは敵対関係になることはない。政治的な信念を共有しているのだから。……よく考えてほしい。そしてともに歩こう。公益のことしか考えていられないくらい、私たちはたいへんな状況にあるのだから。[43]」マノン・ロランもロベスピエールの不寛容を見て絶望的な気持になり、彼女に会うことを彼が拒否したことで立腹し、八月二十五日、彼に次のように書き送っている。

あなたとは反対の意見を持つ優れた市民を私は知っています。私はあなたが、ものごとを異なる視点から見ることがこんなに苦手な人だとは思っていませんでした。あなたの思い込みに私は悲嘆を隠せません。……あなたはこの思い込みについて、私に説明してくれると約束しましたよね。あなたは私の家に来るべきだったのです。ところがあなたは私を避けました。私に何も語っていません。この間あなたは、自分とは異なる考え方を持つ人々に、世論を対立させています。率直に言って、私は次のことを認めざるをえません。私には、こうしたやり方は正しいようには思えないと。[44]

この時期、国境からもたらされるニュースは、懸念されるものであった。オーストリア軍はロレーヌに向けて進軍し、シャロンでプロイセン軍と合流、パリに向かう動きを見せていた。八月二十三日、ロンウィの陥落。ジョン・ムーアは、八月の終わり、牢獄で企まれている陰謀に関する噂が、パリの街路中に広がっていくその力に驚嘆している。九月二日早暁には、シャロンがプロイセン軍によって占拠されたというニュースに接することで、この噂はより深刻なものとなった。[45] 同日、首都からちょうど百四十マイルの距離にあるヴェルダンの巨大要塞が、ブラウンシュヴァイク軍に降伏したというニュースがパリにもたらされる。これらのニュースは民衆の恐怖を煽り、彼らは覚悟を決める。貴族であれ、聖職者であれ、あるいは通常の犯罪人であれ、これらを「反革命」とし、彼らが獄中で、義勇軍が国境に向けて発ったあとに脱獄し、侵略軍を迎え入れる準備をしている、そう確信した民衆は、急遽民衆裁判を開き、二百四十名の司祭を含む二千七百名の囚人を裁判にかけ、このうち千二百人ほどに死刑を宣告している。彼らは、しばしば非常に残酷なやり方で即刻処刑された。[46]

一七八九年七月十四日のバスティーユ襲撃以来、暴力とその正統性をめぐる議論は革命の中心にあった。暴力を伴う集団的な行動は、一七八九年に革命を救う役割を果たしたのであって（バスティーユでの戦闘から、大恐怖での城館への襲撃、十月に起きたヴェルサイユからパリへの王家の強制移転）、同様の人民の意志の表明は英雄的なものとされてきた。しかし、「人間と市民の権利の宣言」や、それに続く立法行為の中で、人民主権と政治的自由の原理が認められると、多くの者が、超法規的な蜂起の必要はなくなったと感じた。それなのに、暴動あるいは集団殺人も続いており、個々の政治家は、これらを法によって抑止することに言葉を濁している。たとえば、明らかなブリソ派であるピエール・ヴェルニョは、一七九一年十月アヴィニョンのラ・グラシエールで起きた恐ろしい殺人に関係した「愛国者たち」への恩赦を支持している。彼の同僚の議員たちが、「常に自分たちに貢献してきた者たちを、処刑人の刃に引き渡すこと」ができないからである。[47]

ただ、一七九二年の血塗られた夏までは、暴力的な民衆の行為は限定的か、あるいは説明可能だった。農村地帯では集団的な騒擾が継続しているが、意外なことに個人を標的にした暴力は見られなかったし、あるいは従来の慣例的な限度を逸脱することはなかった。確かに南仏では、ニームやモントバンといった都市部で大規模な暴力は見られたが、これは宗派間の争いという性格を持っており、アンシァン・レジーム期の不寛容の残滓として説明可能であった。アヴィニョンでの暴力は、これらよりもずっとやっかいなものだった。しかし、一七九二年八月十日のサン゠キュロットとマルセイユ連盟兵の行動がどれほど英雄的なものだったとしても、そのあと行われた多数のスイス衛兵の虐殺は、いかにして正当化できようか。九月初旬にパリの街路で行われた殺人行為は、さらにずっと悪辣だ。ブラウンシュヴァイクの血も凍る最後通牒は、恐怖と怒りを説明するに過ぎない。

その後ロベスピエールの敵対者たちは、彼をこうした殺戮と直接結びつけようとした。自称「裁判所」によって、たとえその根拠がどれほど希薄なものであっても、敵と通じたという罪で裁かれた囚人たちが処刑されたと聞いて、ロベスピエールは、ブリソやジャン゠マリ・ロランも逮捕されることを望んだ、というのが彼に対してなされた非難である。この主張は、ペティヨンやルヴェ、マノン・ロランによってなされた。彼らは続く数カ月の間、総力を挙げてロベスピエールを攻撃し、彼を革命裁判所に引き出そうとした。マノン・ロランは、自身を賞賛しているバンカル・デ・ズィサールに手紙を書き、「私たちは、ロベスピエールやマラのナイフに身をさらしているのです」と主張している。彼女は、もし逮捕令状が出れば、彼女の夫やブリソは殺人者の手に渡ると確信していた。煽動的な司法大臣ジョルジュ・ダントンの介入で、かろうじて逮捕令状発行は阻止された。[48] この逮捕状の根拠となっていたのは、ブリソとジャン゠ルイ・カラが敵を助けている（後者はブラウンシュヴァイクかヨーク公が次期フランス国王になり得ると示唆していた）とロベスピエールが言明していたということだけである。彼はブリソとロランの逮捕令状をパリ市当局から受け取っていたのだが、これは虐殺開始の前であった。[49]

王政が転覆したあと、虐殺勃発までの数週間、ブリソ派のリーダーたちは、誰よりも恐慌状態にあった。ゴルサスの言葉を借りるなら、この時は、彼らは「犯罪者の処罰」を望んでいた。「不純な血が数滴流れればそれで復讐は果たされたことになるのに、今回は血が波となって溢れ出すことだろう。」ところが九月の虐殺が行われているとき、ゴルサスやロラン、カラ、コンドルセやルヴェは、自分たちの新聞を利用し、殺人を必要なものとして擁護、あるいは故意に何も言及しなかった。九月三日、ゴルサスは「恐ろしい正義、しかし必要な、必要とされた正義」について報告している。五日、カラは『愛国年報』を使い、「無実の人間は救われた。殺戮に遭ったのは、すべて市民としての徳を欠いていることでよく知られた者たちであり、祖国を救わねばならないときにあっては、こうしたことは死に値する罪なのである」と読者を安心させた。[50]

ロベスピエールが殺人を奨励、または黙認していたという証拠はない。[51] はっきりしているのは、九月三日、四日、五日は、新しい国民公会の議員を選ぶためのパリの選挙集会に参加していたということだ。集会では、街路で何が起きているか言及されてはいない。ロベスピエールがしたことは、パリ市当局の指示に従い、国王一家の牢獄となっているタンプル塔を訪れ、秩序が乱れていないかを確認することだけだった。ロベスピエールは、虐殺のあった週、ジャコバン・クラブでも発言しなかったようだ。ともかくクラブは、何事もなかったように活動を続けている。ほとんどあたかも、メンバーたちが、ちょうどパリ市当局と同様に、介入しようにもできない力不足を感じていたかのようである。ただ、ロベスピエールや他のパリの政治的リーダーたちは、殺戮が続くだろうこと（その恐ろしい詳細は分からないにしても）は分かっていた。しかし、それを止めようとしたようには見えない。特にペティヨンは、虐殺時にパリ市長だったたし、ロランは内務大臣であり、その意味では当然事件に第一の責任があった。実際、シャルロット・ロベスピエールはのちに、兄とペティヨンが、ペティヨンが殺戮を抑えることができなかったことをめぐって修復不可能なけんかをしたと主張している。[52]

ロベスピエールはのちに、この囚人を狙った虐殺の行き過ぎに対し、遺憾の意を表明した。この虐殺について、ブリソ派は素早くその全責任をロベスピエールとマラにかぶせた。ロベスピエールは、「そこに犯罪者が含まれていたにしても、犠牲となった人々に対して涙を流すこと」は自然だと認めている。しかし彼はまた、フランスの市民たちが、「他の［犠牲］者たち、より大きな苦難、特に何世代にもわたって政治的・社会的抑圧の苦痛に耐えてきた無数の人々のために、流す涙をとっておくこと……」[53]も求めた。数カ月後、彼は国民公会での主要演説の中で、この問題に立ち返っている。「牢獄で何が起きていたのか、私が知ったのは一般に流布されていた噂を通してであり、ほとんどの市民よりも遅くであったことは明らかである。当時私は家にいたか、あるいは私に課された公的な責務が要求するどこか他の場所にいた。[54]……」ずっとのちの時代、一八四〇年代に、ルイ・ブランは、彼の記念碑的な作品『フランス革命史』のための調査に着手していた。彼は、ロベスピエールの医師ジョゼフ・スベルビエルにインタビューしている。スベルビエルはこの時、かなり弱ってはいたが、頭は驚くほどさえていた。「ロベスピエールが、彼に九月虐殺のことを語るときは決まって、嫌悪感をあらわにした。そしてある日、彼は叫んだのである。……「血！　さらに血だ！　ああ！　やつらはついに、革命を血で溺れさせてしまったのだ[55]！」」

この殺戮が、一七九二年九月初旬に行われた国民公会のための選挙に暗い影を落とした。この選挙では、同じ市町村に一年以上住み、自分で生計を立てている二十一歳以上の男子すべてが投票できることになった。選挙権を持たなかったのは、家内奉公人だけである。被選挙権も、二十五歳以上の男子に与えられた。ロベスピエールが、一七八九年から一七九一年にかけて行った男子普通選挙実現へ向けての運動が、ここでその正しさを認められたのである。しかしながら、選挙は依然として二段階の複雑な選挙であり、最終的な選出を行うための少数の選挙人が選ばれるのだが、これには多くの日にちを要した。フランス全国で見ると、いくつかの要素（収穫期の農作業、戦争への従事、教会改革への反対、そして王政の転覆）の結果として、投票したのは全体の十％にも満たなかった（七百五十万人のうち七十万人）。

パリでは、都市部と郊外からの代表九百九十名が九月二日に招集され、王党派の過去を持つ者（特にフイヤン派だった者）は排除され、ロベスピエールはこの代表のうちに含まれることになった。パリ市当局の臨時書記でブリソ派の新聞『パトリオット・フランセ』の記者の一人メエ・ド・ラ・トゥシュは、ロベスピエールに対する辛辣な攻撃文書を全セクションに送り、ロベスピエールの人格の中の「大きな脅威」について警告している。「彼は、自由と人民とを愛する最も純粋な人であると私は信じていた。彼の名前はみなの話題に上っている。……［けれど、］なぜ選挙人たちの演壇が彼と彼の友人だけ使えるようになっているのか。……一体どのような必然があって、触れると一撃で死んでしまうような至上の聖人に、彼はなったのだろうか。[56]」

しかし、ロベスピエールの戦争反対の運動は、当時は彼を孤立させ、ブリソ派の餌食となる原因ともなったのだが、今や正しかったことが証明された。彼の人気は、これまでにないほど高まっていた。九月四日、彼は全会一致で選挙集会の副議長に選出され、五日には五百二十五票中三百三十八票を集めて、一番はじめに国民公会議員に選出された。彼はペティヨンを破って一位当選を果たし、ペティヨンはパリを去ることに決める。ダントンはこの時二位で当選する。デムランは六位、マラは七位、そしてジャック＝ルイ・ダヴィドは二十位で選ばれた。ひどく立腹したペティヨンは、ブリソとともにウール＝エ＝ロワール県から選出されることにしたのである。

パ＝ド＝カレ県では、九月二日、カレで七百七十五名の選挙人が集合し、十一人の議員と四人の補欠を選んだ。五日、ロベスピエールは、七百二十四票中四百十二票で最初に選ばれている。ラザール・カルノは二巡目に、そのあとにフィリップ・ルバとトマス・ペインが選ばれた。アラスの裁判所で代訴人を務めていた弟のオギュスタンは選ばれなかった。他で選ばれたのは、ロベスピエールの活発なサポートを得たルイ＝アントワーヌ・サン＝ジュスト。彼は一七九〇年以来、書簡のやりとりを通じてロベスピエールを支持してきた人物である。野望と正義に燃え、二十五歳になったばかりのサン＝ジュストは、ロベスピエールにとって最も親しい政治的な味方となる。[57]もう一人、よく知られているのがアベ・イヴ＝マリ・オドランである。彼は、マクシミリアンをルイ＝ル＝グラン校のトイレで、「悪書」とともに発見した教師で、その後モルビアン県の立憲派司教となっており、ここから国民公会に選出されたのである。

パ＝ド＝カレ県の選挙人たちは、即座にパリに特使を送り、「この清廉の人」を彼らが選んだことを伝えた。しかしロベスピエールは、パリの議員となることを決めていた。彼がパリを選んだことは重要である。彼は、男子普通選挙制を妥協せずに支持してきたし、また小土地所有者の増大を望んでいた。たとえ彼自身は、政府による強制的な土地の再分配を支持していなかったとは言え、以上の立場ゆえに、彼は、かつて自身の権力基盤だったアルトワ農村社会の有力な大借地農と対立したのである。これ以降彼は、農村地域について、ほとんど何も口にしない。実際、一七九一年十月の帰郷で彼が最も温かな歓迎を受けたのは、都市の中心部においてである。以上が、彼がパリの代表となることを選択した決定的な理由である。彼が首都で得ていた評判は、かつて帰郷の際、地元で経験したどっちつかずの反応とは違うものだったのだ。[58]

アラスでの選挙で選ばれることはなかったけれど、オギュスタンはパリで兄と合流する。九月十七日、二十四人中十九番目に国民公会の議員として最終的に選出されたからである。これは、パリの選挙人の中でのマクシミリアンの名声ゆえに他ならない。一週間後の九月二十五日、オギュスタンはアラスを離れ、国民公会議員となる。シャルロットは、アラスで一人で生活することは望まなかったので、オギュスタンと一緒にやって来た。パリに到着し、彼らはまずサン＝トノレ通りを見下ろす家具なしの部屋に滞在することにした。三人の若者は、再び同居することになったのである。[59]

第九章　「諸君は革命なしの革命を望むのか」——パリ一七九二〜九三年

「九月虐殺」の数週間後、革命軍は、パリ東方百マイルにあるヴァルミで最初の大勝利を挙げる。一七九一年六月に、ルイ十六世が発見され逮捕されたのもこの近くであった。勝利のニュースが届けられたのは、最近起きた牢獄での虐殺の恐ろしい記憶と、プロイセンからの差し迫った脅威に、いまだ覆われていた首都で、男子普通選挙で選ばれた新しい国民公会議員が集結しつつある時だった。北方、東方の国境地域からの避難民が、「祖国は危機にあり」の呼びかけに応え、国境に向かう途上にあった若き義勇兵たちと遭遇した。街路は噂、楽観、疑念が充ち満ちて騒がしかった。

七百五十名の国民公会議員は、そのほとんどが中流階級の出身であり、およそ七十名だけがかつての特権階級出身だった。憲法制定国民議会議員経験者もたくさんいた。およそ二百名が立法議会議員だったし、八十名以上が一七八九〜一七九一年の憲法制定国民議会の議員で、ロベスピエールもここに含まれる。そして残りのほとんどが、地方の諸機関で公職を務めた経験を持っていた。彼らはまた民主主義者で共和主義者だった。一堂に会してすぐ、彼らは王政を廃止し、九月二十一日、フランス共和国を宣言した。

攻撃的なジャコバン派が、パリでは優勢だった。そしてロベスピエールは戦争の悲惨を引き起こした者たちに対する、また今や必ず打ち破らなければならない侵略軍に対する人民の怒りを共有していた。これに対し、ブリソやその支持者たちから、特にロベスピエールに対して罵倒が浴びせられるのは理解できる。[1] 彼らは一七九一年から九二年にかけての冬、戦争への呼びかけを行った政治的リーダーたちであり、ロベスピエールによる耳障りな戦争への警告を無視した。ところが、彼らが簡単に得られるとした勝利の約束は消え去り、敗北と兵士脱走の泥沼に入り込んでしまったのだから。ブリソ派は弱体化し、怒り、またおびえていた。ロベスピエールは、ロランとブリソを九月虐殺の際、殺人者たちに引き渡したいと望んだのだろうか。答えは否だが、彼らはそうだと信じていた。

八月十日に王政を転覆させた者たちの中にマルセイユからの軍がいたことで、ロベスピエールは、この第二の革命は真に国民の革命であると、主張することができた。ただ依然として問題なのは、政治的な決定におけるパリの位置づけである。「パリ」とは、首都以上のものを意味した。ブリソ派にとっては、パリとは民衆的激動であり、商業的利益への懸念であり、また身体の安全への脅威でもあった。自らをパリではなく、フランスの党派であるとする彼らの自己演出は、首都での不人気(二十四人のパリ選出の議員のうち、ブリソ派支持はわずか一名)の反映であり、実際に特に彼らだけがそうであったわけではない。ジャコバン派の議員もまた、フランス全国から選ばれていたからである。

ロベスピエールは、一七九二年九月の後半、選挙のために数週間中断していた新聞を再開することにした。『憲法の擁護者』は、その表紙を赤から灰色に変え、タイトルも変えた。『フランスの国民公会議員マクシミリアン・ロベスピエールから有権者への手紙』というフルタイトルは、ロベスピエールの行動指針を表現している。「有権者」という言い方で、彼は「フランス人すべて」を指していること、全議員は全人民を代表していることを明確にしたのである。例えばトゥルーズやアラス、マノスクといった地方の反ブリソ派の通信員からの書簡も掲載しているが、これも良く考えられている。このようにすることで、彼はブリソ派に、国民の意志の代表者というよりはむしろ反パリの徒党という烙印を押したのである。[2]

第一に、ロベスピエールは、「平等の支配が始まる」ということに心が高揚していた。「諸君の眼前に、人間の精神が切り拓いた栄光の道の範囲」には限界がない。その道標は「人民は善である」ということなのだが、人民の「完全なる品位」の到達点が、いくぶん遠い場所にあるということは、ロベスピエールも認めていた。共和国の魂とは、「徳」であると彼は強調する。「徳」とはすなわち愛国心であり、そこでは私的な利益は公共善に従属する。しかし、どのようにして「徳」は生まれるのか。一七八九年以来の革命による変化は、まだ根付くにはほど遠い状態であるという問題意識とともに、ロベスピエールは、市民の間の絆は新しい方法で表現され、古代ギリシアに倣って、公的な祭典で強化される必要があると考えていた。これは一つの政治文化となる。そこでは、古代のアレゴリーが日常的な参照対象として普及し、自然発生的でしばしば粗野な表現になる民衆祭典のそれよりも優れた振る舞いを育てるのである。[3]

ロベスピエールは、一七九二年の最初の数カ月間、共和政創設の要求に応じることを躊躇していた。なぜなら彼には分かっていたのだ。共和政の諸制度には、市民的徳性《シヴィック・ヴァーチュー》の涵養、再生された社会がどうしても必要だからである。人民は本来的に善であると彼は考えていた。しかし彼はまた、数世紀もの間の貧困と無知とによって、人民が堕落させられてきたことも認めていた。[4] したがって彼は、フランスは共和国となるには早すぎると感じていたのだ。ちょうどそれは、フランスは革命による変身の最中にあり、ヨーロッパ解放戦争をもくろむには時期尚早であったというのと同じである。今や、共和国は既成事実となった。市民の再生と教育の計画に着手するより他ない。戦争が、革命を救う人民の戦争として導かれる必要があったのと同時に、これを戦う人々は、自分たちが何のために戦い、どう行動していけばいいのか理解する必要があったのである。

新しい市民的な文化が、即座にキリスト教の儀式や信仰心に取って代わるわけではない。一七九二年三月一日にオーストリアのレオポルト二世が死に、これによって戦争を避けられるかもしれないと、ロベスピエールが「神意」に感謝したことについて、ボルドーの法曹家マルグリット＝エリ・ガデは、一七九二年三月ジャコバン・クラブでロベスピエールを「迷信」を広めた廉で告発している。ロベスピエールは「永遠なる存在」への自身の信仰心について熱心に擁護した。[5] さらに一七九二年十一月半ば、ジャコバン・クラブでは、教会にかかる公費負担をすべて廃止すべきというジョゼフ・カンボンの提案について、議論された。ロベスピエールは、国民公会の議員たちに呼びかけて、議員たちの重要な責任とは、「われわれの中に自由と平和、豊かさと遵法精神を早急に根付かせること」、そして「国民の血と涙と財産を無駄にしないこと」であると述べた。

宗教的偏見に関していえば、私たちの状況はとても良いし、世論は非常に進歩したように思う。迷信の影響はほとんど消えており、人民の心の中に残っているのは、道徳性を支える重要な信条と、マリアの息子が昔、民に教えた徳と平等という崇高で感動的な教義である。

教会を攻撃することは、必要もないのに不和を生み出すことであると彼は主張する。人民は、「少なくともいくらかの精神的な枠組みを、こうしたかたちの崇拝に結びつけている。」[6]

九月二十一日の高揚感は、つかの間に過ぎなかった。今や前線から届くニュースは明るいものが多くなり、指導者層を形成するブリソ派は、九月虐殺の殺戮行為を容認した自らの役回りを否定して、ロベスピエールその他を、虐殺に責任ある「九月虐殺者」として告発しはじめた。これに続く数日間、ブリソと彼の支持者たちは、ロベスピエールを攻撃した。フランスを支配するためのダントン、マラとの三頭政治をロベスピエールが望んでいるというのである。さらに、ブリソ派は、パリ、あるいは所有権を攻撃しようとする「秩序攪乱者」が影響を及ぼしすぎだと考えていたが、これこそロベスピエールが求めていることだというのである。[7] 二十四日、フランソワ・ビュゾが、国民公会を守るために、緊急の県の軍隊を組織するよう求めた。その翌日には、メルラン・ド・ティオンヴィルが「この議会で道を踏み外して三頭政治や独裁を求める人間をご存じの方は、私に教えてください。私が彼らを刺してもいい」と要求した。マルセイユ選出の議員フランソワ・ルベキが、ロベスピエールについて指摘した。それによると、ロベスピエールは、過去四年間、口を開けば必ず、自身の行動を正当化しなければと思っている人間である。「疑いようもなく、多くの市民が私よりも上手に人民の権利を守ってきた。けれど、私はより多くの敵、より多くの迫害をこの身に引きつけてきたことで、尊敬に値する人物である」というように。

ドゥ＝セーヴル県選出の議員ミシェル・ルコワントル＝ピュイラヴォが議論に割り込んでくる。「ロベスピエール、あなたが議会でなしたことをわれわれに語るのではなく、あなたが独裁や三頭政治を望んだのかどうか話してください。」ロベスピエールの答えは「否」であったが、ブリソ派は納得しない。タルン＝エ＝ガロンヌ県の議員ジュリアン・マザド＝ペルサンは、故郷の町カステルサラザンに九月二十六日に手紙を書き、国民公会に存在する二つの党派のうち一つは、「護民官的、あるいは三頭政治的独裁を望んでいます」と告げて、次のように付け加える。「今言及した党派の中心は、市民ロベスピエールのようです。この人物、それ以外の点ではその仕事ぶりからして賞賛に値するのですが。」十月、ビュゾとランジュイネは、パリはもはや国民の代わりに行動することはできないことをあらためて明示し、再び県の軍隊という彼らの要求を取り上げる。革命の幕を閉じる必要があるのだ。ロベスピエールにとって、これは誤った分断である。「あたかも、パリのフランス人がフランスの他の地方に住んでいる人々とは別の人種であるかのようだ。……パリで展開する出来事に関して公衆が持つ意見に対し、ペルピニャンやカンペールの市民が適切な影響力を持ちうるはずがないだろう。[8]」

ブリソ派は態度を軟化させなかった。十月二十九日、国民公会では、内務大臣ロラン、ランジュイネ、そして特にルヴェから、ロベスピエールに対して、彼が独裁を狙っているという新たな非難がなされた。ルヴェは、ロベスピエールが九月虐殺に責任があるという立場を崩さず、彼が独裁を目指していたと主張した。これは非常に熱のこもった演説となった。ウィリアム・ワーズワースは傍聴席にいたが、のちに『序曲〔*The Prelude*〕』の中で当時を回想し、マネージュ〔国民公会の会議場になっていた旧調馬場〕の外のアーケードで耳にしたことを書き留めている。

群衆の中の行商人の甲高い声
「マクシミリアン・ロベスピエールの罪の告発」と怒鳴っている
手が、声と同じくらいてきぱきと、印刷された演説原稿を配っている[9]

演説はルヴェのものだ。「私は、君がずっと自身を崇拝対象として自己演出してきたことを非難する。いわく、フランスで唯一の有徳の人、いわく、祖国を救うことのできるただ一人の人などと……。君は、明らかに至高の権力を得ようとしている、これを告発する。」ルヴェは、議会に対し、ロベスピエールを追放するための法律を要求した。ロベスピエールは、あっけにとられていたが、その彼を救うためにダントンが介入してくる。[10]機転を利かせ、ロベスピエールが答えを用意するのに、一週間与えられるべきだと要求したのである。

十一月三日、革命前から存在する連隊と、マルセイユの連盟兵が加わった六百人からなる軍隊は、パリ中を行進し、「マラ、ロベスピエール、ダントン、そして彼らを支持する者すべての首をよこせ！ロランは長くその地位に留まれ！　国王裁判はいらない！」このように呼びかけた。ブリソ派は公に、諸地方からの明確な支持を求めていた。数週間のうちに、一万六千もの人間がパリ市中を練り歩き、また国民公会をガードした。[11]

十一月五日、国民公会の傍聴席は満席となった。多くが徹夜で開場を待った人々だった。入場券をめぐって争いも起きた。ロベスピエールが反撃に出たのである。

市民諸君、あなた方は革命なき革命を望んだのか。自由の友であるフランス人が、先の八月、パリに集い、全県に代わってこの問題に取り組んだ。われわれは、彼らを完全に承認するか、あるいは否認しなければならない。いくらかの、外見上そう見える、あるいは明白な軽罪を犯すことは、こうした偉大なる激動の中においては避けられないものだが、彼らの献身にもかかわらず、彼らを罰するべきなのだろうか。

ロベスピエールは再び、彼は牢獄の中で何が起きていたのかを知らなかったし、いずれにしても、ヴェルダン陥落がパリの人々を恐怖に陥れ、ブラウンシュヴァイクが彼の血まみれの約束を果たすに違いないと信じさせてしまったのだと強調した。真の悲嘆の気持は、アンシァン・レジームの多数の犠牲者のためにこそあるべきだろう。八月から九月にかけての人民による正義を批判する者たちは、必然、バスティーユ襲撃を違法なものとすることになる。[12]

この演説はロベスピエールの勝利となった。ルヴェがさらに反論の権利を主張したが、国民公会は他の問題に移ることに決定した。この夜、ロベスピエールはジャコバン・クラブに凱旋する。そして彼の演説は印刷され、全国の提携クラブに送付された。しかし、この勝利によって、彼はさらに罵倒を浴びせられることにもなった。このあと、ロベスピエールとその仲間たちは、致命的とも言える憎しみで、ブリソ派と敵対関係を深めていく。ブリソ派はロベスピエールをひどく嫌った。彼らの代弁機関『パトリオット・フランセ』は、女性の権利のための運動家であり、ルイ十六世擁護の立場をとってもいたオランプ・ド・グージュの書いた「ロベスピエールの弁明への返答」を掲載している。「私はあなたに対して腹を立てているし、あなたを嫌悪しています」と宣言し、「あなたは私と一緒にセーヌ川で水浴びをすべきです。ただしそれは、〔八月〕十日以来あなた自身を覆ってきた汚れを完全に落とすためであり、それにはサイズが十六あるいは二十四の砲丸をわれわれの足に結びつけ、一緒に波頭に身を投じる必要があります。」数日後、グージュはロベスピエールが、ブリソの支持者たちの遺骸を踏みつけて権力の座に登ろうとしたことを非難し、彼の「玉座は絞首台に変わるだろう」と警告している。「あなたの呼気は、私たちが今吸っているこの澄んだ空気を汚しています。あなたの瞼の痙攣は、あなたの魂の邪悪を表しています。頭に生えるあなたの髪の毛一本一本が、罪を負っています。」[13]

しかしながら、パリの多くの女性たちはロベスピエールを絶賛していた。十一月五日、彼が自己弁護の演説を国民公会で行った際、『パトリオット・フランセ』は、八百人もいようかという女性たちが傍聴席を埋め、彼に拍手を送っていて、議会やジャコバン・クラブで、彼は女たちに囲まれていると報告している。思想家コンドルセは、今やブリソ派であり、女性の権利を擁護しているが、救世主に弱い女性の特性に基づいた説明をしてしまっている。『クロニク・ド・パリ』で、彼はあざ笑うように述べている。

ロベスピエールは説教する。ロベスピエールは非難する。彼は怒り、深刻で、憂鬱で、思想と行動において論理的だ。彼はお金持ちとお偉いさんを攻撃する。彼の生活は質素であり、物欲を感じていない。彼の使命はただ一つ、演説すること、ほとんど常に演説することである。……彼は、宗教指導者ではないが、何らかある宗派のリーダーとしての資質をすべて持っている。彼は、自身、ほとんど聖人の域に達している厳格さという評判を創り上げ、石鹸箱の上で、神と神意について演説する。彼は、自身こそ貧者と弱者の味方であると語り、女性の支持者たちと精神薄弱者たちを引きつける。ロベスピエールは司祭であり、今後もそれ以上のものではない[14]。

スコットランドの医師ジョン・ムーアも、「ロベスピエールの雄弁は、特に女性によって賞賛されていると言えよう」と述べている。同時に、「とら猫」に似た「不愉快な容貌の顔」を持ったこの激情家は、「貪欲ではなく、人々からの支持」を糧にしているともっぱらの評判であったと彼は記している。その印象は、ルヴェによって繰り返し伝えられた。ルヴェは、自身のスピーチをより充実させたバージョンを印刷し、ロベスピエールについて、独特の言葉で「そのおこがましい野望、その傲慢な支配」について攻撃している。彼はその詐術、暴力、「恐怖」、そしてジャコバン・クラブの会議でせわしなく動く二つの眼を使って、支配すると主張した[15]。

優位をめぐるこの争いは全国のジャコバン・クラブを混乱させ、分裂させることになった。ロランは内務大臣であったことで、自分の裁量で自由になる有効な手段をいくつも持っていた。ロベスピエールは、自分がマラと結びつけられていることを知る。また地方の提携クラブの中には、彼に非難を浴びせるクラブもあった。コニャックでは「軽蔑に値する人物」、ヴィルヌーヴ＝スュル＝ヨンヌでは「吐き気がする」、さらにディエップでは「彼の徳は偽物」というように。他の多くのクラブはこの「清廉の人」を支持していたけれども、この年の終わりまでに、ブリソ派を支持する意見が地方のジャコバン・クラブに広がっていったことは明らかである。[16]

ロベスピエールを支えていたのは、彼の個人的な人間関係だった。デュプレ家のおかげで、彼は今まで経験したことのない安定した家族生活を享受することができた。デュプレ夫妻は、ビュイサール夫妻の代わりとなり、彼らがそばにいないことの寂しさを埋めてくれた。モリス・デュプレは献身的なジャコバン派であり、国民公会の議場となっていたマネージュの改修作業では大きな貢献をした。[17]晩には、親しい政治上の友人たちが訪れて、賑やかだった。デムラン、エリザベート・デュプレの婚約者フィリップ・ルバ、サン＝ジュスト、芸術家のジャック＝ルイ・ダヴィド、そしてクトンらである。それほど有名ではないが、他にも、デュプレ家御用達の食糧雑貨商ロイエ、ロベスピエールの主治医スベルビエル、アラスからやってきたコルシカ人の靴直し職人カランディニ、そしてロベスピエールの隣に部屋を借りていた錠前師ディディエもやってきた。ときどき、ルバがイタリア・オペラの数フレーズを歌ったり、ロベスピエールはコルネイユやラシーヌの好きな詩やルソーの作品の一節を暗唱したりした。時にはテアトル・フランセで夜を過ごすこともあった。マクシミリアンは、愛犬ブルンを一七九一年十一月にアラスから連れてきていたので、デュプレ家の家族と一緒に、シャン＝ゼリゼで犬の散歩をするのを習慣にしていた。彼は、デュプレの甥シモンのことが好きだった。シモンは、ヴァルミの戦いでけがをして、義足で歩いていた。滅多にない休みの日には、ロベスピエールは鞄に好きなオレンジを詰め、首都近郊の田園地帯をブルンを連れて散歩した。しばしばフランソワーズ・デュプレが一緒だった。他の身内も一緒に、ショワジの近くで食事をともにすることもあった。[18]

オギュスタンとシャルロットは、マクシミリアンを追ってパリに出てきて、最初はこの兄と一緒にデュプレ家に住んでいた。シャルロットにとって、兄のサポートをするに際して、他の女性たちの存在は邪魔だった。「私は、兄のような地位、政治の世界であのように高い地位を占めているのであれば、自分の家を持つべきだと兄に理解してもらおうとした。」彼は、結局この意見に賛同し、シャルロットとともにサン＝フロランタン通りの借家に引っ越した。すでに触れた十一月五日の演説のあと、マクシミリアンは体調を崩すのだが、それはこの引っ越し先においてであった。彼が国民公会で再び演説するのは、十二月に入ってからだ。シャルロットは、「危険なものではなかった」と述べる以外、彼の病気について詳細を何も語らない。フランソワーズ・デュプレは、この時彼らのもとを訪れ、マクシミリアンの具合が悪いことを知る。この場面を、シャルロットは四十年経っても思い出して苛立っている。シャルロットがずっと悔いていたのは、マクシミリアンが態度を変え、デュプレ家に戻っていったことだ。「デュプレ家の人々は、私のことをとても好いていた。兄はそう言っていた。私には十分な配慮と親切を示してくれた。そんな彼らを鼻であしらうのは、さすがに恩知らずということになるだろう。」シャルロットは、ずっと恨みの感情にかられていた。二人の女性は、マクシミリアンの愛情をめぐって争ったのである。シャルロットによれば、フランソワーズは、一度シャルロットが心を込めて作ったジャムと果物のコンポートを、偉大な方に毒を食べさせるわけにはいかないというメッセージとともに、突き返してきたという[19]。

ロベスピエールは、さらに別の友人を作った。一七九二年一月、彼はパリの毛織物業者フランソワ＝ピエール・デシャンから一通の手紙をもらう。「清廉な立法者の熱意と誠実」を賞賛する賛辞の中で、デシャンはロベスピエールに、ロベスピエールの名前で洗礼を受けた自分の息子の代父になってくれないかと頼んでいる。ロベスピエールはこれに同意し、洗礼式においてこの家族と友人関係を結んだ。またこの時、この子どもの母カトリーヌと同じ、パリ南方の村フォントゥネ＝オ＝ローズ出身のロザリ・ヴァンサンが代母をつとめたが、彼女とも友だちになった。一七九三年二月、デシャンは、共和国商業・供給委員会のメンバーとなり、軍隊への衣服供給の契約を獲得した。そこで得た収入を使って、デシャンは、首都の南東数マイルにあるメゾン＝アルフォール村で、かつての領主館を借り、カトリーヌとロザリを住まわせ、ときどきロベスピエールをここに招待していたようだ。逆に彼らが、ロザリはヨーグルトひと壺を持って、ロベスピエールに会いにデュプレ家を訪問することもあった。[20]

彼の敵対者や何人かの歴史家は、彼は崇拝者から送られてきた彼の小像や肖像画などを集めて、自分自身を崇拝する聖堂を自分の部屋に作っていたと主張している。この主張は、彼の死後出されたものだ。一方別の証拠は、彼の部屋にはほとんど家具がなく、書物と書類でいっぱいだったことを示している。[21]もしほんとうに、彼が自分のためのミュージアムを作っていたとしたら驚きだろう。というのも、彼は「生存中の人物の胸像を議場に設置すべきではない」というジャコバン・クラブの規則を作るのに、深く関わっていたからである。

実際、死せる人物の胸像はいくつかジャコバン・クラブに置かれていた。ミラボの遺骨は、一七九一年四月、ロベスピエールの強い勧めによって、パンテオンに移動されていた。ミラボが宮廷と秘密の取引をしていたことが同年十一月に曝露され、一七九二年十二月五日、国民公会は、テュイルリ宮で押収された多くの書類を受け取ったが、これによってさらにミラボの思い出は汚されることになった。この日の夜ジャコバン・クラブで、デュプレは、クラブがミラボの胸像を撤去するよう要求した。ロベスピエールはこの提案を支持し、さらにルソーの「迫害者」としてエルヴェシウスの胸像も撤去するよう要求した。「われわれの敬意に値する人物は、たった二人しかいないように思える。ブルータスとジャン＝ジャック・ルソーである。」ミラボとエルヴェシウスの胸像は、台座から外され、粉々にされた。これがはじめてではないが、ロベスピエールは、ある新聞で書かれた侮辱に気づくと、これに立腹し、『パリの革命』の編集者ルイ＝マリ・プリュドムを、一七九二年十二月十五日、批判している。ミラボに敬意を表し、彼の遺骸をパンテオンに移動したのはロベスピエールであったことを、プリュドムが新聞の読者に思い起こさせたからである。[22]

プリュドムの記事で、最もロベスピエールを苦しめたのは、ロベスピエールの意見は、パリ市長ジェロム・ペティヨンとそう違わないという指摘だった。一七九一年十一月二十八日、アラスからロベスピエールがパリへ戻った夜、ロベスピエールは、ペティヨンと夕食をともにすることを喜んでいた。それから一年、友情はぼろぼろに壊れてしまっており、ペティヨンは公にロベスピエールを攻撃した。十一月五日、ペティヨンは国民公会でルヴェを支持する演説を用意していたものの、かなわず、これを刊行することにしたのだった。

ロベスピエールの性格は、彼がやってきたことの説明になる。ロベスピエールは、神経質で疑い深い。彼には、いたるところに陰謀やら裏切りやら危機があるように見えるのだ。彼の気むずかしい気性……彼のプライドを傷つけた者を許すことは決してないし、自分の悪行を認めることもない。何よりも民衆からの賛辞を求めているので、いつも民衆のご機嫌を取っている。……こうしたことから自然、ロベスピエールが権力の頂を目指し、独裁者としての力を強奪しようとしていることは確かだと、考えられたのかもしれない。[23]

『有権者への手紙』一七九二年十一月三十日号の中で、ロベスピエールは、八月十日のサン＝キュロットの革命的な行動についてペティヨンが表明した不快感に対し、長く、容赦のない批判で応じた。そしてペティヨンは、ロベスピエールの人気に嫉妬し、そのためにウール＝エ＝ロワール県から、ブリソとともに議員になることを選んだと主張した。

他の市民に対して与えられた優位性に向き合うのを避けて、君は、パリでの二位の地位よりも、シャルトルで三番目になることを選んだのだ。……私も自分の罪を認めよう。ただ、高い判断能力のある人の中には、君が公的な世界での私を神経質だと思うのと同じように、プライベートでは私がのんびり屋でお人好しだという者もいるのだ。君は私のことをずっと神経質だと言い続けてきた。私の君への友情は、私の気持を傷つけるこうした振る舞いに、長い間耐えてきたのだ。

国民公会議員たちは過去の教訓、とりわけ古典古代の教訓を学んでいた。そしてロベスピエールは、歴史上の類例を完璧なまでに利用する達人であった。歴史上の偉人と言えば、スパルタのアギス、カトー、マルクス・ブルータス、アルジャーノン・シドニ、さらには「マリアの息子」であった。ペティヨンは逆にラファイエットの奴僕となり、偉人には決してなれない。「君には分かっているだろう、友情からくる甘さゆえ、私の目を覆っていた目隠しが取り払われるまでに、君がどれだけのことをしてきたかを。」友情と政治的な同盟は終わりを告げた。[24]

ジャコバン派の議員たちは、国民公会の左手上層の席に座ることが多かった。このため彼らは「モンターニュ派〔山岳派〕」と呼ばれるようになった。ブリソ派（何人かのキーパーソンがジロンド県首府のボルドー出身であったため、今やしばしば「ジロンド派」と呼ばれていた）との対立は、同時に街路でも繰り広げられた。十二月二日、テアトル・フランセでは、ジャン゠ルイ・レイヤの『法の友』がようやく上演されたのだが、演劇愛好家たちと、この劇を中断させようとするパリ・コミューンのメンバーとの間で争いが起きた。ロベスピエールはこの劇の中で、有徳で穏健なかつてのアリストクラートの仮面をかぶった悪意ある「ノモファージュ」（法を食い尽くす者）として描かれる。[25]

その翌日、彼は、今や反逆の罪で裁判にかけられるルイ十六世の運命に関する最初の演説をしている。新しくできた友人サン＝ジュストと同様に、一七九一年憲法は確かに国王の身体を不可侵としているが、これはもはや有効ではないと主張する。というのも、ルイ自身がこの憲法を冒瀆したからである。人民はすでにルイを有罪としており、国民公会は単に彼の刑罰を決めるべきなのであって、あらためて裁判する必要はないというわけだ。[26]

彼にどういう刑罰を科すべきか。……私について言えば、私は死刑を忌み嫌っている。法律によって気軽に科されるべきものではないのだ。そして私は、ルイ個人に対して愛情も憎しみも感じていない。私が憎むのは彼の罪だけだ。私は死刑の廃止を求めたことがある。……個人、あるいは社会の安全のために必要な場合においてのみ、死刑は正当化されうる。ルイは死なければならない。祖国が生きねばならないからだ。

ロベスピエールの論法はほとんど支持を得られなかった。劇的で、聴衆を引きつけた議論におけるジャコバン派の主張の主眼は、ルイを赦免することは、彼が特別な性質を持つことを認めることになる。彼らにとって「ルイ・カペ」は反逆の犯罪を犯した市民に過ぎないのである。[27]逆にジロンド派は、彼に追放か赦免の判決を下すことで、ヨーロッパ諸国を宥めたいと考えていた。十二月二十七日、ジロンド派の議員はルイの運命に関する最終的な問題は、二つの質問を提示して、人民投票にかけられるべきだと提案した。「ルイは死刑に処されるのが良いか、投獄されるのが良いか。」新聞を使って、ロベスピエールは、ヴェルニョ、ジャンソネ、ブリソ、そしてガデによる人民投票という提案を批判した。「人民は、ルイ十六世の問題についてすでに二度、意見を表明している。」人民のデモクラシーを猜疑の眼で見てきたこれまでを考えると、ジロンド派が「人民投票」を求めるというのは実際理屈が通らないだろう。ロベスピエールが一月初旬に敵対者に対する公開書簡のかたちで指摘したように、これは「絶対民主政の最も過剰なかたちを作ることで、主権のありようを弄ぶことに等しい。」これまでいかなる民族においても、スパルタやアテネにおいてすら存在したことがない。[28] 国民公会が、人民のために行動すべきであった。

国民公会内の緊迫した空気は明らかであり、これが剝き出しの嫌悪感の応酬の様相を呈し、ロベスピエールは格好のターゲットとなった。一七九三年一月六日、ジロンド派は、パリのセクション総会を公的秩序を危険に陥れる「革命の道具」であるとして、その常設化に終止符を打とうとしたが、失敗した。この時ロベスピエールが発言を求めた。『ガゼット・ナシオナル』が以下のように伝えている。

秩序を求める声が挙がる。彼を譴責せよ！　彼を絞首刑にせよ！　これらの声が、彼の発言を妨害する。幾人かのメンバーが、彼を激しい言葉で攻撃する。皮肉を込めた意見、それぞれが交わす激論、これらの騒音が議場の端から端まで響いている。「フランスが誠実な男だと評価している人物を、このように扱うことが許されるのか！」と一人が大声を上げる。端の方から六十人くらいの者たちの爆笑がこの声をかき消した。ロベスピエールは発言を続けようと懸命だ。シャンボンは言う、「おいロベスピエール！　われわれはおまえの匕首を怖れないぞ！」[29]……

一月十六日夜、「ルイにどのような刑罰を科すべきか」という問題について指名点呼が始まった。ロベスピエールは、パリ選出議員の中では最初に票を投じている。彼の意見は、「執行猶予なく、死刑」であり、この結論と過去の死刑に関する彼のスタンスに矛盾はないということを再度説明している。[30] 十八日、議長は投票結果を告知した。七百四十九人の議員のうち二十八名が欠席ないし投票を棄権し、三百八十七人が無条件の死刑に賛成票を投じ、三百三十四人が他の刑を主張した。ルイは二十一日に処刑された。落ち着いた様子で堂々としていた。彼の処刑は、革命の新たな画期となった。共和主義者と王党派の間の対話の可能性が断たれただけではない。全ヨーロッパ諸国が、フランスと戦争状態に入ったのである。

ロベスピエールに対する右派の攻撃はさらに増大した。一七九三年三月に刊行されたある戯曲は、彼がダミアンと親族関係にあるという告発を繰り返し主張している。著者は、カルヴァドス県の立憲派司教で国民公会議員でもあるアベ・クロード・フォシェである。彼はかつて、社会的な急進主義で知られたが、一七九一年以降は確信的な王党派である。「私を支配する者は誰だ。アラスからやってきたマムシではないのか。この男はダミアンの血を受け継ぐ者で、自分の出す毒液で干からびてしまっているが、その舌は短剣であり、そのささやきは毒である。[31]」この意見に賛同しない者もいた。一七九三年二月、マクシミリアンとオギュスタン、シャルロットは、ドローム県選出のジャコバン派議員マルク゠アントワーヌ・ジュリアン一家のところに夕食に出かけた。ロベスピエール発行の新聞の愛読者であるロザリ・ジュリアンは、自分の息子に次のように書いている。「ロベスピエールは、一つの党派のリーダーとなるのに全く向いていません。彼の言葉は抽象的で、いかにも思想家です。実務家らしく飾り気がなく、けれど子羊のように穏やかです。イギリスの詩人ヤングのように、陰鬱な人でもあるのです。彼には、私たちのような感情的な柔らかさはないと思うけれど、彼が愛情からというよりは正義から、人類にとっての善を望んでいると、私は思っています。[32]」

ロベスピエールに対する怒りの態度は、革命についてのより広範な分裂を体現していた。ルイの処刑後、イギリス、ついでスペインと開戦したことで、革命がいかに生きながらえるかが重要になった。

アラス市の政治指導者の一人で、アカデミーの元書記官フェルディナン・デュボワは、一七九三年初頭、ロベスピエールに手紙を書き、自由と専制とが区別なく「おそるべき争い」に巻き込まれていると述べている。ロベスピエールも同意し、『有権者への手紙』の中で、「共和国を救えるかどうかは、二つの事柄にかかっている」と述べる。[33]

一、国内での自由の勝利
二、戦争の推移
これら二つの事柄は密接に関係している。……戦争の勝利あるいは終結は、われわれが実施する戦争への備えの程度や兵士数というよりは、政府の精神と、われわれを支配する共和国の諸原理の精神にかかっている。……

こうした状況においては、政治的な相違は直ちに「党派主義」とみなされてしまった。最も重い罪のうちの一つである。というのも、党派的なものは、国民の団結を壊してしまうことを意味したからである。ロベスピエールは報道と意見の自由を主張しており、個人的な憎しみと信条に関わる諸問題とは分けるべきだと考えていた。けれども、軍事的な状況が危機を増すにつれて、政治上の対立や経済状況は、誰が集団の意志を代表するかについての争いを生んだ。

ジャコバン派とジロンド派の争いの中核をなしていたのは、民衆暴力とその原因に関わる問題であった。一七九二年十一月、ロベスピエールは、ジロンド派の中心人物の一人マルク゠ダヴィド・ラスルスを攻撃した。この人物は、「革命によって一滴の血も流されてはならないし、もし流れた場合、この不幸の原因は暴君にあるのではなく、秩序破壊者や煽動者にある」と主張していた。十一月三十日、国民公会ではウール＝エ＝ロワール県の食糧危機について深刻な説明がなされていた。この時、県の行政官たちが公定価格を設定すべきだと民衆から圧力を受けているという報告もあった。十二月二日、国民公会では、民衆暴力の原因について議論が行われたあと、ロベスピエールが発言する。

同胞が空腹で死につつあるそのそばで、小麦を山と積み上げる権利を持っている人間などいない。社会の第一の目的とは何であろうか。人の、奪うことのできない諸権利を守ることである。これらの権利のうち、第一に重要なものとは何であろうか。それは生存権である。それゆえ、社会の第一の法は、社会の全成員の生存のための手段を保障する法である。この法以上に重要なものなどないのだ。[34]……

しかしロベスピエールは、穀物供給あるいは穀物市場を完全に統制すべきと考えていたわけではない。財産を強制的に再分配すべきと主張していたわけでもない。農民は、「労働の対価」を受け取るだけであってはならない。彼らは、「自由な市場」で、自分たちの生存に必要なものを超えた余剰分を売ることができなければならない。結局、食糧供給を保証する最も確実な方法は、商品の自由な流通を促進することなのであった。「共和国の隅々で、商品の流通が守られるようにしよう。自由な流通を確保するための諸措置をとろうではないか。」ところが、ジロンド派は国民公会の支持を得て、一七八九年十月に一度導入され、一七九二年八月に中断していた戒厳令の再導入に成功するのである。ロベスピエールの言葉を借りるなら、彼らは「無制限の商業の自由、そして騒擾を鎮め空腹を満たすための銃剣」を望んだのである。[35]

ロベスピエールは、一七九二年八月や九月の過剰な暴力があったにもかかわらず、「人民」は、公益を最も純粋なかたちで表現するものと考えていた。彼は、一七八九年から一七九二年にかけての民衆行動について、一貫した見解を持っていたが、そのおかげで、賛美といっても良い強い支持を得た。けれど、一七九三年の早い時期、国民公会においてジャコバン派が優位を獲得する頃になると、権力に反抗する蜂起すべてを容赦するのはより困難になっていた。一七八九年以来ずっと、ロベスピエールは、騒擾のいくつかについては、その背後に、世論を歪めようとする者たちの悪意があると考えてきた。今やそれは、パリにおいてすら明らかであった。

二月十二日、国民公会への陳情者たちが、価格統制を要求した。ロベスピエールはその夜、ジャコバン・クラブで語っている。「人民の心の中には、正当なる怒りの感情があるのだ。私は、迫害のただ中にあった時も、一切の助けがなかったときも、人民は決して悪ではないという意見を固守してきた。」同時に彼は、パリの民衆暴力が、パンの供給が比較的安定してなされているときは、コーヒーや砂糖、石鹼といった商品を扱う店に集中していることに困惑し、こうした事態がアリストクラートの術策によるものではないかと懸念している。「人民に罪があるとは私は言わない。……ただ、人民が立ち上がるとき、それにふさわしい目的を持っているはずではないか。取るに足らない商品が彼らの関心を呼ぶものだろうか。……人民が立ち上がるのは砂糖を集めるためではなく、暴君を倒すためでなければならないのだ。」ロベスピエールは、地方の提携クラブに、説明のための書簡を書くよう要請されている。この時彼は、こうした暴力の背後に悪意ある力、特に「ピットの資金」が働いていることにより確信を持っていた。責めを負うべきなのは、この敵であるイギリス人なのだ。「ルイ十六世よ永遠なれ！」という叫びが聞こえなかったろうか。あるいは蜂起した人々は、「ラファイエット派の」商店主よりも「愛国派の」商店主を選んで狙っていなかっただろうか。[36]

ただ、彼は、パリの「秩序破壊者」を罵るために秩序攪乱を利用する者たちを攻撃すると同時に、パリ民衆の行動の意義を認識することにも意識を向けていた。ジロンド派はなぜパリではない地方の騒擾について批判しなかったのか。「パリの騒擾が共和国を生み出し、暴君を処刑台に送り込んだからではないか。……ああ、誰がこれを疑えようか。」それに加えて、彼は「アリストクラートの下僕、変装した従者たちに導かれた女性たちの、反道徳的な集まり」の動機についても深い疑いを抱いていた。解決方法は二つだけである。一つは、今や「生活必需品投機家」も含む「反革命家」の抑圧である。[37]「二つ目の方法は、人々の貧困を改善することである。自由の敵が口にする飢饉と貧困という言葉が、飢えて絶望している民衆にとって説得力を持つとき、社会不安というものが危険になるのだ。……生活必需品について、貧民労働者層が求める価格を実現する効果ある法律を作ろうではないか。」

内務大臣ロランが持つ権力は、ロベスピエールや他のジャコバン派にとって悩みの種であった。というのも、ロランは命令やニュースのみならず、諸事件についての独自の解釈も諸地方に流通させていたからである。一七九二年十一月の終わり、ロベスピエールは、ロランが郵送された資料を押収していることについて、報道の自由を脅かすものだとこの行動を批判していた。しかし、イギリス、スペインとの開戦で、すべてが変わってしまった。これは今や、ヨーロッパを相手にした死闘であり、緊急の諸措置を必要としており、報道や意見表明の自由に対する統制にまでつながらざるをえない。「この状況から、われわれはいかにして脱出できるのか。」ロベスピエールはこう問うて、重要な王党派の新聞各紙、『国王の友』『ガゼット・ド・パリ』『宮廷・都市通信』の編集者たちの名前を挙げている。「われわれは、私が告発したこれらの悪党どもを、公の非難にさらさなければならない。全方位から脅かされている愛国者たちを中傷する権利を行使できるような共和国があるなら、私にその名を教えよ。……こういった輩が、反逆罪による犯罪者として告発されず、処罰されてはならないような体制も時期もありえない。」彼は、「こうした勢力と対峙する」心構えでいた。なにしろ彼らは「私を殺害する可能性」もあるのだから。[38]

三月の第二週までの間に、北東部の戦況は絶望的なものになりつつあった。できたばかりの共和国は、存続の危機に立たされた。問題は、ロベスピエールが告げるところによれば、一年で、「われわれがすべての暴君どもの死を目にし、……自由がより強力なかたちで、あらゆる種類の圧制の廃墟の上で打ち立てられるのを目にしなければならない」というときに、国内において、戦争のための努力が依然として妨害されているということであった。しかし、戦時法制が陰謀家をターゲットとする必要があるとはいっても、それでは誰が陰謀家だというのか。ロベスピエールは、これをジャコバン・クラブに対して明らかにし、拍手喝采を浴びた。「熱心な、真の自由の味方を秩序攪乱者と呼ぶ傾向を持つ著作、内戦を煽り、県の私的な軍隊によって反乱を引き起こす意図を持った書き物、これらの著者」である。数日後、国民公会に、ネールヴィンデンにおけるデュムリエ将軍の敗北の知らせが届く。ロベスピエールは、国民公会に対し、国内の敵に対する苛烈な措置が避けられないと強調した。「国家を救うべき時がやってきた。……われわれはあまりにも浮薄で、無関心で、おこがましいアテネ人たちに似ている。彼らは剣の音が耳に響いていたその時ですら、惰眠を貪っていたのである。」[39]

ロベスピエールは公に、ルイの処刑が革命によってもたらされる最後の処刑であってほしいとの希望を表明していたが、四月五日にデュムリエが敵に寝返ったことで、もう後へは引けなくなった。ロベスピエールは今や、「国家の安全、あるいは自由、平等、統一、共和国の不可分性に対してなされたあらゆる企て」に対する適切な処罰として、死刑を認識した。国内の敵が罰を与えられることなく攻撃できるのなら、一体いかにして、共和国の兵士たちが、フランスの外敵を殺害すること、あるいは彼らによって殺されることを、要求できよう。デュムリエは離反前の国民公会宛の公開書簡で、サン＝キュロットとジャコバンを攻撃したが、ジロンド派は日常的に同じことをしているではないか。[40]

革命裁判所は、十一月二十九日に閉鎖されていた。これは国王裁判が始まったためである。ところが一七九三年二月の終わり、ダントンが、北東部の戦況を直接視察したあと、革命裁判所の再設置を要求した。一七九一年に設置された陪審員による刑事裁判所は、その透明性、公平性、犯罪に科される処罰という点で、劇的な改善を見せた。けれども、武装反乱を含む政治犯罪の裁判では、無罪評決の割合が非常に高くなっていた。被告に対する人々の同情、あるいは科される処罰があまりにも峻厳でありすぎるという気遣いがあったためである。国民公会のほとんどの議員と同様に、ロベスピエールは、国家の安全を脅かす犯罪に対する死刑とともに、新しい革命裁判所が必要だという点に同意するのをためらっていた[41]。刑事裁判所の管轄からこの種の〔国家犯罪といった〕裁判の権限を移行させることは、初期の革命的実践からの大きな変化であった。

北東部での戦況が悪化したことを受けて、ロベスピエールは国民公会に対し、全議員の代表からなる緊急執行機関を設けるよう要求した。三月二十五日、二十五人のメンバーからなる公安委員会が組織された。治安維持の権限は保安委員会に託された。両委員会ともに、毎月メンバーの選挙を実施するものとした[42]。

これに先立つ二月二十四日、国民公会は三十万人募兵令を発していた。この募兵令は、フランス西部地方で大きな武装蜂起、「ヴァンデ」というこの地方の名前で知られる内戦を引き起こしてしまう[43]。できたばかりの共和国にとって、この非常に困難な時期の勃発。この蜂起は、まさに革命にとって最大の危機に際して、「背後から撃たれた」に等しい、とジャコバン派は受け止めた。五月初頭までの間に、ヴァンデ軍は勝利を続ける。そこで国民公会は、パリで緊急の募兵を行うことにした。繰り返しの拍手に応え、ロベスピエールはジャコバン・クラブにおいて、ヴァンデの蜂起は、事実上サクス＝コブルク公が率いるオーストリア軍の「分遣隊」であると主張した。

われわれがなすべきなのは、単にヴァンデの反乱者たちだけではなく、人類とフランス人に対する反乱者たちすべてを消滅させることである。……
存在するのは、二つの党派だけだ。一つは堕落した人間の党派。もう一つは有徳の人間の党派である。その財産や地位ではなく、その性格でもって人を見分けなければならない。人間には二種類のカテゴリしかない。一方に、自由と平等の賛同者、抑圧されている者の擁護者、生活困窮者の友がいる。他方に、邪悪で、富裕で、不正義で、暴虐なアリストクラートがいる。まさにこれが、現在のフランスに存在する分裂なのである。[44]

最終的に、この内戦は、双方に十万人以上の犠牲者を出すことになるが、この数は一七九三年から一七九四年の時期の対外戦争における犠牲者と同じくらいである。両陣営で、特に残酷な虐殺が多くなされたことで、巻き込まれた人々すべての記憶の中で、深い傷跡を残すことになる。

四月十七日、スペイン軍がピレネ山脈を越えてルシヨン、ついでバスク地方に侵入したというニュースが届いた。新共和国は、全方位から侵略を受ける危機にあるように思えた。戦況がますます絶望的な状況になってくると、この戦争を引き起こし、共和国を攻撃していた者たちが危険にさらされることになった。マリ＝アントワネットや彼女の家族は特に危ない立場にあったが、ジロンド派は、とりわけ盟友デュムリエが敵軍に駆け込んで以来、同じくらい弱い立場に追い込まれていた。

軍事的な危機が悪化し、ヴァンデの反乱がその規模、脅威において拡大していく中で、ちょうどブラウンシュヴァイク公を思い出させるような言葉で、ジロンド派は、パリのサン＝キュロット、あるいは首都そのものに責任をかぶせようと、非常に愚かなことをした。ペティヨンが「こうした有毒な虫どもを巣穴に帰すには、尊敬に値する富裕な人々に頼るしかない」と訴えたのに対し、ロベスピエールは、「冷酷で無情な」富裕者が、人々が「自分たちの労働の果実」を手にしようとするのを妨害してきたことを残念なことだと述べている。[45]ジロンド派は、この最悪の事態も考えられる時期に、ロベスピエールやマラ、パリの急進勢力や「秩序破壊者」たちを攻撃したのである。ジロンド派のリーダーたちが、「パリ」自体が問題だと決めつけたまさにその時に、彼らと親しいデュムリエが離反し、ヴァンデが反乱を起こしたのであった。

　ジャコバン派は、国民公会で多数派であったとはとても言えない。七百五十名中二百十五から三百の範囲に過ぎない。しかし、春までに、これと同じくらいの「中間派」の議員（グレゴワール、バレールやカルノら）が、ジャコバン派の支持に回った。四月五日、再編成された公安委員会からは、完全にジロンド派の議員が排除された。国民公会が、ジャコバン派支持に変わったということだ。議会は「派遣議員」を通じて軍隊の監視・指揮にあたっていた。亡命者《エミグレ》からの市民権剝奪、公的な救済実施、穀物とパンの価格統制、これらを定めた政令を次々に発した。国王裁判やデュムリエの裏切りが起き、そして国民公会によって三月に派遣された、ほぼジャコバン派からなる八十二名の派遣議員たちが熱心に宣伝活動を行ったことで、ジャコバン・クラブのネットワークにおいては、地方においてもロベスピエールやモンターニュ派への支持が多数派となったのである。五月までに、全国のクラブの五分の三がジャコバン派への賛同を示しており、この傾向は特に北部、南東部、中央部に顕著であった。[46]

　軍事的危機のただ中にあって、国民公会はまた、新しい共和国憲法の起草にも注意を向けなければならなかった。国民公会は、新聞の編集者を務める議員は、その編集者の仕事か議員か、どちらかを選ばなければならないと決定した。最終号となった『有権者への手紙』の中で、ロベスピエールは自身の「人間と市民の権利の宣言」草稿を発表している。彼はこれを、四月二十一日、熱狂するジャコバン・クラブで読み上げていた。この「宣言」は、彼の国際主義を再び示すことになった。人間の権利は「すべての国家に共通する普遍的な法典」であり、「どこの国の人間であってもお互いに助け合わなければならない兄弟である」とする。しかし、他者を隷従させようと戦争を起こす輩(ヨーロッパ同盟軍)は「悪党で殺人者」として扱われるべきだと警告している。[47]

平和の実現が前提となるが、「宣言」は、ロベスピエールにとって、共和国の政治の基盤を最も明瞭に表現したものであった。

第一条　すべての政治的結合の目的は、人の、時効によって消滅することのない自然的諸権利の維持と、その能力すべての発展である。

第二条　人の基本的な諸権利とは、自己の生存の維持に備える権利と、自由である。

一七八九年の「宣言」と同様に、ロベスピエールのそれも「平穏な集会の権利、また新聞によるものであれ、それ以外の手段によるものであれ、自由な意見表明の権利」を保障している。「革命の時」においてのみ、国民の安全のために、こうした自由は制限される必要があるとした。しかし、一七九三年の「宣言」の特徴をなすものは、この宣言が社会福祉のジャコバン・モデルと所有への制限を提示したことである。

第七条　所有は法によって、すべての市民が自らの所有物を楽しみ、これを処分することを保障する権利である。所有権は他のすべてと同様に、他者の権利を尊重するという義務によって制限される。……

第十条　社会はその構成員全員の必要を考慮しなければならない。彼らは仕事を見つけられなければならないし、働くことのできないものには生存のために必要な手段を保障しなければならない。

第十一条　社会は理性の発展を全力で助け、すべての市民が教育を受けられるようにしなければならない。

人民主権とは、統一された一般意志の表現であり、国王が王国そのものであるというアンシァン・レジームの根本原理の民主政的な転換である。同様に、ロベスピエールは、人民主権と抵抗の権利の間、あるいは人民とその代表者たちの間の関係について、ルソーに似た言葉を使って明らかにしようとした。一方で、法律とは「人民の意志」の自由な表現でなければならないし（第十三条）、市民はこれらの法律を執行する責任を負った者たちに服従しなければならない（第二十二条）。他方で、人民は政府を変えられるというだけでなく、自分たちの代表をも解任できる（第十五条）。抑圧への抵抗の権利は保障される。実際、「もし政府が人民を抑圧するようなことがあれば、人民全体が蜂起することは最も神聖な義務である」（第二十二条）。

一七八九年の「宣言」の最も重要な目的は、「不可侵の」個人の自由の享受であった。ところが、一七九三年の「宣言」は、目的として、「共通の幸福」の享受を掲げている。両宣言ともに、その最重要の目的の実現は、他人の権利を平等に尊重することによって制限されるものと理解しているが、両者には決定的な違いが存在する。この違いは、ロベスピエールと他のジャコバン派にとっての革命の計画において、非常に重要である。「共通の幸福」とは単に個人の幸福の総体ではない。それはむしろ社会全体の健全さと調和である。ロベスピエールは繰り返し主張する。これは、非常に裕福な人と非常に貧しい人が存在する社会では達成しえないのだと。だからこそ、すべての権利の中で最も重要なものは、生存の権利であり、だからこそ、彼は、巨富を持つ人間ととりわけ金融資本主義を嫌悪するのである。彼にとっての理想社会とは、サン＝キュロットと農民の社会に近い。そこでは、各家庭は、職人や農民としての労働に基盤をおくつつましい生活に満足して生活している。国家、あるいは「社会」の役割とは、教育、社会福祉、社会参加の諸権利を通じて、みなが「公平な分配」を保障されている状態を確保することである。もし「人の所有物のうち最も重要な、人が自然から与えられた最も神聖な権利である自由」、これが他者の自由を尊重する必要性によって制限を受けるのが必然であるというのであれば、所有もまた、累進課税によってやはり制限を受けなければならないだろう。

ロベスピエールの民主政に関する見解は、非常に強くルソーの、特に『人間不平等起源論』と『社会契約論』の影響を受けている。ただ、彼の政治や社会に関する見方、そしてこれを達成するために必要な推進力は、やはりスパルタの理想にも多くを負っている。最高存在というアイディア、公的な恥辱ではなく死刑の限定的な適用、そして偉業達成への名誉以外の報酬の否認。スパルタを賞賛する彼は、こうしたものをスパルタから借用するまでになる。彼は、リュクルゴスのスパルタとそこでの土地所有の強制的な平等化を描いたプルタルコスの筆に魅了されてはいたが、農村の土地所有に対して適用される「土地分割法」の考えと、工業や商業を抑制することについては、一貫して反対の立場をとっていた。経済統制は戦時に際してと、貧民の生活保障をするには重要ではあったが、富裕階層が法により処罰されるのは、彼らの行動が明らかに反社会的あるいは違法である場合である。彼が望んでいたのは、「フランス共和国をスパルタの鋳型に流し込むこと」ではない。彼は書いている。「富裕者を追放することではなく、清貧が名誉なことであるとすることの方がずっと重要なのだ。ファブリシウスはその小さな家ゆえにクラッススの宮殿をうらやむ必要はないのであった。」「有徳の」行動がなされれば、彼にとっての理想の共和国を創造し、維持することはできるはずで、無差別に財産を押収したり、これを再分配したりすることによってではない。いかに社会についての見方が全体として似通ってはいても、急進的なサン＝キュロットとは、この点で緊張が高まることになる。[48]

共和主義的な諸制度だけが人民の再生を確実にし、役人であれ、雇用主であれ、政治家であれ、過度の財産と権力を持つ人間の専制から、人民を守れるのである。国民公会の議場すら、もっと「民主的に」なるべきである。ロベスピエールは数百人の聴衆しか収容できないマネージュを批判し、一万二千人の人民が、議員とともにいられるように設計された議場を要求した。五月十日、国民公会は議場をマネージュから、テュイルリの中にある劇場である広い「機械の間」に移した。もはや両側に議席がある議場ではなく、四千人収容の半円状の階段式議場であった。ロベスピエールの理想からはほど遠いもので、この議場の音響は、効果的な演説をほとんど不可能にしてしまった。[49]こうして、新聞業界にいる彼の支持者や、彼が構築した通信員のネットワークが、これまで以上に重要になった。

一七九三年五月十日、国民公会は新憲法の前文、さらには第一条「フランス共和国は単一にして不可分である」を採択した。この時ロベスピエールは、新しい憲法の目的と背景について重要な演説を行っている。ここでも彼は、ルソーに言葉を借りている。「人は幸福と自由のために生まれる。そして人はいたるところで鎖につながれ、不幸せである」と彼は嘆息する。社会を変えようとする革命が苦闘する主要な原因があるとすれば、それは社会に深く根付いた偏見の中にある。「これだけ多くの愚かな小売商や貪欲な中流階級の人々が、貴族たちが中流階級や小売商たち自身に浴びせてきた傲慢なる蔑視を、職人たちに向けていることに、驚きなどあるだろうか。[50]」

一七九三年五月初頭にはすでに、ロベスピエールは再び、過労による肉体的・精神的な影響とストレスを感じていた。モンプリエにいる友人フランソワ＝ヴィクトル・エゴワンに手紙を書き、「身体の調子が良くないし、極端なくらい忙しい状態だった」と認めている。[51]

友よ、僕の深い友情に疑いなど決して持たないでくれ。祖国を除けば、人として僕が君ほど愛情を注ぐものはないよ。……勇気を持ってほしい。君の良き市民としての心構え、それ自体が、君にもたらされた迫害の慰めとなりますように。僕の君への友情を信頼してくれてかまわない。ただ、ひどく苦痛を伴う労働が、時として私を、疲労と失望の状態に放り込んでしまうということを少しでも斟酌してくれると嬉しい。

しかし、ちょっと一休みというわけにはいかなかった。急進的なサン゠キュロットが、ちょうどロベスピエールの「人権宣言」草案のように、自分たちは「非愛国的な」議員を解任する権利を有するという主張をしていたのだ。ジロンド派リーダーへの復讐である。

モンターニュ派の議員たちのほとんどが、軍隊や他の用件で派遣されて、国民公会にはいなかったために、ジロンド派は依然として、自分たちの目的のために国民公会を利用することが可能だった。四月十二日、借金で投獄されていた者たちの釈放に関する議論において、司法大臣のペティヨンはテーマを逸れて、「裏切り者や中傷者たちを死刑台に送るときが来た。私はここで彼らを死ぬまで追い詰めることを約束しよう」と脅しをかけた。この「彼ら」にロベスピエールが含まれることは、明らかであった。ロベスピエールが口を挟み、彼に「事実に基づいて語れ！」と述べると、ペティヨンは断言している。「私が追い詰めるといっているのは、まさに君だ。」実際には、その日ジロンド派のターゲットとなったのはマラであった。二百二十六対九十三で、彼への非難決議が決定した。三日後、ジロンド派は逆襲にあう。国民公会の議事が、陳情書を持ったパリのセクションの代表によって中断された。彼らは主要なジロンド派議員二十二名の行動を告発していた。[52]
一七九二年十二月の終わり頃、ロベスピエールは、議員の免責に関する国民公会での議論に参加している。「非愛国的な」、要するにジロンド派の議員を交代させよというパリ民衆の要求への返答である。[53]ロベスピエールにとって、「人民」だけが議員を解任できるのであるが、それは然るべきプロセスをたどったあとにおいてである。国民公会自身は議員を排斥できなかった。「各議員は人民に結びついているのであって、同僚議員に対してではない。」彼はしたがって、四月の国民公会によるマラ告発にも反対したのである。三月、四月において、ロベスピエールは、ジロンド派議員に対する蜂起は、人々の彼らに対する激怒がいかに正当なものであっても、「国民代表」をひどく損なうことになるという点で、一歩も引かなかった。
ジロンド派は五月一日、示威行動を組織したのだが、その中で「法律万歳！」という声に混じって「国王万歳！」も聞こえたという。この示威行動のあと、「悪意ある議員たち」に対抗し、大規模な陳情を行うことに関するセクシヨンの協議は、警察文書によれば、彼らに対抗する「差し迫った蜂起」の願望へと変わった。[54]五月の終わりまでに、ロベスピエールは最終的にセクシヨンの活動家たちに同意することになる。それはちょうど、一七九二年八月十日の時と同じだった。直接のきっかけは、五月二十六日、ジャコバン・クラブにおいて書簡が読み上げられたことだった。書簡は、ヴェルニョがボルドーの人民に送ったもので、仮に彼が死んだら、その復讐を遂げてくれるよう要求している。「ジロンド県の人々よ！　君たちは、これら血まみれの怪物どもを前にして、恐れ震えるのか。彼らの悪意は彼らの臆病と等しい。もし君たちの心が動かないのであれば、犯罪が支配し、自由は死滅するだろう。」議員とは受任者であると考えるパリのセクシヨンが、ジロンド派リーダーたちの追放を命令していることに、ロベスピエールは不快感を覚えてはいた。しかし彼は、それでも彼らの行動を「一般意志」の正しい表明であり、国民公会の機能停止を打ち破る唯一の方法であるとして、正当化したのである。[55]

この時までに、ジロンド派は、セクションの力を打ち砕くための立法的、司法的動きをすでにはじめていた。五月二十八日、ジロンド派は、この今にも勃発しそうな蜂起の調査を行うための十二人委員会を創設することに成功するくらいには、まだ数の力を有していた（二百七十九票対二百三十九票で可決）。ロベスピエールと他のジャコバン派にとって、問題は今や、いかにしてジロンド派のリーダーたちを除名しつつ、ジロンド派すべてにこの除名措置を及ぼさず、国民公会を、パリ・コミューンからの圧力に弱い単なる残り滓にしないですませるかということであった。ロベスピエールはしたがって、国王処刑に反対票を投じた者すべてを標的とすることには反対し、「真の犯罪者」に絞るべきだと主張したのである。[56]

五月三十一日、バレールは、公安委員会名で軍隊を国民公会の直接管理下に入れ、十二人委員会を廃止する法案を提出した。パリの四十八あるセクションの民衆が、国民公会に入ってきて、モンターニュ派の議員席に腰を下ろし、ジロンド派議員たちに野次を飛ばしていた。ロベスピエールがバレールの法案について発言をすると、ヴェルニョは「やめろ！」とかみついた。ロベスピエールは反撃する。

わかった、結論を述べよう、ただし君には屈しない。君は八月十日の革命のあと、これを成し遂げた者たちを絞首台に送ろうとした。君には屈しない。君はパリの破壊を煽ることをやめようとはしなかった。君には屈しない。……君はデュムリエが処刑するよう要求していた愛国者たちを、同様に情け容赦なく追い詰めたのだ。……それでは結論に入ろう。私はデュムリエと、セクション代表者たちによって名指しされたすべての者たちに対する告発の政令を要求する。[57]国民公会は、相当数の群衆に包囲され、ジロンド派議員が自ら辞職するか、国民公会が彼らを排除するか、いずれにせよそれをせざるをえないような脅威に囲まれていた。結局六月二日、国民公会は、二十九名の議員と二人の大臣の逮捕を決定した。ロベスピエールは、サン＝キュロットが国民公会を包囲した時、またその後数日間も、何も発言せず、何人の議員が排除されるべきなのかについても言及していない。

六月六日、バレールは、五月三十一日から六月二日の事件について報告し、拘束下にある議員を選出した各県に連絡を取り、彼らが逮捕されたのは、革命の民主政ではないものの、人民主権の諸原理が侵犯されたためだということを伝えるべきだと述べた。ロベスピエールは、「最も尊敬に値する市民たちの心臓に短剣を突き刺す」ような反革命派と和解する気分ではなかった。彼は各セクションの行動を擁護するのである。国民公会はその後、六月十三日に、パリ市当局とパリのセクションが「共和国の自由と、単一性、不可分性」を効果的に救ったと国民に対し宣言しようというジョルジュ・クトンの動議に賛同した。ロベスピエールは、採決を迅速に行うべきだと要求した。そして「大多数」がこれに同意したのである。[58]

地下に潜ったジロンド派リーダーたちの中には、ビュゾ、ペティヨン、バルバル、そしてルヴェがいた。自宅軟禁とされていたジロンド派議員のほとんどが首都から脱出し、出身県に戻った。これらの県の行政府は、国民公会と公安委員会の権威を公然と拒絶することになる。[59]フランス軍が国境地帯で敗北を続け、同時にヴァンデ蜂起が拡大しているという、革命史上最も危機的な時期にあって、ジロンド派議員たちのこの行動は必然、反革命とみなされることになった。諸外国の同盟軍が革命派の人々を虐殺し、革命を終わらせようとするだけではない。今や「連邦主義者」とされたジロンド派議員たちは、ばらばらになってしまった国を同盟軍に売り渡すだろう。連邦主義者の反乱は、ジロンド派議員たちの裏切りの究極の証拠と見られた。

この国民公会議員の粛清に最も深く関わった者の一人が、民衆を煽動したジャック・ルゥである。その弁説は、「アンラジェ」〔暴力も辞さない過激な民衆運動家を当時こう呼んだ〕と呼ばれる活動家たちの中で、特に「赤い司祭」というあだ名を彼に与えることになった。ロベスピエールは、彼のことを暴力的で悪意を持った人物とみなしており、友人などではなかった。六月二十五日、ルゥは、「商業的なアリストクラート」を非難して、次のように国民公会に対して呼びかけている。「ある階級の人間が、罰を与えられることもなく他の階級の人間を飢えさせるようなことがあれば、自由など幻想に過ぎない。」この時ロベスピエールは、彼を公然と非難している。ルゥの支持者はコルドリエ・クラブにいた。三十日、ロベスピエールとコロ・デルボワはジャコバン・クラブの代表として、コルドリエ・クラブの会議に出席していた。彼らの影響があったに違いない。というのも、コロ・デルボワが、ルゥと彼の支持者ルクレールを「狂信と背信」で告発すると、彼ら二人は、即刻コルドリエ・クラブから追放されたからである。[60] これは決定的な意味を持つ会合となった。ジャコバンの影響下にある国民公会と公安委員会が、今後は政治の主導者となるということを、ロベスピエールと彼に非常に近い同僚たちが明示したからである。ジロンド派の反パリ的な商業主義や、脅迫的なアンラジェが提示した財産の再分配についての意見も、どちらも認められないということになる。

一七八九年七月以来、フランスの革命家たちは、あらゆる革命が抱える中心的な難問に直面せざるをえなかった。暴力的な民衆蜂起は、ここまで急激な変化を起こし、これを正統化してきたわけだが、どの時点で、圧制者に対抗する一般意志の表明であることをやめるのか。反乱がもたらす暴力を個人的には嫌悪しながら、ロベスピエールは、暴力は革命に内在するものだと主張してきた。実際、一七九三年憲法は、蜂起を権利として明確に保障し、義務であるとさえ規定しているのである。ジロンド派リーダーたちの国民公会からの粛清の結果は、彼にとっては、国民公会と人民の意志が連携したこと、蜂起の脅威がもはや必要なくなったことであった。七月八日、ロベスピエールは、ジャコバン・クラブに次のことを伝えることができると考えた。「自由が隷従と似ておらず、美徳が悪徳と似ていないのと同様に、現在の国民公会は、偽善者［や］裏切り者によって堕落させられ、歪められた会議ではない。警察の犬であるブリソやガデのような輩から、国民公会は解放されたのであって、今や国民公会でモンターニュ派が多数派であると私は断言する」というわけだ。国民公会と公会内の委員会は、「一般意志」の信じるにたる表現であり、またこれらへの反抗を人民の名において主張する者たちは、良くて欺かれているのであり、最悪の場合は敵と同盟する。少なくとも危機が続いている間、ロベスピエールはこのように結論していた。[61]

ジロンド派議員の追放から一週間もしないうちに、エロ・ド・セシェルが、公安委員会に代わって新憲法草案を作成した。民主的な自由、社会福祉、そして教育への目配りがきいており、ロベスピエールの「人権宣言」の内容を反映していた。私的所有の制限への期待は盛り込まれなかったし、政令や法律のヘッダーを「フランス共和国」から「フランス人民」へ変更するという希望も叶わなかったが、彼はこの文書に満足していた。彼は、国民公会が「個人に対し、家族に対し、他者を害しない限り何であれなすことのできる権利を渡せるような、また市町村に対し、共和国のより広域の行政に直接関わらない問題であれば、何であれ自ら規定する権限を渡せるような、そういう時代が来ることを期待していた。一言でいうなら、本質的に公的な権威に属することでない限り、個人の自由に任せるということである。[62]」ところが、六月二十四日に新憲法が国民公会によって採択された時、共和国と国民は、国内の分裂と対外的な敗北という危機に直面していた。公的な安全が、このような個人の自由に対し、優先されなければならなくなる。

第十章　「完全なる再生」――パリ一七九三年七月〜十二月

一七九三年の夏、共和国はたいへんな危機に直面していた。ヴァンデの蜂起は歯止めがきかなくなり、外国軍が国の南西部、南東部、そして北東部を前進しているときに、国家の軍事的能力の多くをヴァンデに割かなければいけなかった。イギリス海軍は海上を封鎖して、共和国は植民地や同盟国アメリカと切り離されてしまった。八十三県のうち六十にも及ぶ県が、ジロンド派の主要議員の逮捕に抗議して、国民公会の権威を承認しないという決定を出していた。アシニア紙幣の価値の下落と軍糧秣の需要の増大は、パリや主要地方都市における食糧不足を深刻化させていた。乗り越えられそうもない障害の数々を前に、国民は文字どおりばらばらになりつつあったのだ。

ロベスピエールもまた倒れる寸前の状態であった。これまでのいくつかの場面で、彼は自分が疲弊し切っていることを認めていた。六月二日のジロンド派追放のあとがこれにあたる。自身疑いなく、精神的、肉体的な危機にあった。大きなストレスを受け続ける時期を乗り切ると、彼はとりわけ衰弱することに気づいたのである。六月十二日のジャコバン・クラブで、彼は次のように告白した。「私はもうアリストクラートの陰謀と戦う力がない。四年にわたる困難で不毛な仕事で消耗し、私の肉体と精神の力は、もう偉大なる革命が必要とする水準にないと感じる。私は職を辞するつもりであると表明する。」

どういうわけか、彼は何とか力を取り戻す。そしてほぼ同時期に、自分のために、のちに彼の「教理問答」と呼ばれることになる彼自身が重視する一般的な諸原理の概要を書き留めている。[1]

単一の意志が重要だ。

共和主義者か、さもなくば王政主義者なのだ。

彼は、連邦主義者の反乱への地方ブルジョワの責任を追及しており、彼らを打ち破るために、「人民が国民公会と一体となり、国民公会は人民を使うことが重要である。」革命の目的、すなわち「人民のために憲法を使うこと」、この目的を果たすには、乗り越えるべき三つの大きな障害が存在する。人民の無知、人民の貧困、そして「国内外の戦争」である。「富裕な人、堕落した人」、「不誠実なペンと舌を持つ人」、「裏切り者と陰謀家」は、「自由を侵害したり愛国者の血を流したりしたすべての犯罪人をおそるべきみせしめとすることで」処罰されるべきなのだった。

一七九三年夏の危機を乗り越えるには、検閲と逮捕、敵対者の処罰、そして戦争のための総動員体制が必要だとするロベスピエールの考えを率直に表明したものである。目的を一つにすること、すなわち「単一の意志」の創造に厳格に臨むことだけが、一七八九年以来獲得してきたすべて、また今後獲得しなければいけないものすべてを救うことになるという結論に、彼はたどり着いたのである。彼の認識では、世界は今や、裏切り者と愛国者に分けられたのだ。政府においても、共和国全体においても、同じ目的を持って危機に対処することによって、軍事的、経済的、精神的な力をすべて動員し、国内外の敵を不断に追及していけるだろう。すなわち、共和国は「単一にして不可分」にならなければならない。これは今や死闘であった。

七月二十七日、一人のメンバーが体調を崩して、公安委員会の委員を辞任せざるをえなくなった。

国民公会は、委員会のたっての希望で、ロベスピエールが後任となることを認めた。[2] 彼ははじめて政府の一員となった。最も危機的な時期に政府に参加したことになる。三十五歳になったばかりだった。委員会の他のメンバーは、その特に高度に専門的な知識ゆえに、順当に選ばれたのだったが、ロベスピエールは何か特殊な技能があるわけではない。しかしその経験、名声、人気ゆえに、国民公会によって選ばれたのである。彼の評判はその絶頂にあったが、彼とその同志たちが直面したのは、圧倒的な難題だった。[3]

公安委員会に期待された仕事量は驚愕に値する。メンバーは通常、毎朝七時に、「エガリテ館」（かつてのテュイルリ宮殿の「フロラ館」）に集まり、全国からの速達便に目を通し、これに返事を書く。午後一時から四時ないし五時の閉会まで国民公会に出席し、そのあとジャコバン・クラブに出席する者もいるが、午後七時か八時には、再び委員会に戻る。八月から九月にかけて、九人いたメンバーは、入れ替えや他のジャコバン派（カルノやコット＝ドール県のプリウール、急進的な活動家ビヨ＝ヴァレンヌ、そしてコロ・デルボワ）の任命があって、最終的に十二人になった。毎月の再選を条件とはしていたが、委員会の持つ権限は強大であった。逮捕状の発行が可能で（七月二十八日）、秘密資金を管理し（八月二日）、特別委員会のメンバーを任命し（九月十三日）、将軍と公務員の監督権を握り（十月十日）、外交を指揮した（十二月四日）。最終的に、一七九四年四月十七日、閣議は、公安委員会に責任を負う執行委員によって代替されることになった。公安委員会のコントロール下になかったのは警察だけである。警察は、公安委員会とは別の保安委員会の管轄下にあった。[4]

デュプレ家は依然として、ロベスピエールが国民公会やジャコバン・クラブでの演説原稿を準備し、訪問者を受け入れ、またくつろぐための場所であった。彼は同じアルトワ出身のフィリップ・ルバと親しくなり、デュプレ家でよく会うようになった。一七九三年八月二十六日、ルバは、エリザベート・

デュプレと、彼女の二十歳の誕生日に結婚した。のち、彼女はマクシミリアンのことを回想して、「私たちは彼のことを良き兄として愛していました。とても素敵だった。……彼は非常に道徳的な人物でした。彼は、私の父と母を尊敬していました。私たちみな、彼に優しい気持を抱いていたのです。」他にもロベスピエールを訪ねてくる者がいたが、そのうちの一人が、フィリポ・ブオナロティである。彼は、ロベスピエールのおかげで、イタリアの亡命革命家をまとめる職に就き、また一七九三年五月にはフランス市民権を獲得している。彼はのちに、デュプレ家の親族が、マクシミリアンに注いでいた深い愛情について回想している。「彼は穏やかで、清廉で、勤勉で、善人だった。こうした資質のおかげで、彼は、彼をよく知る人すべてから慕われたのである。」珍しく休暇がとれた日は、彼はパリの南の村落を訪れて、友人たちと食事をするのを楽しみにしていた。ヴァンヴにはマルグリット・シャラーブルと、あるいは他の人たちとはイシ、クレテイユ、ショワジ、フォントネ＝オ＝ローズ、そしてメゾン＝アルフォールへと出かけたのだ。こういった場所には、ルイ＝ル＝グラン校の生徒だったとき、毎週のように小旅行で訪れていたので、彼にとってはすでに親しみのある場所だった。[5]

ロベスピエールは、パリで非常に人気があったが、サン＝キュロットと自己同一視する他のジャコバン派とは異なり、彼は、朝の身だしなみを整える古くからの習慣を変えることはなかったし、革命家らしい服装をすることも、鬘なしで済ますようなことも拒否していた。これは、控えめで真面目な男性の深く染みついた習慣の印だろうか。それとも伝記作家マックス・ガロが書くように、「覆うことによって、……自己の身体を否定する彼のやり方、自己愛を表現し、人の欲にまみれた動物的側面を拒否する、彼の無意識のやり方」だったのだろうか。[6] 同様に、かつて貴族で、今やジャコバン派の議員となっていたポール・バラスは、のちに、ロベスピエールは友人に呼びかける際、親しみの表現である「君」(tu)を決して使うことはなかったと主張することになるが、これはアンシァン・レジームの習慣を捨て去ることのできない、抑制的な人という彼のイメージを強化することになった。ただ実際にはそうではなかった。彼は以前はフォーマルな言い方「あなた」(vous)を、家族以外の全員に、アントワーヌ・ビュイサールに対してすら使っていたが、一七九三年には、彼はビュイサールに対して親しみを込めて「君」で呼びかけているし、これはダントン、カミーユ・デムラン、リュシル・デムランのような友人、あるいはコロやサン＝ジュスト、マルク＝アントワーヌ・ジュリアン、ジョゼフ・ルボン、フランソワ・シャボ、スタニスラス・フレロン、アンドレ・デュモン、アルマン・ギュフロワら親しいジャコバンに対しても同じであった。[7]

彼の住まいの環境は安定していたものの、ロベスピエールの一番近い家族は、彼にとって悩みの種であり続けていた。公安委員会は、オギュスタンと議員ジャン＝フランソワ・リコールを、連邦主義者の反乱の余燼が残る南東部への政治的使命を帯びた派遣議員に任じた。リコールは、若い妻マルグリットを同伴し、オギュスタンは、シャルロットを連れて行くことに決めた。二人の議員は、ジャコバン派に対する地域レベルでの敵意に悩まされ、時には侮辱を受けることもあった。シャルロットは一行とけんかをし、マルグリットのことを、自分の弟を誘惑したとして非難した。彼女は一人で、辛い思いでパリへ戻ることになる。オギュスタンとの関係は二度と修復しなかった。[8] 戦争が、町からそう遠くない場所で行われているアラスからのニュースもやっかいなものだった。ロベスピエールの同志ルボンは聖職を離れ、議員アントワーヌ・マニェズが一七九三年六月二日のあと抗議のため辞職したのに伴い、国民公会議員となっていた。一七九三年八月、七月二十八日のヴァランシエンヌの陥落後、ルボンはパ＝ド＝カレ県とノール県に派遣された。彼は、「小ヴァンデ」と呼ばれた暴動を鎮圧するために、パ＝ド＝カレ県で六千八百人を徴兵し、妥協なき弾圧を開始したのだが、まもなくマクシミリアンの古い友人が、この弾圧について苦痛を訴えはじめる。[9]

国民公会は、ルボンのように、戦争への協力を監視させるため、議員の中から「派遣議員」を任命した。派遣議員は、亡命者《エミグレ》の市民権剝奪を宣言する緊急の政令を作ったり、穀物とパンの価格統制を敷いたりもした。ジャコバン派は脅し、強制力、そして政策を合わせて、農村と都市の間のつながりを作ろうとしていた。これは、民衆の不満に対処し、国全体に戦争のための共通の足場を作るためであった。六月から七月にかけて、国民公会は、小作農の主要な不満のいくつかに的を絞った一連の法律を成立させた。六月三日、エミグレの財産は、小さな単位に分割して売却された。特に貧しい人々には、土地を獲得できるよう特別な援助も行われた。十日、国民公会は、もし共同体がそう望むのであれば、共有地の頭数での分割を行うことができると決定した。そして七月十七日、封建的特権の無償廃止が決定した。こうして、封建体制はようやく葬り去られたのである。[10]代わりに八月二十三日、十八歳から二十五歳の独身男性はすべて、「国家総動員法」により徴兵されることになった。

　数千人の司祭が亡命し、残った多くが死亡するか投獄されるに及んで、初等教育はほぼ完全に崩壊してしまっていた。[11]これまでの議会は、革命による再生という要請に応えられる、初等教育の抜本的な改革を志向する急進的なプランを受け取ってはきたものの、実施することはなかった。最も最近のものは四月に提出されたが、コンドルセが手を加えたことで台無しになった。七月十三日、ロベスピエールは、ある教育案の概要を国民公会に説明した。この教育案は、国王処刑に賛成票を投じたあとの一月二十日に暗殺された、元貴族で著名なジャコバン、ミシェル・ルペルティエによって作られた。憲法、そして成文法規集と並んで、「国民公会が歴史から受け取った三つの記念碑」の一つが、この教育案であると彼は主張する。「完全なる再生をもたらす必要、こう言ってよければ、新しい人民を創造する必要」について確信していたのだ。[12]ロベスピエールがこの「再生」を要求したまさにその日、ジャン＝ポール・マラが自宅で、ジロンド派シンパのシャルロット・コルデによって暗殺された。反革命は今や、首都の中心で、パリの議員たちをも脅かすようになった。

ロベスピエールが概要を説明した教育案は、非常に大胆で、広い範囲をカバーしており、彼がプルタルコスの『リュクルゴスの人生』から学んだ「スパルタ」の徳に力点を置いたものであった[13]。提案された教育システムはすべての事柄を網羅しており、市民としてふさわしい勉学、体操、手作業から被服、食物にいたるまで言及されている。リュクルゴスの「スパルタ教育」のように、フランス共和国も、子どもたちをその両親から六、七年隔離する。「国民教育の目的は、子どもの身体を鍛え、体操の練習を通じてより強靭にし、肉体労働の習慣をつけさせ、あらゆる種類の疲労に慣れさせ、有益な情報を通じて彼らの知的・情緒的基盤を形成し、どのような職業に就くかに関わりなく、すべての市民に必要な知識を与えることである。」女子も男子も読み、書き、計算を習う。彼らは愛国的な歌、歴史の教訓を学ぶ。「道徳性、そして家庭と農村の経済の基礎」、また「自分たちの国家の基本構造」を習得する。ただし、男子だけが「測量術と大工の技術」を学ぶ。女子は「糸を紡ぎ、布を縫い、染み抜きする」ことを学ぶことになる。すべての子どもが手作業を実践し、（ルイ＝ル＝グラン校の仕組みとは逆だが）従僕はいない。子どもたちは「健康的だが簡素な食事、身体には合うけれどもごわごわの服、クッションの硬い寝台、これらを受け取る。こうして彼らは、いかなる職に就こうと、人生でいかなる状況で生きることになろうと、快適さや贅沢なしに行動できるように、人為的に作られた需要をひどく嫌うようにもなるだろう。」

ロベスピエールは、報告書の内容をすべて実現することを要求した唯一の議員である。他の議員たちは、全員を強制的に寮生活におくとした重要な措置に尻込みしていた。翌日、国民公会はこの教育案についてこれ以上の議論を中断し、この年の終わりに出されたガブリエル・ブキエの教育案を採用することになる。これは、ロベスピエールのそれに比べてはるかに実現性の高い内容だった[14]。ロベスピエールは祖国のために死んだ殉教者を称えているが、国民公会はこの点ではロベスピエールに同調している。特にルペルティエ、リヨンのジャコバン派シャリエ、少年兵ジョゼフ・ヴィアラとジョゼフ・バラがこの殉教者にあたる。フランス人が見習うべき模範を示したのが、バラのような若い愛国者で、ちょうどスパルタの子どもたちの克己主義を思い出させる事例である。バラは十四歳の少年で、ヴァンデ軍が彼に「国王万歳」と叫ぶよう脅したとき、「共和国万歳」と叫んだとされる。ロベスピエールは十二月二十八日、国民公会でバラを褒め称え、「若者たちの心に栄光、祖国、そして徳への愛を呼び起こす模範だ」と述べた[15]。

ジャコバン派は、今や国民公会と公安委員会に強い影響力を持つようになっており、革命の偉大さに値する祭典を通して、再生する社会の理想像を可視化したいと望んだ[16]。一七九三年八月十日、王政廃止の記念日は、「共和国の単一性と不可分性の祭典」として祝われた。王政の象徴がパリの公共の広場で焼かれ、パンと魚が供された共和主義的な戸外での大祝宴では、国民公会議員たちが、「自由の女神」像の乳房から迸る自由の乳を飲んだ。この「再生の噴水」の場所から、三千羽の鳩が放たれた。鳩の足にはごく小さなリボンが結びつけられ、そのリボンには、「われわれは自由だ！　われわれに続け！」という宣言が見られた。新憲法は人民投票にかけられていたのだが、賛成百八十万票、反対一万千六百票という結果は、この祝祭の際に公表された。憲法はヒマラヤスギの小箱に収められ、バスティーユがあった場所から国民公会のもとに運ばれた。この箱は、危機が去ったとき開封されるものとされた。

急進的なジャコバン派の改革と、民衆のイニシアティヴが組み合わさって、共和主義的な「再生」に向けた大きな力を生み出した。「愛国者」と呼称された革命の支持者たちは、古い世界を、その痕跡すべてを消滅させることで、拒絶した。たとえば子どもに、自然や、古典古代ないし現在の英雄に由来する名前をつけたり、宗教や王政を意味する場所の名前を抹消したりした。アラスでは、街路の名前を、紀元前二世紀のローマの土地改革者ティベリウス・グラックスやイギリスの詩人で共和主義者ジョン・ミルトンのような、先達の革命家を顕彰する名前に変更した。二つの大広場は「連盟祭広場」、「自由広場」となった。最も急進的だったのは、一七九二年九月二十一日の共和国宣言以来成し遂げられてきたことの偉大さを記念するため、国民公会が、グレゴリウス暦、その聖人の日や宗教的サイクルを廃止し、十日ごとの「旬日」を基礎とした十進法の暦を導入したことである。月や日付の名前は、自然や徳性からとられた。この革命暦は、一七九三年九月二十一日に開始された。この日が、自由と平等の第二年初日である。[17]

公安委員会は、通常の省組織の形式を一切とっておらず、戦争内閣として、軍の動員、糧秣の供給、軍事戦略を重視した決定を行っていた。責任の範囲は明らかであった。一七九三年の最後の四カ月について見ると、公安委員会は九百二十の政令を発しているが、そのうち二百七十二本の政令の起草責任者は、軍事問題を専門とするカルノであり、二百四十四本が外交問題を担当したバレール、百四十六が軍需に関わったコット・ドール県のプリウールである。ロベスピエールにとって、軍事関係の諸問題は全くの専門外であり、上記全政令のうち七十七本を起草したに過ぎない。[18]彼は、前線を視察することはなかったし、組織に関わる決定や戦略的な決定については、実際の軍事経験のある人間に任せることで満足していた。カルノやプリウールが、戦争で勝利するのは、結束し迅速に配備された新しい軍隊であることを理解していた者たちと協働していたのに対し、ロベスピエールは、以下のことを一般の兵士たちに思い起こさせる措置を絶えず支える役割だった。すなわち、彼らこそが国家の土台であること、昇進は厳格に功績に基づいて行われること、そして疑う余地のない勇気の模範を示す責任を負っているのは将校であること、である。[19]

自分より若いのは、プリウールとサン゠ジュストだけであったけれど、それにもかかわらずロベスピエールは、効果的で広い視野を持った目的意識と方向感覚を持って委員会内で行動していた。独自性を出すことのできない専門的な問題は多く存在したけれども、重要な政治的立場表明は彼が主導した。彼は、自分の書簡のやりとりには常に細心の注意を払ってきた。それに加えて政治的な人気と、主要な演説から生まれた名声。民衆の目には彼が公安委員会の指導者であると映っていた。この数カ月で、彼のもとには、バイヨンヌからモンメディ、ペルピニャンからクタンスなど、フランス中から手紙が届いた。内容は、軍糧秣の供給の改善を望むものから、新たな改革への批判や提案まで、あらゆることに渡っている。[20] ロベスピエールは、すべてについて相談を持ちかけられ、また非難されもしたのである。たとえば一七九二年十一月以降、アンヌ゠マルグリット・アンデルは、デュプレ家にやってきては、「共和派の指導者」との面会を望んだ。高額の報酬の支払いを要求し、陰謀について長い書簡で書いた以上のことを詳述するためというのである。のちに逮捕された彼女は、サルペトリエールの牢獄での企みについて（さらに「ソドムすら経験していない恐怖」について）情報を提供している。ロベスピエールが彼女の逮捕を命じたという証拠はないが、彼女は、自分が蒙ったすべての苦難に関し、彼を非難している。[21]

戦争と戦争への協力の実践は、その多くが、アンシァン・レジームの戦争の実践と連続性を持っているのは当然だが、今回の戦争は、単に領土の自衛のためというだけでなく、共和国と革命の存続がかかっているだけに、大規模な戦争とならざるをえない。侵略軍と、彼らを反革命の立場から支援する勢力が、善悪二元論的な言葉遣いで言及されたのも必然だろう。すなわち、ジャコバン派は容易に敵の「殲滅」あるいは「全滅」という言葉を使ったが、これは彼らの敵も同様だった。これは確かに一つのレトリックではあるが、外国や国内の軍事組織との間でなされる戦いはきわめて重大で、結果として通常の法治体制は停止された。ジャン゠フランソワ・カルトの軍が、八月の終わり、マルセイユとその周辺で、連邦主義者の蜂起を掃討した際、国民公会の議長を務めていたロベスピエールは満足を表明している。「裏切り者たちには死んでもらおう。それは、殺された愛国者の魂が報われ、マルセイユが浄化され、臆病な敵の攻撃に対して自由が復讐を果たし、強化されるためである！[22]」

公安委員会が負った責務は、その規模において圧倒的なものだった。あとから考えると、公安委員会が敷いた「恐怖政治」は、ロベスピエールをその設計者として生み出されたときは一枚岩であった。ただ当時、国家の構築に手探り状態であたっていた国民公会の人々には、先見の明が欠けていた。実際、あらゆる証拠が示しているのは、彼らが明日をも知れぬ状態で生きていたということである。議員たちは、通常であれば不可侵と考えてきた市民たちの自由を、気が進まないながらも制限したのだが、こうした事態を強いたのは、一七九三年半ばに存在した危機の絶望的な状況と、これに対処しようにも、そのための資源も制度もなかったことである。[23]

「恐怖政治」と呼ばれる政府の体制について、国民公会がこれを決定した瞬間があったわけではない。せいぜいが、一七九三年九月五日、パリの四十八のセクションとジャコバン・クラブからの代表団がやってきて「恐怖政治を議事日程にのせること」を要求したとき、これを支持しているくらいである。むしろ、一七九二年十月以来、国民公会と公会内の各種委員会は、侵略軍や反革命を打ち破るため、また都市と農村の民衆の苦しみに立ち向かうため、そして民衆の意志を代表していると主張する活動家たちの行動をコントロールするために、一連の緊急の諸措置を積み重ねてきたのである。革命裁判所設置、国家総動員法、価格や賃金、生産の統制、封建的特権の最終的な廃止、そして包括的な権限を持つ臨時執行機関の設立は、すべてここに含まれる。ロベスピエールが公安委員会の一員となって以降の時期は、のちにはじめて使われた「恐怖政治」というよりは、国内と国外での戦争に勝ち抜くために、政府が徹底した措置をとった時期であるとした方がより正確であろう。[24]

反革命に与する者たちの心の内に「恐怖」をかき立てようとしたために、ジャコバン派は前進するよりも、歴史上の前例へと先祖返りを起こそうとしていた。少し前の一七七〇年代、王権のやり方を支持する者とこれに反対する者とが、お互いに、一世紀前の宗教戦争のイメージで恐怖を感じさせようとしていると非難していた。[25] これと同じである。実際には、「恐怖政治」などと体系だったものであるかのような言い方でのちにカテゴライズされることになる暴力のほとんどは、民衆の怒りと分裂とを国民の意志として結集し、フランスの土地で戦われている国内外勢力との戦争がもたらす究極の暴力の中で、勝利を確実なものとするための、政府による試みの数々なのである。

軍事的な危機こそが、国民公会と公安委員会にとっての最重要の関心事であった。しかし、これは二つ目の緊急事態と結びついている。急激に大規模化する軍隊に供給しつつ、同時にいかにして、特にパリのような都市の食糧需要を満たすことができるだろうか。新たな収穫があったにもかかわらず、特に軍隊への供給によって、パリ民衆は生活必需商品、とりわけパンの不足に直面した。一七九三年五月四日の法律は、諸県に対し、穀物のような生活必需品の取引が自由に行われ、各都市の食糧供給が確実になされるように求めたが、パリを囲む小麦生産地域から届く穀物はわずかな量に留まった。

ロベスピエールが議長を務めていた九月四日と五日、国民公会への直接行動が再びなされ、議員たちはやむをえず、反革命容疑者を勾留する法律を採択し、また九月二十九日には、三十九の商品に公定価格を設ける「一般最高価格法」を施行した。また、六千人のパリのサン゠キュロットからなる「革命軍」が組織された。地方でも最終的に五十六部隊編成される。この革命軍のミッションは、都市と軍隊のための食糧を挑発すること、諸税を支払わせること、反革命勢力を粛清すること、軍から脱走した兵士を探索すること、戦争協力のために教会から鉄類を押収すること、そして革命への熱意を維持することであった。[26]

一七九三年を通じて作られていった新しい国家機構は、パリにおいて政府がさらされている暴力と民衆の直接行動をコントロールする手段でもあった。一七九二年九月の虐殺の際抱いた恐怖は、国民公会に重くのしかかっていた。一七九三年五月から六月の蜂起によって、自分たちの意志を、議員の身を犠牲にしてでも強制するサン＝キュロットの力を全議員が思い出した。革命的な出来事の数々が、一七八九年の革命と一七九二年の革命を成し遂げた。そして今は、民主的に選ばれた共和政の政府が、暴力の脅威のもとに置かれている。国民の代表者たちは、もはや単なるパリの住民の受任者に過ぎないのだろうか。一七九三年九月、またもや国民公会の権威に対してなされた挑戦に対し、政府は、公共空間に対する国家統制を課すことを決めたのである。[27]

九月九日、パリのセクション会議の頻度を週二回に制限する動議が、ダントンと公安委員会から出され、国民公会はこれを承認した。会議に参加した貧民は、働けなかった二日分の賃金を保障されることにもなった。一七九二年七月二十五日、フランス全土に対して宣言されたセクション会議の常設化が、ここで終了したのである。この決定は、パリのセクションの活動家たちから強い反発を受けた。人民主権に対する攻撃に等しいというのである。彼らの立場から、ジャン・ヴァルレは九月十七日、国民公会に抗議した。「君たちは民衆の目をふさごうとするつもりか、彼らの用心深さを消してしまおうとするつもりか。」バジール、ジャンボン・サン＝タンドレ、そしてロベスピエールは、この告発に反論した。ロベスピエールは、会合で時間を費やす余裕を持っているのは、「富裕者、陰謀家、気取った男ども」であることがあまりに多いと非難している。週二回の会合だけであっても、「職人、尊敬すべき労働者階級の人々」は、十分な存在感を持ちうるだろう、というわけだ。[28]

ロベスピエールと国民公会は、女性活動家の圧力も受けていた。八月二十六日、彼は国民公会議長の座にあったが、この時クレール・ラコンブが、五月に設立された「革命共和主義女性協会」を代表して、一通の陳情書を国民公会に提出した。新憲法の導入、あらゆる職業からの元貴族の排除、政府の全行政機関の粛清、そして臨時裁判所の創設を要求していた。ロベスピエールは彼女たちの意見には全体として同意したものの、国民公会の行動が遅く、のんきだと示唆していることについては、敏感に反発した。「この議会には真の愛国心を持つ者が数多くいるのであって、この議会には疑いの余地は全くない。」九月五日、女性市民たちは国民公会の支持を勝ち取った。国民公会が女性たちに三色帽章を身につけるよう要請することになったのである。しかし彼女たちの熱意は、主要なジャコバン派を敵にまわすことになった。彼女たちの味方であるジャック・ルゥが、国民公会の影響力を削ごうとするやり方について神経をとがらせていたからである。同日ルゥは逮捕された。女性市民たちは新しい「一般最高価格法」を支持した一方で、シャボやバジールのような著名なジャコバンが汚職に手を染めていると主張し続け、さらなる粛清を行うよう求めた。十月の終わり、ラコンブは国民公会に対し、「男性からなる無数の怪物」について抗議している。ロベスピエールは、ノートに「革命共和主義女性協会は閉鎖」と書き留めている。この協会とさらに三十もの女性の政治クラブは、人民協会に対する全国的な取り締まりの一環で、閉鎖されてしまった。女性市民たちは、主要なジャコバン派議員から手厳しい反対意見を浴びせられることになる。例えばアマールは、生物学と自然という観点から次のように述べる。「それぞれの性は、それにふさわしい種類の義務と結びついている。それぞれの行動は壊すことのできない境界の中に制限されているのだ。」ロベスピエールにとってはしかし、これは単に政治上の問題なのだった。[29]

この年の九月は、国民公会と各種委員会を何重にも取り巻く危機への向き合い方という点で、ロベスピエールにとっての転換点の一つとなった。日記への私的なメモからもこの点は明らかだが、政府が直面する、相互に関係し合う軍事的危機、経済的危機、そして政治的危機に対する彼の演説や行動にもこれは現れている。十月の終わり頃には、彼は「恐怖政治的な」態度と実践をはっきりと表明し始める。革命裁判所における審理は、陪審員が「正常な分別を持っている」なら、三日以内に終了しなければならないであるとか、反革命容疑者は、その逮捕の理由の説明を受ける必要がないといった発言である。[30]

そして今や、政府諸機関は、きわめて重要な職を担う、互いに顔見知りの人々のネットワークに変わった。国家危機を眼前に、そうでなければならない圧力がより強くなった。ロベスピエールの場合、彼のネットワークはアルトワ時代から知っている人々から、パリで出会った知り合いや友人数百人へと広がった。一七九三年九月、革命裁判所のメンバーに任じられた人々の中には、彼がアルトワ時代から知っている人たち（裁判長エルマンと裁判官のル・フェッとランヌ）がいたし、パリのジャコバン派周辺の知己（家主のデュプレとジョアシャン・ヴィラット〈息子の方〉は六十人の陪審員の中にいた）も含まれる。十二月九日（革命暦では共和暦二年フリメール十九日）、カルノはロベスピエールの古い友人アントワーヌ・ビュイサールに手紙を書き、彼をアラス市の市長に指名し、次のように述べて彼を安心させた。「われわれの友情というよりはむしろ、君の共和主義者としての信条と能力が理由でこうなったのです。」デュボワ・ド・フォスは、アラス・アカデミーでの書記官としての素晴らしい働きでロベスピエールもよく知っている人物だが、彼は公安委員会総書記官の職を打診され、断っている。マルク＝アントワーヌ・ジュリアンは、ロベスピエールにとって親しい友人夫妻の十八になる息子だが、彼は公安委員会の特別係官という重要な役割を与えられ、ブルターニュ地方、ヴァンデ地方、そしてボルドーに視察に向かっている。[31]

ロベスピエールが「多かれ少なかれ才能のある愛国者」のリストを作成したのは、おそらくこの時期であった。彼らは職人、小売商から法曹家、政治家まで職業的な混成集団であり、ジュリアン（十八歳）やサン＝ジュスト（二十六歳）、クロード・ペイヤン（二十八歳）からマルシアル・エルマン（四十四歳）やモリス・デュプレ（五十七歳）まで年齢順に整理されている。この体制の制度的な基礎は、革命の各執行機関や革命裁判所は、彼らのようにその能力や人間性に釣り合った徳を有している愛国者によって構成されているという前提にある。ロベスピエールはある日、デュプレに革命裁判所で何が起きているのか訊ねたようだ。デュプレは「マクシミリアン、私は君が公安委員会で何をしたかについて、知ろうとしたことなど一度もないよ」と答えた。ロベスピエールは彼と心を込めて握手をした。[32]デュプレは、その裁判のプロセスを、政治的な圧力から守っているのだとロベスピエールは彼を信頼したわけだが、革命の諸機関に勤める人々が、みな常にこのように誠実であったわけではない。抑圧を実施する大前提は、それを履行する人間の誠実さであるとロベスピエールは確信していたが、恨みを晴らしたり、残虐行為を行ったりする輩は、間違いなく存在した。

一七九一年、ロベスピエールは報道の自由の最も雄弁な擁護者の一人だった。意見表明の自由を制限するよりも、「中傷」が広く拡大する方がましだと考えていた。一七九二年から一七九三年の冬の間のジロンド派との激しい争いを経験し、とりわけ内務大臣だったロランがジャコバン派への攻撃を拡大するために公金を流用しようとしたことを知り、ロベスピエールは考え直したのである。絶望的な軍事危機、そして武装した反革命運動に直面している状況で、九月十七日の「反革命容疑者法」は明確に、「その行動、人間関係、話したこと、書いたことによって、専制や連邦主義の支持者や自由の敵であることが明らかな者たち」を勾留したり、彼らに圧力を加えたりするために使われるようになる。[33]言葉、行動、あるいは地位を通してアンシァン・レジームとつながりを持っている者、もしくは政府を批判したり生産物を隠匿したりなど、反革命的な言動で告発された者たちを対象に、監視委員会による「反革命容疑者」の逮捕がなされた。

にもかかわらず、いわゆる「独裁」という言い回しが連想させるようなやり方で、完全に統制され、検閲を受けた新聞は存在しなかった。実際、国民公会では、議員たちがこの点についての不満を表明し続けている。確かに一七九三年から一七九四年のパリにおける新聞の数は、およそ六十紙から五十紙へと減っている。しかしこれらの多くが、掲載する報告を選別したりニュアンスを変えて、時に王党派的な観点すらも取り入れながら、現体制に関する批判を続けていた。王党派の新聞のいくつかは、そのタイトルを変えながら、一七九四年まで存続している。これらの新聞は、年の初めの国王裁判の最中にはルイ十六世を懸命に応援していたし、今やマリ＝アントワネットと逮捕されたジロンド派のために、これを支持する報道を行っていた。ヴァンデや連邦主義者の反乱の勝利をあからさまに応援することはできなかったものの、蜂起した人々の声明を報道記事のかたちで公表することで、目的を果たしていたのである。[34]

公安委員会は公然となされる批判に免疫を持っていなかった。ノール県選出の議員フィリップ・ブリエズは七月、ヴァランシエンヌ市が降伏した際この町にいたのだが、九月二十五日、必要な予防策をとらなかったことを取り上げ、公安委員会を激しく非難した。国民公会内の公安委員会批判勢力はこの機会を捉えて、ブリエズを公安委員会に加えるよう要求したが、ブリエズは能力の欠如を理由にこれを拒否した。ロベスピエールはひどく立腹し、ヴァランシエンヌで部隊を見捨てたことでブリエズを攻撃した。公安委員会を批判する権利はある、しかしそれは自らの義務を果たした者だけだ。

二年にわたって、十万人もの人が裏切りと柔弱が原因で虐殺されてきた。われわれを滅ぼすのは裏切り者に対する柔弱である。人は、最も重大な犯罪者、祖国を敵の剣のもとに譲り渡そうとする者たちに哀れみを感じているようだが、私は、有徳ながら不幸な人についてだけ、哀れみを覚える。抑圧されている無実の者についてだけ、哀れみを感じる。ひどい悪意によって殺されてしまう寛大な人々の運命だけを、哀れに思うのだ。

ブリエズはこの暴発で逮捕されることはなかった。ロベスピエールは全力で国民公会を説得し、公安委員会の任期を更新することに成功した。大きな負荷のかかる政治的な対立を乗り切るストレスと、破壊的なまでの仕事量が合わさって、身体に変調をきたすのは、ロベスピエールにとってはじめてのことではない。九月十九日から二十三日、九月二十六日から十月三日の時期、彼は病気だったようだ[35]。公安委員会メンバーの任期と停止している憲法の扱いは、常に国民公会議員たちにとって重い課題だった。十月八日、ロベスピエールは、憲法の部分実施への動きに反対意見を表明せざるをえなかった。「憲法を部分的に機能させることで、革命的諸措置の効果を鈍らせ、フランスを敵の手に、彼らの望みを満たして、引き渡すことになる。彼らの声を聞きたまえ。「愛国者たちを引き裂こう、国民公会の解体を実現しよう」である。市民諸君、将来世代に賞賛を受けるであろう憲法を、その全体として有効にする前に、平穏を取り戻そう。」反革命を打ち破るための諸措置と、一七九三年憲法の中に埋め込まれた諸価値への議員たちのこだわりとの間にある緊張関係が、共和暦二年の政治の核にあった[36]。

逮捕されたジロンド派議員の立場はとりわけ弱かった。もし一七九二年の冬、戦争について欺瞞を口にしなければ。ジロンド派の将軍デュムリエが敵に寝返らなければ。ルイの処刑を妨げようとしなかったなら。そしてもし、最悪の軍事的危機の時に、連邦主義者の反乱を煽るようなことがなかったなら。連邦主義者の反乱でジロンド派議員が果たした役割によって、パリで拘禁されている者たちには、彼らの目的はこの国内外の危機に乗じて共和国を崩壊させることだという非難が浴びせられることになった。八月二十七日のトゥロン降伏という衝撃的なニュースは、九月二日にパリに伝わり、即決裁判への要求が高まった。ただ、デムランやビヨ、アマールに主導されたジャコバン派議員が、共和国に対してなされた組織的な陰謀の罪で告発された六十名以上のジロンド派に対し、断固たる攻撃を開始したとき、ロベスピエールはこうした行動の結果をできる限り緩和しようと行動している。ビヨは、ジロンド派を滅ぼす措置を国民公会に強く促す提案をするが、ロベスピエールはこれに反対する。理由は、結果として国民の代表者たちを分裂させることになるからであった。そして彼は、次のように主張して、支持を受けている。他に七十五人が、逮捕に抗議したことで拘束されているけれども、彼らは裁判にかけられるべきではないというのだ。彼は「逮捕されてしまった者たちの中には、良き信条を持った人間が多くいる。彼らは歴史上見たことのないような最悪の偽善的党派によって誤って導かれてしまった者たちだ」と強調している。[37]

一七九三年三月十四日、ロベスピエールは、革命裁判所が敵対する諸党派の要求によって破壊されてしまわないように、「陰謀」に対するより厳格な基準を要求していた。しかし、自分たちの背信を隠すため、陰謀家たちが「祖国」への愛についてまやかしと嘘の宣言を行う場合、明らかな証拠はいかにして見つけ、使えるだろうか。ラファイエットとデュムリエの両将軍が反革命的であるのは、彼らが敵に寝返ったからであるが、彼らの影響力が依然としてどれほど広く共和国内に普及しているかを、いかにして知ることができるのか。十月のブリソとジロンド派の裁判が行われる中、ロベスピエールらは、説得力ある歴史上のある事例を持ち出した。紀元前一世紀のローマで、カティリナに率いられたアリストクラート的一派が権力を奪取しようとした試みと、それに対するキケロによる迅速で厳格な行動である。キケロ自身による説明は、ロベスピエールの世代がルイ＝ル＝グラン校で受けた古典教育の中心要素であったが、そこではカティリナら陰謀家たちの邪悪さと不誠実さが強調されていた。[38]

三月十日再設置された革命裁判所は、ロベスピエールが公安委員会に参加する以前に、すでに五十人に対して死刑を宣告していた。しかし、この数は一七九三年の最後の三カ月に増加する。革命裁判所で告発された三百九十五人のうち百七十七人がギロチンで処刑された。革命だけでなく、有力なジャコバン派の主要な敵として、政治裁判で有罪を宣告される数がどんどん増えてきた。マリ＝アントワネットは十月十六日に処刑され、その三十一日には十九人のジロンド派が続いた。彼らは革命の暗転すべてに責任ありとして告発されたのだ。オランプ・ド・グージュは十一月三日、ルイ十六世のいとこフィリップ＝エガリテは七日に処刑された。一七九二年八月、自分とマクシミリアンとの距離に失望を口にしていたマノン・ロランは、一年ののち、今度は牢獄の中で、「内気」で「嫉妬深い」男に対して不満をぶちまけていた。彼は「下品な声」の持ち主で、「非常に残酷な人」であり、彼女が負うことになった苦難に責任があるとみなした人物である。[39]彼女は十一月八日にギロチンで処刑される。二日後、彼女の夫は、隠れ住んでいたルアン郊外に広がる田園地帯の小道で自殺した。さらに処刑は続く。一七八九年六月に「テニス・コートの誓い」を司ったバイイは十一月十一日、バルナーヴは二十九日、王政復活の陰謀を企てたとして告発された二人のジロンド派リーダーであるジャン＝ポール・ラボ・サン＝テティエンヌとアルマン・ケルサンは十二月五日に、それぞれ断頭台に上った。

十月以降、ロベスピエールの精神世界は、消えることのない陰謀への懸念でいっぱいになってしまった。悪徳と美徳は「対立する精神」である。今や彼は、国内外の共和国の敵は同盟しているものと見ており、革命の開始以来、フランス国内における真の反革命的な徒党は、オーストリアやイギリス、プロイセンの企みと結びついていたのだと主張した。一七九三年、軍事的な敗北から食糧蜂起にいたるまで、あらゆることに共通するのは、ピット〔当時のイギリス首相〕であり、外見は様々だがすべての国内の「偽の愛国者」は彼とつながっている、こう確信を持っていたのは、ロベスピエールばかりではなかった[40]。

フランスには、理由にかかわらず、避難先を求めるすべての外国人にとっての亡命先となってきた伝統がある。政治亡命も含め、この伝統が戦時においても同様に試されることになる。一七九三年憲法の第百二十条によれば、「フランス人民は、自由の大義のために追放された者たちに避難場所を提供」するはずだが、憲法の他の条項と同様に施行停止となっていた。フランス在住の外国人集団は、北東部のリエージュなどからの避難民や侵略軍からの脱走兵によって増大していた。ロベスピエールは、初期の頃は、ヨーロッパ中からの政治難民を歓迎していたが、一七九三年も終わり頃になると、次のように結論づけている。フランスに敵対する外国の政府は、「自国にいる知恵の働く悪党どもをフランスに吐き出してきた。これら秘密工作員は、われわれの軍隊を依然として汚染している。……彼らはわれわれの行政、われわれのセクションの会議を注意深く観察し、われわれの政治クラブの中に潜入している。彼らは国民代表組織の聖域にすら座席を占めているのだ。彼らはこうしたやり方で現在反革命を主導し、これからも常に主導していくだろう。」個別の例外は多く存在した。革命に賛同していたベルギー人たちは、他の外国人ほど厳しく扱われることはなかった[41]。ロベスピエールは、リエージュなどにおける革命運動をフランス革命の拡大と考えていたからである。しかし、この「外国による陰謀」は彼を消耗させることになった。

ブリュメール二十七日（十一月十七日）、ロベスピエールは数カ月ぶりに重要な演説を行った。公安委員会を代表してなされた「共和国の政治的状況に関する報告」である。まず彼が言及したのはイギリス政府についてである。ルイ十六世に代えて、（ダンケルクを占領していた）ヨーク公をフランス国王に立てようとしたことから、合衆国と同じように南部フランスを連邦制へと変えようとしたことまで、すべてについてイギリスを糾弾した。また、ジロンド派がイギリスと結び、サン＝ドマングの奴隷たちを武装させ、フランスの植民地を破壊しようとしたと非難した。[42] ロベスピエールは、他の諸国からの有効な支援がないことを嘆いた。これは合衆国への外交使節だったブリソの悪意と、「フランスの有効で忠実な同盟国」トルコにおけるイギリスの術策のせいであると非難した。オーストリアには、もしフランスが敗れた場合、ロレーヌ、アルザス、そしてフランス領フランドルを併合する計画があった。「他の場所、ルシヨンやフランス領ナヴァール、そしてスペインに国境を接している諸県もスペイン国王への献上が約束されている。」重要な政治声明と同様に、政令や報告書も「すべての言語に翻訳され印刷され、共和国中、また諸外国にも配布され、世界に対し、フランス共和国の諸原理と、共和国の敵によって、全民族の全体的な安全に対してなされている攻撃について明らかにすべきである。」この演説は英語、ドイツ語、イタリア語、スペイン語に翻訳され、印刷された。たとえば英語版はロンドン、ベルファスト、ニューヨーク、フィラデルフィア、そしてボストンで出版されている。[43]

フリメール十五日（十二月五日）、ロベスピエールは再び国民公会で、公安委員会を代表して報告を行っている。今回は、フランス革命の「不道徳性」に対する自衛同盟であるとするヨーロッパ諸国の君主たちによる宣言への応答というかたちをとった。彼はまずその欺瞞を、「カトリーヌの貞節」を取り上げてあざ笑った。しかし彼は、ここでも再びイギリス人に対する怒りを表明し、次のように述べている。「厚かましく下劣なイギリス人よ、おまえたちは代表制というが、それは金で買われていることは、おまえたちにも分かっている。おまえたちには、お気に入りの格言がある。いわく「議員としての資質は製造できる。君の羊から羊毛がとれ、君の工場から鋼鉄を作れるのと同じように。」

……これでおまえたちは、よくも道徳や自由について語れるものだな！」激しい戦いの末に自由を守ったことをもって、彼はこの国をかつては賞賛していたのだが、今やイングランドは、外国によるあらゆる陰謀の揺りかごになり、同時に「共和国の星が消し去るだろう卑しむべき流星」になってしまったのだ。ロベスピエールのこのイギリス政府に対する憤りが、一般的な嫌悪感（「私はイギリス人が好きじゃない」）につながることもあったが、彼自身は、一七九四年一月三十日にジャコバン・クラブで、「イギリス人が自由であることが分かったら、われわれの尊敬と友情を示すことになろう」とも強調している。[44]

ロベスピエールは、回想録や日記を書いてはいないけれど、彼の残した書類の中に、一七九三年の最後の数カ月にまとめたノートがある。要するに、公安委員会が迅速に行うべき行動リストである。[45] 任務を与えられたり、説明を求められたりしている個人や団体に関わるものだった。他に、経済的、社会的ニーズが高まっている民衆のための施策もあった。「共和国のために戦って亡くなった兵士の妻や子どものための生活保障」「大商人に課税することで、小売業者の商売が成り立つようにする」といったことである。なによりも、彼は政府にとっての四つの「重要課題」を挙げた。食糧供給、戦争、公共精神と陰謀、そして外交である。これらすべてに関わるのが、市民的精神を強化し、統一を傷つける者たちの正体を暴く仕事である。これだけが、「革命を、人民の利益になるようなかたちで、迅速に終わらせる唯一の方法」であった。

彼はまた、「非キリスト教化」の暴力が爆発するのを抑えるのも急務だと考えていた。「朝夕のミサを禁止するという［パリ市］当局からの政令を破棄する」と彼はノートに書き込んでいる。「非キリスト教化」は、当初ニエーヴル県とアリエ県でフシェが実施した。そして、一度は国民公会もこれにつられて、ブリュメール十六日（十一月六日）、市町村がカトリックの戒律を破棄する権利を持つとした政令を発した。[46] 非キリスト教化と信者の諸権利についてのロベスピエールの態度は、非常に実際的だった。非キリスト教化が行き過ぎれば、民衆の信仰を破壊し、不必要な結果を生むことになるというのだ。彼には、カトリックそれ自体を擁護しようという特別な望みはなかった。彼は、公安委員会から全国の人民協会への十一月の回状の中で、「死滅しつつある狂信の痙攣」について触れたが、「あとに残された者たちは、今度は自分たちで前に進む力が必要だ。彼らを脅かすことは、後退へと彼らを誘うようなものだ」と忠告している。[47]

ブリュメール二十日（十一月十日）、パリ市当局の主導によって、「自由の祭典」〔理性の祭典の誤り〕が、かつてのノートル＝ダム大聖堂で執り行われた。二週間後、パリ市当局は、現状を追認するかたちで、パリ中の教会の閉鎖を決定した。閉鎖の二日前、ロベスピエールは、ジャコバン・クラブでこの決定の危険について印象深い演説を行い、支持を集めた。彼は次のように主張している。国民公会は「平和を好む聖職者が迫害されるようなこと」を許すべきではない。「司祭たちは、ミサをしたことで非難されている。もしミサを禁じられれば、彼らはさらに長くミサを行うようになろう。彼らがミサをすることを妨害しようとする者は、ミサをする者よりも狂信的である。」彼は、「コレージュの時代から、私は模範的な信徒とは到底言えない」と認める。ただ、「もし神が存在しないのであれば、それを発明する必要があるのではないか」と考えていた。[48]

戦争協力のために有益なものを徴発することは必要だという点には、彼は同意していた。フランスにある六万の尖塔に取り付けられている多くの鐘は押収され、溶解された。しかし、こうした押収は、非常にしばしば、外国の中立国やフランス国内の無数の信者たちに、無意味な敵意を抱かせるような行動を伴った。フリメール十四日（十二月四日）、クトンは、リヨンとピュイ＝ド＝ドームでの自身の仕事に満足の意を表明して、「狂信と宗教に対する完全なる勝利」を目撃したと報告した。たとえばイソワールでは、「人民協会」が、二百にも及ぶ聖像の火刑を実施した。攻撃されていたのは「司祭たちの思い上がりと人民の誤解」であり神自体ではないと彼は強調したが、ロベスピエールにとっては危険は明白である。二日後、彼は国民公会に対し、宗教的礼拝の自由に関する法案を提出した。この法案は即座に可決している。この法により、全国の市町村当局は、「自由という理想を傷つける口実に、宗教を利用しようとする者たち」に対するのと同じように、礼拝の自由を脅かす者たちに対しても厳格に対処することが決められたのである。[49]

ロベスピエールは絶好な類例を手にした。プロイセンの元貴族で、現在はジャコバン派、アナカルシス・クローツの名で知られるヴァル゠ド゠グラースのジャン゠バティスト・クローツ男爵である。彼はしばしば「人類の雄弁家」ともいわれた。一七九二年九月にフランス市民となった者の一人であり、オワーズ県から国民公会に選出された彼は、非キリスト教化運動に個人的に関わったことがあった。クローツは、汚職に手を染めた廉で、フリメール十七日（十二月七日）に革命裁判所で死刑を宣告されていた銀行家ヴァンドニヴェールと取引したとされ、嫌疑をかけられることになった。ロベスピエールは、クローツを、フリメール二十二日（十二月十二日）のジャコバン・クラブで激しく非難し、「ジャコバン・クラブからのすべての貴族、司祭、銀行家そして外国人の排除」を要求し、支持を得ている。「ドイツの男爵を愛国者と考えることができるのか。十万リーヴルもの収入を持つ人物をサン゠キュロットとして見ることができるだろうか。」[50]

非キリスト教化運動への攻撃は、ロベスピエールとダントンによって、パリ市当局と、ジャック・エベールのような暴力を好む傾向にあるパリ市の役人たちの政治的な影響力を削ぐために立案された、より広い一連の動きの一部であった。この動きには、フリメール十四日（十二月四日）の革命政府の設置を決めた法も含まれる。表向きは、効果的に官僚組織の監視を行うという目的を持っていたが、より重要なことは、この法律によって中央権力の権威を確立したことである。公安委員会では、非キリスト教化運動を拡大し、必要もないのに農村の住民とトラブルを起こす革命軍のやり方に懸念があり、この法律は革命軍の活動停止もうたっている。[51]

一七九三年を通じて、国民公会は緊急事態への対応を整えてきた。国家の戦時体制を作り、諸外国の反革命を撃退し、中央権力が政治的主導権を握ることが目的であった。この年の終わりまでに現れた効果は劇的だった。若き砲兵隊将校ナポレオン・ボナパルトに率いられた共和国軍が、トゥロンを奪回したし、北東部では十月十六日にヴァティニで、南方では九月十七日にペルピニャンの真北に位置するペレストルトで、外国軍が大きな反撃に遭っている。多大な人命の犠牲を払ってではあるが、ヴァンデの反乱は封じ込められ、他の反乱も鎮圧された。「一般最高価格法」は、十分に実施されたとは言いがたいが、経済衰退の流れは反転し、アシニア紙幣の価値は、数カ月のうちに、一七九〇年の額面の三十六％から四十八％に回復したのである。

多くの県で、暴動がくすぶっていたり、あるいは爆発したりした。しかし、公安委員会や国民公会からの度重なる要求は、多くの地域で、迅速ではないにしても、受け入れられた。ヨンヌ、オード、タルン＝エ＝ガロンヌ、ロ＝エ＝ガロンヌ、クルーズ、そしてドルドーニュといった諸県では、派遣議員が、公平な配給や反革命容疑者に対する的確な対処を通して、非常に困難な状況にあっても、相対的な平穏を維持することに成功していた。[52] 派遣議員のもう一つの仕事は、諸地方において「人民協会」を創設することであった。全国で五千三百ほどある協会のうち、三千ほどがこの一七九三年終わりの数カ月に創設された。ロベスピエールは、これらの協会で圧倒的な人気を誇った。ただし、いくつかの地域においては、この人気は心からの支持というよりは、賢明なる選択の結果である場合もあった。[53]

以上のような好転の兆しと同時に、国民公会や各種委員会にもたらされるニュースは、こうした成功のコストが、尋常ではなく高くついたことを知らせていた。ナントやリヨン、アラスからさえ、無差別の殺害があったことが報告されていた。もっと悪いことに、こうした殺害の責任者たちは、それが合法だと信じているように思えることであった。公共の安全のためならなんでも許されるのか。革命の国内の敵に対するこのようなストレートな反応は、国家そのものが崩壊しつつあるというパニックから生じていたが、ジャコバン派や軍隊が、諸都市や諸地域をジロンド派や反革命から救い出す場合に、報復的で、時には血も凍るような処罰が行われ、そこでは常に殲滅という言葉が使われた。[54]

アラスでのマクシミリアンの知り合いの一人が、コレージュの教師だったジョゼフ・フシェである。彼は、ジロンド派からエベールへの熱心な支持まで、風見鶏のように自身の政治的立場を変えてきた人物で、またアリエ県やニエーヴル県では、非キリスト教化運動を主導した。リヨンでは、コロ・デルボワとともに恐怖の弾圧を実施し、パリに戻った際、ロベスピエールからその行為の説明を求められている。ポール・バラスは、この時フシェに同伴し、ロベスピエールの部屋に行っているが、これを迎えたロベスピエールの冷淡で、軽蔑し切った態度を数十年後に回想している。この時フシェらが行った弾圧では、千八百人の処刑が行われ、これほどの事態はヴァンデを除くと見られないものだった。公安委員会と国民公会は、コロとフシェの派遣の際、「即時、軍事的に、リヨンの反革命を処罰するため」の「白紙委任」を与えていたのだ。この政令は、富裕者の家屋すべてを破壊することも命じていたが、その曖昧な規定は、他の反乱拠点への見せしめとなることを意図していたかどうか、ともかく派遣議員たちはこれを額面通り受け取り、彼らを助ける当地のジャコバン派と協力して、弾圧を行ったのである。[55]

いくつかの非常に大きな勝利がもたらされつつあり、しかし依然として不透明な状況が続いていたまさにこの時、ロベスピエールにとって非常に親しい同志であるジョルジュ・ダントンとカミーユ・デムランは、方向性の転換の時機が到来したと考えた。かつて修道士だったフランソワ・シャボは、現在は活動的なジャコバン派であったが、反革命の疑いをかけられているオーストリアの銀行家の妹と結婚したことで、彼自身疑惑の渦中にあった。その彼が、十一月十四日、直接ロベスピエールの下宿先を訪れ、ジャコバン派のリーダーたちを堕落させようとする陰謀が企まれているという作り話をしたとき、闘争が幕を開けた。翌日、彼はバジールとともに公安委員会にやってきて、貴族の金融業者で、外国の重要なスパイであった反革命家のバス男爵が、東インド会社解散に伴って生まれた資金を流用し、エベールとその仲間たちを雇い、過剰な暴力行為を計画して、共和国を衰えさせようとしていると訴えたのである。さらに悪いことに、シャボは、ジョルジュ・ダントンの関与も示唆した。ダントンは数日前、結婚したばかりの妻とともにオーブ県のアルシスに引きこもっていた[56]。

ロベスピエールは、この古くからの同志ダントンを、その行動と人間関係が疑わしいとする非難に対し擁護しなければならない場面が、過去に何度もあった。七月、ダントンがマルセイユのある堕落した市役人をかばったとする非難に対して、ロベスピエールは反論し、「自由の大義のためにそのすべての人生を捧げてきた」人物を中傷することの危険を警告している。八月には、ロベスピエールはダントンを擁護して、アンラジェのルゥやルクレールを批判しなければならなかった。「これら変節者たちは、かつて愛国者だったこともあるが、今や人民にとって一番最初から味方だった人物をつぶそうとしている」と主張した。そして、彼がパリに戻った際、ジャコバン・クラブが彼を即座に除名しようとする動きを止めなければならなかった[57]。これに応えるように、今度はダントンが、ロベスピエールによる非キリスト教化運動への批判を支持している。ダントンは同時に、「人の血は可能な限り流されるべきではない」ことも要求している。ただダントンに不平を漏らす者もいたが、ロベス

ピエールは再び彼を擁護したのである。実際、彼は早くからデュムリエやブリソ、その共犯者たちに対峙していた。しかし、

人民の敵に対する多くの勝利は、彼のおかげだ。彼の政治的な活動について私はこう断言できる。私はダントンを見てきた。……彼は常に一貫している。彼の愛国的な態度は常に変わらない。われわれの間の違いは、唯一気質の違いに由来するものだ[58]。……

カミーユ・デムランに対するスタンスも同様であった。フリメール十四日（十二月四日）法司決の翌日、デムランは新聞『ヴィユ・コルドリエ』を発行した[59]。ロベスピエールの支持を得た最初の二つの号は、エベール派と非キリスト教化運動を批判していた。ただデムランは、フリメール二十四日、ジャコバン・クラブにおいて、ジロンド派について「彼らは共和主義者として死ぬ、ちょうどブルータスがそうであったように」と、同情的な書き方をしたという理由で批判された。ロベスピエールはここでも、友人であり、革命家である彼を擁護しなければいけないと感じた。確かに彼は、ミラボやラメット兄弟と親しい関係にあった。ただし、「私は彼とコレージュで知り合った。彼とは同級生なのだ。彼は当時、熟慮に欠けつつも、才能のある若者だった。それ以降、カミーユは共和国に対する最も大きな愛情を育ててきた。……たった一つのことをもって、彼の精神を見てはならない。すべてを考慮に入れなければ。彼について判断するのであれば、その全体を見よ[60]。」ロベスピエールは、デムランが一七八八年に、『フランス人の哲学』の中ですでに共和国を擁護していることを持ち出した。「当時、私は片田舎にあって、この著者が私のコレージュ時代の同級生の一人であることを知って、密かに喜ばしく思ったものだ。」

身体の自由に対して加えられていた規制、特に多くの反革命容疑者の拘束について、その緩和を求める声は、別の方向から聞こえてきた。フリメール二十二日（十二月十二日）の夜、多くの女性が、自分たちの夫の拘束に対して抗議するために国民公会の演壇に現れた。フリメール三十日には、より大規模の、中身も多様な、おそらく五十名ほどからなる女性の集団が現れた。そこには「解放都市」（かつてのリヨン）からの数名の女性、さらにパリで拘束されている者たちの母親、妻、娘、姉妹らがいた。彼女たちが求めていたのは、「すべての無実の勾留者の自由、人の過ち、激情の犠牲者たちの自由」であった。彼女たちは、国民公会が保安委員会に対し、フリメール二十二日の訴えについての報告を三日以内にするよう命じたにもかかわらず、すでに八日経っていることにも注意喚起した。この声におされるようにして、ロベスピエールは、国民公会が、公安委員会と保安委員会のメンバーからなる一つの委員会を創設し、すべての拘束者について迅速に調査し、無実とされた者を釈放するよう提案した。それから一週間経ったが、ロベスピエールとバレールは依然として、この委員会を誰が構成するかについて、意見の一致を見ないでいた。ロベスピエールは「ピット氏」が歓喜するだろうと強調し、牢獄に無実の愛国者がいるという点に依然として確信を持てないと述べた。結局、ビヨが委員会創設に反対し、このアイディアは実現しなかった。[61]

フリメール二十五日（十二月十五日）の『ヴィユ・コルドリエ』の第三号は、トーンが変わった。風刺と古典的寓意が満載で、専制的な体制は「一人の犯罪者を自由にするよりも、むしろ何人もの無実の人を処刑する」という政策を実行するものなのかどうか、といったきわどい疑問を提示していた。ロベスピエールがこれまでに使用してきた有名な格言が、逆に嘲笑された。デムランは、革命政府がティベリウスの専制のようだということを匂わせるために、タキトゥスを見事に引用している〔ローマ帝国第二代皇帝ティベリウスはタキトゥスの『年代記』において専制的な皇帝として描かれている〕。国民公会では、公安委員会のメンバーの交代と牢獄の開放を求める声が高まっていた。

　第四号はフリメール三十日（十二月二十日）付だが、ニヴォーズ四日（十二月二十四日）になってようやく刊行された。こちらは前号よりもさらに過激な内容である。エベール派からの反撃に応えつつ、デムランは、今や寛大な措置を、ロベスピエールに求めるようになっていた。「君はギロチンという手段を用いて、君の敵すべてを取り除こうとしている。今までに、これほど巨大な愚行があったろうか。一人の人間を断頭台で亡き者にする。それは必ず、その人物の家族や友人の中から敵を十人作り出すのだ。」革命の真に危険な敵は、今や死滅したか、追放されてしまった。危機は去ったのだ。「恐怖を持続させねばならないと君に吹き込む輩とは、私は全く異なる考え方をする。」この号は、ロベスピエール個人に直接宛てた呼びかけも含まれ、ルイ＝ル＝グラン校でともに学んだ日々を振り返っている。「ああ、コレージュ時代の昔のクラスメイトよ。君の感銘を与えるスピーチは、後世の人々によって再び目にされることだろう。歴史と哲学の教訓を思い出してくれ。愛は恐れよりも強く、また長く続くということを……」この号を見事に締めくくった故事が、昔のクラスメイトの心を、揺さぶらなかったはずはない。

　デムランとダントンの運動は勇気のいる、また慈悲深い行動であったが、驚くほど的を外してもいた。というのも、危機は明らかに終局からはほど遠い状態にあったからである。十一月の終わり、オシュ将軍の軍隊は、カイザースラウテルンでひどい敗北を喫していた。フランスの国境沿いでは、住民が占領軍の直接の支配下にある町や村が数多存在した。コリウールはその一つである。この町はアラスから見てフランスの反対側にあり、二千三百人の住人のほとんどがカタルーニャ系で、ワイン醸造、漁業、そして地中海沿岸地帯の商取引で生計を立てていた。[62]彼らはそもそも一七八九年の革命を、教会改革が十人の司祭と修道士の逃亡を招いたにしても、権利の宣言、その後の封建的諸特権と領主権の廃止ゆえに歓迎していた。フラマン人やアルザス人、プロヴァンス人、バスク人といった他の国境付近の地域に住む人々と同様に、コリウールの人々は当時、共和国の存続のための絶望的な戦いの苦難を生きていた。フランスの駐屯軍とともに、コリウールの民衆は、一七九三年五月からスペインの包囲に抵抗を続けていたが、十二月二十日、スペイン軍に降伏し、町を占領されてしまう。六月の終わり、包囲の最中に行われた公的な会合では、公式にジロンド派議員（この地域選出の議員ビロトを含む）追放を非難していたものの、七月の終わり、一七九三年のジャコバン憲法はカタルーニャ語に翻訳され、小教区教会に集まった百三十五人の市民による全会一致で承認されている。コリウールの抵抗運動は、ジャン＝ポール・ベルジュによって指導されていた。彼は革命前、アラス・アカデミーの書記官デュボワ・ド・フォスが管理していた全国通信網の中で、アカデミーとやりとりしていた者の一人である。一七九三年終わりという時期は、ルボンがアラスで暴力的な弾圧を行っていたので、デュボワも不安を感じていた。ベルジュは十二月十二日、コル・ド・バニュルでスペイン軍と戦って死んだ。コリウール包囲は破壊的なものだった。農作物は壊滅的な打撃を受け、港は封鎖され、早い時期から数百人が死んでいる。フランス国境付近の他の市民たちと同様に、コリウール市民であれば、危機は去ったなどというデムランらの主張は、実際には理解しがたいものだったろう。

ロベスピエールや全国の共和主義者の政治家や役人にとって、毎日が不確実性、混乱、恐怖がないまぜになった渦に巻き込まれているようなもので、固い意志と激務によってなんとか乗り切っている状態だった。デムランのアピールの翌日、一七九三年のクリスマス、ニヴォーズ五日に、ロベスピエールは「革命政府の原理」、そして「その敵に対する自由のための戦い」について、重要な政治演説を行った。

憲法によって作られた政府の主要な関心は、市民個人の自由である。そして革命政府の主要な関心は、公の自由なのである。憲法に基づく政府においては、国家の欺瞞に対して個人の自由を守っていればほぼそれで十分だった。ところが、革命政府のもとでは、国家は、国家を攻撃する徒党から自身を守らねばならない。革命政府においては、国家の防衛は良き市民にかかっている。人民の敵たちがもたらすのは、唯一死だけである。

問題は、ダントンとデムランが「人民の敵」に含まれるようになったのか否かということであった。

第十一章　「変節する者たち」――パリ一七九四年一月〜六月

デムランはロベスピエールから学ぶことはなかったし、そうしたいとも望んでいなかった。彼は、ニヴォーズ十八日（一七九四年一月七日）、『ヴィユ・コルドリエ』第五号でなされたピエール・フィリポへの惜しみない賛辞について申し開きをするため、ジャコバン・クラブに呼び出された。フィリポは、サルト県選出の議員で、特に議員ジャン＝バティスト・カリエによってなされたヴァンデにおける弾圧の苛烈さ、あるいはリヨンにおけるコロ・デルボワの殺戮の激しさについて、公の場で非難したことで、徐々に反革命を疑われるようになっていた[1]。ロベスピエールは、政府の同僚たちとの関係重視と、フィリポが正しいかもしれないという怖れとで、板挟みの状態だったが、デムランに対しては、「革命政府と愛国者に対するフィリポの中傷」をコラムに載せたことについて批判した。しかし結局、ロベスピエールは、デムランの中に優秀だが時として気まぐれな愛国者を見ようと努力し続けている。

デムランは、何人かが彼に対して煽り立てているような厳格な措置に値するようなことはしていない。悪辣な犯罪者のごとく彼を罰しようという雰囲気自体が、自由に背く行為であるとすら思う。……

デムランを、かつては気立てが良かったが、悪いつきあいを通じて誤った方向に導かれてしまった軽率な子どもとして扱うのが、自由にとっても良いことだろう。ただ、彼が自分の愚かな行為すべてについて後悔していることを示すことを、われわれは要求する。……デムランがこれほどに頑固でなかったなら、私もこれらの真実について語ることはなかったのだが。……

ロベスピエールは、新聞を焼いてしまうことを要求したのだが、デムランはこれに反論した。「素晴らしい演説だったが、ロベスピエール、私は君にルソーのように答えよう。「燃やすことは答えにはならない」と。[2]」ロベスピエールは傷つき、そして怒った。彼らが共有する教養であるタキトゥスやキケロから故事を引用し、辛辣な批判をデムランに向けた。「君は、アリストクラートが喜ぶようなことをやって、それをなお正当化しようとするのか。カミーユ、もし君がカミーユでないのなら、人民は君に対してもはや寛大ではなくなるぞ。言葉の響きに惑わされて、デムランは、フィリポが『フィリッピカ』の著者〔つまりキケロ〕だと考えている。しかし誤解だ。彼が書いたものは、あくまで『フィリポティカ』だ。」ダントンはすぐにデムラン擁護にまわり、報道の自由の重要性を強調した。翌日、ジャコバン・クラブは『ヴィユ・コルドリエ』の様々な号について検討を始めた。そんなことにほとんど意味はないと、ロベスピエールは結論づけている。

手強い批判を駆使して、〔カミーユは〕われわれの敵に対する最も恐ろしい攻撃を加えている。そして最も辛辣な風刺を使って、彼は最も尊敬に値する愛国者を傷つけている。デムランとは、真実と虚偽、深慮と愚行、賢明な見解と気まぐれで主観的な計画、これら両面の混合なのだ。……私はどちらの側にもつかない。カミーユもエベールもどちらも同等に間違っているように私の目には映る。エベールはあまりに自己顕示欲が強くて、みなに注目してほしがっており、国民の利益について十分考えてはいない。[3]

デムランは、自身の新聞の編集方針の変更に応じるつもりはなく、このことがロベスピエールを怒らせた。ニヴォーズ二十一日（一月十日）、彼はデムランのジャコバン・クラブからの追放を支持する。続く数日の間に、ロベスピエールは演説原稿を作った。その中で、彼はパリ中に渦巻いている非難の声が意味するものを理解しようとした。この演説は結局行われることはなかったが、彼は「二つの敵対勢力」つまり「穏健主義と過激主義」の存在を認識したことで、この先の戦略を練ることができた。「一方はわれわれを回帰線に連れて行こうとし、他方は北極圏に連れて行こうとする」というわけだ。このあとすぐ、『ヴィユ・コルドリエ』の最新号が刊行された。今回、ロベスピエールのことについてはついでに扱っているに過ぎなかったが、たとえ「革命の最中、人民の安全のために報道の自由への規制が必要だとしても、議員たちから意見表明の自由を奪うことはできない」と強調していた。[4]

エベールの支持者たちが、『ペール・デュシェヌ』を使い、またダントンの支持者が『ヴィユ・コルドリエ』を使って、自己弁護のため互いを攻撃し合っていた時、陰謀の程度について、より激しい、不安を煽るような声が挙がった。[5] これを別にしても、より広範に及ぶ陰謀が企まれていると信じるに足る十分な証拠も存在した。ファーブル・デグランティーヌは、革命暦の発案者で、ダントンに近い友人の一人だが、彼とシャボは、東インド会社解散から利益を得ているといわれていた。そこで二人とも、より大きな「外国による陰謀」を知っていると主張した。もちろん、他人を巻き込み、自分たちを守ろうとする企みである。

「穏健派」あるいは「寛容派」の立場は、一月十九日、より強い打撃を受ける。この日国民公会には、オーストリア軍がカンブレ近辺の国境から侵入、穀物を焼き払い、女性の内臓を引きずり出し、子どもたちを切り刻み食べているらしいという情報が入った。以前から存在する「オーストリア嫌い」は、かつてマリ＝アントワネットに集中していたが、これと並ぶ傾向として「イギリス嫌い」があり、これらが一七九三年〜一七九四年の冬の時期には、「外国の陰謀」と結びついた。「穏健派」も「過激派」も、お互いに罵りと非難を浴びせ合ったために、両陣営ともに、金銭的な投機を行うような私欲にまみれた世界と、不名誉なつながりを持っているという証拠が積み重なっていくように見えた。両陣営とも、革命を金儲けのチャンスとみるような個人、たとえばオランダの銀行家ド・コック（デュムリエの知己）、ヴァンドニヴェール（デュ・バリ夫人の銀行家で一七九三年十二月彼女とともに処刑される）、ベルトルド・プロリ、そしてフレイ兄弟といった者たちと関係があった。ダントン派は、とりわけこの点での批判に弱かった。というのもシャボの友人が、マリ＝アントワネットを牢獄から救い出そうとしたガスコーニュの貴族ジャン・バスや、かつてはオーストリア軍への補給に関わり、また他の者たちとともに東インド会社売却から利益を得た罪で告訴されもしたフレイ兄弟とつながっていたからである[6]。

一七九三年〜一七九四年の冬のヨーロッパで、フランス軍が侵略軍と消耗戦を展開していた頃、カリブ海での争いも頂点に達しつつあった。公安委員会はすでに、共和国軍に参加した奴隷には自由を与えていた。今や奴隷制自体が問題になっていた。一七九三年四月二十四日、ロベスピエールは、新たな「人間と市民の権利の宣言」の独自の草案を準備して、その中で「所有という原理」について自身の考えの概要を述べていた。ロベスピエールは、奴隷制を農奴制、そして世襲財産と結びつけた。

人肉業者に、所有とは何かを訊いてみればよい。彼は君たちに、船と呼ぶ長い棺に、まだ生きているように思われる人間が詰め込まれているのを見せながら、「これが私の所有物だ。私はこれらをたくさん購入したのだ」と答えるだろう。また、土地と従者を所有する紳士、あるいはもうそんなものは持たなくなって、世界がひっくり返ったと信じている紳士にも訊ねてみよ。……[7]

奴隷制廃止が決定されたプリュヴィオーズ十六日（二月四日）の国民公会にロベスピエールは欠席していた。ただ、奴隷制に反対する動議を可決した一七九三年六月の有色人協会の会合や、奴隷制廃止のための政令の制定を支援するジャコバン・クラブには参加していたし、これを実行に移す命令書に、彼はのちに署名している。[8]

ロベスピエールは国民公会に出席する代わりに、その翌日、プリュヴィオーズ十七日（二月五日）に行う予定となっていた演説にかかりきりだったのだ。この演説は、彼の演説の中でも最も大仰なものになった。タイトルは「政治的道徳性の諸原理についての報告」となっている。「われわれが目指すべき目的は何か。」彼は国民公会に問いかけている。目的地は明らかである。「自由と平等を平穏のうちに享受できること」である。ただ、これには道徳上の革命が必要だろう。意識してか否かわからないが、彼は、十代の頃から慣れ親しんでいるある演説を引用した。ルキウス・カティリナを弾劾するキケロの第二演説である。キケロは、共和政ローマの基礎となる徳（名誉、謙遜、貞節、公正、節制、剛毅、慎重、献身）と、専制の悪徳（不貞、下劣、欺瞞、不道徳、卑劣、強欲）を対比させていたが、ロベスピエールもこれに倣って次のように主張した。

> われわれは、事物の秩序を希求している。そこではすべての卑劣で残酷な情念が鎖につながれ、慈愛に満ち寛大な感情が諸法によって覚醒させられる。……またそこでは、商業は一部の人々の巨大な富というよりは、むしろ公的な富の源である。

このわれわれの国においては、利己主義に代わって道徳性が、［かつての］名誉［の体系］に代わって高潔さが、慣習に代わって原理が、単なる作法の感覚に代わって義務の感覚が、様式の専制に代わって理性の支配が、弱者への嘲りに代わって悪徳への嘲笑が、……娯楽が生む退屈さに代わって幸福の魅力が、上流階級の矮小さに代わって人間の持つ偉大さが、温和で浮薄で惨めな人民に代わって、寛大で力強くて幸福な人民が、つまりは、王政に付随するあらゆる悪徳と不合理に代わって、共和国とともにあるあらゆる美徳と奇跡が望まれているのだ。

民主的で共和主義的な政府だけが、このような美徳の状態に到達できる。ロベスピエールは、最も活動的なサン＝キュロットたちから慎重にも距離を置いた。議員たちは、もはや単に彼らの「受任者」というわけではない。「民主政とは、人民が常に会合を開き、自分たちのためにすべての公的な事柄をコントロールしている状態ではない。……民主政とは、主権者である人民が、彼ら自身が作り出した諸法に導かれ、自分たちでうまくできることはすべて行い、自身でできないことについてはすべて、自分たちの代表を通じて行う状態である。」

キケロに倣い、「いくらかの勝利を愛国心によって達成したところで、これをわれわれのすべての危険の終結と考えることが、いかに浅薄な考えであるか」をロベスピエールは強調したのである。一七九三年終わりの軍事的勝利は、危機の終焉を意味しなかった。最も深刻な危険は今や国内にある。ただ、「この国内の敵は、国外の敵の同盟者ではないのか。」「国内の敵は二つに分かれており、一方はわれわれを弱さに導き、他方は過激なかたちに引き込もうとする。一方は自由を酔いどれに変え、他方は自由を売春婦に変えてしまおうとするのだ。」

このような状況にあって、諸君の政治の第一の行動原理は、人民を理性によって導き、人民の敵を恐怖によって制することである。平時における人民の政府の主要な動力は徳である。革命の渦中にあっては、それは徳と同時に恐怖である。徳のない恐怖は忌まわしく、恐怖のない徳は無力である。恐怖とは、即座に行われ、厳格で、確固とした正義のことである。……

共和主義者とその敵しか存在しない世界であるから、「共和国にいる市民は共和主義者だけである」。共和主義者の敵は、まさに「国民の正義による復讐の刃」を感じることとだろう。

一七九四年二月五日のロベスピエールの演説は、「徳」に付随する必要のある「恐怖」への理解を求める「寛容派」への返答の試みだった。革命を通して、革命への賛同者と反対者は、それぞれ、自身の勝利や苦境を説明するために、味方と敵を表現する対の語彙を駆使していた。「愛国者」と「反革命家」、「サン＝キュロット」と「アリストクラート」、「モンターニュ派」と「連邦主義者」、「ジャコバン派」と「ジロンド派」などである。革命の経過に伴って、こういった対義語の意味する範囲は狭くなっていった。この一七九四年春の段階では、「愛国者」は、もとはジャコバン派の運動に含まれていた「寛容派」と「ウルトラ革命派」両者と、今や対峙している。[10]

このきわめて重要な演説からすぐに、ロベスピエールはまた病気になってしまう。この二月の中頃には、ジャコバン・クラブと国民公会に出席できたが、十九日には再び倒れ、復帰できたのは三月十二日になってからである。クトンもまた病気だった。二月十九日以降数日にわたって、パリのセクションは代表団を送り、二人の健康について訊ねている。ヴァントーズ一日（二月十九日）、警察の日誌によれば、「植物園のそばで、かなりの人が集まって、ロベスピエールの病状について話していた。人々は悲嘆に暮れており、もしロベスピエールが亡くなるようなことがあれば、すべてが失われてしまうと語っていた」という。二月二十日、ロベスピエールが回復してきているというニュースが流れると、安堵感が広がった。「議員ロベスピエールは人民の宝だ。彼は人民を愛し、人民は彼を信頼している。」一週間後のヴァントーズ九日には中毒の噂も立った。[11]

ロベスピエールは、決して頑健な方ではなかった。一七九二年二月十五日には、ジャコバン・クラブで、「私の健康は十分とは言えない」という不安を吐露していた。彼は尋常でないエネルギーを使って、一七八九年と一七九二年の革命の意味とその運命とを伝える役割を担ってきた。一七九三年を通じて、彼は一週間にほぼ四回の演説を行った（国民公会で百一回、ジャコバン・クラブで九十六回）。そのテーマは、愛国心について、犠牲と徳について、宿命の敵、貪欲、陰謀、そして利己主義についてであった。[12]公安委員会への参加で、彼は計り知れないほどの重圧を受けることにもなった。彼が最も尊敬し、好意を寄せていた二人との一七九三年〜一七九四年の冬における対立は、彼に深刻なダメージを与えた。

徐々に深刻さを増していったロベスピエールの病状については、明らかになっていない。デュプレの主治医であったジョゼフ・スベルビエルは、頻繁にデュプレ家を訪れており、ロベスピエールの足にできた静脈瘤の潰瘍について診察を引き受けていた。残念ながら、スベルビエルはロベスピエールのより深刻な病について、推測をめぐらしてはいない。ロベスピエールは、革命のために自身の健康を犠牲にして仕事に間断なく打ち込もうと決断したわけだが、一七九三年〜一七九四年の冬のような強いストレスのかかる時期に、極度に疲弊したり、心身相関の不調に陥るのは、いわば当然の結果であったかもしれない。彼は非常に粗食であったのだが、このことで、疲労に弱い身体になっていただろう。実際、彼は何度も公の場で、自分は肉体的な限界だということを認めていた。あるドイツ人は、ロベスピエールについての情報を収集し、一七九四年五月にその報告を出版しているが、厳格で質素な彼の生活について書き記している。

彼は非常に早くに起床した。……そして、わずか水一杯を飲んで数時間仕事をする。……合間に、その日の新聞やパンフレットに眼を通す。そしてお昼ご飯をとるのだが、わずかなワインとパン、そして数きれの果物だけである。……夕食はデュプレ家の人々とともにする。食前の祈りをするのは常に彼だった。夕食のあとは出されたコーヒーを飲みながら一時間、訪問者を待つ、そして普段であれば、それから彼は外出するのである。……帰宅はとても遅い。というのも、彼はしょっちゅう真夜中くらいまで公安委員会で仕事をしているからである。[13]

彼には信頼を置いている人たちがいた。サン゠ジュスト、デュプレ家の人々、弟のオギュスタン、そしておそらく数名の警察職員である。療養中、彼はこういった人々から毎日報告を受けていたが、これらの報告によって、公安委員会や国民公会で、彼が不在の間に何が起きているかについて、歪んだ見方をするようになったのかもしれない。日々の重労働、報告書を考えたり、政令を作成したり、書簡や演説原稿を書いたりといった仕事に本格復帰するまでに、ロベスピエールは革命の状態と残された課題について、二元論的な見方を内面化するようになってしまった。これ以降の彼の演説は、より煽動的で、啓示的ですらあった。かつて非常に優れ、個性が反映され、戦略的だった判断力は、彼から消え失せてしまったようだ。三月以降、彼のリーダーシップはその地位と不釣り合いなものになっていった。

この頃までにロベスピエールは、一七八九年に、すでに陰謀は存在していたと確信を持っていた。革命を通じて、彼は、信用していた人間が妥協と背信によって信頼を裏切るのを目にしてきた。革命の初期、彼はルイやミラボに希望を持っていた。その後デュムリエやラファイエットのような将軍たちの裏切りがあり、さらにはペティヨンやブリソが王権と妥協するのを見てきた。最悪なのは、ダントンとデムランの反動である。一七九〇年以降の数年、人民の大義はずっと裏切られ続けてきたのである。軍事的危機は続いていた。これによって「寛容派」も「ウルトラ革命派」も、最も深刻な陰謀の罪で告発されることになる。すなわち、ヨーロッパの同盟諸国の軍隊よりも危険な「外国による陰謀」に、何らかのかたちで関わったという罪である。こうした陰謀への疑念は、国民公会自体や公安委員会メンバーに対してすらかけられるようになった。ダントンやシャボ、そして外国人の間のつながりの証拠はもう十分すぎるものだった。彼らは銀行融資、軍隊への補給、そして秘密外交から利益を得ていたというわけだ。[14]

ヴァントーズ十四日（三月四日）、議員カリエとエベールは、主導権を取り戻そうと、コルドリエ・クラブに蜂起の宣言を出すよう説得した。カリエについては、リヨンやナントでの残虐行為を行ったという報告を受けたロベスピエールが、彼をパリに召喚していたのである。しかしながら、彼らを支持したのは、パリでは二つのセクションだけであった。ヴァントーズ二十二日（三月十二日）、ロベスピエールとクトンは、五週間の療養による不在のあと、国民公会に戻ることができた。「議場にいたすべての議員と一般市民は、二人の愛国者を再び目にすることのできた喜びを拍手喝采で示した。」次の日ジャコバン・クラブで、ロベスピエールは自分の身体の弱さを認めたあと、エベール派の陰謀に照準を定めた。「私の肉体の力が、精神の力と同じくらい強かったなら！」彼はこう嘆息を漏らしたあと、聴き入る人々に向かって、国民公会とジャコバン派に対する「恐るべき陰謀」との戦いに立ち上がるよう求めたのである。[15]

ヴァントーズ二十八日（三月十八日）、コルドリエ・クラブからの使者が緊張を和らげるためにやってきた。しかし、ロベスピエールらは彼らを攻撃した。彼らは「堕落した者たちで、変節漢だ。前日の言を翌日には否定するのだ。……正義の刃は彼ら全員を逃さないだろう。」[16]この日国民公会は、東インド会社事件で嫌疑をかけられた議員たちを非難し、革命裁判所に送っている。ただ同時に、ロベスピエールは、二通の王党派の請願書に署名した者たち（一方に八千人、もう一方には二万人の署名があった）を、ジャコバン・クラブの怒りから弁護しようとした。シャボは、エベール派の者たちが外国のスパイや陰謀家とつながっているとの、身勝手な非難を口にしたが、これはロベスピエールの嫌悪感を強めた。エベール派に加え、彼らの協力者であるオランダの銀行家ド・コック、ベルギー人のプロリ、かつてのプロイセン貴族アナカルシス・クローツらが裁判にかけられた。ロベスピエールには、クローツやプロリの罪は、彼らが非キリスト教化運動に熱心に取り組んだからでもあった。[17]

ジェルミナル四日（三月二十四日）における「ウルトラ革命派」ないしエベール派の処刑のあと、寛容派はむしろより公然と公安委員会に敵対するようになった。デムランは、自分が編集した『ヴィユ・コルドリエ』第七号において、公安委員会を厳しく批判し、「共和主義者のジャンセニスム」と書いて揶揄した。ロベスピエールは「徳の教会」におけるピューリタン的共和主義者だというのである。[18]他方で、依然この「清廉の人」に信頼を置いている者もいた。ランド県選出の議員ジャン・ディゼズは故郷の友人への手紙の中で、ロベスピエールがクロムウェルにはならないことに確信を抱いていること、むしろソロン〔古代ギリシア・アテネの政治家で、調停者として対立する貴族と市民の間の和解に努めた〕やリュクルゴス〔古代ギリシア・スパルタの立法者で、スパルタの国政改革に努めた〕であることを彼が証明することに期待していた。

彼はすべての議論を導いています。世論も彼に権威を、彼だけに権威を認めているのです。彼の言うことはすべて託宣であり、彼が非難する事柄はすべて罪です。……私は心からの信頼をもって、彼のあとを歩いてきました。その理由は単純です。私は彼が、自由を真に愛する人間、自由について情熱を持っている人間であると信じているからです。彼の用いる手段は、正しい道に最も近いものであるように私には思えるのです。[19]

「ウルトラ革命派」の排除によって、公安委員会はエベール派の要求を考慮せずに経済政策を実施できるようになった。買い占め人に対する死刑を規定した一七九三年七月二十六日の法律も、「一般最高価格法」も、効果をあげたとは言えなかった。自由な取引を阻害し、むしろ小売商や消費者を不利な立場に置くことになった。一七九四年三月、最高価格を見直し、一七九〇年の価格水準に、生産者のために五％、小売商と運搬人のために十％の利益をそれぞれ上乗せした価格に再設定した。ジェルミナル十二日（四月一日）の新たな法律は、市場への供給改善を促すために、小売り段階に課せられていた規制を廃止している。この法の目的は、ロベスピエールによれば、「不正行為を防ぎつつ、同時に取引を阻害しないこと」であった。[20]

しかし、「寛容派」の運命はまだ決していなかった。三月の終わり、ロベスピエールとダントンの間に会合がもたれたが、事態は少しも好転しなかった。逮捕への圧力は強まるばかりだった。ロベスピエールはまだ躊躇していた（そもそもデムランの罪とは何だろうか）。しかしビヨとコロは、エベールと彼の同志たちの追放が自分たちにもたらす結果を恐れて、厳しいスタンスを変えなかった。ビヨによれば、ロベスピエールは騙されて、行動を決断した公安委員会のメンバーの署名に、自分の署名を書き加えたことになる。ともあれ彼は署名したのである。ジェルミナル九日から十日（三月二十九日から三十日）の夜、ダントン、デムラン、フィリポが逮捕された。翌日、議員ルジャンドルが、逮捕された者たちを国民公会の演壇に連れてきて、「そこで釈明させ、その上で告発されるべきか、赦免されるべきか、諸君が決めればよい」という提案を行った。「ダントンは、私と同じく無実であると考える」とも述べている。ロベスピエールはこれに反論した。「どのような点で、ダントンはブリソよりも、エベールよりも、彼の親しい友人であるファーブル・デグランティーヌよりも優れていると言えるのか。」ルジャンドルの提案は通らなかった。[21]

賽は投げられた。唯一の政治的リスクは、ダントンやデムランのような名を知られた人物が、革命裁判所を使って、政府を転覆させるかもしれないということであった。これを確信していたロベスピエールは、ダントンを告発する演説を準備していたサン＝ジュストに長大なメモを作成し、渡している。ダントンの長い罪のリストの中で、その多くがいかにいい加減なものか（革命初期に彼が築いていた政治的つながりなど）、ダントンの放埒だといわれていた私生活をターゲットにしたものだった。ロベスピエールは、ダントンがカリブ海植民地を合衆国に譲渡することで同盟を結ぶという提案をしたことを非難した。一七九二年九月に「人民の復讐」から犯罪人を逃れさせたとも告発された。実際に存在した罪と言えるのは、ダントンが大臣だったとき、公金を使ってファーブルを儲けさせたことだけである。実際、ダントンの汚職と不正についてロベスピエールが知らなかったことの方が、彼が考えていたよりずっと深刻な罪だったのだ。[22]

彼らは「王政の再興と、国民代表制と共和国政府の崩壊を狙った陰謀」の罪で告発された。ダントンは、彼への告発のための証言者の中で、モンターニュ派議員カンボンに狙いを定め、次のように揶揄した。「君は、われわれが陰謀家だと信じているのか。見ろ、彼は笑っているではないか！ 彼は信じてなどいない。彼は笑ったと記録しろ！」だが、ロベスピエールの疑いが明白に真実であるとする証拠は十分にあった。彼の主治医スベルビエルは革命裁判所の一員だが、のちの回想によれば、マリ＝アントワネットを断頭台に送ったことは後悔しているものの、「友人の一人であったダントンの裁判の間、彼の眼を見ることはできなかった。というのも、私は彼への有罪宣告を固く決意していたからだ。彼は共和国の転覆を計画していた。その絶対的な証拠を私は握っていたのだ。」[23]

ダントンの最初の妻は一七九三年二月に亡くなっている。マクシミリアンはその時、この友人に美しい手紙を書いていた。「もし君のような人の魂までも打ち砕いてしまうような不幸にあって、愛情溢れる、献身的な友人がいると思えることで、少しでも慰めになるのなら、私がその友人だ。今までにないほど君に愛情を持っているし、それは死ぬまで消えないだろう。今この瞬間、私は君自身なのだ。君の苦しみ、そのすべてを感じている友情から生まれる言葉に、どうか心を閉ざさないでほしい。」ところが一七九四年四月、ロベスピエールのかつての友人であり同志であったこの人物に対する陳述は、汚職の罪をこえて、道徳的な不適切さにまで及んだ。ロベスピエールは、ダントンが夕食の最中、「君のいう徳というのは、私が妻と毎夜やっているあれのことか」と自分に向けてせせら笑ったと非難した。[24]また一七九〇年十二月、ロベスピエールはカミーユ・デムランとリュシル・デムランの結婚式に立ち会っていた。しかし一七九四年四月、彼らの子どもオラスを膝にのせて遊んだロベスピエールの思い出も、カミーユを救うには及ばなかったし、リュシルをも死に追いやった（この裁判の訴追人フキエ＝タンヴィルはカミーユの従兄であったが、カミーユに対して些かの寛大さも見せることはなかった。）[25]

四月五日の処刑によって、公安委員会が反対意見の統制をこれまで以上に徹底して行える状況が生まれた。当時、パリの牢獄に収容された反革命容疑者は六千人あまりに及び、全国では八万人、実に三百五十人に一人が投獄されていたことになる。ヴァントーズ二十三日（三月十三日）、人民委員会が設立され、これほどの数の容疑者が、あいまいな罪科で拘束されている理由を明らかにしようとした。

サン＝ジュストは反革命容疑者を二種類に分類することを提案することになる。不当に勾留されている者と、平和の時まで拘禁され、その後追放されるべき「革命の敵」である。[26] 結局、この委員会が実際に運営されることはなかった。「反革命容疑者」たちが有罪か無罪かの問題を解決する新たな政策が導入されたのである。四月の新たな警察関連法は、パリと国境付近の町から外国人を追放し、すべての政治裁判機能をパリに集中させた。サン＝ジュストは、フロレアル四日（四月二十三日）、新しい「警察局」を設立した。十日後、彼が北部方面軍への視察に派遣されると、事実上ロベスピエールがこれを引き継いだ。カンブレとオランジュを除く各地方の裁判所は解体された。これ以降、拘禁された者はパリに移送され、裁判を受けることになった。[27] 一七九四年の春、パリの街路では不満がくすぶっていた。愛国者たちは、エベールやデムラン、ダントンのような革命家たちが、実際には外敵と同盟を結んでいたという罪業が真実であるかどうか、明らかになることを望んでいたのである。

ロベスピエールは、五月、六月と警察局を監督したが、警察局発の政令については、三十ほどを作成するに留まった。警察局には反革命に関わる告発状数百の他に、詳細な報告書も送られてきた。ロベスピエールは、その余白に、言葉を省略したメモを、その特徴的な筆跡で残している。「告発するなら、名前を出さなければ」「なぜ容疑者を逮捕せず、告発するのか」「カルノへ」「エルマンへ」などのほか、たいていは「さらなる情報が必要」というメモが書かれている。彼が直接逮捕を命じることは稀だったが、していたことも間違いない。[28]

彼は、自分が知っている信頼できる人物を、革命裁判所のメンバーに任命し始めた。デュプレや、ルバの従兄弟ラヴェロン・ド・クレテイユ、スベルビエル、あるいは近隣に住んでいる人々である。ロベスピエールはアルトワ州三部会の登録官だった人物の息子で、アルトワ州上級評定院で法曹家だったマルシアル・エルマンと親しかった。ロベスピエールは、エルマンのことを「教養と高潔さを備えた人物で、どんな上級のポストであっても、責任を果たす能力を持っている」と評している。一七九三年八月に革命裁判所に加わり、エルマンは、マリ＝アントワネットやジロンド派の裁判を主導した。ダントンの裁判のあと、彼は革命裁判所の長から、この裁判所を監視する行政・警察委員会メンバー（内務大臣に相当する）へと出世した。革命裁判所の彼のあとには、一七九四年四月八日にジュラ県選出のルネ＝フランソワ・デュマ（「高潔さとエネルギーを持った人物。最も重要な職務にもあたる能力がある」と評されている）が就いた。[29]

ロベスピエールはまた、二十八歳のクロード・ペイヤンとも親しく、信頼もしていた。彼はヴァランス市のジャコバン派で、マルセイユとリヨンの「連邦主義者」の反乱の際、両都市の反乱軍がローヌ渓谷に沿って合流するのを防いだことで信用を得た人物である。一七九三年九月、ペイヤンは革命裁判所の一員になると同時に、公安委員会の代弁機関である新聞『アンチ・フェデラリスト』の編集にあたるようになった。オルレアン公は無実だが、死ぬ方が「都合がいいのだ」と兄ジョゼフに向かって述べるなど、ロベスピエールと比べると、良心の呵責をほとんど感じていなかった。[30]ジェルミナル十日（三月三十日）、公安委員会は彼を、ピエール・ガスパール・ショメットに代わって、パリ市の「国民代理官」（事実上の監督官）に任命した。彼は、パリ市当局の構成員を真に「愛国者」にする作業に、彼独自のやり方で早速取りかかった。

一七九四年春に、エベール派とダントン派両方を排除したことで、ロベスピエールとその仲間たちは権力の絶頂にいた。ロベスピエールは公安委員会の中ではリーダー的な立場にあった。ただこの時ですら、その権力は、国民公会から継続的な支持を得られるかどうかにかかっていたのである。緊急の諸措置、すなわち革命そのものが目指すべきことについて、一般民衆についてはさておき、ロベスピエールのスタンスと、国民公会の多数派のそれとの間には、徐々に距離が開きつつあった。

一七九四年二月後半、ロベスピエールが病気で不在の間、サン＝ジュストがいわゆる「ヴァントーズ法」の法案を提出した。その目的は、土地所有者層の拡大と、反革命容疑者の財産を分配することによる貧困対策である。この法案は、結局実施されることはない。法案にはあいまいなところがあり、国民公会を構成する議員たちを動揺させることになった。彼らは法的な妥当性とともに、私的所有の権利をことのほか重視したからである。[31]

ロベスピエールと有力なジャコバン派への敵意は、敵対者へのより強力な抑圧があったにもかかわらず、表明され続けていた。ロベスピエールは、ジャーナリスト全般を嫌うようになっていたが、『フイユ・ヴィラジョワーズ』のような、ロベスピエールに対し公然と批判的な新聞であっても、一七九四年まで生き残っている。一七九四年六月の時点で、依然五十紙以上の新聞が存在した。[32] より俯瞰して見ると、戦争による終わることのない犠牲は、かつての愛国者の粛清が拡大していくに伴い起きた混乱と相まって、当惑と脱力感をもたらしていた。ある軍需工場の労働者たちは、「もうだめだ。……おれたちは飢え死にするよ。うまいこと言われて欺されているんだよ」と言っていたという報告がされている。マリ・デュメニルという女がグレーヴ広場で叫んでいたという。「国王万歳！共和国なんてだめになるよ！　国民なんてくそくらえだ！」ある情報提供者は、ジェルミナル七日（三月二十七日）に、憲法のいくつかの条文を子どもが暗唱しているのが聞こえる一方で、「実際のサン＝キュロットは、憲法全部よりワイン一本の方がいいと言っている。いったいこんな者たちに、共和国が何か期待できるとでも？」と報告書を書いた。[33]

ロベスピエールの署名がある公安委員会発の五百四十二本の政令のうち、百二十四本は彼自身が作成した。彼の署名が最初にある四十七本を含め、これらの大半が治安維持や逮捕に関係していた。同時に、彼自身は暴力を拒絶し、カリエやフシェらの行為を嫌悪していたことも事実である。シャルロット・ロベスピエールは、フシェがリヨン中にもたらした「血の奔流」についての報告に、兄マクシミリアンが激怒していたことを、四十年後に回想している。[34] シャルロットによれば、彼女の兄は、革命前のアラスにおいても、人に死刑を宣告しなければいけない事態を嫌っていたという。身体的な暴力に吐き気を催す感覚を、彼が失ってしまったようには決して思えない。実際、彼は幾度も死刑判決を回避していた。一七八九年七月のバスティーユ陥落の直後に起きた公然の殺人行為、あるいは一七九二年八月十日の事件のあと数百のスイス衛兵に対して、またその翌月初旬、司祭や貴族らに対してもなされたはるかに規模の大きい懲罰的殺戮行為の際、ロベスピエールは、その近くにいたとしても、これらを目撃していたと考えることはできないようだ。パリを離れ、国境地帯やヴァンデでの大量殺戮の現場を訪れることもなかった。彼がギロチン処刑の現場に付き添っていたという証拠はどこにもないのである。

しかし戦争が、革命の名において起きる殺戮（裁判を経ているか否かに関係なく）に対するロベスピエールの態度を、根本から変えた。一七九二年八月と九月の虐殺事件を恐ろしいと感じてはいても、彼はこれを「人民の正義」として受け入れ、少なくとも公的には、無辜の命が多数失われたことを認めるのを拒否した。ただし、一年も経たないうちに、「祖国は危機にあり」という認識とともに、公安委員会や国民公会の同僚たちとともに、政府に対しその意志を強制する「人民」の力を押さえ込むために行動したのである。これ以降、政治的意味を帯びる殺戮は、政府の機能の一部となった。

一七九三年から一七九四年の冬、愛情と尊敬とをおぼえていた二人との対立は、ロベスピエールの精神的、肉体的な力を大きく削ぎ取っていた。彼はついに二度と完全に体調を回復することはなかった。この時期は、公安委員会が、日々絶え間なくプレッシャーを受け続けていた数カ月でもあった。革命の勝利に対する脅威としてのエベール派、またダントンやデムランに関わる問題を解決した頃、彼は再び精神的・肉体的な不調に陥った。ジェルミナル三十日（四月十九日）、彼はもはや公衆の前に姿を現すことができなくなった。そしてこの状態は、フロレアル十八日（五月七日）まで続くのである。この年の二月九日以降、彼は疲れ果て、しばしば病に倒れたし、公の場から姿を消した。五年間にわたって、彼は六百三十回以上、国民議会やジャコバン・クラブで演説しているが、一七九四年の一月から七月まで、国民公会で彼が演説したのはわずか十六回に過ぎない。一七九三年には百一回も演説をしていたのにである。

フロレアル十八日に職務に復帰する前日、彼は三十六歳になった。しかし周囲からは、彼はもっとずっと年をとっているように見えたらしい。彼は肉体的にも、精神的にも、またその頭脳についても、もう擦り切れてしまっていたのだ。数年後、ポール・バラスは、ちょうどこの頃、ロベスピエールに会うためにスタニスラス・フレロンとともにデュプレ宅を訪れた時のことを書いている。もちろんバラスが誇張したり、事実を歪めて記録している可能性もある。ただ、ロベスピエールの外見についての彼の回想は的確で、彼が精神面での極度の疲労によって、肉体的にもダメージを受けていた様子を十分に表現していると考えてよかろう。「見えにくそうに細めた濁った眼で、彼はじっとわれわれを見ていた。彼の顔は不愉快そうで、幽霊のように青白く、緑がかった血管が浮き出ていた。表情はしょっちゅう変わる。彼の手も、閉じたり開いたり、あたかも神経性の痙攣のようだ。彼の首や肩も、断続的にぴくぴくと動いていた。[35]」

アルトワからも、過激な暴力についての報告が届いていた。これはジョゼフ・ルボンがその元凶であった。北東部というのは、特に貴族や司祭数千人の亡命があったところで、外国軍はアラスやカンブレといった諸都市から、わずか数マイルのところまで迫っていた。フロレアル二十九日（五月十八日）のトゥルコワンの奪還は、滅多にないいいニュースだったのである。ルボンは、軍事的徴発を行い、反革命を抑え込むという非常に困難な仕事を抱えていた。この過程で、最悪の過剰な暴力が何度か行使された。アラス市内でも、ルボンは情け容赦のない弾圧を主導した。パ＝ド＝カレ県の男性二百九十八名、女性九十三名が、アラス市内、司法地区そばの「イタリア風」新劇場の前にある小さな広場で、ギロチンで処刑された。[36] 一七八七年から一七八九年にかけて、マクシミリアンとシャルロットが生活していた場所から歩いてすぐである。マクシミリアンも、ルボンの行った処刑が、アラスの自宅の窓から見えただろうことを知らなかったはずはない。

活動的なジャコバン派議員の熱意は信頼を置かれるべきだが、時としてこの熱意が、無実の市民の恣意的な迫害へと行き過ぎてしまうこともある。ロベスピエールと彼の政府の同僚は、この事態に悩まされていた。ある時、アントワーヌ・ビュイサールがアラスから手紙をよこした。彼と彼の妻シャルロットは、「君からの音信不通に憤っている」「私たちはもう四カ月以上にわたって君に知らせてきたではないか。百回も君に語ったことを、私はもう一度繰り返さなければならないのか。」最後には、シャルロット自身もフロレアル二十六日（五月十五日）に手紙を送ってきて、アラスは数カ月にわたってルボンの凶暴さに堪え忍んでおり、「有徳の市民たち」はロベスピエールの助けを求めていることを訴えたのである。どうやら、その地位があったからこそ、ルボンは夫アントワーヌを逮捕することを思いとどまっていたのだ。「故郷に重くのしかかっている害悪について、一人の古い友人が、手短にあなたに伝えるのを許してください。あなたは美徳を唱道しました。半年の間、私たちはありとあらゆる悪徳に迫害され、支配されてきたのです。……私たちが直面している災難はきわめて大きく、私たちの運命はあなたの手の中にあるのです。有徳の心を持った者たちすべてが、あなたに懇願しています。」実は、ロベスピエールはすでにルボンに個人的に手紙を書いていた。「革命の敵を抑え込んだ君のその力」を評価しながらも、「可能な限り早く戻りたまえ」とパリへの帰還を求めている。しかしルボンは、このあとほぼ二カ月にわたってこの職務から解かれることはなかった。よもや、ロベスピエールの個人的な友人で、国民の代表であれば、残虐行為の罪を問われないですむということだろうか。[37]

ロベスピエールは、自宅療養の時間を使いながら、ある重要な演説原稿を準備していた。人民の本質的な善性に対する彼の確信、これは彼の原動力でもあったのだが、この確信と、フランス人民の価値観と行動の現在地、この両者のギャップに、今ほど彼自身自覚的であったことはなかった。フロレアル十八日（五月七日）、彼はおそらく彼の生涯で最も卓越した演説を行った。それは、共和国の諸原理、宗教と道徳性の間の関係について語り、人民による祝祭の性格に焦点を合わせ、「最高存在の礼拝」の創設を主張するものだった。[38] 彼の他の主要な演説と同様に、これもまた「すべての言語」に翻訳されることに決まった。

ロベスピエールが神と死後の世界を信じていたことは疑いない。だからこそ自身、非キリスト教化運動と対峙したのである。同時に彼は、実際的な政治的観点から、宗教性によってだけでなく、社会的、経済的な見地の違いによっても分裂してしまっている社会を、広い範囲でまとめ上げていけるような共和主義的精神性の構築を目指してもいた。彼の宗教的な信仰は、二十三歳になるまでに染み込んだカトリックと、パリでの勉学、またアラスでの友人たちとの文学的交流を通して出会った自然崇拝とが混じり合っていた。最高存在に、人の最も重要な価値観や願望の源泉を見ていたのは、決して彼一人ではない。実際、一七八九年の「人権宣言」は「最高存在の庇護のもとで」宣言されたのであった。[39]

ロベスピエールの最高存在に関する演説は、「われわれが住むこのうるわしい大地は、……自由と幸福の大地となるべく創られている」ことを強調し、次のように続けている。

人は自由のために生まれたと、自然はわれわれに語っているが、数世紀の経験が教えるのは、人は隷属してきたということである。人の権利は、その心の中に刻まれているのだが、現実の歴史に刻まれているのは、人が経験してきた屈辱である。……スパルタは閃光のように、広大な闇の中で輝いている。……

現実社会の秩序のすべてが変わった。道徳的、政治的な秩序においてもすべてが変化しなければならない。革命の半分はすでに成し遂げられた。もう半分も完遂せねばならない。……自然の神と司祭たちの神は、どう違うのだろうか。司祭たちは自身の想像力で神を創造した。彼らは神を、嫉妬深く気まぐれで、貪欲で残酷、容赦のない神にしてしまった。……あたかも宮殿のような天国に神を位置づけてしまった。そして自分たちの十分の一税、富、特権、そして権力の喜びのためにのみ、神を地上に呼び出してきたのである。

この時の政令は、革命的崇拝（「フランス人民は最高存在の実在と、魂の不滅を認める」）と全フランス人民の礼拝の自由を保障した。この革命崇拝は、政治的戦略であると同時に、高い道徳性と市民精神が浸透していくのは、礼拝と祭典を通してであるというロベスピエールの偽りのない信念の表現でもあった。革命において重要な日にち（一七八九年七月十四日、一七九二年八月十日、一七九三年一月二十一日、一七九三年五月三十一日）を祝う祭典のほかに、一年に三十六回行われる「旬日祭」が加わった。革命暦では十日を一週間としていたが、この各週末に行われるのが旬日祭である。これらの祭典は、革命の目的（自由、平等、共和国、世界の解放、幸福）や革命の美徳（真実、正義、節度、友情、質素、勇気）、そしてロベスピエールが理想化した家族の特質（愛情、夫婦間の貞節、父の愛、母の優しさ、子の孝心）を賞賛することになった。
最高存在の礼拝は、ロベスピエールの教育計画とともに、彼が認識する革命の中心的な難問を解決しようとする試みであった。一方で、人民の本性は善であり、共和国は市民的徳性《シヴィック・ヴァーチュー》の基盤の上に創られるとする彼の信念は揺るがない。他方で、大衆は悪意あるものによる誘惑に弱く、堕落と利己主義が至る所に存在するのも明白だった。こうして、一七九三年十一月以来八カ月間に行われたロベスピエールの十回の主要な演説のテーマは、第一に「徳」についてであり（百十九回の言及）、「恐怖」（二十八回、そのほとんどがプリュヴィオーズ十七日（二月五日）の演説で言及）より重視された。[40] 礼拝は、再生を最終的に成し遂げるためのロベスピエールの手段であった。彼は一七八九年以来、この再生を切望し、他方で、公共精神を破壊しようとする者たち（王党派、スパイなど）は、この再生を妨害しようとしてきた。カトリックの酷薄な神に代わって、これは独自の殉教者や、新たな時代、平等の時代の誕生を示す価値観を有した人民の宗教となるはずであった。ロベスピエールはこの殉教者の一人に自分がなってもよいとさえ示唆する。「ああ、崇高なる人民よ、あなた方のために、私は自分の全存在を犠牲にしよう。あなた方の中で生まれる者は幸福だ。あなた方の幸福のために死ぬことのできる者はさらに幸福なのだ[41]。」

プレリアル十六日（六月四日）、ロベスピエールは四百八十五票を得る全会一致で、二週間任期の国民公会議長に選出された。そしてこの資格で、プレリアル二十日（六月八日）、最高存在の祭典に際して、二つの演説を行った。選ばれたこの日が、使徒たちに聖霊が降下したことを記念し「教会の誕生日」ともされる聖霊降臨の主日と重なったのは、偶然ではない。当日、ロベスピエールは「統一広場」（旧「シャン・ド・マルス広場」）への行列の先頭に立っている[42]。彼は、国民公会やジャコバン・クラブではなく、公衆の面前で演説を行うことになった。これに不満な議員たちの私語で、人々は彼の言葉を聞き取るのに苦労した。彼はまず「国民庭園」で、集まった人々に向けて語り、最高存在の真髄を定義した。「勝ち誇る暴君の心底に後悔と恐怖を、無辜の民の心の中に平穏と誇りを植え付けるのが、最高存在である。……母親の心臓が優しさと喜びとで鼓動を刻むのは、最高存在ゆえである。母の乳房にむしゃぶりつくその息子の瞳が喜びの涙で溢れるのも、最高存在ゆえである。……」「山」が築かれ、「無神論」すなわち「諸王の霊魂がフランス中に吐き散らしたこの怪物」が炎で焼き払われたあとに、「叡知」が姿を現した。ここでロベスピエールが、二度目の演説を行う。「軍隊の攻撃にさらされたとき、われわれは恐ろしい存在でいよう。勝利を収めたとき、われわれは謙虚で油断なくいよう。良き人民には寛大でいよう。不幸な人には思いやり深くあろう。悪意ある者に対しては情け容赦なくあろう。すべての者に対して正しくあろう。」

祭典に対する反応によって、ここ数カ月の政治状況に関してよく言われることのうちの二つが、作り話であることが明らかになる。一つは、これは人々の支持のない独裁であるというもの。もう一つは、議員たちは一人の暴君におびえ、沈黙を守っていたというものである。最高存在の祭典は、（とりわけ聖職者のほとんどが人々を見捨ててしまっていた時にあって）カトリックの人々へのアピールであると同時に、理性ないし自然崇拝を望む人々へのアピールでもあるという際だった特徴を持っていた。非常に多様な人々が観衆として集った。新たな調和の約束が、人々の心を深く揺さぶったように見える。五十万人ともされる人々（大半がパリ住民）が祭典に参集した。ただし、冷笑や当てつけはその中からも聞こえた。ロベスピエールが突出して目立ってしまったことに、苛立ちを隠さない議員もいたし、そう口にしてもいる。演出上のシンボルの使い方が粗雑だと馬鹿にして笑う者もいた。オワーズ県選出の議員ブルドンは、「カピトリヌスの丘からタルペーイアの岩はすぐそばだ」〔古代ローマの政治・経済の中心であったフォルム・ロマヌムを見下ろす位置にあった丘と、そのすぐ南後方にあった、裏切り者が投げ落とされた岩壁のことを持ち出している」と脅し文句を口にした。ロベスピエールのかつての同志ルコワントルは、今や辛辣な批判をする敵対者となっており、「君を嫌うのと同じくらい君を軽蔑している」とかみついた。ジャック・テュリオはダントンの仲間で、一七九三年九月に公安委員会を辞めていた人物だが、彼は次のように不平を漏らした。「やっこさんを見ろ。ご主人様になるだけでは飽き足らないらしい。神になるに違いない。」一八四〇年代、エリザベート・ルバが、共和主義者の作家で政治家のアルフォンス・エスキロスに語ったところによれば、祭典のあとの帰宅途中、ロベスピエールは彼女に「あなたが私と会えるのも、そう長くはないだろう」と言ったという[43]。

確かに、ロベスピエールが祭典で演じた突出した役回りは深刻な誤算だった。細かなことについても、彼の判断力は鈍っていた。たとえば木製の階段式観客席を建造するという栄誉は、彼の家主モリス・デュプレに与えられた[44]。革命との自己同一化、また賞賛を生み出すために演説を利用する手法によって、ロベスピエールはだんだんと風評に悩まされるようになった。たとえば五月十日、ルイ十六世の妹エリザベートに対して下された死刑判決の責任を問われたり、ルイの娘と結婚し新たな王朝を立てようとしたと非難されたりした。エリザベートの死刑に関して、実際には彼は公安委員会で反対を表明していたというのに。しかし、この最高存在の祭典に際し、国民公会、とりわけロベスピエールへの祝辞を伝える書簡が、全国から千二百三十五通も殺到したのである。例えばピレネにある ネ市のジャコバン・クラブは、祭典の際のロベスピエールの演説の一つを毎夜読み上げることを決定した。ボルドーの若いユダヤ商人イザク・ロドリグは、親友で同じジャコバンで、バイヨンヌの西ピレネ軍に参加しているイザク・ペレールに対して、ロベスピエールの演説を熱心に引用し、「ロベスピエールの言葉に、「軍隊の攻撃にさらされた時、恐ろしい存在であり、勝利を収めた時、謙虚に」というフレーズがある」と紹介している。逆にドルドーニュ県のモンティニャクでは、クラブの書記官が、最高存在に関するロベスピエールのスピーチを読み上げている最中、「会議室はほとんど人がいなくなってしまい、議長が会議の中断を告げた」ということも起きている。[45]

最高存在の祭典に関するロベスピエールの見解の重要な要素の一つは、公的な祭典の位置づけと、特に女性たちの役割であった。

若い女性市民諸君、そこ〔最高存在の祭典〕に参集した者たちには、戦争での勝利によって、近く、兄弟や恋人が帰ってくるはずだ。母たち、妻たちよ、そこに参集した者たちの夫や息子は、玉座の廃墟の中から共和国への戦勝記念碑を創り出すだろう。ああ、フランスの女性たちよ、スパルタの女たちを羨む必要があろうか。[46]

実施された新しい祭典の中には、夫婦間の貞節、父の愛や母の優しさを讃えるものがあった。ロベスピエールは若い頃から、理想化され、偽りのない結婚と家族のイメージをはっきりと口にしていた。おそらく自分自身が経験したことのない家族の姿を求めてのことだろう。革命の初期、おそらく一七九一年に、ロベスピエールがかつての友人ペティヨンに向けて叫んだという記録が残っている。ペティヨンが、夕食パーティーでもっと社交的になるためにも、妻を持つ方がいいとロベスピエールに言ったところ、彼は「私は決して結婚しないぞ！」と怒鳴ったという。[47] ロベスピエールが結婚を通して、エレオノール・デュプレと親しい関係になりたいという誘惑をどれほど感じていたにしろ、彼はそれに抗った。主治医スベルビエルはのちに回想し、つぎのように主張している。

歴史家はみな、彼がデュプレ家の娘と密通を続けていたと言い張っているが、この家族付の内科医であり、しょっちゅうお邪魔していた客人として、誓ってそんなことはありえないと言える。二人はお互いに献身的な愛情を抱いていたし、結婚の手はずも整えられていた。だが、噂されているようなことが実際にあって、彼らの愛が汚れるようなことはなかった。気取っているわけでも、単にお堅いわけでもなく、ロベスピエールはいい加減な交際を嫌っていた。彼は道徳的に純粋な人物だったのだ。[48]

ただ、デュプレ家で彼が経験した家族としての生活は、ますます苦悩の度合いを濃くする彼の周辺状況に毎日の安定をもたらしてはくれたが、賞賛から激怒に至るまで、他の女性たちによる関心の的にもなっていた。彼が受け取った女性たちからの手紙の中には、自分勝手な内容のものもあった。たとえばミラボの遠い親戚の一人が、ジェルミナル三十日（四月十九日）、「自然についての教理問答」などを無料で教えると申し出てきた。「私は有徳の人となるでしょう。あなたの忠告や模範に従うことでしょう。……断固として、一貫しているあなたは、天国を探している鷲です。」お世辞を述べつつ妄想的な者もいた。プレリアル十三日（六月一日）、ナントの若い女性ルイーズ・ジャカンは手紙の中で、ヴァンデで戦っていた夫を亡くしたことを訴え、ロベスピエールに結婚を申し込み、豊かな生活を約束した。「あなたは私の神です。地上で唯一の方だと存じています。あなたは私の守護天使だと思っております。私はただ、あなたの作った法のもとで生きたいと願っているのです。とてもお優しい法です。[49]」これはプライベートに送られてきた手紙だった。他のある女性による彼への賞賛は公にされた。五月十二日、保安委員会は、カトリーヌ・テオの逮捕を命じた。彼女は自称預言者で、ロベスピエールが最高存在の代弁者として神聖なる使命を負っていると主張した。[50]このケースは六月の終わりまで公になることはなかったが、噂はすぐに広まった。

かつてロベスピエールを賞賛し、今や距離を感じて、軽蔑的な態度をとる女性もいた。たとえば「洗濯女たち」は、国民衛兵司令官フランソワ・アンリオを激しく非難し、彼が「私たちの子どもたち全員を殺し、私たちを飢え死にさせるつもりのロベスピエールのような者たちや、能なしのならず者たち」と手を結ぶという。[51] さらにいえば、ロベスピエールの死を望む人々の中に女性もいたのである。プレリアル五日（五月二十四日）、二本のナイフを所持していた十六歳の女性セシル・ルノが、ロベスピエールの住むデュプレ家に侵入しようとして逮捕された。「暴君がどんな様子か見ようとした」という。翌日、ロベスピエールが無事にジャコバン・クラブに現れると、歓迎の拍手が長く続いた。彼は「力強い演説を行った。演説は、真の華麗さ、共和主義者の魂の偉大さ、自由という大義への気高い献身、そして最も重要な哲学に溢れていた。[52]」

実は、ロベスピエールの命を脅かすより深刻な事件が、ルノの事件の前日に起きていたのだ。プレリアル四日、「国立宝くじ取引所」職員のアンリ・アドミラは、日がな一日ロベスピエールを待っていたのだが、結局、彼の代わりにコロ・デルボワを二発の銃弾で襲った。アドミラの殺人未遂のニュースが伝わると民衆暴動が起き、またコロを助けに入った錠前師のジュフロワが怪我をしたことも知れ渡った。この後二カ月にわたって、セクションや全国の人民協会から二百十八もの代表団が国民公会に送られてきて、怒りとともにジュフロワへの賞賛を伝えようとした。同様の内容を持った書簡も二百四十四通送られてきた。[53]

ロベスピエールは、彼の死を望む人々がいるという報告をずいぶん前から認識してはいた。ここで彼は、完全に気力を失うことになる。アドミラの襲撃事件のあと、ロベスピエールは国民公会で熱っぽく演説をしたが、この中で彼は、自分の死が差し迫っていることを確信しているかのようだった。彼の演説は、悪意ある者たちが所持しているうんざりするほど多くの武器の話から始まった。「中傷、裏切り、発砲、毒、無神論、腐敗、飢饉、暗殺、これらすべて、彼らの犯罪が惜しみなく生み出してきたものである。依然暗殺が、続いて暗殺が、そしてさらに暗殺が存続している。こう口にすることで、私は、自分を刺そうとする短剣を磨いているのだ。……」二十六歳のジョアシャン・ヴィラットという活動家がいる。フランス中央部の出身で古代ローマ風の名前センプロニウス・グラックスを名乗り、ロベスピエールや主要なジャコバン派たちから信頼を勝ち得ていた。彼の回想によれば、最高存在の祭典直後に会った際、ロベスピエールは恍惚としていたという。「はじめて、彼の表情は喜びで輝いていた。彼は熱狂に陶酔していた。」けれど、数週間もすると、暗殺未遂事件によって彼は陰鬱になり、猜疑心に襲われるようになってしまう。「彼が口にしていたのは、暗殺のこと、明けても暮れても、繰り返し暗殺のことだけだった。自分の影が彼を殺しかねないかのように、おびえていた。」ある兵士が口にした「もうすぐロベスピエールは女に殺されるのではないか」という何気ない感想の結果、彼は自分の家を封鎖し、内部を捜査させたほどであった。[54]

　ロベスピエールは、今や常に陰謀や背信行為についての主張、あるいはそれへの反論に悩まされていた。職を得ようとしたり、彼の歓心を買おうとしたり、不公平な扱いに不満を述べたり、「清廉の人」にへつらったり、彼個人宛の手紙が殺到した。匿名で彼個人を脅迫する手紙もあった。ある手紙は、ダントンの死について彼を非難する匿名の国民公会メンバーからのものだった。「では君は、私からの一撃を、ブルータスやスカエウォラ〔初期の共和政ローマで市民で、王政復活を目論むエトルリア王ポルセンナを暗殺しようとした〕のごとく決意を固めた私と同様の、二十二人の同志からの一撃を、君なら避けることができるとでも思うのか。」匿名で、詳細に書かれたある書簡は、次のように警告していた。「それほど頻繁に君に報告することはできないが、陰謀家はかなりの数いる。最悪なのは、彼らは君のいる公安委員会や保安委員会にも味方を持っているということだ。[55]」悪意が、彼から力を奪っていった。五月三十一日、彼はジャコバン・クラブで、「アリストクラートの陰謀と戦うために必要な力が、もう私にはない」と認めている。

特に、アドミラによる暗殺未遂事件が彼の正気を完全に失わせたようだ。最高存在の祭典の二日後、依然国民公会議長の座にあったロベスピエールは、国民公会が乗り気ではなかったものの、これに圧力をかけ、プレリアル二十二日（六月十日）の法を成立させた。クトン起草のこの法律は、革命裁判所で交代で勤務する六十名の陪審員が、裁判における証拠の採否について、あるいは証拠の必要性についてさえ判断できるようにした。また、「現政令と整合しない過去の法律の条項」はすべて破棄するという条文も入っていた。[56] この法は、「人民の敵」について、どのような解釈も可能にした。武器を手に取ったり、共和国の転覆の陰謀を企んだりした者から、単に政府を批判した者まで、この範囲に含まれた。


偽の情報を流して人民を分裂させたり、混乱させたりした者。

世論を誤った方向に導こうとしたり、人民の教育を妨害しようとしたり、悪徳を広め公共の良心を腐敗させようとしたり、革命的・共和主義的諸原理の力と純粋さを損なおうとしたりした者。


革命裁判所の機能ははるかに徹底したものとなった。「革命裁判所が認めるすべての罪に対する処罰は、死刑である。」

プレリアル二十二日の法は、一見一七八九年の「人間と市民の権利の宣言」に反しているように見えるが、実際には、この「宣言」は、権利の行使は、「社会にとって有害であるもの」を定義する「一般意志」の表現であるところの「法」によって設定された制限を受けると規定していた。一七九四年六月の緊迫した雰囲気の中で、ロベスピエールとクトンは、彼らと革命裁判所であれば、この一般意志を解釈することができると決めたようだ。しかし、保安委員会と公安委員会のメンバーの大半は、この法律について一切知らされていなかった。国民公会を安心させようとするロベスピエールの言葉は、白々しいと受け取られたようだ。「ある男が、革命裁判所に連れてこられる。もし彼に不利な具体的な証拠があれば、彼は有罪を宣告される。もし具体的な証拠がない場合に、証人が呼ばれるのである。」議員の四分の一以上が法廷弁護士であったけれども、発言した者はほとんどいない。数人の勇気ある議員が、この法律の不正確であいまいな文言に怒りを口にした。二日前、最高存在の祭典の際、ロベスピエールに異議を唱えた一人であるピエール・リュアンは、次のように叫んだ。「もしこの法律が通れば、われわれは自分の脳みそを撃ち抜くほかなくなるぞ！」[57]ダントンとデムランの時に、議員の免責規定をなくしてしまった公安委員会、特にロベスピエールのやり方を、多くの議員は許していなかったし、忘れてもいなかった。プレリアル二十二日法は、彼ら全員にとってさらなる脅威に思えた。翌六月十一日、国民公会は、「議員を弾劾し、裁判にかける権利は、国民代表にだけ排他的に認められる」と宣言し、これに相当する条文を付け加えた。

ロベスピエールと公安委員会は、このような幅広い解釈が可能になる法律を無理にでも通さなければならないと感じていたようだ。カリエ、フシェらを、迅速に裁判にかけるべきだと考えられていたからである。[58]この法律のもう一つの背景は、パリの牢獄が囚人で溢れていたことにある。七千三百人の「反革命容疑者」が詰め込まれていた。プレリアル二十二日の法が成立したあと、死刑宣告は全体の七十九%になる。もっとも、死刑判決はこの年の二月以降増え続けていたし、法律施行前の段階ですでに七十%になってはいた。この法の目的は、裁判権限を集中させ、また裁判を迅速化することにある。加えて、裁判のやり方に見られる地方ごとの不均衡を是正する意味もあった。[59]この点では、アラスに戻っていたビュイサール夫妻が、ロベスピエールに個人的に働きかけたことが影響した可能性が高い。

最高存在への崇拝を創り出したフロレアル十八日（五月七日）のロベスピエールのあの重要な演説の中で、彼は国民公会に対し、公共の徳を再生させると同時に、「犯罪への雷を下す」よう求めていた。つまり、最高存在の祭典の二日後にプレリアル二十二日法が提議されたことには一貫性がある。要するに、祭典は、徳の再生を訴えるためのものであったし、プレリアル二十二日法は、この再生の力を弱めようとする者たちに対し恐怖を与え、大きな打撃を加える目的を持っていた。ロベスピエールが二月五日の卓越した演説で強調したように、革命においては、「人民の政府の主要な動力は、徳と同時に恐怖なのである。……恐怖はまさに迅速で、厳格で、確固とした正義である。」一七九四年六月、徳を生み出し、敵に脅威を与える機能は、公安委員会、保安委員会とそのメンバーに集中していた。噂や怨恨もまた、大量にこの委員会に集中した。こうしてマクシミリアン・ロベスピエールは、今やますます多くの人々にとって、恐れと嫌悪と嫉妬の対象になっていた。同時に、彼が肉体的、精神的な限界にあったことも、彼自身認めている。

第十二章　「最も不幸な生を生きる男」――パリ一七九四年七月

最高存在の祭典とプレリアル二十二日法は、ロベスピエールにとって、徳を教え広げていくことと、これを損なおうとする者たちを容赦なく恐怖させ、罰することとを結びつけるための、最後の、絶望的な挑戦だった。この法律の成立から二日後の一七九四年六月十二日、彼は演説を行い、陰謀家の過去と現在に言及し、陰謀家は国民公会のモンターニュ派のそばに座る者たちの中にすら存在すると指摘した。オワーズ県選出のブルドンがロベスピエールを遮って、「ロベスピエールにはそれを証明するよう求める」と述べたのだが、ロベスピエールはこれを無視し、次のように脅しをかけている。

> 必要なら名前を挙げよう。昼日中、あるいは夜の闇ですら、いついかなる時も、モンターニュ派の良き信条を持つ人たちの心の中に、最も背信的な考え、最もたちの悪い誹謗中傷を巧みに植え付けようと、陰謀家たちが策動しているのである。……市民諸君、君たちがすべて分かっているというなら、祖国の敵に十分に厳しく対峙してこなかったことをもって、われわれのその弱さが非難されていることの正しさも、理解できるだろう[1]。

ロベスピエールが要求していたのは、時が来たとき、犯罪者を名指しすることのできる有徳の人物として、自分を信用してほしいということであった。オワーズ県のフランソワ・ブルドンのような議員たちが、恐れおののくのは当然である。というのも、ブルドンは、ロベスピエールがその行状を酷評する個人的なメモを残していた五人のうちの一人であったからだ。ブルドンについてロベスピエールは、「彼は、ヴァンデで犯した犯罪行為の責任を回避しようとした。この地で、義勇兵たちを自らの手で殺戮する喜びに浸っていたのである。……背信と凶暴性が同居する人物である。」最高存在の祭典の際、ブルドンは、「ひどい嘲笑」をロベスピエールに浴びせたらしい。もう一人のブルドン、レオナール・ブルドンは、その低俗さ、不作法を理由に、国民公会の中でも軽蔑されていたが、ロベスピエールのメモでは、「帽子も取らずにしゃべり、滑稽な服装をしている」と書かれている。[2]

保安委員会のメンバーは、ロベスピエールとサン＝ジュストが、保安委員会の権限を侵食する警察局を新たに設けたことを決して許さなかった。彼らは、ロベスピエールにその代償を支払わせた。自称預言者で、ロベスピエールの賞賛者であるカトリーヌ・テオを取り調べた上で、彼女を敵国イギリスの手先であると演出して、彼女が賞賛するロベスピエールを間接的に傷つけたのである。テオは、民衆の間で「神の母」として知られており、エゼキエル書によればロベスピエールが出現を予言された新しい二人の救世主の一人であることは明らかだ、と主張していた人物である。プレリアル二十七日（六月十五日）、マルク・ヴァディエが、保安委員会を代表して、国民公会に報告書を提出した。宗教的「迷信」を嘲笑した上で、逮捕されるべき人物は五人だけだと明示する。彼は、ロベスピエールの道徳的な厳格さをあざ笑い、テオの作った宗規の一つは、「地上の快楽を退ける禁欲は、神の母に選ばれし者に不可欠だ」というものであると主張した。[3] このテオの事件によって、最高存在の礼拝を創造しようというロベスピエールの目的は深刻なダメージを受け、ロベスピエールが自身を「神官」だと考えていると言い立てる者たちの確信を、さらに強めることになった。この後、六月二十六日になって、ロベスピエールはフキエ＝タンヴィルに対し、彼女の裁判を続けることのないよう要求しているが、このことで、多くの議員が余計に、ロベスピエールの権力が際限のないものであると信じることになったのである。

寛大な措置を望む陳情者たちの必死の嘆願は、単に犯罪者の身内の絶望というだけではなかったのだが、ロベスピエールは、度を越していると思われる人数がギロチンで処刑されている時ですら、これを認めることを常に拒否した。彼にとって、革命裁判所の進め方は、とりわけそのメンバーに彼の個人的な知り合いや、彼が任命した人物がいるときは、申し分のないものに思えていた。プレリアル二十二日法通過の一週間後、五月二十四日の暗殺未遂事件で、セシル・ルノにつながりがあると考えられた約六十名が一度に、親殺しを意味する赤服を着せられて処刑された。彼らが殺そうとしたのは、共和国の「父」だろうか。大量の処刑に吐き気を催させることで、世論を反ロベスピエールへと向けさせるために、ロベスピエールの敵が企んだことだったろうか。もしそうなら、ギロチンをテュイルリからより名の知られていない場所、六月九日にアントワーヌ広場、また十四日には距離の離れた「ヴァンセンヌの障壁」に移すというのは奇妙である。ともかくこの頃、ロベスピエール自身も、病と絶望感で、吐き気を覚えていた。

プレリアルの一カ月間（五月二十日から六月十八日）、公安委員会は、極度の疲労、そして対立と戦いながら、その重要な仕事を続けていた。この時期に出された七百六十二通の命令のうち、発令者個人が特定できるものは六百八通、このうち二百七通がランデ（うち百八十三通が軍事輸送に関するもの）、百七十七通がカルノ（うち百三十通が軍隊に関するもの）、そして百五十七通がコット＝ドール県選出のプリウール（うち百十四通が軍需品に関するもの）で、ロベスピエールによるものは、様々な問題に関して出されてはいるが、わずか十四通に留まる。[4]「赤シャツ」の集団ギロチン刑が行われた六月十七日、共和国軍がイープルを奪取した。そして、北東部での一連の軍事的勝利が明らかになってくる。六月二十五日にはシャルルロワで、翌二十六日はフルリュス、七月四日にはオステンドとトゥルネ、そして七月八日はブリュッセルで、フランス軍が勝利したのである。この時までに、スペイン軍は南部国境付近まで押し戻されていた。とりわけフルリュスでの勝利は、フランス国土へのオーストリアによる脅威に終止符を打ち、結果として、共和暦二年の厳格な統制を実施した側と、単にこれを受け入れてきた人々と、その目的意識の間の鮮明な齟齬を白日の下にさらした。すなわち、目的とはただ、共和国を軍事的な脅威から救うために必要なことすべてを実行することだったのか。それとも再生された社会の基礎を作ることだったのだろうか。

仕事場、街路、そして会合場所。パリは、未来への楽観と現状への不安が激しく入り混じり、騒然としていた。フルリュスでの勝利の知らせを受け取っても、国民公会や主要な委員会、パリ・コミューンやジャコバン・クラブにいるロベスピエールの同志たちは、共和国が救われたとは考えなかった。壊滅させるべき国内の敵は依然として存在し、道徳的な再生は始まったばかりと考える者もいたからである。ロベスピエールは、依然として広く「清廉の人」として信用を失っていなかった。メシドール四日（六月二十二日）、イギリスの自由主義者ウィリアム・アウグストゥス・マイルスは、パリに二年間住んでおり、ロンドンの知人に手紙を書いている。「この並外れた人物は……まさしく貴重な存在です。彼の同郷の者は、彼の「清廉」を確信しています。彼は暗殺されたり、即決裁判で有罪を宣告されたりするかもしれませんが、通常のやり方で彼が殺されてしまうことは決してないでしょう。[5]……」

ロベスピエールの革命家としての特徴は、革命の最も重要な目的地をはっきり提示できる能力と、鋭敏な現実主義にあった。一度宣戦布告がされれば戦争を支持し、王政が倒れれば共和政を支持し、自身が政府に加わるまでは街頭での抗議行動を認めていた。ところが、一七九四年の初夏、彼からは戦略的な判断力が失われていた。暗殺未遂が立て続けに起きたこと、また心身の極度の疲弊によって、フルリュスでの勝利が、危機が終わりに近づいている兆しであるとみなすことができなかったのである。二月五日に明示されたビジョン（有徳の市民が安心して暮らせる共和国）が、脅しよりむしろ激励によって達成しうるのはいつかを、ロベスピエールと政府にいる彼の仲間たちが指し示すことができなかったことが、致命的なものとなる。

それどころか、国民公会での二週間の議長任期がプレリアル三十日（六月十八日）に終了すると同時に、つまりフルリュスの勝利の報が届く前に、彼は公的な場からほとんど姿を消してしまった。この六月十八日、彼は公安委員会による政令六本に署名をし、十九日には十二本、二十日には十一の政令に署名しているが、続く五週間の間に彼がサインした政令はわずか三十本に過ぎないし、どうもこれらの政令も彼の自宅に持ち込まれて署名を受けたらしい。二十五日以降、彼がサインした公安委員会の政令はほとんどないのである。二十九日までは警察局を指揮していたが、この頃すでに公安委員会からは事実上身を引いており、サン＝ジュストが彼を引き継いでいた。彼はこの後、委員会にはわずか二、三回しか出席しない。国民公会においては、ほぼ一カ月後、七月二十六日まで演説することはない。ジャコバン・クラブでも、存在感はほぼないに等しかった。[6]

六月十八日のあと、ロベスピエールがどのように過ごしていたかは知られていない。おそらく彼は、再び身体を壊してしまったのだろう。原因は、暗殺への恐怖、そして彼に向けられた噂、誹謗中傷ゆえの苦悩だろう。もちろん、彼だからといって、圧力に負ける戦争指導者とならない保証はどこにもなかった。[7] なにしろ、一七九〇年半ばのボメズ、一七九二年十一月のルヴェやジロンド派、一七九三年九月のパリのセクションの活動家、そして一七九四年二月と四月のダントンやデムラン、こうした人々との争いに続いて、またもや激しい争いを原因としたストレスで、身体的な不調に襲われたのである。

彼の家族もばらばらになってしまっていた。増える処刑、陰謀、脅威が作り出す陰鬱な雰囲気は、シャルロットと兄、弟との関係、少なくとも弟オギュスタンとの関係をさらに悪化させてしまった。シャルロットとオギュスタンの関係は、一七九三年秋のプロヴァンス地方への公務の旅で悪くなっており、一七九四年五月にはルボンがパリに呼び出され、彼に伴われてシャルロットはアラスに戻っている。オギュスタンは姉をきわめて激しい調子で非難している。「彼女の血は、われわれ兄弟のそれと全く似ても似つかない。……われわれは彼女をアラスに行かせるしかなかった。われわれ二人を失望させる女を、このようにして遠ざけておく他なかったのだ。彼女は、私たちが悪い兄弟だという噂を流したいらしい。私たちについての誹謗中傷を彼女が広めているのはそのためなのだ。[8]」シャルロットは、メシドール十八日（七月六日）、悲嘆に暮れた手紙をオギュスタンに送っている。彼女は死ぬまでその写しを自分の手元に置いていた。「私が大切にしたいと思っている兄弟に憎まれているということで、私はほんとうに惨めな気持になっています。……どうすればいいのか、まだ私には分かりません。ただ、まずなにより、非常に不愉快な見方を捨て去ってほしいと思います。」彼女が唯一望んでいたのは、オギュスタンの目に宿る彼女への憎しみが消え去ることだった。「私がどこにいても、海の向こうにいたって、もし何かあなたの役に立てるのなら知らせてください。すぐにあなたのもとに行くから。[9]」

シャルロットは、マクシミリアンの目の届く範囲からいなくなったかもしれないが、アラスが再び彼を悩ますことになった。妹が故郷の町に戻っていったのと時を同じくして、もう一人のシャルロットが、ルボンがアラスの町に与え続けている恐怖について訴えるために、アラスからパリにやってきたのである。マクシミリアンにとって最も古くからの友人、アントワーヌとシャルロットのビュイサール夫婦は、これまでもかわるがわる、ロベスピエールが沈黙を続けていることへの不安や不満を伝えてきた。アントワーヌは、メシドール十日（六月二十八日）、「前回手紙を送って以来一カ月にわたって、マクシミリアン、君は眠っていて、愛国者たちが虐殺されているのを容認している、私にはそう見える。」このような事情で、シャルロットと彼の息子は、今や自らロベスピエールに会いにやってきて、デュプレ家に滞在したのである。[10]

　マクシミリアンが、政治から身を引いたことは広く知れ渡った。ルイ＝ル＝グラン校時代のかつてのクラスメイトは七月上旬、アミアンから彼に便りをよこす。「君は公共善のために、心を尽くし奮闘してきたけれど、そのことで私たちは、君の命を心配している。今回君は、個人的な危険から身を遠ざけたのだね。」「ロベスピエールは、友人たちにとってはもはや存在しない」との感興を抱いたのは、レジス・デゾルティであった。マクシミリアンは一七八〇年代に、彼の妹アナイスに求愛していた。デゾルティはやはり七月の上旬、オギュスタンに手紙を書いている。「人類はマクシミリアンのような人に永遠の恩義を負っている」と彼は強調したが、次のように認めた。「もし地上に、彼のような人しかいないとなれば、それは彼にとっても荒野だろう。」匿名で、脅迫めいた手紙もあった。ある人は、「あなたは独裁者になりつつある。……あなた以上に専制的な人間が歴史上存在するだろうか。われわれは、こんな怪物から故国を自由にできるのだろうか。」別の書簡は、彼を「フランスの純粋な血に浸った虎、この国の処刑人」であると描写する。テルミドール月の初め、ロベスピエールは、タバコ売りのカルヴァン夫人に「私たちはこの窮地から抜け出ることはないでしょう。不安でいっぱいです。おかしくなってしまいそうです」と述べたらしい。[11]

　六月の終わり頃、パリ近傍では、戦況は良いにもかかわらず、有名なサン＝キュロットの活動家も含む人々が次々に処刑されているわけについて、いぶかしがる声が大きくなっていた。ルヴェが一七九二年十月に書いたロベスピエールに対する『告発』が、依然として増刷され売れていた。警察の報告によれば、国民公会とロベスピエールによる「不法で狂信的なシステムに対抗する真実で有益な政治的諸原理」という表題の冊子も見られたという。[12] より深刻なことに、六月の終わり、国の作業場で働く木材業者が、食糧価格の高騰と食糧不足を理由にストライキに入った。作物は実っているのに、その近くに六千人の収穫作業員が集まって、より高い賃金を要求したという。[13] 軍隊で働く屈強な男たちがいないのを利用してストライキをするというのは有徳な行いではないだろう。

公安委員会と保安委員会の間だけでなく、公安委員会の中においてすら、対立が明らかとなっていた。ビヨとコロはとりわけ自分たちが攻撃の的になっていると感じていた。彼らは、エベール派やフシェとつながっていたからである。戦争遂行に忙殺されていた者たちは、再生やら徳やらについての話に飽き飽きしていた。メシドール十一日（六月二十九日）に行われた両委員会の合同会議において、カルノはサン＝ジュストに向かって、彼とロベスピエールは「滑稽な独裁者」だと怒鳴ったという。[14] この激論のあと、ロベスピエールは公安委員会の議論に直接参加することをやめてしまう。国民公会、公安委員会、そしてジャコバン・クラブにすら出席しなくなったことで、彼の絶望を理解することのできた者たちとの距離も開いていくことになった。

ロベスピエールは繰り返し、司祭も、富裕者も、元貴族ですら良き共和主義者になることができると主張してきた。それにもかかわらず、彼は、革命の世界を二項対立的に理解してしまう傾向があった。善と悪、「愛国者」と「反革命家」のように。他と同様に、不幸を陰謀のせいにしてしまう解釈に頼った。悪事が企まれているという認識は一七九四年の夏までに大きくなっており、ロベスピエールはメシドール十三日（七月一日）に、陰謀があまりに拡大していて、自分にできるのはその概要を描くのに手をつける程度だと強調した。ジャコバン・クラブに向けた感情のこもった言葉の中で、彼は政治的な緊張、そして自身の立場について説明している。この中で、「寛容派」を復活させることで、「アリストクラートを国民の正義から免れさせよう」としている者たちがいると訴えた。「もし神の摂理が、私を殺人者の手から救ってもよいと思ってくれているなら、それは私に残された時間を有効に使わせようとするものだろう。」彼に対しては、常に激しい非難が浴びせられていた。彼は、明らかにカルノによる嘲りを念頭に、「もし私が諸君に、どこでこうした非難がなされているかをいえば、諸君は身震いするはずだ」と述べた。彼は「愛国者や国民公会議員を虐殺するために」革命裁判所を設置したと言われ、さらには、セシル・ルノと親しい人たちもギロチン刑に処したのは、情事を隠すためだったと非難されたのである。しかし、あるメンバーが彼を支持して、「ロベスピエール、全フランス人が君の味方だよ！」と叫んだとき、彼はただ次のように応じただけだった。「私は自分の熱心な支持者も、崇拝の言葉もいらない。私は自分の良心に恥じることはしていないのだから。」[15]

　ロベスピエールは、ますます騒々しさを増す非難と反論のぶつかり合いに関わることはやめなかったが、それはジャコバン・クラブにときどき参加するときだけであった。メシドール二十一日（七月九日）、彼はジャコバン・クラブに復帰し、彼が何を革命政府への脅威だと考えるかについて、要点を述べた。脅威は、警戒を緩めよという要求から生まれるという。多くの悪意に対抗していくための唯一の処方箋は、「すべての人が正しくあることを望む自然の諸法の執行と、社会全体の基盤をなす徳」にあるという。[16]これが成し遂げられたとき、「われわれの勝利の果実とはすなわち、自由であり、平和であり、幸福であり、美徳」なのだ。しかし、彼の演説を聴いた者たちは、「ある人々による背信的な企み」について、彼が依然として詳しいことを明らかにしなかったことに困惑していた。

　一週間後のメシドール二十八日（七月十六日）、彼はジャコバン・クラブに再び現れた。この時、彼は全国の人民協会について、その問題点を取り上げた。まず借金の支払いができなかったという理由で、あるメンバーを除名したバイヨンヌの提携クラブの決定について失望を表明し、「真の愛国者が、つまらないミスやどうでもいい失敗で有罪とされ、良き市民という肩書きを奪われる」ようなことがないよう、不必要な粛清に対して警告を発した。また、パリではセクションごとに、フルリュスの勝利やメシドール二十六日（七月十四日）のバスティーユ奪取五周年を祝うために組織された民衆の集会「友愛宴会」が開かれる傾向が広がっており、ロベスピエールはこの点も取り上げた。というのも、これらの集会は、新たな「寛容派」が革命政府や革命政府の統制の終結を求める機会となっていたからである。ロベスピエールは、「いわゆる愛国的な宴会の一時的な成功の理由は、人民全体を活気づける公民精神が広く感じられるようになったからである。……［しかし、］敵はまだ敗れ去ってはいない。徳、警戒、そして勇気だけが共和国を揺るぎないものにできるのだ」と警告している。[17] 宴会の参加者たちからすれば、単に軍事的な勝利を祝いたいと思っていただけなのだが。

メシドールの一カ月（六月十九日から七月十八日）で、七百九十六名の死刑宣告があった。一七九三年についてみると、革命裁判所で裁かれた者のうち、約半数が無罪宣告を受けているが、プレリアル二十二日法のもとでは、自由放免されるのは五人のうち一人の割合に過ぎなかった。処刑数は、容赦なく増加していった。フロレアルの月（四月二十日から五月十九日）には、毎日十一名のペースだった処刑数だが、プレリアルの月（五月二十日から六月十八日）には十六名になり、メシドールの月を見ると、日に二十六名のペースで処刑されていった。通常であれば、刑事上の陰謀（詐欺、横領、不正利得）に関する裁判がなされ、些細な盗みや役人への非難に対して宣告される刑期ですむ、あるいは単に政治的な口論で終わるような、そういう罪状でも、多くの人々（その数も増え続けていた）がギロチン刑に処されたのである。北フランスのコンピエーニュにある元カルメル会修道院にいた十四人の修道女と二人の家内奉公人が、一七九四年にある修道会で生活していたという理由で告発された。彼らは六月二十二日に地元の監視委員会に逮捕され、コンピエーニュの元訪問修道会の建物に投獄された。保安委員会は、彼らが王党派的な書簡のやりとりをした罪で告発し、革命裁判所に送致した。メシドール二十九日（七月十七日）、彼らはパリの「ヴァンセンヌの障壁」広場（現ナシヨン広場）でギロチンにかけられている。[18]

革命裁判所によるギロチン刑によって牢獄が空いてきたが、この牢獄が、いかなる手段を使っても逃亡しようとする「容疑者」たちのたまり場のようになったことは驚くに値しない。こうして当局も、「監獄の陰謀」にとりつかれるようになった。プレリアル二十八日とメシドール八日に、ビセートル監獄の囚人七十三名が、またメシドール十九日から二十二日の間には、リュクサンブール監獄の囚人百四十六名が処刑された。戦々恐々としていた者たちの中に、七十三名のジロンド派よりの議員がいた。彼らは一七九三年六月、彼らの仲間たちが国民公会から追放されたことに抗議していた連中である。この時は、ロベスピエールが彼らを弁護して、その命を救ったのだが、今回も彼らは、周囲で次々と処刑が行われていくのを目にして、「ロベスピエールの誠実、正義と人類への愛」を激賞し、感謝を繰り返し表明して、再び自分たちを守ってくれるよう彼に頼んだのである。彼はこれを受け入れた。[19]

テルミドール三日、再び両委員会の合同会議が開かれたものの、ロベスピエールは欠席していた。会議は、即時裁判にかけられる必要のある三百十八名のリストを革命裁判所に送付した。テルミドール四日、公安委員会は、四人の「人民委員」を通じて、革命裁判所の機能をさらに強化しようと会議を開催したが、ロベスピエールはここでも欠席した。彼個人を公然と非難したり、「監獄の陰謀」を訴えたり、直接脅迫したりする内容の手紙が、ロベスピエールの元には殺到していた。公衆の面前で「汚らしい卑劣漢で極悪人」とも言われたのである。ある匿名の手紙では、「君は独裁へと向かっている。君は君自身が作り出した自由を滅ぼしたいのだ」などと主張されていた。しかしほとんどの手紙は、脅しを加えるわけでも、また匿名なわけでもなかった。ある手紙は、「共和国という建物の骨組み、柱、そして基礎」であるとして、ロベスピエールのことを誇りに思うと伝えていた。平等市（かつてのシャトー＝ティエリ市）からの書簡は、彼のことを、「永遠なる存在が、すべてを変革するために私たちに約束してくださった救世主」だと賞賛した。「あなたの掲げる原理は自然の原理であり、あなたの口にする言葉はユマニテの言葉です。……あなたは人類を再生しているところです。あなたの天分、政治的な知恵が自由を救っているところなのです。」こう書いて、「しかしどうか、健康には気をつけてください」とも述べている。[20]

メシドール七日（六月二十五日）、ロベスピエールは、ダントン派の元貴族で、オーブ県の徹底した粛清を主導したアレクサンドル・ルスランら数名の逮捕を命じた。そして、オーブ県選出議員アントワーヌ・ガルニエの勧告を受けるかたちで、メシドール三十日（七月十八日）、ルスランが投獄した三百二十名の「反革命容疑者」釈放を命じたのである。正確にロベスピエールが何を考えてのことだったか分からないが、いずれにしてもこの事実、またこれより前に九名の派遣議員を呼び戻したり、ジャコバン・クラブからフシェを追い出したりしていることから、多くが次のように考えたのである。すなわち、弾圧の中で過剰な暴力を行使したと見なされた者が、新たな粛清の対象になるということである。ガルニエはのちに、ロベスピエールとのやりとりを報告している。ロベスピエールは、国民公会を「裏切った」議員三十名のリストが準備されているという噂を否定しなかったというのだ。[21]

ロベスピエールとその仲間たちによる必死の努力にもかかわらず、フルリュスでの勝利は、革命政府の人々をつなげていた結び目を切ってしまった。カリエ、フシェ、バラス、フレロン、タリアンといった国民公会の有力議員たちは、諸地方での反革命を容赦なく弾圧したことの説明を求められていることを知って、震え上がった。また、フルリュスでの勝利が、なぜ革命政府に明確に終止符を打つことにならないのか、皆が疑問に思っていた。結局のところ、ほとんどの議員が独裁的な諸政策を支持していたのは、あくまでも軍事的な危機と社会的な混乱への実際的な対処としてであったのだ。メシドール一日（六月十九日）、パリのあるセクションがその議事録を公開し、一七九三年憲法の施行を支持するよう訴え、十日後には二万人の署名が集まった。ところが保安委員会はこの動きを封じた。[22]しかし、なぜこの期に及んで、一七九三年憲法の施行ができないのだろうか。軍事危機は緩和し、セクションは従順になったのに、名指しされることなく、議員へのあいまいな脅しがなされる中、処刑数は増えている理由はなんだろうか。

実際、依然として処刑数は増えていた。テルミドール月の最初の九日間で、三百四十二名が処刑された。一日の平均は三十八名となった。軍事危機が緩和され始める以前の、三カ月前のフロレアル月では十一名だったのである。革命裁判所は、「容疑者」の罪責を決する指示書を、恐ろしいほど効率的に処理していた。「監獄の陰謀」は次々と明らかになった。カルメルの監獄の四十六名がテルミドール五日（七月二十三日）に処刑され、サン＝ラザール監獄の七十六名はテルミドール六日以降の三日間で処刑された。ロベスピエールは、メシドール十一日（六月二十九日）以降、表舞台から実質的に姿を消していたわけで、プレリアル二十二日法のもとでの、七月の有罪判決と処刑者数の劇的増加は、彼に直接の責任があるわけではない。[23]ただし、公安委員会にほとんど出席していなかったとはいえ、彼は逮捕命令を出していた。頻繁にエルマンや、革命裁判所長デュマと会っていたし、サン＝ジュストやシモン・デュプレは、デュプレ家のロベスピエールのもとに書類を持ち込んでいた。ロベスピエールの問題は、彼が依然として、革命裁判所で働く仲間のジャコバンたちの能力と判断を信用していたということである。しかし、最も悩ましい以下の疑問への確かな答えを得ることはできないだろう。

すなわち、彼は、パリが苦しんでいた流血の事態に直接関わっていたのか、彼を信用すべきではないのか、という疑問である。最も確実性の高い答えは、その不在中に彼の敵たちは地下に潜り、彼は、彼らの完璧なスケープゴートになったということである。

個々人を守るために、ロベスピエールが介入したケースもあった。革命前や古典時代の演劇作品であっても、ムシュやマダム、男爵、伯爵などの敬称・称号に代えて「市民」を使わなくてはいけないという厳格な警察規定があったが、この年の半ばにこの規定を廃した。また、彼はリエージュで失敗に終わった革命から亡命してきたものの、一七九二年から一七九三年にデュムリエ将軍とやりとりがあったことで告発された避難民の擁護に着手した。この避難民の一人フィヨンは、七月十八日に逮捕され、他はすでに投獄されていた。これに介入して、彼らの解放を実現したのはロベスピエールである。ジャン＝ニコラ・バサンジュ〔ベルギー・リエージュ生まれの共和主義者〕は、テルミドール八日（七月二十六日）、リエージュとベルギーの解放を目的としてフランスが戦争をする可能性について話し合うため、ロベスピエールと会合を持つことになっていた。[24]

意見の対立は、激しさと複雑さを増した。テルミドール一日（七月十九日）、ジャコバン・クラブの会議は、迫害の訴えの真実性について議論したが、単に怒号が飛び交う喧噪の場と化してしまった。ロベスピエールは、「抑圧された無辜」についてあいまいな言葉を述べただけであった。テルミドール五日と六日（七月二十三日と二十四日）は、女性たちによる騒々しい示威行動によって、国民公会の会議が中断させられてしまった。[25] しかしながら、公安委員会でも、ロベスピエールとサン＝ジュストの理想主義と距離を置くカルノ、ランデ、サン＝タンドレ、プリウールら「専門家集団」や、個人的にロベスピエールに敵意を抱くコロやビヨらとの間に、対立が存在した。サン＝ジュストやバレールは、公安委員会と保安委員会の間を取りもとうとしていたし、ロベスピエールは、テルミドール五日（七月二十三日）の両委員会の合同会議の第二部に出席したが、依然として彼は、両委員会の各個人と自分との間の意見の違いを解消しようとする試みを拒否していた。[26]

彼は、ストレスのかかる消耗と暗殺の恐怖の中、この時期を過ごしていた。この間、国民公会や諸委員会、また革命裁判所で起きている出来事について、彼の仲間たちの手になる間接的な報告を受け取ってもいた。確かにゆっくりとではあるが、七月を通して、彼は力を取り戻しつつはあった。そこで、突破口となる演説草稿を準備し始め、七月二十六日（テルミドール八日）の国民公会で披露する心づもりでいた。[27] 臨時体制をいつ終わらせるのかはっきりしないことが、人心を不安がらせてきたわけだが、ようやく、これがはっきりするように見えた。彼は演説を、自分の極度の疲労と会議の欠席に言及することから始めた。「少なくともここ六週間の間、私のいわゆる独裁は、存在するのをやめていたわけだ。政府に対しいかなる種類の影響も及ぼしては来なかった。……それで、この国は何らか、より幸福になっただろうか。」彼は、この演説から、絶望の告白を消すのをやめた。「自分の認識では、私は生きている中で最も不幸な人間のはずだ。」

彼は、徳への信頼を表明し、自分の中にこれがあることを感じていると主張している。

徳とは明らかに、自然の情熱である。……暴君を心の底から嫌悪する気持、抑圧された者たちへの熱い共感、祖国に対する聖なる愛情、ユマニテへの最も崇高で最も神聖な愛情……。諸君は今この時、これが諸君の魂の中で燃えているのを感じることができるだろう。私も自分の中に感じている。……

しかし、危機は去ってはいなかった。「われわれの敵は後退している。ただ、われわれの内なる分裂は残っているではないか。」彼は繰り返し強調した。「犯罪的な陰謀が存在する」と。しかし、名指しされたのはわずか三名の議員（カンボン、マラルメ、ラメルの財務委員会メンバー）だった。ところが以上に加えて、彼はこの陰謀が、国民公会や指導的な委員会（公安委員会と保安委員会）の中にまで及んでいるというあいまいな見解を述べたのである。彼は、自分を敵対視する者たちのスローガンが「これはみなロベスピエールの仕業だ！」であることに言及しつつ、自分が無実の者を投獄し、処刑台に送っている責任者ではないと繰り返し、繰り返し述べた。冗漫で、感情的な演説は、ほぼ二時間にわたったけれども、焦点がぼやけており、支離滅裂とすら言える代物だった。ほぼ全員が陰謀を企んだという疑いをかけられていた。実際ロベスピエールは、「私は、自分でそのイメージを描いたこの有徳の共和国を疑ったことがある」という告白すらした。彼は自ら殉教へと進んでいるように見えた。[28]

　過激な暴力を行使したと疑われている者たちにとっては、自分たちが「恐怖と誹謗中傷」を広めたと特定されていると不安になるには十分な演説ではあった。「悪徳にまみれたスパイたちは、不当な逮捕を実施することで過激な行為に及んできた。破壊を目的とした諸計画は、つつましい生活を送るすべての人々に脅威を与えてきたし、革命を支持する無数の家族に絶望をもたらしたのだ。」続く議論の中で、パリのジャコバン派で、以前は保安委員会にも属していたエティエンヌ＝ジャン・パニが、「私の傷ついた信条を打ち明けるために」起立した。「私はロベスピエールを批判する。彼は自分の好きなようにジャコバン派の人間を排斥してきた。彼が他の人以上の影響力を行使しないことを望む。そして、彼がわれわれを処刑リストに載せているのかどうか、私の首は彼の作ったリストに載っているのかどうか、彼が述べることを望む。」ロベスピエールの友人アンドレ・デュモンも明言する。「君を殺したいと思っている者などいない。」彼は叫ぶ。「世論を殺そうとしているのは君だ！」カンボンとロベスピエールとは、前者が有能なアンシァン・レジームの財務官僚を擁護したことに端を発した対立で、とうに袂を分かっていたが、この日の長引く論戦にカンボンも加わる。カンボンの不安も恐れから生じたものではあったが、彼は不安を感じているのと同じくらい困惑もしていた。というのも、彼自身、個人が年金として利用する政府公債のシステム再構築のために、膨大な仕事を主導してきたからである。政府公債の規模はこの時、共和国の財政能力では抱え切れないほど大きなものになってしまっていた。[29]

四月初旬の「寛容派」の裁判の際に身体を壊して以来、ロベスピエールはいくつもの判断ミスを重ねてきた。その最初が、共和国の公金を使い込んだ深刻な汚職に関わった者たちとともに、逮捕されるべき人物リストにデムランを加えるという結論を黙認してしまったことである。自身が国民公会の議長だったときに、最高存在の祭典を挙行するという彼の決断は、彼が全能であるかのように批判する声を生み出してしまった。祭典の二日後、六月十日のプレリアル法の強行採決によって、こうした批判の声は、恐怖に駆られた動揺に姿を変えた。数週間にわたって続いた共和国の軍事的成功における転機をうまく利用し、正常な立憲体制に復帰する道を模索することもできなかった。そして、裁判にかけるべき議員とは誰なのかを明示しなかったことは、致命的な誤りであった。[30]彼の胸中にあったのはせいぜい五、六人だったろうが、当然のことながら、不安を感じた議員はそれよりもはるかに多かった。人の首が屋根のスレートタイルのように次々落ちていた中で、国民公会ももう限界だった。保安委員会のメンバーだったジャン＝アンリ・ヴランは、南部の故郷の町ユゼスへのテルミドール九日（七月二十七日）付の手紙の中で、次のように書いている。

昨日、国民公会でなされたロベスピエールの演説は、とてもひどい影響を及ぼしました。……二つの委員会に属する誰も、共和国、あるいは共和国の利益のために貢献してきた個人に対して、陰謀など企んだことはないのです。ロベスピエールは、彼を破滅させ、彼を告発する計画が企まれてきたと独り合点して、奇妙なくらい欺かれてしまったのです。[31]……

ロベスピエールは、同じ演説をその夜、コロやビヨの妨害工作、あるいは「われわれに独裁者はいらない！」という叫びが聞こえたにもかかわらず、ジャコバン・クラブでも行った。この叫び声の主は、クロード・ジャヴォグという議員で、彼もまた自身の過激な暴力行為について釈明を要求されるかもしれないという不安を抱えていた。この時の革命裁判所長のデュマは、強くロベスピエールを支持しており、彼を攻撃する者たちは、エベール派やダントン派の残党だと指摘した。演説の最後、ロベスピエールは、まるで虫の知らせでもあるかのように、次のように付け加えて、クラブのメンバーたちを驚かせたのである。「我が友人たちよ、諸君はまさに私の最後の意志、遺言を聞いたのだ。[32]」ジャコバン・クラブのその日の議長は、全国の提携クラブに対し、一つのメッセージを送ることを命じた。メッセージとは、新たな「外国による陰謀」が、ロベスピエールによって暴かれたこと、そして「ロベスピエールがその報いとして望んでいるのは、同志である市民諸君全員一致の彼への支持と、裏切り者たちを罰するという市民諸君の意志だけだ」ということである。おそらくロベスピエールは、クラブでたいへん好意的な反応を受け取ったことで、誤った安心感を覚えただろう。精神的に疲弊し切った状態であったために、おそらく彼は、彼の言葉がどのような受け取られ方をするかについて想像することがもはやできなかったのだ。国民公会、あるいはジャコバン・クラブにおいてさえ聞かれた不平不満の声にもかかわらず、彼は潜在的な脅威を認識する能力を、明らかに欠いていた。その証拠に、彼はテルミドール十日（七月二十八日）に、クレテイユで、友人のラヴェロン一家と夕食をともにする計画を立てていたようだ。[33]

一七九一年六月のルイ十六世による国外への逃亡未遂事件以来、ロベスピエールや他のジャコバン派は、フランス国内の反革命勢力による非常に危険な敵対行為が、より広がりを持つ外国による陰謀の一部に過ぎないのではないかという不安に、常に脅かされてきた。これらの陰謀の全体像が眼前化することなど滅多になかったのだが、それでもこうした恐れが強化されるに十分な証拠が常に存在した。テルミドール八日、ロベスピエールは、新たな陰謀が存在すると主張した。しかも国民公会の中に。少なくともこの時ばかりは、彼は正しかった。コロとビヨは、すでにジャコバン・クラブからは追放され、フシェやタリアンと合流していたのである。フシェと、もう一人のキープレーヤーであるカルノは、六年前、同じ「ロザティ」の一員として、マクシミリアンとともに、アラス郊外の草原で、詩とワインを楽しんだ間柄だったのだ。しかし今や、フシェもカルノも、死の危険を感じ取っていた。

この時、やるか、やられるかの瀬戸際にいた議員グループが四つある。第一のグループは、カリエやフシェ、タリアン、フレロン、デュボワ＝クランセといった任地から呼び戻された派遣議員たちで、ロベスピエールが過度の暴力という罪を犯した者たちに言及したとき、震え上がらなかった者はいない[34]。第二のグループは、各種委員会に所属した、エベール派に近かった者たちで、コロやビヨ、アマールやヴァディエがいる。このうち後者の二名は、特にテオ事件におけるヴァディエのやり方のように、保安委員会で行ったロベスピエールへの妨害工作ゆえに、やはり苦しい立場にあった。また、第三のグループは、ダントンとつながっていた者たちである。ロベスピエールが「放縦さ」に言及したことで、必然的に大きな不安を抱いていた。ルコワントル、テュリオ、ルジャンドル、オワーズ県のブルドンのような人々である。最後のグループは、公安委員会所属の「テクノクラート」で、ランデやコット＝ドール県のプリウール、そしてカルノらである。彼らは一週間前のひどい有様だった会合を想起させるロベスピエールの演説に、直接的ではないものの、脅威を感じたのである。ロベスピエールの演説によって、上記四つのグループに加えて、行動を起こさざるをえない者たちのリストに、影響力のあるカンボンがさらに入ることになった。

意見の違いと裏切りと、ロベスピエールがこの間の区別が完全にできなくなっている今、安全な人など一人もいなかった。彼に対立する者は、力を合わせざるをえなくなった。あまりに多くの徒党と、また恐怖が存在していて、ロベスピエールをスケープゴートとして利用するほか、この恐れに終止符を打つ方法を誰も分かっていなかったのだ。ジャコバン派の議員マルク＝アントワーヌ・ボドはのちに、「テルミドール九日は、諸原理をめぐる問題で争ったわけではない。生きるか死ぬかの問題だった。ロベスピエールの死が、必要だったのである。[35]」

テルミドール九日（七月二十七日）の国民公会の会議は、午前十一時に始まった。いつもと同じように、書簡の朗読があり、陳情者が次々発言をしていった。正午頃、サン＝ジュストが演壇に上がる。彼の意図は、ロベスピエールの擁護だった。「彼は十分に明快に、自身について説明をしている。ただ、彼が表舞台からしばらくいなくなっていた事実、そして彼の精神の苦悩に対して、多少の心遣いがあってもよいかもしれない。」なぜ彼は、「人々の心を隷属化しようとしている」などと非難されなければならないのか。「感受性は悪いものなのか。[36]」彼はこの時、議事進行上の問題を理由に、タリアンから発言を妨害された。非難や否定が大声で飛び交う大騒ぎの中、会議は進行した。テュリオが議長席に着くと、ビヨが告発状を読み始め、アンリオと、国民衛兵のロベスピエール派の将校たちの逮捕を提案した。「今この時、あらゆることが示しているのは、国民公会が虐殺の脅威にさらされているということだ。」

この時、ルバが演壇に登ろうと絶望的な試みを実行するが、失敗する。そしてビヨは、ロベスピエールに向き合い、彼を告発する。「自分の思い通りにならなくなったからと言って、ロベスピエールは、公安委員会から遠ざかった。」ビヨはロベスピエールを、「常に徳について語りながら、その実彼は、犯罪を擁護していたのだ。……一人の暴君のもとで生きたいと望む人民の代表者など一人もいない」と非難する。国民公会の議員たちは「そうだ！　そうだ！」とビヨを支持して声を上げる。ビヨは以前、ロベスピエールの過度な寛大さを批判したことがあったが、議員たちもそんなことは忘れてしまったようだ。実際のところ、逮捕状へのビヨの署名は、ロベスピエールの署名よりも頻繁に見ることができる。ともあれ、ビヨは準備を整えた。罪の意識を持った者たちの集団暴走が始まった。目的は、ロベスピエールとその仲間たちの殺害である。

この時、ロベスピエールが演壇に近づく。ある報告によれば、国民公会議員たちは、「われわれは陰謀家の話は聞かない」と叫んだという。彼が、「このことを思い出していただきたいのだが、」と話し始めようとすると、「暴君打倒！」の大声でかき消される。ロベスピエールは続けようとする。「私は抗議する。私の敵対者たちが国民公会を欺こうとしている。」しかし彼は、「あいつを倒せ！」という叫び声を聞いて、言葉をつなぐのをやめた。タリアンが、「もし国民公会が、悪党にふさわしい正義の裁きを彼に対して下すつもりがないというなら、この暴君を突き刺すための短剣を私は持っている」と国民公会に向かって宣言する。続いてバレールが、「革命政府のかたちが、少し前から、大きく変質させられてしまった」と述べ、ロベスピエールのあいまいな告発について言及する。「わざとらしく煽られる不安と真の危険とは、同時に存在しえない。並外れた名望と平等な人間とが、長い間にわたって共存することもできない。」ヴァディエは、ロベスピエールには六人のスパイがいて、彼らは毎日のように国民公会議員たちをつけ回していたと主張する。そしてロベスピエールが作った数通の報告書を提出し、これを告発のための証拠として利用する。奇妙なことに、ヴァディエは、ロベスピエールはあまりに穏健に過ぎて、「陰謀家たち」をギロチンから救おうとしていたと非難するのである。

ロベスピエールへの非難の声が高まる。タリアンは、彼が臆病者で、「彼はこの祖国が大きな危機に瀕しているとき、いつも隠れていた。八月十日の際も、専制君主がいなくなったあとわずか三日しかコミューンに顔を出さなかった」と言い立てた。『ジュルナル・デュ・ソワール』の記者は次のように書き留めている。「ロベスピエールは発言したがっていた。しかし、彼が演壇に立つと、「クロムウェルを倒せ！」とカンボンが叫んだ。ヴァディエが言う。「私はこの臆病な暴君に対する告発の政令を要求した最初の人間だ。ロベスピエールを暴君だと信じるのは簡単じゃない。けれど、私はそうだと信じる。彼に対する告発の政令を要求する。」」ロベスピエールは、この全体に広がった不協和音のただ中で、繰り返し発言を試みた。最後に、彼はこう叫んだ。「私は死を要求する！」別の記者はこの場面を次のようにリポートしている。「モンターニュ派議員たちの座る方に振り返り、彼は憤怒と、そして絶望の視線を送っている。彼を告発した者たちに対し、「盗人」「臆病者」「偽善者」などと呼んでいる。議場はさらに騒然とする。議長は帽子をかぶる。ロベスピエールは発言を求めるが、議長はこれを制する。「いったいどんな権限で」彼は怒鳴る。「議長は殺人者どもを守るのか。」」ロベスピエールが発言できずに奮闘していると、ある議員が彼をからかって、「ダントンの血が喉につかえているんだろう」と発言した。オギュスタンが叫んだ。「私も死を要求する、私は自由のために死にたいのだ。私の兄が有罪なら、私も有罪だ。我が国のために役に立つことをしたかったが、私も罪人どもの手にかかって死ぬことを望む。」

ロベスピエールの仲間のうち誰も、国民公会に対して自分たちの意見を述べることはできなかった。こうして、アンリオ、デュマ、さらにロベスピエール寄りの役人、そして五人の議員、ロベスピエール兄弟とサン＝ジュスト、クトン、そしてルバの逮捕命令へと進むのである。五人の議員たちは国民公会の前に連れてこられ、その後別々の牢獄へと送られた。マクシミリアンは、リュクサンブール監獄に送致されたものの、ここにいる役人たちは驚愕し、彼の取り調べを拒否した。そこで今度は市長室に移された。ここでも彼は、上級警察行政官に歓迎されている。議員や役人を逮捕したいという者は誰もいなかったのだ。「清廉の人」を勾留するという責任を、誰が喜んで負うだろうか。結局誰も拘束されることなく、議員たちはパリ市庁舎にやってきた。アンリオとパリ市長レスコ＝フルリオ、そしてペイヤンは、市議会《コミューン》の臨時会議を招集し、国民衛兵を動員、各市門の閉鎖を命じた。

　レスコ＝フルリオは、「共和国軍を勝利に導いた」者たちを、国民公会内の新たな陰謀家たちから守るよう、パリの人民に呼びかけた。ところが、四十八のセクションのほとんどは動かなかったのである。結局、市庁舎を国民公会から守るために部隊を送ってきたのは十三のセクションだけだった。たとえそうであっても、ロベスピエールたちは、意のままにできる大きな軍事力を手にしていたことになる。ただ、国民公会に向けて進軍するかどうかについて決断できず、動けないままでいた。[37] 国民公会は議論の続行を宣言し、若干の休憩を挟んで、夜七時に会議を再開した。この時、ロベスピエールらがセクションに対し、軍事的な支援を呼びかけているという知らせが飛び込んでくる。国民公会は、五人の議員を法の保護から外す宣言を出した。十分な軍隊を召集し、レオナール・ブルドンを先頭にして、午前二時頃、市庁舎に踏み込んだ。この時にはすでに、市庁舎前のグレーヴ広場にいたセクションからの部隊は解散してしまっていた。こうして、国民公会からやってきた軍隊は、逃げようとして窓から飛び降り、両足を骨折したオギュスタンを含む議員たちを逮捕することができたのである。

　国民公会の軍隊が入ってきたとき、ロベスピエールは、彼の住むセクションに向けた絶望的な声明に署名しようとしていた。

パリ市、執行委員会
テルミドール九日

ピック・セクションの愛国者よ、勇気を持ってほしい。自由の勝利は間近だ！　われわれの断固とした態度を裏切り者たちは怖がり、われわれはすでに自由の身になっている。あらゆる場所で、人民が、その性質にふさわしい行動を取っている。集合場所は市庁舎だ。そこでは、勇猛なアンリオが、この国を救うために設立された執行委員会の命令を実行するだろう。
ルヴェ、ペイヤン、ルルブ、ルグラン、ロ
(Louvet, Payan, Lerebous, Legrand, Ro)

このセクションは、慎重な協議を行い監視も怠らなかった典型的なセクションの一つで、すでにパリ市からの要請を「国民公会からの命令でない限り、軍事組織を動員する命令を出すつもりはない」と拒絶していた。ロベスピエールは、このことを知らなかった。ピック・セクションは翌日には、ロベスピエールのことを「卑劣漢」と表現する。[38]

ロベスピエールの未了の署名は、国民公会に対抗して、パリ市の蜂起を宣言することの正しさに、ロベスピエール自身、確信が持てなかったことの結果だったかもしれない。というのも、国民公会は、フランス人民そのものではなかったか。現在残されている書きかけの署名の周囲には、血痕が飛び散っている跡を確認できる。ルバは、二丁のピストルを持っていた。ルバがまず一丁を使って自分の脳みそを撃ち抜き、ロベスピエールももう一丁を使って自殺を試みたと推測する者もいる。いや、彼はこの声明文に署名している最中、踏み込んできた憲兵に撃たれたのだという方を信じたい者もいる。つまり、できることがまだたくさんあった時点で、ロベスピエールは、自殺をするほどには絶望していなかったろうというわけだ[39]。

激しい苦痛は、なかなか終わらないまま、彼を苦しめ続けた。弾丸は午前二時三十分、彼のあごを打ち砕いた。三時三十分、彼は、公安委員会の応接室に移されていた。野次馬たちは、彼の苦痛を観察することができた。二人の保健担当官が、保安委員会によってテュイルリに派遣されたのは、午前五時であった。彼らは、ロベスピエールがテーブルの上に「血まみれの姿で」横たえられているのを発見する。彼らは左頬の傷を調べた。歯とあごは粉々に砕かれていた。彼らが包帯を巻くと、口の中に溢れた血が包帯をたちまち真っ赤に染めた。この間、「この怪物は、ひと言も発することはなかったが、われわれから目を離さなかった。」大砲鋳造の担当として公安委員会に所属していた建築家のニコラ・ジョマールは、ロベスピエールの逮捕後、市庁舎にやってきて、この場面を描写している。ロベスピエールは、「靴を脱がされ、靴下もふくらはぎのところまで下ろされていた。彼のズボンはボタンを外されていた。シャツはすべて血で染まっていた。」野次馬は、すでに集まり始めていた。「彼の間近に寄った者のうちの幾人かが、彼の右手を持ち上げ、顔をのぞき込んだ。ある者は「死んでないぞ。まだ温かいもの」といい、ある者は「立派なお顔の王様じゃないか」ともいい、また他の者は「仮にこれがカエサルの身体でも、なぜゴミ捨て場に投げ込まれないんだ」と言っている[40]。

ロベスピエールたちは、午前十一時にコンシエルジュリに移送され、死刑宣告を受けた。ロベスピエールは、うめく以外何もできなかったけれども、ペンと紙を要求する仕草を何度も繰り返した。願いは退けられた。午後六時、ようやく二十二名の囚人を乗せた三台の荷車が出発する。オノレ通りに沿って、デュプレ家の前も通り、取り囲む群衆からの嘲りを浴び続ける長い行程だった。「なかなか愛くるしい王様じゃないか」誰かがからかう。「陛下、お苦しいですか」嘲笑が浴びせられた。[41]

ギロチンは、臨時的に、再びテュイルリの西の端、革命広場に戻されていた。午後七時三十分、処刑が開始された。マクシミリアンは、二十二番目だった。激痛は十七時間続いたことになる。血まみれで汚らしい包帯で頭をぐるぐる巻きにされ、彼はなんとか処刑台のステップを登った。そのあと、処刑の前に、彼は最後の苦痛を味わうことになる。処刑人が包帯を毟り取ったのだ。ここで下あごが剝がれ落ちた。恐ろしい苦痛のうなり声とともに。[42] 彼と残りの「ロベスピエール派」二十一名は、エランシス共同墓地に埋葬された。この日の夜は、二人の子どもの英雄、ジョゼフ・ヴィアラとジョゼフ・バラのための記念の催しが、ジャック＝ルイ・ダヴィド企画で開かれる予定となっていたのだが、延期された。

アラスからは、県行政官でマクシミリアンが革命前に愛情を寄せていたアナイスの兄レジス・デゾルティが、この知らせを聞いて以下のような分析を残している。

つまり、彼はもう存在しないというわけだ。最も清廉な愛国心を持って、あまりに長く歩き続けて、同胞の中でも自分が最も啓蒙の光を浴びた人間であると考えていた人、ロベスピエールは、自分が最も適切なかたちで同胞の役に立てる方法を選び取る権利を、自分こそ持つべきだと信じていた。天分を持つ人物は、当然のことながら、他の人々を導くことができる。しかし、自由な国の中では、もし自由に反する手段を用いた場合、たとえそれで祖国を救うことができたとしても、その者は裏切り者ということになるのだ。

デゾルティから見ると、ロベスピエールの名声と悲劇は両方とも、自分で創り出した諸原理への彼の驚嘆すべき献身に由来する。この一貫性は、一七九一年から一七九二年においては評価、賞賛されたが、一七九四年においては彼の命を奪うことになった。デゾルティ自身、このちょうど二週間前のメシドール三十日（七月十八日）、オギュスタンに手紙を書き、「祖国と人間の偉大なる利益」に奉仕するマクシミリアンの「終わることのない仕事」のせいで、彼には、友人やプライベートな生活のための時間が一切残されていないと、残念がっていた。[43]なぜこのようなことになったのか、あるいは心身両面の健康を犠牲にして、この若者が受けることになった報いについて、深く考えてみようとした人は、デゾルティの他にはいなかった。

終章 「この新しいプロクルステス」

テルミドール十日（七月二十八日）、ロベスピエールの仲間たちも、彼とともに処刑台に向かった。処刑があった日の翌朝、国民公会の議長は、議員たちが前日に行った重大な決定について、議員たちを安心させた。「新たな暴君とは、ロベスピエールのことだった。……祖国は今一度救われたのである。」最初に「恐怖政治のシステム」という言葉を使ったのは、バレールである。彼は、テルミドール九日のロベスピエールへの攻撃に自身が果たした役割を強調すると同時に、彼自身は「恐怖政治家」であったことはないと、はっきりさせたかったのである。その翌日、ジャコバン・クラブは、かつては、一七九一年以来最も名が知られ、最も賞賛されていたメンバーであったこの「怪物」を徹底してこき下ろした。ロベスピエールは「偽善的な専制君主」であり、「公共善への愛情というもっともらしい口実」を使って、われわれ全員を長きにわたって欺いてきた新しいカティリナであると非難した。彼は死んだ。「無数の陰口をたたいていた男ども、とりわけ女ども」も、彼とともに消えた。[1]

怖さ、臆病さゆえに、おとなしくしていた議員たちも、今や急いで地元に向けて、この事件について、事件の意味について知らせている。ジュリアン・マザドは、タルン＝エ＝ガロンヌ県選出のジロンド寄りの議員だったが、かつてはロベスピエールを手放しで賞賛する手紙ばかりを地元に送っていた。しかし、今や異なった意見を表明することができるようになったと感じていた。「暴君はもういません。彼は国民公会議員を殺戮するところだったのです。われわれの命は風前の灯火でした。……

いかなる個人にも執着してはいけません。祖国の諸原理だけを崇拝するのです。」ヴィエンヌ県選出の議員ティボドも同じ意見だ。「新たなクロムウェル」を退治した人々は、罪の意識を隠し持った者たちの臆病な同盟などでは全くなく、「怖れを知らない人民の権利の擁護者であり、……祖国のことしか考えていない。[2]」

パリ市の七十一人が、「陰謀を共謀した罪」で処刑されたのは、テルミドール十一日（七月二十九日）である。その後数カ月間、関係者の処刑が続いた。フランソワ＝ピエール・デシャンは、ロベスピエールこそ、自身の息子マクシミリアンの良き父であってくれると確信していた人物で、彼はテルミドールの時、ロベスピエールを支持したサン＝キュロットのうちの一人となり、フリュクティドール五日（八月二十二日）に処刑された。ジョアシャン（「センプロニウス＝グラックス」）・ヴィラットは、クルーズ県出身の若い活動家で、一七九五年五月七日、国家検察官フキエ＝タンヴィルとともにギロチンにかけられた最後の一団の一人となった。彼は裁判を待ちながら、ロベスピエールを「禁欲的で、勤勉、短気で、執念深く、威圧的な」人物だと思っていたと書いている。しかし、ロベスピエールが、「破滅的な流血の事態」を止めようと努力していたことは間違いないとヴィラットは考えていた。[3]「ロベスピエールとぐる」とされた数百人の人々が捕らえられ、裁判にかけられた。証拠がそれほど重要でない場合もあった。テルミドール十一日には、ロベスピエールを批判する歌を詠唱した人を大声で罵ったという理由で、三人の男が逮捕されている。ほぼ全員の逮捕者が、言い訳を準備していた。裁判では、有名なジャコバン派の役人やその支持者から、デュプレやエルマン、ジャック＝ルイ・ダヴィドやロイエのようなロベスピエールの親しい友人たちまで、誰もが、今やその名を「悪名高い」「卑劣な」「暴君の」といった言葉と一緒でなくては口にすることもできなくなった男から、距離を置こうとしていた。[4]

ロベスピエールと親しかった者たちの中には、別のかたちで苦しんだ人もいた。テルミドール九日（七月二十七日）、ルバは、ロベスピエールと最後まで一緒におり、部隊に踏みこまれた時に自殺して、ロベスピエールとの固い絆を証し立てたけれども、その若き妻エリザベート・デュプレと生後五週間の息子が、あとに残されたのである。エリザベートの母フランソワーズは、ロベスピエールに強く傾倒していたが、テルミドール十二日（七月三十日）、自室で自殺、あるいは誰かに殺されたかして亡くなっている。彼女の夫モリスは、一七九五年四月まで投獄されていたものの、どういうわけか処刑を免れている。おそらく、彼の娘ソフィやエリザベートが、嘆願を行ったためと考えられる。エレオノールも、彼女の弟ジャックや従兄弟のシモンとともに、一年以上にわたって投獄された。シモンは、「他の多くと同様に、私もロベスピエールに欺かれていた。それが唯一の私の罪だ」と主張した。エレオノールは最終的に釈放され、一八三二年まで悲しい人生を生きた。[5]

ロベスピエールとは信頼し合っていた文通相手で友人のマルグリット・シャラーブルは、テルミドール二十二日（八月九日）に逮捕され、次の年のほとんど終わりまで牢獄で過ごすことになった。最後は自分を守るために、彼を否定することを決意した。彼はまた、古い友人シャルロット・ビュイサールにも拒絶される。彼女はアラスにいる夫アントワーヌへの手紙で「マクシミリアンがこれまで命じてきたありとあらゆるおぞましいことが分かってきて、私はどう自分の驚きを言い表していいか分からない」と書いている。アントワーヌも急ぎパリに向かい、ロベスピエールとの関係を切り捨てることに成功している。というのも、彼はこのあと、アラスの主要な裁判所の新たな裁判長に任命されるからである。やがてこのアントワーヌの同僚の一人となるのがギヨム・リボレルだが、彼はかつて、ロベスピエールとは論戦の好敵手で、亡命生活から司法官として復帰し、のちにナポレオンからはレジオン・ドヌール勲章を授けられ、一八一五年には復古王政によって授爵している。[6]

「平和の時までは恐怖」という一年は、フランスを分裂させた。反革命に大きな脅威を感じてきた人たちにとっては、この臨時体制は、過度に多くの暴力的な行き過ぎがあったものの、成功であった。革命の敵対者に対してなされた不必要な暴力だとされたものについては、とりわけ軍事的危機が減少したあとでは、嫌悪感を抱く者もいた。いずれにせよ、ロベスピエールの没落はこの時、大規模なかたちで行われてきた処刑の終了を象徴するものとして、みなに歓迎された。[7]

人々は、今や「ロベスピエールの恐怖政治」と呼ばれるようになったものを、ありとあらゆる理由を挙げて、相争うようにして拒絶した。[8] かつてのジロンド派の人々は、一七九三年から一七九四年の時期は脅威を受けて沈黙を強いられていたが、今や自分たちに全く非がないかのように、ロベスピエールを罵るだけではない。彼らは、たとえば一七九二年の九月虐殺の共犯的行為などなかったかのように、真摯に法律を守る「穏健派」として行動してきたかのように振る舞った。ロベスピエールの死からちょうど一カ月後、彼のかつての敵メエ・ド・ラ・トゥシュが『ロベスピエールの尻尾』という作品を刊行した。これは、ロベスピエールの架空の意志をベースとした、長い一連の風刺作品の最初のもので、この中でロベスピエールは、彼の「尻尾」を支持者たちに遺していた設定となっている。この一連の風刺の一つは、ロベスピエールの女たちへの影響力という使い古された妄想を、また繰り返している。

ロベスピエールの尻尾は大流行
ご婦人方の情熱を静め、満たすためである
彼の尻尾と彼の鋭い剣が
魅力的な湿地を貫くや

私には若い乙女の言い訳が聞こえる
ああ、このナイフが私を刺し貫いている！
この尻尾となったロベスピエールは
血でお腹いっぱいになり、大きくふくらむだろう
もしその勇気がおありなら、しぼってみてごらんなさい
そこに快楽が呼び覚まされるまで
殺人者の巨大な尻尾は
世界中をひるませる
この尻尾には深く浸透した染みがついている
喜びと、愛と、痛みの[9]

ロベスピエールの名前は、あらゆる種類の罪の陳列庫となった。国民公会は、議員エドム＝ボナヴァンテュール・クルトワに対し、委員会を組織し、ロベスピエールと彼の「共犯者たち」の住処で見つかった書類を調査するよう命じた。クルトワは、アルシの時からのダントンの古い友人で、一七九四年四月のダントンの裁判に巻き込まれてもいた人物である[10]。クルトワは、この機会を最大限活用した。ロベスピエールのかつての友人でアラス時代からの仲間で、今はロベスピエールの弾劾に熱心なアルマン・ギュフロワの助力も得た。ニヴォーズ十六日（一七九五年一月五日）、この委員会が議会に報告している。そこでは、ロベスピエールの有罪を証明するとされてはいたものの、実際には取るに足らない証拠が示された。押収された書類のほとんどは、ロベスピエールが革命期に受け取った手紙を集めたものであった。男性であれ、女性であれ、彼の友人たちからの嘆願書、忠告の手紙、警

告を発するもの、そして、彼の敵が書いた匿名の脅迫状などである。クルトワは、全部で三百七十七点ある中から、彼の目的にかないそうなもの百五十三点のみを選び出した。これらの書類を除くと、歴史、法律、数学、哲学に関わる書籍、英語やイタリア語の辞書や文法書が見つかった。[11]

クルトワによって提出された中でも最も目にあまるものは、ロベスピエールの学校時代の知り合い、時には友人であったスタニスラス・フレロン由来の資料である。フレロンは、一七九三年にマルセイユやトゥロンで行った弾圧の際の暴力を、ロベスピエールが非難していることに肝を冷やし、命の危険をおぼえていた。フレロンは、パリでの学校時代にまで遡って、ロベスピエールの評判を貶めるためにクルトワが望むことを、なんでも証言した。ロベスピエールより四年も先輩だが、フレロンは彼のことをよくおぼえていると主張している。

彼は、われわれが以前から知っているとおりの人間だ。暗くて、気むずかしく、非社交的で、同級生の成功を妬む男だった。……彼の顔は、すでにわれわれがよく知っているあの引きつったしかめ面だった。……彼が笑ったのを見た者はいない。一度受けた屈辱を彼は決して忘れなかった。執念深く、不誠実な奴でもあった。……勉強ではうまくやっていたけれども。……ロベスピエールは、胆汁に苦しんでいた。彼の顔色はこれを示していて、デュプレ家では常にオレンジが出され、彼はこれを貪り食べていた。誰もがいつでも、この人物がテーブルのどの場所に座ったのかを、オレンジの残りカスから判断することができたのである。……

フレロンは妄想を振りまいている。ロベスピエールは大酒飲みで、常にピストルを持っていて、ボディガードに守られていると主張した。フレロンの中でロベスピエールは、あくまでもずるがしこい猫のイメージだった。「彼は猫のような顔で、彼の筆跡は爪で引っ掻いたような字だった。」[12]

クルトワの報告書を読んだ一人に、ワトキン・テンチ海軍大尉がいる。彼は、イギリスの流刑囚を送還する船団の最初の一隻を率いてオーストラリアに向かい、その船旅から最近イギリスに戻るところだった。ところが一七九四年十一月、ブルターニュ半島沖、カンペールの近くでフランス艦船に捕らえられ、監獄船マラ号に投獄される。彼はクルトワの報告書を注意深く読んでいた。彼はのちに、この時の航海の経験を本として出版しているが、その中でこの報告書に触れ、読者に対して次のようなアドバイスを送っている。「王座に登るため、あるいは独裁者になるための計画がきちんと立てられていたような痕跡はどこにもない。」[13] テンチは、知的で鋭い観察者で、「ロベスピエールの前で爬虫類のように這いつくばった」連中が、今度はロベスピエールに「あらゆる殺人と不幸」の責任を負わせたのだと記している。「ギロチンという単語を口にするときにはいつも、その巨大な原動力ロベスピエールと結びつけている。」ロベスピエールと同世代のテンチは、彼と同様に、古典の素養があり、ロベスピエールのことを「この新しいプロクルステス」と表現している。ギリシアのアッティカ出身の鍛冶屋プロクルステスは、人間をつかまえては自分の鉄の寝台の長さに合うように、その人の身体を伸ばしたり、逆に切断して短くしたりしていたが、この古典の逸話から引用したのである。ただしテンチは、ロベスピエールを裏切ったかつての仲間たちにきわめて辛辣である。「汚名を免れるために、この追従的な暴君たちはみな、実際には彼らがしでかした無数の虐殺や弾圧行為の責任を、ロベスピエールにかぶせ、彼の命令のせいにしたのだ。」

ロベスピエールに対する非難の数々は、彼の死後いくらも経たないうちに大量に出版された。そこでは、恐怖政治の一年は、一匹の怪物個人による暴政が生み出したものとして描かれた。彼につけられた猫のイメージは一般化した。かつては彼の親しい仲間だったジャコバン派議員で、ティオンヴィル出身のメルランは、「ダントンはマスティフ犬、マラは鷲、ミラボはライオン、そしてロベスピエールは猫と似ている。ただ、ロベスピエールの面相は変化していった。最初は当惑した、しかし優しい家猫の顔。続いて飼い慣らされていない野生猫の顔。最後は残虐なジャガーの顔だった」と描写している。メルランはのちに、打倒ロベスピエールを手伝った理由を問われると、「もし彼の緑色の目を見たら、誰でも彼を殺していただろう」と答えた。[14] 同じテーマが、海峡を越えたイギリスでも取り上げられた。一七九四年八月、ロバート・サウゼイとサミュエル・テイラー・コルリッジは、三幕の劇作品『ロベスピエールの没落』を瞬く間に書き上げた。

数あるこれら回想の中でも、アラス時代のロベスピエールの同僚プロワイヤールのそれは、最も辛辣だった。プロワイヤールとマクシミリアンが出会ったのは、ルイ＝ル＝グラン校時代である。プロワイヤールは、一七九五年に、『ロベスピエールの人生と罪』を出版するが、当時彼は、亡命者《エミグレ》として、アウグスブルクにいた。この時にはすでに、彼の一族が頼りとしてきた聖職者や領主としての生活基盤は、完全に破壊されていた。プロワイヤールは、ロベスピエールの悪意は、彼が受けた学校教育と、もともとの邪悪な性格に由来していたと結論づけている。ロベスピエールは、「古代の野蛮行為で知られているいかなる存在よりも残虐」だと表現し、ロベスピエールと、彼以外のパリの「怪物たち」を生み出した学校教育は、そもそもイエズス会の追放とルイ＝ル＝グラン校への奨学金の急増に原因があると述べた。彼らを教えていた「えせ教師たち」は、彼らに植物学、数学、そして地理学を教えたが、肝心の「自分の心の地理学」、魂の救済の方途については教えなかったというのである。[15]

十九世紀前半の共和主義者たちの間では、ロベスピエールのポジティブなイメージも生き続けてはいたのだが、彼を全面的に肯定する伝記が書かれるのは、一八六〇年代を待たなければならない。エルネスト・アメルはその大著で、この北東部出身の政治家を自身の英雄として描いた。アメルにとって、ロベスピエールは「デモクラシーの創設者の一人」であるだけでなく、「地上に現れた最も偉大な善人の一人」でもある。彼はたった一つだけ、ロベスピエールを批判している。プレリアル二十二日法は「巨大な過ち」だった。即時の解決を求めて恐怖政治を持ち込もうとした彼の欲望から生まれた「ひどく有害な」法律であるとした。[16] ロベスピエールに関する最も肯定的な評価が現れるのは二十世紀前半である。背景には、ヨーロッパにおける二つの世界大戦とファシズムの台頭がある。フランスにおいて、このロベスピエールの復権は、とりわけ左翼の歴史家アルベール・マティエ、ジェラール・ヴァルテールそしてジョルジュ・ルフェーヴルによってなされた。彼らにとってロベスピエールは、一七八九年の諸原理の断固たる実現と、一七九二年から一七九四年における反革命的なヨーロッパと対峙した共和国の英雄的な防衛を象徴していた。第一次世界大戦後すぐに行われた有名な講演「われわれはなぜロベスピエール派なのか」の中で、マティエはロベスピエールを、「フランス革命における最も高貴で、最も寛容で、最も誠実な人物」であると述べた。

パリ・ソルボンヌ大学のフランス革命史講座の教授ジョルジュ・ルフェーヴルは、一九五八年、つまりロベスピエールの誕生二百周年の際、マティエのエッセイ集の序文を書いた。ルフェーヴルのロベスピエール評も、彼の個人的な背景から影響を受けていた。彼の場合は、第二次世界大戦中、地理の教師をしていた彼の兄テオドールが、ドイツ軍占領下のフランスにおけるレジスタンス運動で、首をはねられて殺されているのだ。一九四七年、彼は、ロベスピエールが一七九三年九月二十五日に行った演説を読む度に、感動で震えると告白していた。この時ロベスピエールは、二万人の共和国軍兵士の死の原因は、軍の最高司令部における決断と徳の欠如にあるとしてこれを非難したのである。ルフェーヴルの結論はこうだ。「ロベスピエールは、デモクラシーと普通選挙を擁護した最初の人物という評価を下されるべき人物なのだ。……フランスにおいて、アリストクラートの支配を打ち砕いた一七八九年革命を、勇猛果敢に守り抜いたのである。」ロベスピエールは偉大な、平和を好む人物であるが、状況の変化によってやむなく、死刑や報道統制といったやり方を選択した。平時であれば、こうしたやり方を彼は強く嫌悪しただろう。[17]

歴史家の解釈は一般に、その政治的な意見や彼らが生きた時代のコンテクストの影響を受ける。アメリカ人の歴史家R・R・パルマーの公安委員会に関する古典的研究『支配した十二人』は、一九四一年、第二次世界大戦の最も暗い時代に完結した。ルフェーヴルと同様に、パルマーもロベスピエールに共感しており、彼にとってロベスピエールは、彼が描いている時代との比較をするなら、「デモクラシーの六人の主要な先駆者の一人」といえる。「一九四〇年以降、デモクラシーは徳の上に築かれるということが愚かだとは、もはやかつてのようには言えなくなっている。ロベスピエールが、革命政府を通して、フランスで実現しようとしていた改革リストの全体を見れば、われわれは、今朝の新聞で読んだようなものとの明らかな類似点に気づく。[18]」

同じような展開がアラスでも起きた。ロベスピエールは長い間にわたって、この町の市民百五十九名の処刑の責任を、個人として負っているとされてきたし、一七九四年六月末まで、アラス市の各牢獄は、総計千三百二十八名の「反革命容疑者」を収容していた。この中にはかつての市長デュボワ・ド・フォスもいた。ロベスピエールの名は、この町では、世代を越えたタブーとなったのである。彼はルボンに命令を与えていたと見なされてきた。しかし実際は、この男がアラスで行使した過激な暴力を、ロベスピエールは心底嫌っていた。この地域の革命を扱った歴史家たちは、初期の頃はロベスピエールをはっきりと非難する立場だった。[19]しかしアラスにおいて、弁護士でロザティのメンバーであるエミール・ルズュウールによって、ソルボンヌではマティエとその同僚たちによって、彼の汚名をそぐための確固たる努力がなされるのに百年はかからなかった。マティエによって一九〇八年にソルボンヌに設立されたロベスピエール研究協会は、一九二三年にアラス市に対して、マクシミリアンとシャルロットが一七八七年から一七八九年にかけて住んでいた家に飾るための記念碑を贈呈した。ただこれは、その二年後には撤去されてしまった。一九三三年、社会主義者が第一党となっていた市評議会に、ジョルジュ・ルフェーヴルが率いるパリからの代表団が、ロベスピエールの胸像を持ってやってきたのだが、これを機に再びロベスピエール名誉回復の熱気が高まった。胸像の除幕式が市庁舎で行われたはずだが、市庁舎の外では騒動が持ち上がっていた。赤いペンキが広範囲にぶちまけられたテアトル広場には、象徴的なギロチンが三つ立てられた。[20] 胸像は厳重に保管されることになった。

しかし時間が経つにつれ、ロベスピエールの名前は、このような対立をアルトワで引き起こすことはなくなる。一九五八年、アラスで男子高校の改名の際、ロベスピエール高校という名前が、ロベスピエールの生誕二百周年ということで提案され、一九六九年に最終的にこの名前が認められた。一九九〇年には、ランスで新しく設立された高校に同じ名前がつけられた。フルリュスの戦い二百周年となった一九九四年六月二十六日、ロンヴィル通りのカロ家が住んでいた家に記念プレートが設置された。マクシミリアンとシャルロットが生活していたラポルトゥール通りは、マクシミリアン・ロベスピエール通りという名前に変更され、彼らが住んでいた家には、観光用に記念プレートが設置され、「ロベスピエールの家」として知られるようになった。[21] 二〇〇八年、市はロベスピエール生誕二百五十周年を記念するセレモニーを主催し、彼が作った詩や演説の暗唱、例の胸像（依然鍵がかけられ保管されている）にリースをかける儀式も行われ、また彼の青年時代に関する、小さいけれどもとりわけ良質な展示会も行われた。これら名誉回復の作業のほとんどは、地元の組織「革命二百周年に向けたロベスピエール友の会」によるものである。この会は、「フランス革命の最も気高い思想をロベスピエールがいかに体現したか、そして彼の仕事が人民の解放を抑え込もうとした人々によっていかに妨害を受けたかを、公に知らせるため」に、一七八九年の二百周年に向けた準備段階で設立されたものである。[22]

今日フランスでは、五十を超える街路や学校、建物や企業（ピザ屋やドライクリーニングのお店、薬屋などもある）に、ロベスピエールの名前がつけられている。他にも、リネンの会社ロベスピエール・ヨーロッパは、エロティックなプリントを施したシーツの「革命的な」コレクションを製造している。[23]ブルックリンのロック・バンド「チーム・ロベスピエール」は、「シンセ・パンク」を演奏している。パリでは、かつてロベスピエールが一七九一年七月からその最期まで住んだデュプレ家があった場所に、現在も建っている建物があるが、ロベスピエール友の会は、この建物の正面にプレートを設置している。サン＝ドニ、王家の聖堂のそばには、ロベスピエールの彫像が立っているし、モントルイユのあるメトロの駅は、一九三六年の人民戦線以来彼の名前を冠している。[24]労働者階級の多く住む郊外とは違って、パリ市内は、依然としてロベスピエールと距離を置いている。二〇〇九年九月三十日、一七八九年革命二百二十周年の際、市評議会は、パリの街路あるいは広場にロベスピエールの名前をつけようというある左派議員からの提案を、僅差で否決した。この市議は、ロベスピエールは「啓蒙の哲学から生まれた理想を学んだ最初の、先鋭的な革命家」だったのであり、「血に飢えた処刑人のカリカチュア」ではないと主張したのだが、受け入れられなかった。[25]

現在、「テロ」あるいは「テロとの戦い」といった言葉があまりに頻繁に使われるようになり、「平和の到来までは恐怖政治」という政策を支持していた一七九三年から一七九四年におけるフランスの革命家たちについて、冷静に考察することがほとんどできなくなってしまった。ロベスピエールとトニー・ブレア、ロベスピエールとウサーマ・ビン＝ラーディンの比較を空想する者もいるし、ロベスピエールについてひどく誤った見解を表明する学者も後を絶たない。恐怖政治は、彼が創り出したものではなかった。そうではなく、恐怖と統制による体制であり、国民公会と全国の「愛国者」がこれを支えたのである。ところが、今日のテロリズムに関する書籍は、たいてい、一七九三年から一七九四年の数万人の死に全面的な責任を負う者として、彼に言及する。[26]二〇〇九年、BBC製作の番組「テロ！　ロベスピエールとフランス革命」の中で、幾人かの歴史家が、ロベスピエールを安易に恐怖政治と一緒くたにし、グラグ〔ソ連の強制収容所〕、あるいは第三帝国をフランスと結びつけていた。科学者ラヴォワジエが、ある実験を完了するまで処刑を待ってほしいと嘆願したにもかかわらず、これをあの悪名高いセリフ「共和国は化学者を必要としていない」でもって退けたと非難されてきたが、これは誤りである。[27]また他にも、革命の敵を飽くことなく抑圧するという徳を強く主張することで、ロベスピエールは、カトリックの多い西部における「虐殺」を正当化する論理を提供したと言い張る者たちもいた。[28]

ロベスピエールの個人的な性格についてもイメージされてきたが、これによって生み出されたのはやはり嫌悪感だった。ルース・スカーによれば、「彼の友人であろう、また彼の見解を共有しようと努力した」伝記作家は、これまでほとんどいない。とはいえ彼女も、それほど一生懸命努力したわけでもなく、彼のことを「歴史的な舞台にあって、気取ったり、苛々していた二流の人物」、自己陶酔的で「驚くほど変わっている」と評している。[29]多くが彼のことを、嫌悪感をおぼえる外見で、冷たい心の持ち主、そして性的に深い関係になることができない人物であると描写してきた。実際、彼は自己陶酔的な禁欲主義者だとみられてきたし、革命との自己同一化は、フロイト流の「代替されたリビドー」の古典的なケースとされてきた。[30]彼の強迫的な性格は、その潔癖すぎる外見、身だしなみに現れているとされる。肉体的な堕落への怖れによって、身体的に深い関係になることを嫌悪するようになったというわけだ。[31] 彼は一度ある選挙の際のパンフレットで、靴屋の名前をランティエットと書くべきところ、ランギエット（「赤ちゃんウナギ」の意）とスペルミスをしたことがあった。このことは、ペニスを切断したいという願望の現れだと言われた。つまり、おそらく彼は、去勢コンプレックスを抱えた、抑圧された同性愛者であり、女性恐怖症で、常に良き父、全能の母を捜し求めている病的な自己陶酔症であると考えられた。[32] 彼のことを偏執狂的と考える者もいた。陰謀という悪意ある力が広く信じられていた時期、彼は反革命の企みがどこにでも存在するということと、新しい世界はレトリックによって創造しうるという自分の確信とで、頭がいっぱいになってしまったというのである。[33]

テルミドール九日（七月二十七日）、ロベスピエールの告発を主導した一人にベルトラン・バレールがいる。ところが彼は、一八三二年、国王弑逆者として亡命していた場所から戻ったのち、ロベスピエールの指導力の存在が、生まれたばかりの共和国にとって、いかに幸運なことであったかと回想している。ただ、「私たちは、この男を理解していなかった。神経質で、気むずかしい男だった。彼は唇を固く結んでいた。彼は、偉大な人物たる気質を持っていたし、後世の人々は、彼にそういう称号を与えるだろう。……彼は純粋で、高潔さを有した人物で、真の共和主義者だった。彼の没落を導いたもの、それは、慢心したこと、神経過敏で怒りっぽかったこと、そして自分の同僚を不当にも信じなかったことである。……ほんとうに大きな損失だった[34]！」彼の没落は、こうした彼の性格上の深刻な欠点ゆえだったのか。硬直的な道徳観をベースとした厳格な理想主義により、彼は人の不完全さと折り合うことができなかったことは確かである。その純粋さこそが、「致命的」だったのだろうか。一七九四年春に、仲間の革命家たちを攻撃するという決断は、きわめて心理学的な理路に沿った明示的な事例なのだろうか。ピーター・ゲイによれば、そこでは、「失望は激しい怒りに転換し、復讐によって和らぐ」のである。[35]

この伝記は、以上とは異なり、マクシミリアン・ロベスピエールは、アルトワとパリでの家族生活と社会状況によって形作られてきた一人の子ども、青年として、さらには、巨大な敵と戦いながら、特別なやり方で世界を作り直す事業に、他者と関わりながら臨むことになった若き革命家として、理解するのが最もよいということを論じてきた。確かに伝記作家は、資料を通して観察可能な行動から、彼らの言動の動機を推定することになるので、心理学的なカテゴリ分けや推論も援用すべきではあるが、考察を経て、われわれは何より先に、マクシミリアンもかつては一人の小さくて弱々しい子どもであり、大人になった子どもたちは、聖人や悪魔になるのではなく、男や女になるのであるということを忘れてはいけないだろう。また、誰か具体的な人間の行動を説明するのに、心理分析的なカテゴリを乱暴にあてはめることには慎重であるべきだろう。母親の死という悲しい状況が、小さな男の子に与えたかもしれない心理的なダメージを、誇張するようなことがあってはいけないのである[36]。

ロベスピエールほど、その生涯を何度も描かれてきた個人はほとんどいないし、彼ほど偏った描かれ方をしてきた人物もさらに少ない。彼の公的生活についての豊富な記録、彼の周囲にいた人々による逸話の数々、それにもかかわらず、それらの中にある欠落、沈黙、そして曖昧さを正直に認めるべきだろう。彼が周囲の人々に愛情を表現していたこと、周囲の人々からも愛情を受け取っていたことを示す証拠は豊富に存在する。ただ、こうした感情のありようが、なぜ深い関係性につながっていかなかったのかを知ることは決してできないだろう。いくらかの確信を持って言えることは、ロベスピエールの経験は、子どもが持つべき権利と理想的な結婚の重要性について、彼の中に強固な考えを創り出したということである。このことは、所有権、教育、そして家族に関わる諸改革への彼のスタンスに、明示的に現れることになる[37]。これらの改革は革命の核をなすものであったし、ロベスピエールは、彼が少年として、青年としての経験から学んだ価値観を、こうした諸改革の中に持ち込んだ。まず母が、次いで妹たち、叔母たち、祖母たちがとりわけ重要な役割を果たしていた世界で、彼は少年期、青年期を過ごしたのである。歴史や文学に登場する、感情的な成長を阻害され、厳格なまでに潔癖で、冷酷なモンスター。ロベスピエールはそれとは全く異なる、一人の情熱を宿した人間だった。

彼は、あたかも脳みそが歩いているがごとく、統一的で完全無欠な思想の代弁者であるかのように書かれることがあまりにも多く、情熱と当惑を抱え、堅い決心をしつつも自信がなく、国家的舞台と「故郷」への思慕に板挟みになっている、そういう一人の若者として描かれたことはなかった。自身のあごの半分を吹き飛ばした一発の銃弾、その後二十四時間続いた凄まじい痛みの中、一七九四年七月二十八日に彼がその生涯を終えたことを、われわれは知っている。一七八九年五月に始まり不可避的にこの日へとつながっていく劇的な物語、その全体の見取り図を、われわれは確かに作ることができる。ただこれらは、今だから分かることなのである。

困難な状況の中で育ったこと、大人になってアルトワ州の特徴的な社会構造を経験したこと、この両面が彼を形成した。彼は、アルトワの階層的な諸関係の複合体を支える貴族と聖職者の広大な所領について、非常に良く知る環境にありながら、ビール醸造業者の家族に育てられ、奨学金を受ける一人の少年として、このシステムの外側にいたのである。階層構造への先鋭的な嫌悪感を育む世界だったと言えよう。近隣のピカルディ州についても同じことが言えるが、ここからは最も急進的なジャコバン派が何人か生まれている。デムランやフキエ＝タンヴィル、サン＝ジュスト、そしてバブフである。こうしたコンテクストが、ロベスピエールの思想とその後の彼の政治的な軌跡を支えたのである。

一七八九年の終わり、ロベスピエールは北東部の住民に対し公開書簡を送っており、その冒頭に彼の信条を宣言している。すでに引用したが、もう一度見てみよう。

一　社会の目的はその構成員全員の幸福である
二　人はみな、生まれながらにして自由であり、権利において平等であり、そうであることをやめることはできない
三　主権の淵源は国民にあり、あらゆる権力は国民に由来し、そこからしか生まれえない[38]

彼のその後の旅路とは、革命の激動、侵略と反革命、そして大規模な虐殺といった状況下における、以上見たような確信と、「人民は善であるが、何が最善であるかを常に知るわけではない」という現状認識との間のやりとりである。理想と現実のギャップは、徳と陰謀の間の争いによって埋められた。革命期議会における彼の同僚議員たちとは異なり、彼は一七八九年の諸原理を、安定を得んがために損なうということをなるべく避けようとした。これが彼の偉大さであり、また悲劇でもあったのだ。彼にとって本質的な問題とは、有徳の市民だけが真のデモクラシーが成長するのを可能にするということだった。もし人々の実際の行動と、有徳とされる行いとの間に大きな隔たりがあるなら（実際にあるに違いないのだが）、その元凶は悪意ある力、すなわち長きにわたって存在した偏見と抑圧のみならず、陰謀であることは明らかなのだった。

一七八九年五月よりも前のロベスピエールの行動と信念に関わる証拠の中に、特殊な状況下で、彼が対立する意見を抑圧したり処刑したりするようになることを予言しうるようないかなる証拠も存在しない。人々は、一七九一年九月、ロベスピエールを讃えて、国民議会から担ぎ出して行進し、「清廉の人、万歳！」と叫んだし、その数日後には、まさかそれが最後になるとは彼自身は思ってもみなかったものの、人々は故郷アラスで彼を歓迎したのであった。こうした人々は、ロベスピエールは、

個人の尊厳、デモクラシー、市民的平等といった諸原理を体現していると考えていたのだ。しかし戦時において、彼の役割を困難で危険な、究極的には死をもたらすようなものにしてしまったのは、「人民」はその偽物の友人の化けの皮を剝ぎ、黄金時代への道を本能的に知る必要があるという彼の信念だった。

ロベスピエールに対して、その混じりけなしの愛情、賞賛を維持し続けた者もいた。一八六〇年代初頭、パリの医師プミエス・ド・ラ・シブシが、人生で書きためた日記を元に、興味深い一片の回想録を出版した。彼は、ロベスピエールの主治医ジョゼフ・スベルビエルと知り合いになった。スベルビエルは一八四六年に死去していた。プミエスは、スベルビエルのロベスピエールへの賞賛を回顧している。「私は、ロベスピエールを救うためなら、自分の命を差し出してもよかったのだ。私は、彼を弟のように大事に思っていた。彼がいかに誠実に、私心なく、徹底して共和国のために献身していたか、私以上に知る者はいない。彼は、革命のスケープゴートにされたのだが、彼以外のすべての者を集めても、彼という人間の価値には足りない。」プミエスとスベルビエルが出会った頃、歴史家で社会理論家のルイ・ブランも、スベルビエルを訪ねている。この時スベルビエルは非常に具合が悪かったのだが、ブランがロベスピエールの名前を口にしただけで背筋を伸ばして座り、テルミドール八日（七月二十六日）の彼の最後の演説の結びを諳んじた。そして最後にスベルビエルは、「気の毒な人だったが、あれほど見事な演説はない」と語気を強めた[39]。

マクシミリアンの妹シャルロットは、スベルビエルによる名誉回復も知らず、のんびりとした暮らしもできなかったものの、スベルビエルと同じくらいロベスピエールに対して誠実であり続けた。彼女は、テルミドール九日（七月二十七日）に逮捕され、二週間にわたって拘束されている。後知恵で考えると、彼女はオギュスタンとけんかしてアラスに戻っていたことを幸運だと感じていたかもしれない。彼女は残りの人生の時間を、パリのごく限られた環境で、国からのわずかな年金で過ごした。一八三〇年、彼女は、『マクシミリアン・ロベスピエールの回想録』と称する、空想と偏見に満ちた一冊が出版された後で、自身も本の出版に興味を持った。「私は、お金のことで批判されたことのない一家の一員です。……私の兄弟についていえば、最終的に彼らについて判決を下すのは歴史の役目です。マクシミリアンが、彼の同僚たちが彼の死後に告発したすべての革命的暴力に、ほんとうに責任があるのかどうか、歴史がいつか明らかにしてくれるでしょう。」回想録の中でシャルロットは、マクシミリアンが、メス王立アカデミーに提出した初期の頃の試論について取り上げている。これは、ある者が有罪とされたことで、その者の家族全体が苦しむことになることの不正義を扱っていた。まさに自分が今陥っている状態だと、多少の恨みを込めて綴っている。シャルロットは、一八三四年八月に七十四歳で没した。[40]

彼女以外にも、彼女の兄について肯定的な記憶を守ることに関わった女性たちもいた。遠く離れたコリウール市では、一七九四年五月、ジャコバン派の軍隊が最終的に町をスペインの占領から開放しており、ロベスピエールは共和主義を体現する存在であり続け、一八四八年の第二共和政の宣言とともに、その名前が再び浮上する。アラス・アカデミーのデュボワ・ド・フォスの通信員の一人だったジャン=ポール・ベルジュは、一七九三年十二月、侵入したスペイン軍と国境付近で戦闘中に死亡していたのだが、その孫が、この第二共和政下でコリウール市の新市長となった。新しい共和国に「反動主義者」たちが異議を唱えた際は、「ロベスピエールの息子たちを怖れよ」という警告を受けている。一八五一年三月、ボナパルティストによる政治的な取り締まりの時期に、二人のカタルーニャの女性が、マルディ・グラの祭を利用して、共和国の女神であるマリアンヌに扮装し、「町中を勝ち誇るように練り歩いた」。逮捕され、罰金を科された二人だが、六月に、月桂樹で飾った荷車に乗ってコリウールの町に帰ってくると、熱狂的な喝采で迎えられた。迎えた人々の中には、非合法の共和主義クラブのメンバーたちがいた。彼らは、会議をロベスピエールの肖像画の下で開いていたのだ。[41]

マクシミリアン・ロベスピエールなら、六十年のちに若い二人のカタルーニャ女性が、マルディ・グラに、自分の名前で行進したことに、どんな思いを抱くだろう。誰にも分からないが、考えてみる価値はある。おそらく、彼は第二共和政が、この数カ月後にルイ＝ナポレオンの軍事クーデタで倒されてしまうことを知って激怒しただろう。ロベスピエール自身の第一共和政が、かつてルイ＝ナポレオンの叔父によって打ち倒されたのと全く同じだった。コリウールは、一八五一年十二月のクーデタに反乱を起こした多くの町の一つだった。第二共和政は、男子普通選挙制を再導入した。しかし、ロベスピエールが一七九三年に共和政の本質と考えていた他の諸政策（自由で世俗的な教育や、病人、失業者や弱者への社会福祉）は、成就するまでに何十年もの時間が必要になる。けれども結局のところ、フランス革命は、一七八九年の核となる約束（国民主権、立憲政体、法律上・宗教上の平等、社団的特権や領主制の終焉）を確固たるものにすることに成功したのである。ただしそれも、一七九三年から一七九四年にかけて、共和国がその敵に対し、粗暴なやり方ながらも首尾よく対応しなければありえなかった。[42]ロベスピエールと公安委員会は、共和国と革命の危機を救ったのだ。彼らの成し遂げたことは大きく、同時にそこで生まれた人的な犠牲も大きかった。とはいえ、一七九四年に共和国が危機を脱する頃には、ロベスピエールは病に冒され、消耗し、理性を失い、絶望に襲われていたのである。

関係年表

一七五八年　五月六日　マクシミリアン・ロベスピエール、アラスに生まれる
一七六四年　七月十六日　母ジャクリーヌ死去
一七六六〜一七六九年　アラスの学校で学ぶ
一七六九〜一七八一年　パリのルイ＝ル＝グラン・コレージュで学ぶ
一七八一〜一七八九年　アラスで法曹家として活動
一七八四年　アラス王立アカデミーのメンバーに選出
一七八八年
　五月八日　高等法院の権限削減のための諸改革
　八月八日　一七八九年五月一日に全国三部会招集が決定
　十二月二十七日　王権は全国三部会における第三身分代表の数を倍増することに決定
一七八九年
　一月　『アルトワ人に向けて』出版
　三〜四月　全国三部会選挙と「陳情書」作成

四月　『仮面を剝がされた人民の敵ども』を出版、『アルトワ人に向けて』は第二版出版
四月二十四日〜二十九日　アルトワの第三身分代表として選出される

全国三部会（一七八九年五月五日〜六月二十七日）

五月五日　ヴェルサイユにおいて全国三部会開催
五月　ブルトン・クラブに参加する
六月六日　最初の演説で司教たちの富を批判
六月十七日　国民議会を宣言
六月二十日　「テニス・コートの誓い」

憲法制定国民議会（一七八九年六月二十八日〜一七九一年九月三十日）

七月十四日　バスティーユの陥落
七月十七日　ルイ十六世に伴い、パリへ
七月後半〜八月前半　市政革命と農民反乱（大恐怖）
八月四日〜十一日　封建的諸特権に関する諸法制
八月二十六日　人間と市民の権利の宣言
九月七日　国王拒否権への反対表明

九月十一日　国民議会、国王への拒否権を認める
十月五〜六日　パリの女性たちがヴェルサイユに行進、国王一家はパリに移送される
一七八九年十月〜一七九一年七月　パリのサントンジュ通り三十番地に居住
十月二十一日　戒厳令に反対
十月二十二日　選挙集会からの「受動」市民排除に反対
十一月二日　教会財産の国有化
十一月　サン＝トノレ通りジャコバン修道院に憲法友の会創設とともに入会
十二月十四日　市町村設置法
十二月十九日　「アシニア」発行
十二月二十三日　ユダヤ教徒、役者、プロテスタントの市民権擁護
十二月二十四日　プロテスタントに宗教上の自由が承認される
一七九〇年
一月二十八日　セファルディム系ユダヤ人が市民権獲得
二月　農民反乱に対する抑圧的諸措置に反対表明
二月十三日　フランスにおける修道誓願を禁止する政令
二月二十六日　フランスに県制を敷く政令
三月　共有地に対する領主特権の行使に反対
三月三十一日　ジャコバン・クラブの議長に選ばれる

五月　宣戦布告の国王権限に反対。また聖職者の結婚を支持
四月〜六月　課税と州の免税特権に関するボメズとの対立
五月二十二日　国民議会、征服のための戦争を放棄
五月三十一〜翌月十六日　おそらく病気療養
六月十九日　貴族位の継承を廃する政令
七月十二日　聖職者市民化基本法制定
七月十四日　連盟祭
八月〜九月　ナンシ他で反抗した軍の諸部隊を擁護
十月　サン＝ドマングでヴァンサン・オジェらが反乱、失敗
十一月　アヴィニョンの併合を要求
十一月二十七日　聖職者による宣誓を求める政令
一七九一年
二月　「受動」市民も参加資格のある陪審員制度を支持
四月　議員資格に財産規模を入れることに反対、意見表明の自由を擁護、国民衛兵には誰もがなれるよう要求、相続関連法の改革を支持
五月　陳情の権利、言論の自由を擁護、植民地における自由な「有色人」を支持、死刑に反対
五月十五日　植民地において、両親が自由有色人の子どもも自由人となる
五月十六日　国民議会任期終了に伴い、議員は次の選挙での被選挙権を持つべきでないと提案

六月　短期で病気療養
六月九日　パリで代訴人に選ばれる（一七九二年四月に辞職）
六月十四日　ル・シャプリエ法制定
六月二十日　国王一家の逃亡と「パリ出立にあたっての全フランス人へのルイ十六世の宣言」
六月二十一日　ジャコバン・クラブにおいて国王廃位を要求
七月五日　レオポルト二世による「パドヴァの回状」
七月十七日　国王廃位の請願とシャン・ド・マルスの虐殺事件
七月後半　サン＝トノレ通り三百六十六番地にあるデュプレ家に引っ越す
八月十五日　革命裁判所創設
八月後半　サン＝ドマングで奴隷蜂起
八月二十七日　ピルニッツ宣言
九月十四日　ルイ十六世による一七九一年憲法の承認。アヴィニョンとヴネサン伯領の併合
九月二十八日　アシュケナジム系ユダヤ人に市民権が承認される
九月三十日　憲法制定国民議会の閉会に伴い、パリの民衆から喝采を受ける
立法議会（一七九一年十月一日〜一七九二年九月二十日）
十月一日　立法議会招集

十月十四～翌月二十八日　アルトワ州、ピカルディ州を訪れる
十一月九日　亡命者《エミグレ》取締法（十二日、国王はこれに拒否権発動）
十一月二十九日　宣誓拒否聖職者の職務停止
一七九一年十二月～一七九二年五月　ジャコバン・クラブでの反戦の演説

一七九二年
二月九日　亡命者《エミグレ》の財産の国有化の法令
二月十五日　自身の身体的な脆弱さをジャコバン・クラブで吐露
二月　反抗したシャトヴィユ連隊の兵士たちを擁護
三月　ジャコバン・クラブで神への信心を表明
四月　食糧暴動で殺害されたエタムプ市長シモノへの議会の称賛に反対する
四月二十日　オーストリアに宣戦布告
五月十七日～八月二十日　新聞『憲法の擁護者』を発行
五月二十七日　宣誓を拒否した司祭の国外追放に関する政令（六月十九日、国王はこれに拒否権発動）
六月十二日　国王、ジロンド派の大臣たちを罷免
六月十三日　プロイセンはフランスに宣戦布告
六月二十日　示威行動を起こしたパリ民衆がテュイルリ宮に侵入
七月十一日　「祖国は危機にあり」の宣言

七月二十五日　ブラウンシュヴァイクの宣言
七月二十九日　国王廃位を要求する
　八月一日　国民公会議員の選挙実施を要求する
　八月十日　テュイルリ宮をパリ民衆らが襲撃、王権が停止される
八月十一日　パリ市全体評議会のメンバーとしてピック・セクションから選出される
八月十三日　パリ・コミューンのメンバーに選出される
八月十九日　ラファイエットの裏切り
八月二十三日　プロイセン軍によりロンウィが陥落
　九月二日　プロイセン軍によりヴェルダンが陥落
九月二日〜六日　パリの各監獄で「九月虐殺」が起きる
　九月五日　パリとパ＝ド＝カレ県より国民公会の議員に選出され、パリからの代表を選択

国民公会（一七九二年九月二十日〜一七九四年七月二十八日）
　九月二十日　ヴァルミの戦いで勝利
九月二十一日　共和国宣言
一七九二年十月〜一七九三年四月　新聞『フランスの国民公会議員マクシミリアン・ロベスピエールから有権者への手紙』を発行

十一月五日　国民公会でジロンド派議員と論戦
十一月六日　ジェマップの戦いで勝利
十一月六日〜三十日　病気療養
一七九二年十二月〜一七九三年一月　元国王ルイの裁判と処刑について数度の意見陳述

一七九三年
一月十四日〜十七日　国王裁判
一月二十一日　元国王ルイの処刑
二月一日　イギリスとオランダに宣戦布告
二月二十四日　三十万人募兵令
二月二十五日と三月一日　パリの食糧暴動を批判
三月七日　スペインに宣戦布告
三月十日　革命裁判所の再設置と監視委員会の創設
強力な中央集権体制の構築を要求
三月十日〜十一日　ヴァンデの蜂起勃発
三月十九日　公的扶助に関する政令
三月二十八日　亡命者《エミグレ》処罰法
四月四日　デュムリエの裏切り

四月六日　公安委員会設立に関する政令
四月九日　「派遣議員」を創設する政令
四月二十一日　新しい人間と市民の権利の宣言草稿を提示
五月四日　最高価格法
五月十日　新憲法に関する演説
五月二十六日　ジロンド派の指導的立場にいる議員に対する蜂起を支持
五月三十一日〜六月二日　ジロンド派議員の国民公会からの追放
五月二十八日　身体的な疲弊をあらためて吐露
六月十二日　同
六月　ボルドー、カルヴァドス県などでフェデラリスムの反乱
六月二十四日　一七九三年憲法成立
六月二十五日　ジャック・ルゥを告発
七月十三日　ルペルティエの公教育案を議会に提示
七月十三日　マラ暗殺
七月十七日　リヨンでジョゼフ・シャリエの処刑
七月二十七日　公安委員会メンバーに任命される
九月五日　国民公会の議長に就任
九月十七日　反革命容疑者法
九月十七日　パリの各セクションの会議を週二回に制限し、会議出席者への手当を支給する措置を支持

九月十九日〜十月三日　病気療養
九月二十九日　一般最高価格法
十月八日　リヨンにおける一七九三年憲法の停止を支持
十月九日　リヨンにおけるフェデラリスムの蜂起が終結
十月十日　革命政府の宣言（共和二年ヴァンデミエール十九日）
十月十六日　ワティニの戦いで勝利。マリ＝アントワネット処刑
十月二十四日〜三十一日　ジロンド派指導者たちの裁判と処刑
十一月十七日　外交と戦争の指導に関する演説
十一月二十一日　ジャコバン・クラブで「無神論」を批判
十二月四日　革命政府に関する法（フリメール十四日法）
十二月六日〜七日　礼拝の自由に関する演説
十二月八日　宗教の自由に関する法令（フリメール十八日）
十二月二十四日　デムランが革命政府とロベスピエールを攻撃する『ヴィユ・コルドリエ』第四号を発行
十二月二十五日　革命政府の諸原理に関する最初の演説
一七九四年
一月十日　デムランとの破局
二月四日　フランス領植民地における奴隷制廃止
二月五日　革命政府の諸原理に関する第二の演説
二月六日〜三月十一日　病気療養

二月二十六日　ヴァントーズ法導入（共和二年ヴァントーズ八日）
三月十三日～二十四日　エベール派の逮捕と処刑
三月～四月　経済政策と最高価格の改定
三月三十日～四月六日　「寛容派」としてダントン派を逮捕、処刑
四月十九日～五月六日　病気療養
四月二十三日　新たに警察局を創設
五月七日　最高存在への崇拝に関する演説
五月二十三日～二十四日　ロベスピエールを狙った二件の暗殺計画が発覚
五月三十一日　ジャコバン・クラブで自身の身体の疲弊を再度告白
六月四日　国民公会議長に選出される
六月八日　パリで最高存在の祭典が開催
六月十日　プレリアル二十二日法成立
六月十二日　国民公会で「陰謀家」告発の演説、以降国民公会への出席を一時停止
六月十七日　「赤シャツ」の処刑
六月二十六日　カトリーヌ・テオへの赦免を主張
六月二十六日　フルリュスでの勝利
六月二十九日～七月二十六日　公安委員会を欠席、病気療養
七月一日、九日　ジャコバン・クラブで「陰謀家」告発の演説

七月十六日　「人民の愛国宴会」を批判
七月二十二日〜二十三日　公安委員会と保安委員会の和解の試みが失敗
七月二十三日　新たな賃金規制がパリで導入される
七月二十六日　国民公会とジャコバン・クラブでの演説
七月二十七日〜二十八日　国民公会での演説を妨害され、逮捕され、クトン、サン＝ジュスト他十九名とともに処刑される
七月二十九日　七十一名が「陰謀への共謀」の罪を問われ、処刑される

訳者あとがき

著者のピーター・マクフィーは、オーストラリアの歴史家で、専門はフランス近代史、とりわけフランス革命史である。主要な業績としては、コルビエールという南仏の小村を舞台に、フランス革命が結果としてもたらした産業構造と環境の変化、それに伴う社会的結合関係の変化を描いた *Revolution and Environment in Southern France, 1780-1830: peasants, lords, and murder in the Corbières*, Oxford U.P., 1999. や、フランス革命が、主に農村社会にもたらした家族関係や宗教的慣習の変化について検討した *Living the French Revolution, 1789-1799*, Palgrave Macmillan, 2006. などをはじめ、主に革命期から十九世紀にいたる農村社会をフィールドにした実証研究や、複数のフランス革命、フランス近代史の概説書を刊行している（近刊として *Liberty or Death: The French Revolution*, Yale U.P., 2016 がある）。

活発にその研究成果を公表していることが印象的だが、ここであえて強調しておきたいのは、彼が歴史研究の高度に専門的な訓練を受けた歴史家であるという点である。革命期から十九世紀にいたる時期の、主に農村の政治、社会、宗教、経済に関わる一次史料を丹念に渉猟し、そこからフランス革命の農村社会へのインパクトを多様な側面から明らかにしようとしてきた歴史家が、マクシミリアン・ロベスピエールという代表的な革命家の人生を「伝記」として描いたのが本書である。

マクフィーは冒頭で、伝記で描かれる人物たちは、伝記作家の「手の中にある粘土」であるというジャネット・マルコムの言葉を引用している。伝記に限らず、描かれる過去全般について、その過去が描く者の「手の中にある粘土」という側面は否定できない。過去を見る者のある「問いかけ」に応じて、過去はその姿を見せる。その視座、政治的立ち位置、イデオロギーによって、再現される過去の姿は、程度の差こそあれ影響を受ける。「粘土」という表現はこの意味で一面正しい。十九世紀以来積み上げられてきた数多のロベスピエール研究、伝記は、とりわけこの人物を描こうとする者が生きるその都度の「現在」に、強い影響を受けてきた。そもそもフランス革命自体、この事件をどう描くかは、描く主体の政治的立場によって大きく左右され、論者の間では激しい論争が起きた。そうしたフランス革命の特性を一面代表する人物と目されたロベスピエールのイメージは、論者によって、時には文字どおりの「粘土」のように、恣意的に造形されてきた。

マクフィーは、本書において、歴史学に宿命的に内在するこの認識論上の問題を十分に理解しつつ、この恣意性からできる限り身を離そうとしている。ロベスピエールという人物を、マクフィー自身が一面「創造的に」造形していくことを認めながらも、同時に、著者の恣意の自由にはならない「過去の事実」としてのロベスピエールに、懸命に接近しようとしている。彼は心情的にロベスピエールに惹かれつつも、この人物を、神経症的な独裁者、虐殺の首謀者として描くことはもちろん、革命の英雄、殉教者のように祭り上げることも同時に拒否している。歴史学とは、過去の断片である様々な史料を丹念に読み、それらをつきあわせ、断片と断片の空隙を説得的な推測で埋めながら、過去を描き、論究する営みである。本書は、このスタンスで書かれた。たとえば、ロベスピエール三十六年の人生のうち、従来の伝記の多くは、その最後の五年間に極端な比重を置いた。フランス革命そのものとこの人物とが密接な関係を持つ以上これは避けられないし、なにより、一七八九年から一七九四年の時期とは対照的に、革命前の三十一年について知らせてくれる一次史料の数も種類も圧倒的に限定されている。しかしマクフィーは、本書全十二章のうちの四章分を、ロベスピエールの幼少期から少年期、青年期を描くことに費やす。史料の欠損を補うために、たとえば彼が生きていた「環境」をできる限り丁寧に再現している。彼が生まれ育ったのは、周辺農村に経済基盤と人的コネクションを持つ貴族や聖職者、ブルジョワがヘゲモニーを握り、カトリックの影響力が強い地方都市アラスだった。彼が走り回っていたのは、軍隊の駐留が日常で、大規模な宗教施設の建設工事が続き、収まることのない喧噪や土埃が充満する小さな街区であったし、母を亡くし、父が行方をくらましたあと、彼が眠ったのは、敬虔な叔母たちが作る素朴な家庭であった。本人について直接知らせてくれる史料の限られる中、周囲の環境を明らかにすることで彼の輪郭を縁取ろうとする。この試みが成功しているかどうかは読者の判断に委ねるしかないが、そこには歴史家としての真摯な態度と、マクシミリアン・ロベスピエールという一個の生命への敬意を感じる。

本書を通読することで、ある一定の「ロベスピエール像」を読者は持つことができるだろう。同時に、そのイメージから時には大きく逸脱するいくつかのエピソードに戸惑いを覚えるかもしれない。けれど、それこそが、マクフィーの意図するところではなかったか。ある面では傑出し、しかし別の面では平凡か、むしろ大きな欠点とも思われる特徴を同じくらい併せ持った一人の人間が、フランス革命という時代の大転換を、主導したというよりはむしろここに否応なく巻き込まれつつも、この大転換にどう対峙し、これをどう生きたのかを、史料をベースに丁寧に描こうとしており、結ばれるイメージが単純明快でわかりやすいものとはならないのは、むしろ当然である。

フランス革命を代表する人物の一人であるにもかかわらず、ロベスピエールについて日本語で読める書籍は意外に限られている。J・M・トムソン『ロベスピエールとフランス革命』樋口謹一訳、岩波書店、一九五五年やマルク・ブゥロワゾォ『ロベスピエール』遅塚忠躬訳、白水社、一九五八年の原書は、いずれも二十世紀半ばに刊行されたものである。また、日本人の手になるロベスピエール伝としては、井上幸治『ロベスピエールとフランス革命』誠文堂新光社、一九八一年があり、伝記ではないものの、ロベスピエールの思想的特質を研究した遅塚忠躬『ロベスピエールとドリヴィエ』岩波書店、一九八六年などがあるが、数は多いとは言えないし、書かれた時代も今から三十年以上前になる。最新のフランス革命史研究の動向もふまえながら、革命史家としての矜持を持って書かれた本書は、ロベスピエール研究、フランス革命史研究の現在地を教えてくれる最新の研究成果とも言えるだろう。

実際、英語やフランス語の成果に目を転じるなら、十九世紀以降、文字どおり無数のロベスピエール伝、ロベスピエール研究があるにもかかわらず、最近になっても興味深い研究が、本書以外にも刊行されている。その多くは、マクフィー自身が巻末でまとめている文献リストに見ることができるが、ここから漏れている最近の代表的なものとして、Jean-Clément Martin, *Robespierre: La fabrication d'un monstre*, PERRIN, 2016. や、ロベスピエールを複数の研究者が多角的に論じた Michel Biard et Philippe Bourdin (sous la dir. de), *Robespierre, portraits croisés*, A.Colin, 2013. などがあり、ロベスピエール研究が現在もアクチュアルなテーマであることがわかる。

一七八九年八月に憲法制定国民議会が発した「人間と市民の権利の宣言」が、現在まで続くデモクラシーの歴史において記念碑的な意味を持つことは明らかだろう。本書にもあるように、要するにロベスピエールは、この人権宣言をこそ、自身の言動の基準とした。戦争、国家権力の肥大と人権、貧困と抑圧、そしてテロリズム。明日起こることすら予測できない中、これらの諸問題が重なりながら展開するフランス革命について、デモクラシーをはじめ、人権、思想信条の自由、言論の自由など、人権宣言の理念を守り、その現実化を志向したロベスピエールの眼を通して知ることは、混迷の度合いを深める現代世界について考える際の有意なリファレンスとならないか。マクフィーに倣い、多面的な人生を生きたロベスピエールを正否で単純に裁断する愚は避けよう。ただ、物質的な利益には一切関心を示さず、身体も精神も、文字どおりすり減らしながら、冷笑や現状追認と正面から戦い、自身の信じる大義のために革命を生きたロベスピエールの愚直さには、人として驚嘆を禁じ得ないし、その悲惨な最期には哀切を覚える。こうした面でも、この革命家の人生について考えることには意味があるように思う。

本書を訳出するにあたって、注意した点を以下に記しておく。第一に、人名や地名など固有名詞については、すでに日本語で定着、親しまれている表記は別にして、可能な限りフランス語の発音に近い表記を心がけた。第二に、本書は既述の通り一次史料をベースにした質の高い伝記だが、著者の誤解と思われる数カ所については、訳者の判断で注意書きを加えている。訳者の能力の及ぶ限り慎重に訳業に臨み、歴史的事実関係についても確認したつもりだが、誤訳、事実誤認などがあれば、是非ご指摘いただきたい。

末筆ながら、どうしても感謝の言葉を述べなければならない方がいる。白水社の竹園公一朗さんである。実のところ、この訳業は、訳者の個人的な事情により遅れに遅れた。白水社はもちろん、周囲にたいへんなご迷惑をおかけした。それにもかかわらず、ユーモアと優しさで、倦まず叱咤し、激励し続けてくださった竹園さんには、感謝の表しようがない。翻訳そのものについても、この勉強を怠らない編集者は、最も有能なアドバイザーでもあった。おかげさまでなんとかここまでやり遂げることができた。この場を借りて、心からお礼を申し上げたい。ありがとうございました。

二〇一七年一月二十五日

高橋暁生

訳者略歴

高橋暁生（たかはし・あけお）
一九七一年生まれ。慶應義塾大学文学部卒業。一橋大学大学院社会学研究科博士後期課程修了。博士（社会学）。専門はフランス革命史。現在、上智大学外国語学部フランス語学科准教授。『フランス革命史の現在』（共著、山川出版社、二〇一三年）他。

ロベスピエール

二〇一七年二月二〇日 印刷
二〇一七年三月五日 発行

著　者　ピーター・マクフィー
訳　者 © 高　橋　暁　生
発行者　及　川　直　志
印刷所　株式会社　三　陽　社
発行所　株式会社　白　水　社

東京都千代田区神田小川町三の二四
電話　営業部〇三（三二九一）七八一一
　　　編集部〇三（三二九一）七八二一
振替　〇〇一九〇‐五‐三三二二八
郵便番号　一〇一‐〇〇五二
http://www.hakusuisha.co.jp
乱丁・落丁本は、送料小社負担にてお取り替えいたします。

株式会社松岳社

ISBN978-4-560-09535-5

Printed in Japan

人名索引

あ行

か行

さ行

た行

な行

は行

ま行

ら行

文　献

一次史料

Archives nationales, Paris

Série AF: Archives du pouvoir exécutif

II: Conseil exécutif provisoire et Convention. Comité de Sûreté Public

36–40: Correspondence du comité avec les représentants en mission, 1793: an IV

47–8: Affaire du 9 thermidor

IV: Secrétairerie d'État impériale an VIII: 1815

1470: Rapports et déclarations faits au bureau de surveillance de la police, mars–juin 1793

Série D: Missions des représentants du peuple et comités des assemblées

XXXVIII: Comité de l'instruction publique

3: Fête de l'Être suprême

5: Adresses, hommages et pièces en vers

XLII: Comité de Salut public

5: Massacres de septembre à Paris (1792)

Série F: Versements des ministères et des administrations qui en dépendent

7: Police générale

3821–2: Rapports de police de Paris et des départements (an II)

4432: Comité de Sécurité Générale. Conspiration du 9 au 10 thermidor an II

4433: Comité de Sécurité Générale. Documents rélatifs au 9 thermidor an II

4436/1: Papiers saisis chez Robespierre

4436/2: Rapport de Courtois sur les papiers saisis chez Robespierre

4437: Comité de Sûreté Public. Rapport du Bureau de surveillance administrative et de la police générale

4443–4: Pièces rélatives à divers députés

4694/1: Duplay et sa famille

4758: dossier Lagarde, Millau

4772–4: Papiers de Joseph Le Bon, député

4774/94: dossier Maximilien Robespierre

4775/8: dossier Rouvet

4778: Section des Piques. Comité révolutionnaire. Procès-verbal des séances, 28 mars 1793–29 fructidor an II

7904/4561: Réunion tenue à la mémoire de Robespierre à Auxerre, an X

11: Subsistances

267–8: Arrêtés du Comité de salut public, circulaires et instructions, an II–an V

13: Bâtiments civils

281A: Tuileries et Louvre 1792, an IV

Série W: Juridictions extraordinaires. Tribunal révolutionnaire.

37/2409: Arrestation de Crachet

52/3363: Beauvoisin, complice de Robespierre
60/3547: Crayssac, complice de Robespierre
79–80: Affaire du 9 Thermidor
389: Affaires Admiral, Renault
434: Procès de Robespierre et associés
439/34: Affaire Deschamps
499: Procès des juges et jurés du tribunal révolutionnaire
500–1: Affaire Fouquier-Tinville
534–5: Registres des trois tribunaux révolutionnaires

Archives départementales du Pas-de-Calais, Arras
État Civil, Arras, 5M1 41; R8, 16, 17
Série L: Administration et tribunaux de la période révolutionnaire
2L Arras 45: Lettres écrites et rapports décadaires de l'agent national, 5 pluviôse–3 sans- culottides an II
2L Arras 67: Municipalité. Nominations 1790–an III

Bibliothèque de l'Institut national de médicine, Paris
Mss 34 (34); 86–88 (58–60); 103; 126: papiers du docteur Joseph Souberbielle (1754–1846)
Non-classés: dossier Joseph Souberbielle

Published works
Archives Parlementaires

Aulard, F. A. *La Société des Jacobins. Recueil des documents pour l'histoire du Club des Jacobins de Paris*, 6 vols, Paris: Librairies Jouaust, Noblet et Quantin, 1889–97.

Barras, Paul. Memoirs, translated by Charles E. Roche, 4 vols, London: Osgood, McIlvaine & Co., 1895.

Berthe, Léon-Noël et al. *Villes et villages du Pas-de-Calais en 1790: 60 questions et leurs réponses*, vol. 1, *Districts d'Arras et de Bapaume*, Commission départementale d'histoire et d'archéologie du Pas-de-Calais, Arras, 1990.

Biré, Edmond. *The Diary of a Citizen of Paris during 'the Terror'*, translated by John de Villiers, London: Chatto & Windus, 1896.

Charavay, Étienne (ed.). *Assemblée électorale de Paris*, 3 vols, Paris: D. Jouaust, Charles Noblet, Maison Quantin, 1890–1905.

Courtois, Edme-Bonaventure. *Rapport fait au nom de la commission chargée de l'examen des papiers trouvés chez Robespierre et ses complices (. . .) dans la séance du 16 Nivôse, An IIIe de la République française, une et indivisible. Imprimé par ordre de la Convention nationale*, Paris: Imprimerie nationale des lois, an III [1795].

Croker, J. W. 'Robespierre', in *Essays on the Early Period of the French Revolution*, London: John Murray, 1857 (reprinted from the *Quarterly Review*, September 1835).

—. *The Correspondence and Diaries of the Late Right Honourable John Wilson Croker*, 3 vols, London: John Murray, 1885.

Desmoulins, Camille. *Le Vieux Cordelier*, Paris: Belin, 1977.

Dumont, Étienne. *Souvenirs sur Mirabeau et sur les deux premières assemblées législatives*, Paris: Librairie de Charles Gosselin, et chez Hector Bossange, 1832.

Felhémési [Jean-Claude-Hippolyte Méhée de la Touche]. *La Queue de Robespierre: ou les dangers de la liberté de la presse*, Paris: Imprimerie de Rougyff, 1795.

Felkay, Nicole and Hervé Favier (eds). *En prison sous la Terreur. Souvenirs de J.-B. Billecocq (1765–1829)*, Paris: Société des études Robespierristes, 1981.

Galart de Montjoie [pseud. Christophe Ventre]. *Histoire de la conjuration de Maximilien Robespierre*, Paris: n.p., 1795.

Gouges, Olympe de. *Écrits politiques 1792–1793*, Paris: Côté femmes, 1993.

Jacob, Louis. *Robespierre vu par ses contemporains*, Paris: A. Colin, 1938.

Jomard, J. Nicolas. 'Notes on the day of 9 thermidor Year II', in Christian Albertan and Anne-Marie Chouillet, 'Autographes et documents', *Recherches sur Diderot et sur l'Encyclopédie*, numéro 37 *Cyclopaedia*. http://rde.revues.org/index4529.html.

Liste des noms et domiciles des individus convaincus ou prévenus d'avoir pris part à la conjuration de l'infâme Robespierre, Paris: n.p., Year II.

Louvet de Couvray, Jean-Baptiste. *Accusation contre M. Robespierre*, Paris: Imprimerie nationale, 1792.

—. *À M. Robespierre et à ses royalistes, etc.*, Paris: Imprimerie du Cercle social, 1792.

—. *Mémoires*, Paris: Baudouin Frères, 1823.

Ménétra, Jacques-Louis. *Journal of My Life*, translated by Arthur Goldhammer, New York: Columbia University Press, 1986.

Merlin, Antoine-Christophe de Thionville. *Portrait de Robespierre*, Paris: n.p., n.d. [c. 1794].

Miles, William Augustus. *The Correspondence of William Augustus Miles 1789–1817*, London: Longmans, Green, 1890.

Le *Moniteur universel*, November 1789–July 1794.

Montesquiou-Fezensac, Abbé François-Xavier de. *Adresse aux provinces, ou examen des opérations de l'Assemblée Nationale*, n.p., n.l, 1790.

Moore, John. *The Works of John Moore, M. D. with Memoirs of his Life and Writings*, 7 vols, Edinburgh: Stirling and Slade, 1820.

Papiers inédits trouvés chez Robespierre, Saint-Just, Payan, etc. supprimés ou omis par Courtois, précédés du rapport de ce député à la Convention nationale, 3 vols, Geneva: Mégariotis Reprints, 1978.

Proyart, Abbé Lievin Bonaventure. *L'Écolier vertueux, ou vie édifiante d'un écolier de l'Université de Paris*, Tours: Alfred Mame, 1866.

—. *La Vie et les crimes de Robespierre, surnommé le Tyran, depuis sa naissance jusqu'à sa mort: ouvrage dédié à ceux qui commandent, et à ceux qui obéissent*, Augsbourg: n.p., 1795.

'Rapport des officiers de santé sur le pansement des blessures de Robespierre aîné', *Notes et Archives*. http://www.royet.org/nea1789–1794.

Reinhard Marcel, (ed.). *Correspondance de Babeuf avec l'Académie d'Arras (1785–1788)*, Paris: Institut d'histoire de la Révolution française, 1961.

Robespierre, Charlotte. *Mémoires de Charlotte Robespierre sur ses deux frères, précédés d'une introduction de Laponneraye*, Paris: Présence de la Révolution, 1987.

Robespierre, Maximilien. *Oeuvres de Maximilien Robespierre*, 11 vols, Paris: Société des études Robespierristes, 1912–2007.

Roland de la Platière, Jeanne-Marie, *An Appeal to Impartial Posterity*, Oxford & New York: Woodstock Books, 1990.

—. *Lettres de Madame Roland*, 2 vols, Paris: C. Perroud, 1900–2.

—. *Private Memoirs de Madame Roland*, translated by Edward Gilpin Johnson, London: Grant Richards, 1901.

Tench, Watkin. *Letters Written in France, to a Friend in London, Between the Month of November 1794, and the Month of May 1795*, Whitefish, MT: Kessinger Publishing, 2009.

Théroigne et Populus, ou, Le triomphe de la démocratie, drame national, en vers civiques. Corrigé et augmenté de deux actes, servant de suite aux deux premiers qui ont paru dans les actes des apôtres . . . London: n.p., 1790.

Thompson, J. M. (ed.), *English Witnesses of the French Revolution*, Oxford: Oxford University Press, 1938.

Vilate, Joachim. *Causes secrètes de la révolution du 9 au 10 thermidor*, Paris: n.p., an III [c.1795].

—. *Continuation des causes secrètes de la révolution du 9 au 10 thermidor*, Paris, an III [c. 1795].

—. *Les mystères de la mère de Dieu dévoilés: troisième volume des Causes secrètes de la Révolution du 9 au 10 thermidor*, Paris, an III [1795].

Villiers, Pierre. *Souvenirs d'un déporté*, Paris: chez l'Auteur, an X [1802].

二次資料

Ado, Anatolï. *Paysans en Révolution. Terre, pouvoir et jacquerie 1789–1794*, translated by Serge Aberdam and Marcel Dorigny, Paris: Société des études Robespierristes, 1996.

Allen, Robert. *Les Tribunaux criminels sous la Révolution et l'Empire, 1792–1811*, translated by James Steven Bryant, Rennes: Presses universitaires de Rennes, 2005.

Alpaugh, Micah. 'The Politics of Escalation in French Revolutionary Protest: Political Demonstrations, Non-violence and Violence in the *grandes journées* of 1789', *FH*, 23 (2009), pp. 336–59.

Anderson, Wilda. 'Régénérer la nation: les enfants terrorisés de la Révolution', *MLN*, 117 (2002), pp. 698–709.

André, Jacques. *La Révolution fratricide. Essai de psychanalyse du lien social*, Paris: Presses universitaires de France, 1993.

Andress, David. *The French Revolution and the People*, London & New York: Hambledon & London, 2004.

—. *The Terror: Civil War in the French Revolution*, London: Little, Brown, 2005.

Andrews, Richard Mowery. *Law, Magistracy and Crime in Old Regime Paris, 1735–1789*, vol. 1, *The System of Criminal Justice*, Cambridge: Cambridge University Press, 1994.

—. 'Paris of the Great Revolution: 1789–1796', in Gene Brucker (ed.), *People and Communities in the Western World*, vol. 2, Homewood, IL: Dorsey Press, 1979, pp. 56–112.

Ansart-Dourlen, Michèle. *L'Action politique des personnalités et l'idéologie jacobine. Rationalisme et passions révolutionnaires*, Paris & Montreal: Harmattan, 1998.

Arasse, Daniel. *The Guillotine and the Terror*, translated by Christopher Miller, London: Penguin, 1989.

Arras à la veille de la Révolution, Mémoires de l'Académie des Sciences, Lettres et Arts d'Arras, 6e série, 1 (1990).

Artarit, Jean. *Robespierre, ou, l'impossible filiation*, Paris: Table Ronde, 2003.

Aston, Nigel. *The End of an Elite: The French Bishops and the Coming of the French Revolution*, Oxford: Clarendon Press, 1992.

—. *Religion and Revolution in France, 1780–1804*, Basingstoke: Macmillan, 2000.

Aulard, F. A. *Les Grands orateurs de la Révolution*, Paris: Rieder, 1914.

Auricchio, Laura. *Adélaïde Labille-Guiard: Artist in the Age of Revolution*, Los Angeles: J. Paul Getty Museum, 2009.

Baczko, Bronislaw. *Ending the Terror: The French Revolution after Robespierre*, translated by Michael Petheram, Cambridge & New York: Cambridge University Press; Paris: Éditions de la Maison des sciences de l'homme, 1994.

—. *Politiques de la Révolution française*, Paris: Gallimard, 2008.

Badinter, Élisabeth and Robert. *Condorcet: un intellectuel en politique*, Paris: Fayard, 1988.

Baecque, Antoine de. *Glory and Terror: Seven Deaths under the French Revolution*, translated by Charlotte Mandell, New York & London: Routledge, 2001.

—. 'Robespierre, monstre-cadavre du discours thermidorien', *Eighteenth-Century Life*, 21 (1997), pp. 203–21.

—. *The Body Politic: Corporeal Metaphor in Revolutionary France, 1770–1800*, translated by Charlotte Mandell, Stanford, CA: Stanford University Press, 1997.

Bailey, Charles R. 'French Secondary Education, 1763–1790: The Secularization of Ex-Jesuit Colleges', *Transactions of the American Philosophical Society*, 68 (1978), pp. 3–124.

Baker, Keith Michael. *Inventing the French Revolution: Essays on French Political Culture in the Eighteenth Century*, Cambridge: Cambridge University Press, 1990.

—. (ed.) *The French Revolution and the Creation of Modern Political Culture*, vol. 4, *The Terror*, Oxford: Pergamon Press, 1994.

Beik, Paul H. 'The French Revolution Seen from the Right: Social Theories in Motion, 1789– 1799', *Transactions of the American Philosophical Society*, 46 (1956), pp. 1–122.

Bell, David A. *Lawyers and Citizens: The Making of a Political Elite in Old Regime France*, New York & Oxford: Oxford University Press, 1994.

—. *The Cult of the Nation in France: Inventing Nationalism, 1680–1800*, Cambridge, MA: Harvard University Press, 2001.

—. *The First Total War: Napoleon's Europe and the Birth of Warfare as We Know It*, Boston: Houghton Mifflin; London: Bloomsbury, 2007.

Ben-Israel, Hedva. *English Historians on the French Revolution*, Cambridge: Cambridge University Press, 1968.

Bernardin, Édith. *Jean-Marie Roland et le Ministère de l'Intérieur (1792–1793)*, Paris: Société des études Robespierristes, 1964.

Bertaud, Jean-Paul. *Camille et Lucile Desmoulins. Un couple dans la tourmente*, Paris: Presses de la Renaissance, 1986.

—. *The Army of the French Revolution: From Citizen-Soldiers to Instrument of Power*, translated by R. R. Palmer, Princeton, N.J.: Princeton University Press, 1988.

Berthe, Léon-Noël. *Dictionnaire des correspondents à l'Académie d'Arras au temps de Robespierre*, Arras: Chez l'auteur, 1969.

—. *Dubois de Fosseux, sécrétaire de l'Académie d'Arras, 1785–1792 et son bureau de correspondance*, Arras: CNRS, 1969.

—. 'Robespierre et le fonds de Fosseux', *AHRF*, 172 (1963), pp. 185–94.

—. 'Un inédit de Robespierre: sa réponse au discours de réception de Mademoiselle de Kéralio—18 avril 1787', *AHRF*, 46 (1974), pp. 261–83.

Biard, Michel (ed.). *La Révolution française: une histoire toujours vivante*, Paris: Éditions Tallandier, 2010.

— (ed.). *Les Politiques de la Terreur, 1793–1794: actes du colloque international de Rouen, 11–13 janvier 2007*, Rennes: Presses Universitaires de Rennes; Paris: Société des études Robespierristes, 2008.

— and Pascal Dupuy (eds). *La Révolution française: dynamique et ruptures, 1787–1804*, Paris: A. Colin, 2008.
Bienvenu, Richard. *The Ninth of Thermidor: The Fall of Robespierre*, Oxford and New York: Oxford University Press, 1968.
Binkley, Susan Carpenter. *The Concept of the Individual in Eighteenth-Century French Thought from the Enlightenment to the French Revolution*, Lewiston, N.Y., Queenstown, Ontario, & Lampeter, Wales: Edwin Mellen Press, 2007.
Birembaut, Arthur. 'Quelques précisions sur l'affaire du paratonnerre', *AHRF*, 30 (1958), pp. 82–95.
Blanc, Louis. *Histoire de la Révolution française*, 3 vols, Paris: Librairie Internationale, 1869.
Blanc, Olivier. 'Cercles politiques et "salons" de début de la Révolution (1789–1793)', *AHRF*, 344 (2006), pp. 63–92.
—. *La Corruption sous la Terreur (1792–1794)*, Paris: Robert Laffont, 1992.
—. *Last Letters: Prisons and Prisoners of the French Revolution 1793–1794*, translated by Alan Sheridan, New York: Farrar, Straus & Giroux, 1987.
Blanning, T. C. W. (ed.). *The Rise and Fall of the French Revolution*, Chicago: University of Chicago Press, 1996.
Bloch, Jean. *Rousseauism and Education in Eighteenth-Century France*, Oxford: Voltaire Foundation, 1995.
Bluche, Frédéric. *Septembre 1792: logiques d'un massacre*, Paris: Robert Laffont, 1986.
Blum, André. *La Caricature révolutionnaire*, Paris: Jouve, 1916.
Blum, Carol. *Rousseau and the Republic of Virtue: The Language of Politics in the French Revolution*, Ithaca, N.Y., & London: Cornell University Press, 1986.
Bosc, Yannick, Florence Gauthier and Sophie Wahnich (eds). *Pour le Bonheur et pour la liberté*, Paris: Éditions La Fabrique, 2000.
Bouchary, Jean. *Les Faux-monnayeurs sous la Révolution française*, Paris: M. Rivière et Cie, 1946.
—. *Les Manieurs d'argent à Paris à la fin du XVIIIe siècle*, 3 vols, Paris: Marcel Rivière, 1939.
Bouloiseau, Marc. 'Aux origines des légendes contre-révolutionnaires. Robespierre vu par les journaux satiriques (1789–1791)', *Bulletin de la Société d'histoire moderne*, 57 (1958), pp. 6–8.
—. *Robespierre*, 5th edn., Paris: Presses universitaires de France, 1976.
—. *The Jacobin Republic 1792–1794*, translated by Jonathan Mandelbaum, Cambridge & Paris: Cambridge University Press and Éditions de la Maison des Sciences de l'Homme, Paris, 1983.
—. 'Une anecdote satirique sur Robespierre', *AHRF*, 29 (1957), pp. 1–5.
Brett, Judith. 'The Tasks of Political Biography', in Joy Damousi and Robert Reynolds (eds), *History on the Couch: Essays in History and Psychoanalysis*, Melbourne: Melbourne University Press, 2003, pp. 73–83.
Brinton, Crane. *The Jacobins: An Essay in the New History*, New York: Russell & Russell, 1961.
Brown, Howard. *War, Revolution, and the Bureaucratic State: Politics and Army Administration in France, 1791–1799*, Oxford: Clarendon Press, 1995.
Brunel, Françoise. 'Le Jacobinisme, un "rigorisme de la vertu"? "Puritanisme" et révolution', in *Mélanges Michel Vovelle. Sur la Révolution, approches plurielles*, Paris: Société des études Robespierristes, 1997.
—. *Thermidor, la chute de Robespierre*, Brussels: Éditions Complexe, 1999.
Buffenoir, Hippolyte. *Les Portraits de Robespierre: étude iconographique et historique, souvenirs, documents, témoignages*, Paris: Ernest Leroux, 1910.
Buisson, Henri. *Fouché, duc d'Otrante*, Bienne: Panorama, 1968.

Burgess, Greg. *Refuge in the Land of Liberty: France and its Refugees, from the Revolution to the End of Asylum, 1789–1939*, Basingstoke: Palgrave Macmillan, 2008.

Burrage, Michael. *Revolution and the Making of the Contemporary Legal Profession: England, France and the United States*, Oxford: Oxford University Press, 2006.

Burstin, Haim. 'Pour une phénoménologie de la violence révolutionnaire', *Historical Reflections*, 29 (2003), pp. 389–407.

—. *Une Révolution à l'oeuvre: le Faubourg Saint-Marcel (1789–1794)*, Seyssel: Champ Vallon, 2005.

Cadet de Gassecourt, André. *Une curieuse figure du passé: Joseph Souberbielle, neveu du Frère Côme*, Paris: Les Presses Modernes, 1934.

Campbell, Peter R. (ed.). *The Origins of the French Revolution*, Basingstoke: Palgrave Macmillan, 2006.

—, Thomas E. Kaiser and Marisa Linton (eds). *Conspiracy in the French Revolution*, Manchester: Manchester University Press, 2007.

Caron, Pierre. *Les Massacres de septembre*, Paris: Maison du livre français, 1935.

Carr, John Laurence. *Robespierre: The Force of Circumstance*, London: Constable, 1972.

Censer, Jack R. *Prelude to Power: The Parisian Radical Press, 1789–1791*, Baltimore, MD, & London: Johns Hopkins University Press, 1976.

—. 'Robespierre the Journalist', in Harvey Chisick (ed.), *The Press in the French Revolution*, Oxford: Voltaire Foundation, 1990, pp. 189–96.

Chisick, Harvey. 'Bourses d'études et mobilité sociale en France à la veille de la Révolution: bourses et boursiers du Collège Louis-le-Grand (1762–1789)', *Annales*, 30 (1975), pp. 1,562–84.

—. *The Production, Distribution and Readership of a Conservative Journal of the Early French Revolution: The Ami du Roi of the Abbé Royou*, Philadelphia: American Philosophical Society, 1992.

Claretie, Jules. *Camille Desmoulins and his Wife; Passages from the History of the Dantonists founded upon New and Hitherto Unpublished Documents*, translated by Cashel Hoey, London: Smith, Elder & Co., 1876.

Clay, Stephen. 'Vengeance, Justice and the Reactions in the Revolutionary Midi', *FH*, 23 (2009), pp. 22–46.

Cobb, Richard. *Paris and its Provinces 1792–1802*, London: Oxford University Press, 1975.

—. *The People's Armies. The 'armées révolutionnaires': Instrument of the Terror in the Departments, April 1793 to Floréal Year II*, translated by Marianne Elliott, New Haven, CT, & London: Yale University Press, 1987.

Cobban, Alfred. *Aspects of the French Revolution*, London: Jonathan Cape, 1968.

Compère, Marie-Madeleine and Dominique Julia. *Les Collèges français: 16e–18e siècles*, vol. 2, Paris: INRP-CNRS, 1988.

Coward, Barry and Julian Swann (eds). *Conspiracy in Early Modern Europe*, Aldershot, Hants, & Burlington, VT: Ashgate, 2004.

Crook, Malcolm, William Doyle and Alan Forrest (eds). *Enlightenment and Revolution: Essays in Honour of Norman Hampson*, Burlington, VT, & Aldershot: Ashgate, 2004.

Cross, Máire F. and David Williams (eds). *The French Experience from Republic to Monarchy, 1792–1824*, Basingstoke: Palgrave Macmillan, 2000.

Crouzet, François. *Historians and the French Revolution: The Case of Maximilien Robespierre*, Swansea: University College of Swansea, 1989.

Daline, V. M. 'Robespierre et Danton vus par Babeuf', *AHRF*, 32 (1960), pp. 388–410.

Darnton, Robert. *The Kiss of Lamourette: Reflections in Cultural History*, New York: W.W. Norton, 1990.

Delbeke, Francis. *L'Action politique et sociale des avocats au XVIIIe siècle. Leur part dans la préparation de la Révolution française*, Louvain: Librairie universitaire, & Paris: Recueil Sirey, 1927.

Deramecourt, Augustin. *Le Clergé du diocèse d'Arras, Boulogne et Saint-Omer pendant la Révolution (1789–1802)*, 4 vols, Paris: Bray et Retaux, & Arras: Imprimerie du Pas-de-Calais, 1884–86.

Desan, Suzanne. *The Family on Trial in Revolutionary France*, Berkeley, CA, & London: University of California Press, 2004.

Dingli, Laurent. *Robespierre*, Paris: Flammarion, 2004.

Domecq, Jean-Philippe. *Robespierre, derniers temps: biographie. Suivi de La Fête de l'Être suprême et son interprétation*, Paris: Pocket, 2002.

Dommanget, Maurice. *1793, Les Enragés contre la vie chère–les curés rouges, Jacques Roux–Pierre Dolivier*, Paris: Spartacus, 1976.

Dorigny, Marcel (ed.). *The Abolitions of Slavery: From Léger Félicité Sonthonax to Victor Schoelcher, 1793, 1794, 1848*, New York & Oxford: Berghahn Books; Paris: Éditions UNESCO, 2003.

—. and Bernard Gainot, *La Société des amis des noirs, 1788–1799: contribution à l'histoire de l'abolition de l'esclavage*, Paris: Éditions UNESCO, 1998.

Doyle, William. *Aristocracy and its Enemies in the Age of Revolution*, Oxford: Oxford University Press, 2009.

—. 'Dupaty (1746–1788): A Career in the Late Enlightenment', *Studies on Voltaire and the Eighteenth Century*, 230 (1985), pp. 82–106.

—. *Jansenism: Catholic Resistance to Authority from the Reformation to the French Revolution*, Basingstoke: Macmillan, 2000.

—. *The Oxford History of the French Revolution*, Oxford: Clarendon Press, 1989.

Dupont-Ferrier, Gustave. *Du Collège de Clermont au lycée Louis-le-Grand: la vie quotidienne d'un collège parisien pendant plus de 350 ans*, 3 vols, Paris: E. de Boccard, 1921–25.

Dupuy, Roger. *La République jacobine. Terreur, guerre et gouvernement révolutionnaire*, Paris: Éditions du Seuil, 2005.

Edelstein, Dan. *The Terror of Natural Right: Republicanism, the Cult of Nature, and the French Revolution*, Chicago: University of Chicago Press, 2009.

Ehrard, Jean, Antoinette Ehrard and Florence Devillez. *Images de Robespierre: actes du colloque international de Naples, 27–29 septembre 1993*, Napoli: Vivarium, 1996.

Esquiros, Alphonse. *Histoire des Montagnards*, Paris: Librairie rue Visconti, 1851.

Eude, Michel. 'La loi de prairial', *AHRF*, 254 (1983), pp. 544–59.

—. 'La politique de Robespierre en 1792, d'après le *Défenseur de la constitution*', *AHRF*, 28 (1956), pp. 1–28.

—. 'Le Comité de sûreté générale en 1793–1794', *AHRF*, 261 (1985), pp. 295–306.

—. 'Points de vue sur l'affaire Catherine Théot', *AHRF*, 198 (1969), pp. 606–29.

—. 'Robespierre a-t-il voulu faire destituer Fouquier-Tinville?', *AHRF*, 179 (1965), pp. 66–72.

Favone, M. *Dans le sillage de Maximilien Robespierre: Joachim Vilate*, Paris: M. Rivière, 1938.

Feher, Ferenc. *The Frozen Revolution: An Essay on Jacobinism*, Cambridge of Paris: Cambridge University Press and Éditions de la Maison des sciences de l'homme, 1987.

Fitzsimmons, Michael P. *The Night the Old Regime Ended: August 4, 1789 and the French Revolution*, University Park, PA: Pennsylvania State University Press, 2003.

—. *The Parisian Order of Barristers and the French Revolution*, Cambridge, MA: Harvard University Press, 1987.

—. *The Remaking of France: The National Assembly and the Constitution of 1791*, Cambridge & New

York: Cambridge University Press, 1994.
Fleischmann, Hector. *Robespierre and the Women He Loved*, translated by Angelo S. Rappoport, London: John Long, 1913.
Forrest, Alan. *Conscripts and Deserters: The Army and French Society during the Revolution and Empire*, Oxford & New York: Oxford University Press, 1989.
—. *Paris, the Provinces and the French Revolution*, London: Arnold, 2004.
—. *Soldiers of the French Revolution*, Durham, N.C.: Duke University Press, 1990.
—and Peter Jones (eds). *Reshaping France: Town, Country and Region during the French Revolution*, Manchester & New York: Manchester University Press, 1991.
Friedland, Paul. *Political Actors: Representative Bodies and Theatricality in the Age of the French Revolution*, Ithaca, N.Y.: Cornell University Press, 2002.
Furet, François. *Interpreting the French Revolution*, translated by Elborg Forster, Cambridge & Paris: Cambridge University Press and Éditions de la Maison des Sciences de l'Homme, 1981.
—. *The French Revolution 1770–1814*, translated by Antonia Nevill, Oxford: Blackwell, 1992.
—and Mona Ozouf (eds). *Critical Dictionary of the French Revolution*, translated by Arthur Goldhammer, Cambridge, MA: Harvard University Press, 1989.
—and Mona Ozouf (eds). *La Gironde et les Girondins*, Paris: Éditions Payot, 1991.
—and Mona Ozouf (eds). *The French Revolution and the Creation of Modern Political Culture*. vol. 3, *The Transformation of Political Culture 1789–1848*, Oxford: Pergamon Press, 1989.
Gainot, Bernard. *Dictionnaire des membres du Comité de salut public: dictionnaire analytique, biographique et comparé des 62 membres du Comité de salut public*, Paris: Tallandier, 1990.
Gallo, Max. *Robespierre the Incorruptible: A Psycho-Biography*, translated by Raymond Rudorff, New York: Herder & Herder, 1971.
Garrioch, David. *Neighbourhood and Community in Paris, 1740–1790*, Cambridge: Cambridge University Press, 1986.
—. *The Making of Revolutionary Paris*, Berkeley, CA: University of California Press, 2002.
Gascar, Pierre. *L'Ombre de Robespierre*, Paris: Gallimard, 1979.
Gauthier, Florence. *L'Aristocratie de l'épiderme. Le Combat de la Société des citoyens de couleur, 1789–1791*, Paris: CNRS, 2007.
—. *Triomphe et mort du droit naturel en Révolution, 1789–1795–1802*, Paris: Presses universitaires de France, 1992.
—(ed.). *Périssent les colonies plutôt qu'un principe! Contributions à l'histoire de l'abolition de l'esclavage, 1789–1804*, Paris: Société des études Robespierristes, 2002.
Gay, Peter. *Freud for Historians*, New York & Oxford: Oxford University Press, 1985.
—. 'Rhetoric and Politics in the French Revolution', *AHR*, 66 (1961), pp. 664–76.
Germani, Ian. 'Robespierre's Heroes: The Politics of Heroization during the Year Two', *Consortium on Revolutionary Europe 1750–1850, Proceedings 1988*, pp. 133–56.
Gilchrist, J. and W. J. Murray (eds). *The Press in the French Revolution*, Melbourne & London: F.W. Cheshire & Ginn, 1971.
Gillion, Anne. 'La Mémoire de Robespierre à Arras', *Revue du Nord*, 71 (1989), pp. 1,037–50.
Gobry, Ivan. *Joseph Le Bon: la Terreur dans le nord de la France*, Paris: Mercure de France, 1991.
Godineau, Dominique. *Citoyennes tricoteuses: les femmes du peuple à Paris pendant la Révolution française*, Aix-en-Provence: Alinéa, 1988.
Goldhammer, Jesse. *The Headless Republic: Sacrificial Violence in Modern French Thought*, Ithaca, N.Y., & London: Cornell University Press, 2005.

Gough, Hugh. *The Newspaper Press in the French Revolution*, Chicago: Dorsey Press, 1988.
—. *The Terror in the French Revolution*, 2nd ed., Basingstoke: Palgrave, 2010.
Goulet, Jacques. *Robespierre, la peine de mort et la Terreur*, Pantin: Castor Astral, 1983.
Greer, Donald. *The Incidence of the Terror during the French Revolution: A Statistical Interpretation*, Cambridge, MA: Harvard University Press, 1935.
Gross, Jean-Pierre. *Fair Shares for all: Jacobin Egalitarianism in Practice*, Cambridge & New York: Cambridge University Press, 1997.
Gruder, Vivian R. *The Notables and the Nation: The Political Schooling of the French, 1787–1788*, Cambridge, MA: Harvard University Press, 2007.
Gueniffey, Patrice. *La Politique de la Terreur: essai sur la violence révolutionnaire*, Paris: Fayard, 2000.
—. 'Robespierre, itinéraire d'un tyran', *Histoire*, 177 (1994), pp. 36–47.
Guilhaumou, Jacques. *La Langue politique et la Révolution française: de l'événement à la raison linguistique*, Paris: Méridiens Klincksieck, 1989.
Guillemin, Henri. *Robespierre: politique et mystique*, Paris: Éditions du Seuil, 1987.
Guiomar, Jean-Yves. *L'Invention de la guerre totale: XVIIIe–XXe siècle*, Paris: Le Félin, 2004.
Hamel, Ernest. *Histoire de Robespierre, d'après des papiers de famille, les sources originales et des documents entièrement inédits*, 3 vols, Paris: Lacroix, 1865–67.
Hamersley, Rachel. *The English Republican Tradition and Eighteenth-Century France: Between the Ancients and Moderns*, Manchester: Manchester University Press, 2010.
Hampson, Norman. *Danton*, Oxford: Blackwell, 1978.
—. 'François Chabot and his Plot', *Transactions of the Royal Historical Society*, 5th series, 26 (1976), pp. 1–14.
—. *Saint-Just*, Oxford: Blackwell, 1991.
—. 'The Enlightenment and the Language of the French Nobility in 1789: the Case of Arras', in D. J. Mossop, G. E. Rodmell and D. B. Wilson (eds), *Studies in the French Eighteenth Century Presented to John Lough*, Durham: University of Durham, 1978, pp. 81–91.
—. *The Life and Opinions of Maximilien Robespierre*, London: Duckworth, 1974.
—. *Will and Circumstance: Montesquieu, Rousseau and the French Revolution*, London: Duckworth, 1983.
Hanson, Paul R. *Contesting the French Revolution*, Oxford: Wiley-Blackwell, 2009.
—. *The Jacobin Republic under Fire: The Federalist Revolt in the French Revolution*, University Park, PA: Pennsylvania State University Press, 2003.
Hardman, John. *Robespierre*, London & New York: Longman, 1999.
Hayakawa, Riho. 'L'Assassinat du boulanger Denis François le 21 octobre 1789', *AHRF*, 333 (2003), pp. 1–19.
Haydon, Colin and William Doyle (eds). *Robespierre*, Cambridge & New York: Cambridge University Press, 1999.
Hembree, Fred. 'Robespierre in the early Revolution, 1789–1792', *Consortium on Revolutionary Europe 1750–1850, Proceedings 1989*, Part 2, pp. 85–94.
Hesse, Carla. 'La Logique culturelle de la loi révolutionnaire', *Annales*, 57 (2002), pp. 915–33.
Heywood, Colin. *Growing up in France: From the Ancien Régime to the Third Republic*, Cambridge: Cambridge University Press, 2007.
Higonnet, Patrice L. R. *Goodness beyond Virtue: Jacobins during the French Revolution*, Cambridge, MA: Harvard University Press, 1998.
—. 'Terror, Trauma and the Young Marx Explanation of Jacobin Politics', *P&P*, 191 (2006), pp.

121–64.
Horn, Jeff. 'The Terror in the Département of the Aube and the Fall of Robespierre', Paper presented at the Society for French Historical Studies, Wilmington, DE, 26 March 1994.
Huet, Marie-Hélène. *Mourning Glory: The Will of the French Revolution*, University Park, PA: University of Pennsylvania Press, 1997.
Hunt, David. 'The People and Pierre Dolivier: Popular Uprisings in the Seine-et-Oise Department, 1791–1792', *FHS*, 11 (1979), pp. 184–214.
Hunt, Lynn. 'For Reasons of State', *The Nation*, 29 May 2006, pp. 24–28.
—. *Politics, Culture, and Class in the French Revolution*, Berkeley, CA: University of California Press, 1984.
—. *The Family Romance of the French Revolution*, Berkeley, CA: University of California Press, 1992.
—. 'The World We Have Gained: The Future of the French Revolution,' *AHR*, 108 (2003), pp. 1–19.
Jacob, Louis. *Hébert, le Père Duchesne: chef des sans-culottes*, Paris: Gallimard, 1960.
—. 'Un ami de Robespierre: Buissart (d'Arras)', *Revue du Nord*, 20 (1934), pp. 277–94.
Jacouty, Jean-François. 'Robespierre selon Louis Blanc: le prophète christique de la Révolution française', *AHRF*, 331 (2003), pp. 105–27.
Jaume, Lucien. *Le Discours jacobin et la démocratie*, Paris: Fayard, 1989.
Jean-Marie et Manon Roland. Actes du colloque national de Villefranche-sur-Saône 1989, Lyon: Union des sociétés historiques du Rhône, 1990.
Jessenne, Jean-Pierre. *Pouvoir au village et révolution: Artois, 1760–1848*, Lille: Presses universitaires de Lille, 1987.
—, Gilles Derégnaucourt, Jean-Pierre Hirsch and Hervé Leuwers (eds). *Robespierre: de la nation artésienne à la République et aux nations. Actes du colloque, Arras, 1–2–3 Avril 1993*, Villeneuve d'Asq: Centre d'histoire de la région du nord et de l'Europe du nord-ouest, Université Charles de Gaulle-Lille III, 1994.
Jones, Peter. *The Peasantry in the French Revolution*, Cambridge: Cambridge University Press, 1988.
Jordan, David P. *The King's Trial: The French Revolution vs. Louis XVI*, Berkeley, CA: University of California Press, 1979.
—. *The Revolutionary Career of Maximilien Robespierre*, New York: Free Press, 1985.
Jourdan, Annie. *La Révolution, une exception française?* Paris: Flammarion, 2004.
— (ed.). *Robespierre—figure-réputation*, Amsterdam & Atlanta, GA: Rodopi, 1996.
Julia, Dominique. *Les Trois Couleurs du tableau noir. La Révolution*, Paris: Éditions Belin, 1981.
Kagan, Richard L. 'Law Students and Legal Careers in Eighteenth-Century France', *P&P*, 68 (1975), pp.38–72.
Kaiser, Thomas E. 'From the Austrian Committee to the Foreign Plot: Marie-Antoinette, Austrophobia, and the Terror', *FHS*, 26 (2003), pp. 579–617.
Kaplan, Steven L. *Farewell, Revolution: Disputed Legacies, France 1789/1989*, Ithaca, N.Y.: Cornell University Press, 1995.
—. *Farewell, Revolution: The Historians' Feud, France 1789/1989*, Ithaca, N.Y.: Cornell University Press, 1995.
Kelly, G. A. 'Conceptual Sources of the Terror', *Eighteenth-Century Studies*, 14 (1980), pp. 18–36.
Kennedy, Michael. *The Jacobin Clubs in the French Revolution: The First Years*, Princeton, N.J.: Princeton University Press, 1982.
—. *The Jacobin Clubs in the French Revolution: The Middle Years*, Princeton, N.J.: Princeton University Press, 1988.

—. *The Jacobin Clubs in the French Revolution, 1793–1795*, New York: Berghahn Books, 2000.
Korngold, Ralph. *Robespierre, First Modern Dictator*, London: Macmillan, 1937.
Krauss, Werner. 'Le Cousin Jacques: Robespierre et la Révolution française', *AHRF*, 32 (1960), pp. 305–08.
Ladjouzi, Diane. 'Les Journées des 4 et 5 septembre à Paris. Un movement d'union entre le people, la Commune de Paris et la Convention pour un executif révolutionnaire', *AHRF*, 321 (2000), pp. 27–44.
Lamartine, Alphonse de. *Histoire des Girondins*, 6 vols, Paris: Pagnerre, Hachette & Furne, 1860.
Lavoine, A. *La Famille de Robespierre, ses origines, le séjour des Robespierre à Vaudricourt, Béthune, Lens, Harnes, Hénin-Liétard, Carvin et Arras, 1452–1764*, Arras: Archives d'Arras, 1914.
Lebrun, François, Marc Venard and Jean Quéniart, *Histoire de l'enseignement et de l'éducation en France*, vol. 2, *De Gutenberg aux Lumières (1480–1789)*, Paris: Perrin, 2003.
Le Cour Grandmaison, Olivier. *Les Citoyennetés en Révolution (1789–1794)*, Paris: Presses universitaires de France, 1992.
Lecesne, E. *Arras sous la Révolution*, 3 vols, Arras: Sueur-Charruey, 1882–83.
Lefebvre, Georges. 'Remarks on Robespierre', translated by Beatrice F. Hyslop, *FHS*, 1 (1958), pp. 7–10.
—. 'Robespierre et Colchen', *AHRF*, 27 (1955), pp. 1–4.
—. 'Sur la loi du 22 prairial an II', *AHRF*, 23 (1951), pp. 225–56.
—. *The French Revolution*, translated by John Hall Stewart and James Friguglietti, 2 vols, London: Routledge & Kegan Paul, 1964–65.
Legay, Marie-Laure. *Les États provinciaux dans la construction de l'état moderne aux XVIIe et XVIIIe siècles*, Geneva: Librairie Droz, 2001.
—. *Robespierre et le pouvoir provincial: dénonciation et émancipation politique*, Arras: Commission départementale d'histoire et d'archéologie du Pas-de-Calais, 2002.
Leith, James A. 'The Terror: Adding the Cultural Dimension', *Canadian Journal of History/Annales canadiennes d'histoire*, 32 (1997), pp. 315–37.
Lemay, Edna Hindie. *Dictionnaire des constituants 1789–1791*, 2 vols, Oxford: Voltaire Foundation, 1991.
—. *La Vie quotidienne des députés aux Etats Généraux, 1789*, Paris: Hachette, 1987.
—. 'Une voix dissonante à l'Assemblée constituante: le prosélytisme de Robespierre', *AHRF*, 244 (1981), pp. 390–404.
—. and Alison Patrick. *Revolutionaries at Work: The Constituent Assembly 1789–1791*, Oxford: Voltaire Foundation, 1996.
Lenoël, Pierre, and Marie-Françoise Lévy (eds). *L'Enfant, la famille et la Révolution française*, Paris: Olivier Orban, 1990.
Lenôtre, G. *Le Tribunal révolutionnaire (1793–1795)*, Paris: Perrin, 1908.
—. *Robespierre's Rise and Fall*, translation by R. Stawell of *Le mysticisme révolutionnaire. Robespierre et la 'Mère de Dieu'*, London: Hutchinson, 1927.
Leuwers, Hervé. *L'Invention du barreau français. La Construction nationale d'un groupe professionnel*, Paris: Éditions de l'École des hautes études en sciences sociales, 2006.
—. 'Révolution constituante et société judiciaire. L'Exemple septentrional', *AHRF*, 350 (2007), pp. 27–47.
—, Annie Crépin and Dominique Rosselle. *Histoire des provinces françaises du nord. La Révolution et l'Empire. Le Nord—Pas-de-Calais entre Révolution et contre-révolution*, Arras: Artois Presses

Université, 2008.
Lewis, Gwynne. *The French Revolution: Rethinking the Debate*, London & New York: Routledge, 1993.
Linton, Marisa. 'Fatal Friendships: The Politics of Jacobin Friendship', *FHS*, 31 (2008), pp. 51–76.
—. 'Robespierre and the Terror', *History Today*, 56 (2006), pp. 23–30.
—. 'The Man of Virtue: The Role of Antiquity in the Political Trajectory of L. A. Saint-Just', *FH*, 24 (2010), pp. 393–419.
—. *The Politics of Virtue in Enlightenment France*, Basingstoke: Palgrave Macmillan, 2001.
Livesey, James. 'The Limits of Terror: The French Revolution, Rights and Democratic Transition', *Thesis 11*, 97 (2009), pp. 63–79.
Lizerand, Georges. *Robespierre*, Paris: Fustier, 1937.
Lucas, Colin (ed.). *Rewriting the French Revolution*, Oxford: Clarendon Press, 1991.
—(ed.). *The Political Culture of the French Revolution*, vol. 2, *The French Revolution and the Creation of Modern Political Culture*, Oxford & New York: Pergamon Press, 1988.
—. 'The Theory and Practice of Denunciation in the French Revolution', *JMH*, 68 (1996), pp. 768–85.
Luttrell, Barbara. *Mirabeau*, Carbondale & Edwardsville: Southern Illinois University Press, 1990.
Luzzatto, Sergio. *Bonbon Robespierre. La terreur à visage humain*, translated from the Italian by Simone Carpentari Messina, Paris: Arléa, 2010.
—. 'Un futur au passé: la Révolution dans les mémoires des conventionnels', *AHRF*, 61 (1989), pp. 455–75.
Lyons, Martyn. 'The 9 Thermidor: Motives and Effects', *European Studies Review*, 5 (1975), pp. 123–46.
Lytle, Scott H. 'The Second Sex (September, 1793)', *JMH*, 27 (1955), pp. 14–26.
McManners, John. *Church and Society in Eighteenth-Century France*, 2 vols, Oxford: Clarendon Press, 1998.
McNeil, Gordon H. 'Robespierre, Rousseau, and Representation', in Richard Herr and Harold T. Parker (eds), *Ideas in History: Essays Presented to Louis Gottschalk by his Former Students*, Durham, N.C.: Duke University Press, 1965, pp. 135–56.
McPhee, Peter. *Collioure et la Révolution française, 1789–1815*, Perpignan: Le Publicateur, 1989.
—. *Living the French Revolution, 1789–99*, London & New York: Palgrave Macmillan, 2006.
Manceron, Claude. *The Men of Liberty: Europe on the Eve of the French Revolution 1774–1778*, translated by Patricia Wolf, London: Eyre Methuen, 1977.
Mansfield, Paul. 'The Repression of Lyon, 1793–4: Origins, Responsibility and Significance', *FH*, 2 (1988), pp. 74–101.
Mantel, Hilary. *A Place of Greater Safety*, London: Viking, 1992.
—. 'If you'd seen his green eyes', *London Review of Books*, 20 April 2006, pp. 3, 8.
—. 'What a man this is, with his crowd of women around him!' *London Review of Books*, vol. 22, no. 7 (2000), pp. 3–8.
Markoff, John. *The Abolition of Feudalism: Peasants, Lords, and Legislators in the French Revolution*, University Park, PA: Pennsylvania State University Press, 1996.
Martin, Jean-Clément. *La France en Révolution 1789–1799*, Paris: Belin, 1990.
— (ed.). *La Révolution à l'oeuvre. Perspectives actuelles dans l'histoire de la Révolution française*, Rennes: Presses universitaires de Rennes, 2005.
—. 'La Révolution française: généalogie de l'ennemi', *Raisons politiques*, 5 (2002), pp. 69–79.
—. 'Vendée: les criminels de guerre en procès', *Histoire*, 25 (2004), pp. 82–87.

—. *Violence et Révolution: Essai sur la naissance d'un mythe national*, Paris: Éditions du Seuil, 2006.

Maslan, Susan. *Revolutionary Acts: Theater, Democracy, and the French Revolution*, Baltimore, MD: Johns Hopkins University Press, 2005.

Massin, Jean. *Robespierre*, Paris: Club français du livre, 1957.

Mathiez, Albert. *After Robespierre: The Thermidorian Reaction*, translated by Catherine Alison Phillips, New York: Grosset & Dunlap, 1965.

—. *Études sur Robespierre (1758–1794)*, Paris: Éditions sociales, 1958.

—. *Girondins et Montagnards*, Paris: Firmin-Didot, 1930.

—. *La Révolution et les étrangers: cosmopolitisme et défense nationale*, Paris: La Renaissance du Livre, 1918.

—. *La Vie chère et le mouvement social sous la Terreur*, Paris: Payot, 1927.

—. *Robespierre, terroriste*, Paris: Renaissance du livre, 1921.

—. *The Fall of Robespierre, and Other Essays*, New York: A. M. Kelley, 1968.

—. *Un procès de corruption sous la Terreur: l'affaire de la Compagnie des Indes*, Paris: Félix Alcan, 1920.

Matrat, Jean. *Robespierre: or, the Tyranny of the Majority*, translated by Alan Kendall, London: Angus and Robertson, 1975.

Mayer, Arno J. *The Furies: Violence and Terror in the French and Russian Revolutions*, Princeton, N.J.: Princeton University Press, 2000.

Maza, Sarah. *Private Lives and Public Affairs: The* Causes Célèbres *of Pre-Revolutionary France*, Berkeley, CA: University of California Press, 1993.

Mazauric, Claude (ed.). *La Révolution française et l'homme moderne*, Paris: Éditions Messidor, 1989.

—. *Robespierre. Écrits présentés par Claude Mazauric*, Paris: Messidor/Éditions sociales, 1989.

Michelet, Jules. *La Révolution française*, 2 vols, Paris: Gallimard, 1952.

Michon, Georges. *Robespierre et la guerre révolutionnaire, 1791–1792*, Paris: M. Rivière, 1937.

Minart, Gérard. *Pierre Claude François Daunou, l'anti-Robespierre: de la Révolution à l'Empire, l'itinéraire d'un juste (1761–1840)*, Toulouse: Privat, 2001.

Mitchell, C. J. *The French Legislative Assembly of 1791*, Leiden: E. J. Brill, 1988.

Monnier, Raymonde. *L'Espace public démocratique: essai sur l'opinion à Paris de la Révolution au Directoire*, Paris: Éditions Kimé, 1994.

—. 'Républicanisme et Révolution française', *FHS*, 26 (2003), pp. 87–118.

—. *Républicanisme, patriotisme et Révolution française*, Paris: Harmattan, 2005.

Mossé, Claude. *L'Antiquité dans la Révolution française*, Paris: Albin Michel, 1989.

Murray, William J. *The Right-Wing Press in the French Revolution: 1789–1792*, London: Royal Historical Society, 1986.

Nabonne, Bernard. *La Vie privée de Robespierre*, Paris: Hachette, 1943.

Nadeau, Martin. 'La Politique culturelle de l'an II: les infortunes de la propagande révolutionnaire au théâtre', *AHRF*, 327 (2002), pp. 57–74.

Nolibos, Alain. *Arras: de Nemetucam à la communauté urbaine*, Lille: La Voix du Nord, 2003.

Ording, Arne. *Le Bureau de police du Comité de salut public. Étude sur la Terreur*, Academi i Oslo: Skrifter utgitt av det Norske Videnskaps, no. 6, 1931.

Owen, David. *In Sickness and in Health: Illness in Heads of Government During the Last 100 Years*, London: Methuen, 2008.

Ozouf, Mona. *Festivals and the French Revolution*, translated by Alan Sheridan, Cambridge, MA: Harvard University Press, 1988.

—. 'Massacres de septembre: qui est responsable?', *Histoire*, 342 (2009), pp. 52–55.

Palmer, R. R. (ed.). *From Jacobin to Liberal: Marc-Antoine Jullien, 1775–1848*, Princeton, N.J.: Princeton University Press, 1993.

—. *The Improvement of Humanity: Education and the French Revolution*, Princeton, N.J.: Princeton University Press, 1985.

—. *The School of the French Revolution: A Documentary History of the College of Louis-le-Grand and its Director, Jean-François Champagne 1762–1814*, Princeton, N.J.: Princeton University Press, 1975.

—. *Twelve Who Ruled: The Year of the Terror in the French Revolution*, Princeton, N.J.: Princeton University Press, 1969.

Paris, Auguste Joseph. *La Jeunesse de Robespierre et la convocation des États généraux en Artois*, Arras: Rousseau-Leroy, 1870.

—. *La Terreur dans le Pas-de-Calais et dans le Nord: histoire de Joseph Le Bon et des tribunaux révolutionnaires d'Arras et de Cambrai*, Arras: Rousseau-Leroy, 1864.

Parker, Harold T. *The Cult of Antiquity and the French Revolutionaries: A Study in the Development of the Revolutionary Spirit* (1937), New York: Octagon, 1965.

Patrick, Alison. *The Men of the First French Republic: Political Alignments in the National Convention of 1792*, Baltimore, MD: Johns Hopkins University Press, 1972.

Pioro, Gabriel and Pierre Labracherie. 'Charlotte Robespierre et "Ses Mémoires" ', *La Pensée*, 88 (1959), pp. 99–108.

Piquet, Jean-Daniel. *L'Émancipation des noirs dans la Révolution française (1789–1795)*, Paris: Karthala, 2002.

—. 'Robespierre et la liberté des noirs en l'an II', *AHRF*, 323 (2001), pp. 69–91.

Popkin, Jeremy D. *Revolutionary News: The Press in France, 1789–1799*, Durham, N.C., & London: Duke University Press, 1990.

—. *You Are All Free: The Haitian Revolution and the Abolition of Slavery*, New York: Cambridge University Press, 2010.

Poumiès de la Siboutie, *Recollections of a Parisian Doctor under Six Sovereigns, Two Revolutions and a Republic (1789–1863)*, translated by Theodora Davidson, London: John Murray, 1911.

Price, Munro. 'Mirabeau and the Court: Some New Evidence', *FHS*, 29 (2006), pp. 37–75.

Ragan, Bryant T. and Elizabeth A. Williams (eds). *Re-creating Authority in Revolutionary France*, New Brunswick, N.J.: Rutgers University Press, 1992.

Rapport, Michael. *Nationality and Citizenship in Revolutionary France: The Treatment of Foreigners 1789–1799*, Oxford: Clarendon Press, 2000.

—. 'Robespierre and the Universal Rights of Man, 1789–1794', *FH*, 10 (1996), pp. 303–33.

Ratineau, Fabienne. 'Les Livres de Robespierre au 9 thermidor.' *AHRF*, 287 (1992), pp. 131–35.

Reddy, William M. *The Navigation of Feeling: A Framework for the History of Emotions*, Cambridge: Cambridge University Press, 2001.

Régent, Frédéric. *La France et ses esclaves. De la colonisation aux abolitions (1620–1848)*, Paris: Grasset, 2007.

Reinhard, Marcel. *Le Grand Carnot*, 2 vols, Paris: Hachette, 1950–52.

Riskin, Jessica. *Science in the Age of Sensibility: The Sentimental Empiricists of the French Enlightenment*, Chicago & London: University of Chicago Press, 2002.

Roberts, Warren. *Jacques-Louis David and Jean-Louis Prieur, Revolutionary Artists: The Public, the Populace, and Images of the French Revolution*, Albany, N.Y.: State University of New York Press, 2000.

Roche, Daniel. *The People of Paris: An Essay in Popular Culture in the 18th Century*, translated by

Marie Evans, Berkeley & Los Angeles: University of California Press, 1987.
Rosanvallon, Pierre. *Democracy Past and Future*, New York: Columbia University Press, 2006.
Rose, R. B. *Gracchus Babeuf: The First Revolutionary Communist*, London: Edward Arnold, 1978.
—. *The Enragés: Socialists of the French Revolution?*, Melbourne: Melbourne University Press, 1965.
—. *The Making of the 'sans-culottes': Democratic Ideas and Institutions in Paris, 1789–92*, Manchester: Manchester University Press, 1983.
—. 'The "Red Scare" of the 1790s and the "Agrarian Law" ', *P&P*, 103 (1984), pp. 113–30.
—. *Tribunes and Amazons: Men and Women of Revolutionary France 1789–1871*, Sydney: Macleay Press, 1998.
Rosso, Maxime. 'Les Réminiscences spartiates dans les discours et la politique de Robespierre de 1789 à Thermidor', *AHRF*, 349 (2007), pp. 51–77.
Roudinesco, Élisabeth. *Madness and Revolution: The Lives and Legends of Théroigne de Méricourt*, translated by Martin Thom, London & New York: Verso, 1991.
Rudé, George (ed.). *Robespierre: Great Lives Observed*, Englewood Cliffs, N.J.: Prentice-Hall, 1967.
—. *Robespierre: Portrait of a Revolutionary Democrat*, London: Collins, 1975.
Sagan, Eli. *Citizens and Cannibals: The French Revolution, the Struggle for Modernity, and the Origins of Ideological Terror*, Lanham, MD & Oxford: Rowman & Littlefield Publishers, 2001.
Sangnier, Georges. *Les Émigrés du Pas-de-Calais pendant la Révolution*, Paris: Blangermont, 1959.
Sanyal, Sukla. 'The 1792 Food Riot at Étampes and the French Revolution', *Studies in History*, 18 (2002), pp. 23–50.
Schama, Simon. *Citizens: a Chronicle of the French Revolution*, New York: Knopf, 1989.
Scurr, Ruth. *Fatal Purity: Robespierre and the French Revolution*, London: Chatto & Windus, 2006.
Secher, Reynald. *A French Genocide: The Vendée*, translated by George Holoch, Notre Dame, IN: University of Notre Dame Press, 2003.
Sepinwall, Alyssa Goldstein. 'Robespierre, Old Regime Feminist? Gender, the Late Eighteenth Century, and the French Revolution Revisited', *JMH*, 82 (2010), pp. 1–29.
—. *The Abbé Grégorie and the French Revolution: The Making of Modern Universalism*, Berkeley & Los Angeles: University of California Press, 2005.
Shapiro, Barry M. *Revolutionary Justice in Paris, 1789–1790*, Cambridge & New York: Cambridge University Press, 1993.
—. 'Self-Sacrifice, Self-Interest, or Self-Defence? The Constituent Assembly and the "Self-Denying Ordinance" of May 1791', *FHS*, 25 (2002), pp. 625–56.
—. *Traumatic Politics: The Deputies and the King in the Early French Revolution*, University Park, PA: Pennsylvania State University Press, 2009.
Short, Jeffrey Larrabee. 'The Lantern and the Scaffold: The Debate on Violence in Revolutionary France, April–October 1789', unpublished Ph.D thesis, State University of New York at Binghamton, 1990.
Shulim, Joseph I. 'Robespierre and the French Revolution', *AHR*, 82 (1977), pp. 20–38.
—. 'The Youthful Robespierre and His Ambivalence toward the Ancien Regime', *Eighteenth-Century Studies*, 5 (1972), pp. 398–420.
Slavin, Morris. *The Hébertistes to the Guillotine: Anatomy of a 'Conspiracy' in Revolutionary France*, Baton Rouge & London: Louisiana State University Press, 1994.
—. *The Making of an Insurrection: Parisian Sections and the Gironde*, Cambridge, MA & London: Harvard University Press, 1986.
Soboul, Albert (ed.). *Actes du colloque Girondins et Montagnards (Sorbonne, 14 décembre 1975)*, Paris:

Société des études Robespierristes, 1980.
—. (ed.). *Actes du colloque Robespierre. XIIe congrès international des sciences historiques (Vienne, 3 septembre 1965)*, Paris: Société des études Robespierristes, 1967.
—. *Paysans, sans-culottes et Jacobins*, Paris: Clavreuil, 1966.
—. *Problèmes paysans de la Révolution, 1789–1848*, Paris: François Maspero, 1976.
—. 'Robespierre and the Popular Movement of 1793–4', *P&P*, 5 (1954), pp. 54–70.
—. 'Robespierre et les sociétés populaires', *AHRF*, 30 (1958), pp. 50–64.
—. 'Robespierre ou les contradictions du jacobinisme', *AHRF*, 50 (1978), pp. 1–19.
—. *The French Revolution, 1787–1799: From the Storming of the Bastille to Napoleon*, translated by Alan Forrest and Colin Jones, London: Unwin Hyman, 1989.
—. *The Parisian Sans-Culottes and the French Revolution, 1793–4*, translated by Gwynne Lewis, Oxford: Oxford University Press, 1964.
—. *Understanding the French Revolution*, translated by April A. Knutson, New York: International Publishers, 1988.
—et al. (eds). *Dictionnaire historique de la Révolution française*, Paris: Presses universitaires de France, 1989.
Stéfane-Pol [Paul Coutant]. *Autour de Robespierre: le conventionnel Le Bas, d'après des documents inédits et les mémoires de sa veuve*, Paris: E. Flammarion, 1901.
Sueur, Philippe. *Le Conseil provincial d'Artois (1640–1790). Une cour provinciale à la recherche de sa souveraineté*, Arras: Commission départementale des monuments historiques du Pas-de-Calais, 1978.
Sutherland, D. M. G. *The French Revolution and Empire: The Quest for a Civic Order*, Oxford: Blackwell, 2003.
Sydenham, Michael. *The Girondins*, London: Athlone Press, 1961.
Tackett, Timothy. *Becoming a Revolutionary: The Deputies of the French National Assembly and the Emergence of a Revolutionary Culture (1789–1790)*, Princeton, N.J.: Princeton University Press, 1996.
—. 'Collective Panics in the Early French Revolution, 1789–1791: A Comparative Perspective', *FH*, 17 (2003), pp. 149–71.
—. 'Conspiracy Obsession in a Time of Revolution: French Elites and the Origins of the Terror', *AHR*, 105 (2000), pp. 691–713.
—. 'Interpreting the Terror', *FHS*, 24 (2001), pp. 569–78.
—. *The First Terrorists: The French Revolution and the Origins of a Political Culture of Violence*, Melbourne: University of Melbourne, 2009.
—. *When the King Took Flight*, Cambridge, MA: Harvard University Press, 2003.
Talmon, J. L. *The Origins of Totalitarian Democracy*, London: Martin Secker & Warburg, 1952.
Theuriot, Françoise. 'La Conception robespierriste du bonheur', *AHRF*, 192 (1968), pp. 207–26.
Thiers, Adolphe, *Histoire de la Révolution Française*, 10 vols, Paris: Furne, 1854.
Thompson, Eric. *Popular Sovereignty and the French Constituent Assembly 1789–1791*, Manchester: Manchester University Press, 1952.
Thompson, J. M. *Leaders of the French Revolution*, Oxford: Blackwell, 1932.
—. *Robespierre*, Oxford: Blackwell, 1935.
—. *Robespierre and the French Revolution*, London: English Universities Press 1952.
Van Kley, Dale. *The French Idea of Freedom: The Old Regime and the Declaration of Rights of 1789*, Stanford, CA: Stanford University Press, 1994.

—. *The Jansenists and the Expulsion of the Jesuits from France*, New Haven, CT, & London: Yale University Press, 1975.

—. *The Religious Origins of the French Revolution: From Calvin to the Civil Constitution, 1560–1791*, New Haven, CT, & London: Yale University Press, 1996.

Varaut, Jean-Marc. *La Terreur judiciaire. La Révolution contre les droits de l'homme*, Paris: Perrin, 1993.

Verjus, Anne. *Le Bon Mari: une histoire politique des hommes et des femmes à l'époque révolutionnaire*, Paris: Fayard, 2010.

Vovelle, Michel. *Combats pour la Révolution française*, Paris: Éditions la Découverte/Société des études Robespierristes, 1993.

—. *La Mentalité révolutionnaire: société et mentalité sous la Révolution française*, Paris: Messidor/Éditions sociales, 1985.

— (ed.). *Révolution et République: l'exception française*, Paris: Éditions Kimé, 1994.

—. *The Revolution against the Church: From Reason to the Supreme Being*, translated by Alan José, Cambridge: Polity Press, 1991.

— and Antoine de Baecque (eds). *Recherches sur la Révolution*, Paris: La Découverte, 1991.

Wahnich, Sophie. *La liberté ou la mort: essai sur la Terreur et le terrorisme*, Paris: La Fabrique, 2003.

—. *L'Impossible citoyen. L'Étranger dans le discours de la Révolution française*, Paris: Albin Michel, 1997.

Waldinger, Renée, Philip Dawson and Isser Woloch (eds). *The French Revolution and the Meaning of Citizenship*, Westport, CT: Greenwood Press, 1993.

Walter, Gérard. *La Conjuration du Neuf Thermidor, 27 July 1794*, Paris: Gallimard, 1974.

—. *Robespierre*, 2 vols, Paris: Gallimard, 1961.

Walton, Charles. *Policing Public Opinion in the French Revolution: The Culture of Calumny and the Problem of Free Speech*, Oxford & New York: Oxford University Press, 2009.

Walzer, Michael (ed). *Regicide and Revolution: Speeches at the Trial of Louis XVI*, New York: Columbia University Press, 1992.

Wartelle, François. 'Destinées du Jacobinisme dans le Pas-de-Calais entre la chute de Robespierre et le coup d'État du 18 fructidor an V', Université de Paris-I: unpublished dissertation, 1987.

—. 'Les Communautés rurales du Pas-de-Calais et le système fédodal en 1789–1790', *Cahiers d'histoire de l'Institut de recherches marxistes*, 32 (1988), pp. 100–21.

Weber, Eugen. 'About Thermidor: The Oblique Uses of a Scandal', *FHS*, 17 (1991), pp. 330–42.

Woloch, Isser. *The New Regime: Transformations of the French Civic Order, 1789–1820s*, New York & London: W. W. Norton, 1994.

Yalom, Marilyn. *Blood Sisters: The French Revolution in Women's Memory*, New York: Basic Books, 1993.

Zimbardo, Philip. *The Lucifer Effect: Understanding How Good People Turn Evil*, New York: Rider, 2005.

Žižek, Slavoj. *Slavoj Žižek Presents Robespierre: Virtue and Terror*, London: Verso, 2007.

註

略号

AHR	*American Historical Review*
AHRF	*Annales historiques de la Révolution française*
	(Note: the *AHRF* changed from volumes to individual issue numbers from 1977.)
Annales	*Annales. Histoire, Sciences Sociales*
ARBR	Amis de Robespierre pour le Bicentenaire de la Révolution
FH	*French History*
FHS	*French Historical Studies*
JMH	*Journal of Modern History*
MLN	*Modern Language Notes*
P&P	*Past and Present*

献辞

1. *Oeuvres de Maximilien Robespierre*, vol. III, tome II, pp. 170–72.
2. Marc Bloch, *Apologie pour l'histoire, ou métier d'historien*, Paris: Armand Colin, 1949, p. 70.

序章

1. *Oeuvres*, vol. III, pp. 57–59: undated letter bearing the note 'received 9 November 1789'. 強調は著者。
2. ARBR, *Bulletin*, 7, 56. 強調は著者。
3. William Doyle and Colin Haydon, 'Robespierre: After Two Hundred Years', in Haydon and Doyle (eds), *Robespierre*, Cambridge & New York: Cambridge University Press, 1999, pp. 3–16 は史学史上の論争についての優れた要約になっている。以下も参照。*Actes du colloque Robespierre, XIIe congrès international des sciences historiques*, Paris: Société des études Robespierristes, Paris, 1967; François Crouzet, *Historians and the French Revolution: The Case of Maximilien Robespierre*, Swansea: University College of Swansea, 1989; George Rudé, *Robespierre: Portrait of a Revolutionary Democrat*, London: Collins, 1975, Part II; Michel Vovelle, *Combats pour la Révolution française*, Paris: Éditions la Découverte/Société des études Robespierristes, 1993, Part I; J. M. Thompson, *Robespierre*, Oxford: Blackwell, 1935, pp. 595–633.
4. Maurice Agulhon, 'Robespierre posthume: le mythe et le symbole', in Jean-Pierre Jessenne, Gilles Derégnaucourt, Jean-Pierre Hirsch and Hervé Leuwers (eds), *Robespierre: de la nation artésienne à la République et aux nations. Actes du colloque, Arras, 1–2–3 Avril 1993*, Villeneuve d'Asq: Centre d'histoire de la région du nord et de l'Europe du nord-ouest, Université Charles de Gaulle-Lille III, 1994, pp. 443–44. Steven L. Kaplan, *Farewell, Revolution: Disputed Legacies*, Book 3, ch. 5; and *Farewell, Revolution: The Historians' Feud, France 1789/1989*, both Ithaca,

N.Y.: Cornell University Press, 1995.

5. Eli Sagan, *Citizens and Cannibals: The French Revolution, the Struggle for Modernity, and the Origins of Ideological Terror*, Lanham, MD & Oxford: Rowman & Littlefield, 2001, ch. 22. John Hardman, *Robespierre*, London & New York: Longman, 1999, for example, pp. x, 214. Adam Gopnik describes him as a 'mass-murdering nerd—a man who, having read a book, resolves to kill all the people who don't like it as much as he does': *New Yorker*, 5 June 2006.
6. Hilary Mantel, 'If you'd seen his green eyes', *London Review of Books*, 20 April 2006, pp. 3, 8. Mantel's novel is *A Place of Greater Safety*. Acerbic judgements about Robespierre's personality are to be found in Thompson, *Robespierre*, pp. 113, 591–92; idem, *Robespierre and the French Revolution*, London: English Universities Press, 1952, pp. 2, 29, 161; and Richard Cobb, *Tour de France*, London: Duckworth, 1976, pp. viii, 53, 63.
7. Lynn Hunt, 'For Reasons of State', *The Nation*, 29 May 2006, p. 28; David Andress, *The Terror: Civil War in the French Revolution*, London: Little, Brown, 2005, pp. 375–76; Dan Edelstein, *The Terror of Natural Right: Republicanism, the Cult of Nature, and the French Revolution*, Chicago: University of Chicago Press, 2009, pp. 271–72. On Assange, see http://www.oursisthefury.com/2010/julian-assange-a-robespierre-for-our-time/ accessed 28 October 2010.
8. Slavoj Žižek, *Slavoj Žižek Presents Robespierre: Virtue and Terror*, London: Verso, 2007, referring to Ruth Scurr, *Fatal Purity: Robespierre and the French Revolution*, London: Chatto & Windus, 2006.
9. Michel Vovelle, 'Pourquoi nous sommes encore Robespierristes?', in *Combats pour la Révolution française*, pp. 349–59. Kaplan, *Farewell, Revolution: Disputed Legacies, France 1789/1989*, pp. 456–63.
10. Claude Mazauric, 'Présentation', *Oeuvres*, vol. 1, Paris: Phénix Éditions, 2000, pp. xviii–xxix; idem, 'Robespierre', in Albert Soboul (ed.), *Dictionnaire historique de la Révolution française*, Paris: Presses universitaires de France, 1989, p. 921. A recent statement of the continued relevance of 'Robespierrisme' is by Yannick Bosc, Florence Gauthier and Sophie Wahnich, *Pour le bonheur et pour la liberté*, Paris: Éditions La Fabrique, 2000.
11. Janet Malcolm, 'A House of One's Own', *New Yorker*, 5 June 1995, pp. 74–75.
12. Mazauric, 'Présentation', pp. i–xviii, 20 世紀におけるロベスピエールの業績の長きにわたる刊行の歴史と、その歴史的背景について言及している。
13. Frank Tallett, 'Robespierre and Religion', in Haydon and Doyle (eds), *Robespierre*, pp. 92–108; Colin Lucas, 'Robespierre: homme politique et culture politique', in Jessenne et al., *Robespierre*, p. 13.
14. Norman Hampson, *The Life and Opinions of Maximilien Robespierre*, London: Duckworth, 1974.
15. Patrice Guennifey, 'Robespierre', in François Furet and Mona Ozouf (eds), *Critical Dictionary of the French Revolution*, translated by Arthur Goldhammer, Cambridge, MA: Harvard University Press, 1989, p. 299. David P. Jordan's fine 'intellectual biography', *The Revolutionary Career of Maximilien Robespierre*, New York: Free Press, 1985.
16. Note the discussion in William M. Reddy, *The Navigation of Feeling: A Framework for the History of Emotions*, Cambridge: Cambridge University Press, 2001, esp. pp. 173–99.

第一章

1. Archives Départementales [hereafter AD] Pas-de-Calais, 5M1 41, R17; ARBR, *Bulletin*, 2.
2. AD Pas-de-Calais, 5M1 41, R8. A brilliant attempt at writing about François is by Claude

Manceron, *The Men of Liberty: Europe on the Eve of the French Revolution 1774–1778*, translated by Patricia Wolf, London: Eyre Methuen, 1977, pp. 520–27.
3. Abbé Lievin Bonaventure Proyart, *La Vie et les crimes de Robespierre, surnommé le Tyran, depuis sa naissance jusqu'à sa mort: ouvrage dédié à ceux qui commandent, et à ceux qui obéissent*, Augsbourg: n.p., 1795, p. 20. Note the comments on the 1850 edition by Thompson, *Robespierre*, pp. 599–602.
4. こうしたことがあっても、1720年のカルヴァン市で国王公証人の地位にあった父マルタンの跡を継ぐのに支障はなかった。
5. Émile Lesueur, 'Avertissement', *Oeuvres*, vol. I, pp. 197–205; Auguste Joseph Paris, *La Jeunesse de Robespierre et la convocation des États généraux en Artois*, Arras: Rousseau-Leroy, 1870, Livre I; A. Lavoine, *La Famille de Robespierre, ses origines, le séjour des Robespierre à Vaudricourt, Béthune, Lens, Harnes, Hénin-Liétard, Carvin et Arras, 1452–1764*, Arras: Archives d'Arras, 1914; Bernard Nabonne, *La Vie privée de Robespierre*, Paris: Hachette, 1943, Part I, chs. 1–4.
6. カルヴァン市のイヴ・ドロベスピエールは1697年に紋章を登録している。金色の背景に銀色の片翼、黒の帯で造形されている。
7. Thompson, *Robespierre*, pp. 1–3. 1725年の領主イヴ・ドロベスピエールの遺産相続証書には、8つの農場からの地代収入が記録されている。
8. ARBR, *Bulletin*, no. 11.
9. AD Pas-de-Calais 5M1 41, R16 (28 December 1761, 22 January 1763); 5M1 41, R17 (6 May 1758); Gérard Walter, *Robespierre*, 2 vols, Paris: Gallimard, 1961, vol. 1, pp. 14–15.
10. Hector Fleischmann, *Robespierre and the Women he Loved*, translated by Angelo S. Rappoport, London: John Long, 1913, p. 18.
11. Walter, *Robespierre*, vol. 1, pp. 15–17.
12. Max Gallo, *Robespierre the Incorruptible: A Psycho-Biography*, translated by Raymond Rudorff, New York: Herder & Herder, 1971, pp. 25, 66. Michèle Ansart-Dourlen, *L'Action politique des personnalités et l'idéologie jacobine. Rationalisme et passions révolutionnaires*, Paris & Montréal: Harmattan, 1998, p. 96; Jean-Philippe Domecq, *Robespierre, derniers temps: biographie. Suivi de La fête de l'Être suprême et son interprétation*, Paris: Pocket, 2002, p. 21. As a rejoinder to such assertions, see Hampson, *Robespierre*, ch. 1.
13. Laurent Dingli, *Robespierre*, Paris: Flammarion, 2004, pp. 11–19, 23, 35, 435. Joseph I. Shulim, 'The Youthful Robespierre and His Ambivalence toward the Ancien Regime', *Eighteenth-Century Studies*, 5 (1972), pp. 398–420; and 'Robespierre and the French revolution', *AHR*, 82 (1977), pp. 20–38.
14. Colin Heywood, *Growing up in France: From the Ancien Régime to the Third Republic*, Cambridge: Cambridge University Press, 2007, chs 6–7.
15. Charlotte Robespierre, *Mémoires de Charlotte Robespierre sur ses deux frères, précédés d'une Introduction de Laponneraye*, Paris: Présence de la Révolution, 1987; Gabriel Pioro and Pierre Labracherie, 'Charlotte Robespierre et "Ses Mémoires" ', *La Pensée*, 88 (1959), pp. 99–108.
16. Charlotte Robespierre, *Mémoires*. Marilyn Yalom, *Blood Sisters: The French Revolution in Women's Memory*, New York, Basic Books, 1993, ch. 6. 共和派の政治家で熱烈な「ロベスピエール派」だったエルネスト・アメルは、のちに、シャルロットの回想録に協力した、当時96歳のマクシミリアンの学友に面会したと主張している。*Histoire de Robespierre, d'après des papiers de famille, les sources originales et des documents entièrement inédits*, 3 vols, Paris: Lacroix, 1865–67, vol. 1, p. 13.
17. Alain Nolibos, *Arras: de Nemetucam à la communauté urbaine*, Lille: La Voix du Nord, 2003, pp.

86–101, and 'Un tableau général d'Arras au XVIIIe siècle', in *Arras à la veille de la Révolution, Mémoires de l'Académie des Sciences, Lettres et Arts d'Arras*, 6e série, 1 (1990), pp. 15–34.

18. Nigel Aston, *Religion and Revolution in France, 1780–1804*, Basingstoke: Macmillan, 2000, p. 3; John McManners, *Church and Society in Eighteenth-Century France*, Oxford: Clarendon Press, 1998, vol. 1, p. 479.
19. マクシミリアン自身が、自分の姓に「de」を付け加えたとして、これを彼が見栄をはろうとした証拠であるとか、身分を偽って貴族を称したいという彼の欲望であると非難した後世の歴史家が何人かいる。たとえば、William Doyle, *The Oxford History of the French Revolution*, Oxford: Clarendon Press, 1989, p. 26; Norman Hampson, *Danton*, Oxford: Blackwell, 1978, p. 23.
20. Proyart, *Vie et crimes de Robespierre*, p. 20; Nolibos, Arras, pp. 102–03.
21. Augustin Deramecourt, *Le Clergé du diocèse d'Arras, Boulogne et Saint-Omer pendant la Révolution (1789–1802)*, 4 vols, Paris: Bray et Retaux/Arras, Imprimerie du Pas-de-Calais, 1884–86, vol. 1, especially pp. 50–55, 148–54, 452–53, 482–86.
22. Nolibos, *Arras*, pp. 97–99; Aston, *Religion and Revolution in France*, p. 26; McManners, *Church and Society*, vol. 1, p. 216.
23. André Mervaux, 'Les Militaires en garnison à Arras de 1788 à 1790', in *Arras à la veille de la Révolution*, pp. 99–125.
24. Proyart, *Vie et crimes de Robespierre*, p. 23; Philippe Marchand, 'Le Collège d'Arras', in *Arras à la veille de la Révolution*, pp. 165–80; Marie-Madeleine Compère and Dominique Julia, *Les Collèges français: 16e–18e siècles*, vol. 2, Paris: INRP-CNRS, 1988, pp. 57–69.
25. 奨学金の支給基準が成績の優秀さだけだと推測する根拠はない。 cf. Tallett, 'Robespierre and Religion', pp. 93–94.
26. Nabonne, *Vie privée de Robespierre*, Part I, ch. 4.

第二章

1. G. Lenôtre, *Robespierre's Rise and Fall*, translated by R. Stawell, London: Hutchinson, 1927, p. 279.
2. Quoted in Daniel Roche, *The People of Paris: An Essay in Popular Culture in the 18th Century*, translated by Marie Evans, Berkeley & Los Angeles: University of California Press, 1987, p. 10.
3. Charlotte Robespierre, *Mémoires*, p. 34; Richard Mowery Andrews, *Law, Magistracy and Crime in Old Regime Paris, 1735–1789*, vol. 1, *The System of Criminal Justice*, Cambridge: Cambridge University Press, 1994, pp. 1–22.
4. R. R. Palmer, *The School of the French Revolution: A Documentary History of the College of Louis-le-Grand and its Director, Jean-François Champagne 1762–1814*, Princeton, NJ: Princeton University Press, 1975; Nabonne, *Vie privée de Robespierre*, Part I, chs 5–8; Andrews, *Law, Magistracy and Crime*, vol. 1, pp. 241–49; and the institutional history by Gustave Dupont-Ferrier, *Du Collège de Clermont au lycée Louis-le-Grand: la vie quotidienne d'un collège parisien pendant plus de 350 ans*, 3 vols, Paris: E. de Boccard, 1921–25, vol. 1.
5. Charles R. Bailey, 'French Secondary Education, 1763–1790: The Secularization of Ex-Jesuit Colleges', *Transactions of the American Philosophical Society*, 68 (1978), pp. 75–83; McManners, *Church and Society*, vol. 2, ch. 45; Dale Van Kley, *The Jansenists and the Expulsion of the Jesuits from France*, New Haven, CT, & London: Yale University Press, 1975, ch. 7.
6. Harvey Chisick, 'Bourses d'études et mobilité sociale en France à la veille de la Révolution: bourses et boursiers du Collège Louis-le-Grand (1762–1789)', *Annales*, 30 (1975), pp. 1,562–

84.

7. Palmer, *School of the French Revolution*, pp. 25–26, 45–47; William J. Murray, *The Right-Wing Press in the French Revolution: 1789–1792*, London: Royal Historical Society, 1986, pp. 35–40, 58–60, 65–66. ロワイユがロベスピエールを教えたという証拠はない。Harvey Chisick, *The Production, Distribution and Readership of a Conservative Journal of the Early French Revolution: The Ami du Roi of the Abbé Royou*, Philadelphia, PA: American Philosophical Society, 1992, pp. 42–43.
8. Proyart, *Vie et crimes de Robespierre*, pp. 24–28; Palmer, *School of the French Revolution*, pp. 55–56.
9. Palmer, *School of the French Revolution*, pp. 16–18, 27–29; Bailey, 'French Secondary Education', pp. 88–90.
10. Claude Mossé, *L'Antiquité dans la Révolution française*, Paris: Albin Michel, 1989, ch. 2.
11. Harold T. Parker, *The Cult of Antiquity and the French Revolutionaries: A Study in the Development of the Revolutionary Spirit* (1937), New York: Octagon, 1965, ch. 2.
12. 'Second Oration against Lucius Catilina: Addressed to the People', *M. Tullius Cicero. The Orations of Marcus Tullius Cicero, literally translated by C. D. Yonge, B. A.*, London: Henry G. Bohn, 1856. Thomas E. Kaiser, 'Conclusion: Catilina's Revenge—Conspiracy, Revolution, and Historical Consciousness from the Ancien Régime to the Consulate', in Peter R. Campbell, Thomas E. Kaiser and Marisa Linton (eds), *Conspiracy in the French Revolution*, Manchester: Manchester University Press, 2007, pp. 191–92, 200.
13. Palmer, *School of the French Revolution*, pp. 29–30, 43–44, 53–54, 58; Bailey, 'French Secondary Education', pp. 90–102.
14. Palmer, *School of the French Revolution*, pp. 59–67, 70.
15. Abbé Proyart, *L'Écolier vertueux, ou vie édifiante d'un écolier de l'Université de Paris*, Tours: Alfred Mame, 1866, pp. 31–33; Marisa Linton, *The Politics of Virtue in Enlightenment France*, Basingstoke: Palgrave Macmillan, 2001, pp. 183–84. プロワイヤールの本は 1770 年代初めから印刷されていた。
16. Palmer, *School of the French Revolution*, pp. 66, 70.
17. Charlotte Robespierre, *Mémoires*, p. 34; Palmer, *School of the French Revolution*, pp. 68–69.
18. ARBR, *Bulletin*, 2; Dingli, *Robespierre*, pp. 23, 548, n. 36.
19. Charlotte Robespierre, *Mémoires*, pp. 34–35.
20. *Oeuvres*, vol. I, 224–25. この詩の中の名字が抹消されている。おそらくシャルロットが、自身の持つ書類を調査された際、この詩が失われるのを避けようと消したのではないだろうか。
21. Proyart, *Vie et crimes de Robespierre*, p. 43; *Oeuvres*, vol. III, p. 22.
22. Proyart, *Vie et crimes de Robespierre*, pp. 46–48. Cf. John Laurence Carr, *Robespierre: The Force of Circumstance*, London: Constable, 1972, p. 14, 同書では、この瞬間に「殉教者の萌芽」を見ている。
23. Fleischmann, *Robespierre and the Women He Loved*, p. 23; Georges Lizerand, *Robespierre*, Paris: Fustier, 1937.
24. *Oeuvres*, vol. III, p. 21.
25. *Oeuvres*, vol. III, pp. 22–23.
26. Sarah Maza, *Private Lives and Public Affairs: The Causes Célèbres of Pre-Revolutionary France*, Berkeley, CA.: University of California Press, 1993, pp. 233–55; William Doyle, 'Dupaty (1746–1788): A Career in the Late Enlightenment', *Studies on Voltaire and the Eighteenth Century*, 230 (1985), p. 35.

27. Palmer, *School of the French Revolution*, pp. 76–80.
28. Roche, *People of Paris*; David Garrioch, *Neighbourhood and Community in Paris 1740–1790*, Cambridge: Cambridge University Press, 1986, and *The Making of Revolutionary Paris*, Berkeley, CA: University of California Press, 2002; Richard Andrews, 'Paris of the Great Revolution: 1789–1796', in Gene Brucker (ed.), *People and Communities in the Western World*, vol. 2, Homewood, IL: Dorsey Press, 1979, pp. 56–112.
29. Francis Delbeke, *L'Action politique et sociale des avocats au XVIIIe siècle. Leur part dans la préparation de la Révolution française*, Louvain: Librairie universitaire & Paris: Recueil Sirey, 1927, ch. 2; David A. Bell, *Lawyers and Citizens: The Making of a Political Elite in Old Regime France*, New York & Oxford: Oxford University Press, 1994, ch. 1; Hervé Leuwers, *L'Invention du barreau français. La Construction nationale d'un groupe professionnel*, Paris: Éditions de l'École des hautes études en sciences sociales, 2006, esp. ch. 1.
30. Aston, *Religion and Revolution in France*, chs 1–2.
31. Bailey, 'French Secondary Education', p. 95; Robert Darnton, *The Literary Underground of the Old Regime*, Cambridge, MA: Harvard University Press, 1982.
32. Proyart, *Vie et crimes de Robespierre*, pp. 36, 49–51 ; Maza, *Private Lives and Public Affairs*.
33. *Oeuvres*, vol. 1, pp. 211–12. シャルロット・ロベスピエールに従うと、マクシミリアンは確かにルソーと直接会ったという。*Mémoires*, p. 35. Hamel, *Histoire de Robespierre*, vol. 1, pp. 21–22. 同書は同意するが、これはありそうもないことである。Nathalie-Barbara Robisco, 'Le mythe de la rencontre avec Rousseau dans la formation du jeune Robespierre', in Jessenne et al. (eds), *Robespierre*, pp. 35–43; Carol Blum, *Rousseau and the Republic of Virtue: The Language of Politics in the French Revolution*, Ithaca, N. Y., & London: Cornell University Press, 1986, pp. 153–62.
34. *Oeuvres*, vol. II, pp. 1, 17–18; Andrews, *Law, Magistracy and Crime*, vol. 1, pp. 246–49.
35. Palmer, *School of the French Revolution*, p. 72; Louis Jacob, *Robespierre vu par ses contemporains*, Paris: A. Colin, 1938, pp. 20–21. Desmoulins was awarded 200 *livres* in 1783: Bailey, 'French Secondary Education', p. 97.
36. *Oeuvres*, vol. III, p. 98.

第三章

1. Palmer, *School of the French Revolution*, p. 72; Jacob, *Robespierre vu par ses contemporains*, pp. 20–21.
2. *Oeuvres*, vol. II, pp. 18–19.
3. Nolibos, *Arras*, pp. 89–92.
4. Marie-Laure Legay, *Les États provinciaux dans la construction de l'état moderne aux XVIIe et XVIIIe siècles*, Geneva: Librairie Droz, 2001.
5. *Oeuvres*, vol. II, pp. 2–6; Philippe Sueur, *Le Conseil provincial d'Artois (1640–1790). Une cour provinciale à la recherche de sa souveraineté*, Arras: Commission départementale des monuments historiques du Pas-de-Calais, 1978, pp. 54–64; Nolibos, *Arras*, pp. 95–98; Nigel Aston, *The End of an Elite: The French Bishops and the Coming of the French Revolution*, Oxford: Clarendon Press, 1992, pp. 13, 39, 86.
6. Aston, *Religion and Revolution in France*, pp. 15–16.
7. Léon-Noël Berthe, *Dubois de Fosseux, secrétaire de l'Académie d'Arras, 1785–1792 et son bureau de correspondance*, Arras: CNRS, 1969.
8. Paris, *Jeunesse de Robespierre*, pp. 35–36; Shulim, 'The Youthful Robespierre'. 9.

9. *Oeuvres*, vol. II, pp. 19, 41–43, 121.
10. *Oeuvres*, vol. II, 19–20; Dingli, *Robespierre*, p. 24; Walter, *Robespierre*, vol. 1, pp. 31–33; Charlotte Robespierre, *Mémoires*, p. 45.
11. 'Notes et glanes', *AHRF*, 5 (1928), 470–1.
12. *Oeuvres*, vol. III, pp. 23–24.
13. Proyart, *Vie et crimes de Robespierre*, p. 51.
14. Jacob, *Robespierre vu par ses contemporains*, pp. 21–22; *Oeuvres*, vol. XI, p. 12.
15. *Oeuvres*, vol. II, pp. 24–25; Charlotte Robespierre, *Mémoires*, ch. 2.
16. *Oeuvres*, vol. II, p. 25; vol. XI, p. 11.
17. ARBR, *Bulletin*, 37; Louis Jacob, 'Un ami de Robespierre: Buissart (d'Arras)', *Revue du Nord*, 20 (1934), pp. 277–78. For Jean Artarit, *Robespierre, ou, l'impossible filiation*, Paris: Table Ronde, 2003, pp. 64–66, 74, Antoine was one in a line of surrogate fathers, and Charlotte the castrating, all-powerful mother he craved.
18. *Oeuvres*, vol. II, pp. 129–35, 199–201; Jessica Riskin, *Science in the Age of Sensibility: The Sentimental Empiricists of the French Enlightenment*, Chicago & London: University of Chicago Press, 2002, ch. 5; Marie-Hélène Huet, *Mourning Glory: The Will of the French Revolution*, University Park, PA: University of Pennsylvania Press, 1997, pp. 10–21.
19. Jacob, *Robespierre vu par ses contemporains*, pp. 22–23; *Oeuvres*, vol. XI, pp. 11–15.
20. *Oeuvres*, vol. III, p. 29. The significance of Franklin and the American experience has been strongly restated by Annie Jourdan, *La Révolution, une exception française?* Paris: Flammarion, 2004, Part 2, ch. 4.
21. しかし一年もたたないうちにヴィスリは亡くなってしまい、市当局は彼の工夫をなかったことにしてしまう。
22. *Oeuvres*, vol. I, pp. 205–09 (it has also survived as a letter to Buissart himself: *Oeuvres*, vol. III, pp. 24–28); Émile Lesueur, 'Avertissement', *Oeuvres*, vol. I, pp. 204–05; Dingli, *Robespierre*, pp. 27–34.
23. Anne Vincent-Buffault, *L'Exercice de l'amitié. Pour une histoire des pratiques amicales aux XVIIIe et XIXe siècles*, Paris: Seuil, 1995.
24. Eugène Déprez, 'Introduction', *Oeuvres*, vol. I, pp. 5–19; Odile Barubé, 'La Vie culturelle à Arras à la veille de la Révolution', in *Arras à la veille de la Révolution*; Dingli, *Robespierre*, pp. 78–79, 81.
25. *Oeuvres*, vol. I, pp. 5–19; Andrews, *Law, Magistracy and Crime*, pp. 47–49.
26. *Oeuvres*, vol. 1, pp. 20–63. Norman Hampson, *Will and Circumstance: Montesquieu, Rousseau and the French Revolution*, London: Duckworth, 1983, pp. 131–33.
27. *Oeuvres*, vol. III, p. 30; Jacob, *Robespierre vu par ses contemporains*, pp. 28–29. On Lacretelle, see Maza, *Private Lives and Public Affairs*, pp. 271–84.
28. *Oeuvres*, vol. I, pp. 28–29.
29. Déprez, 'Introduction', pp. 81–87; *Oeuvres*, vol. I, pp. 88–115.
30. Jacob, *Robespierre vu par ses contemporains*, pp. 30–31.

第四章

1. *Oeuvres*, vol. II, pp. 279–311, vol. III, pp. 31–33, 98.
2. *Oeuvres*, vol. II, pp. 226–54.
3. Norman Hampson, 'Robespierre and the Terror', in Haydon and Doyle (eds), *Robespierre*, p. 155; Thompson, *Robespierre*, p. 38; *Oeuvres*, vol. I, p. 275; vol. II, pp. 325–26.

4. Léon-Noël Berthe, 'Robespierre et le fonds de Fosseux', *AHRF*, 172 (1963), pp. 189–91. デュボワは勤勉に仕事をしたのだが、週に一度、続いて月に一度彼の邸宅で開催されるようになったアカデミーの会議への出席者は少なかった。Barubé, 'La Vie culturelle à Arras', in *Arras à la veille de la Révolution*, pp. 141–42.
5. バブフには、ロベスピエールの「婚外子の諸権利」に関するスピーチ原稿が送られてきた。Marcel Reinhard (ed.), *Correspondance de Babeuf avec l'Académie d'Arras (1785–1788)*, Paris: Institut d'histoire de la Révolution française, 1961, p. 8. R. B. Rose, *Gracchus Babeuf: The First Revolutionary Communist*, London: Edward Arnold, 1978, ch. 3; Léon-Noël Berthe, *Dictionnaire des corre- spondents à l'Académie d'Arras au temps de Robespierre*, Arras: Chez l'auteur, 1969; V. M. Daline, 'Robespierre et Danton vus par Babeuf', *AHRF*, 32 (1960), pp. 389–90.
6. *Oeuvres*, vol. XI, pp. 137–83. Hampson, *Will and Circumstance*, pp. 134–36.
7. Proyart, *Vie et crimes de Robespierre*, pp. 51–63.
8. Marcel Reinhard, *Le Grand Carnot*, vol. 1, *De l'ingénieur au conventionnel 1753–1792*, Paris: Hachette, 1950, pp. 91–101.
9. *Oeuvres*, vol. XI, pp. 185–201. *Oeuvres*, vol. XI, pp. 129–35; *ARBR*, *Bulletin*, 41, 42; Léon-Noël Berthe, 'Un inédit de Robespierre: sa réponse au discours de réception de Mademoiselle de Kéralio–18 avril 1787', *AHRF*, 46 (1974), pp. 261–83; Alyssa Goldstein Sepinwall, 'Robespierre, Old Regime Feminist? Gender, the Late Eighteenth Century, and the French Revolution Revisited', *JMH*, 82 (2010), pp. 1–29.
10. Jacob, *Robespierre vu par ses contemporains*, pp. 24–28; Émile Lesueur, 'Avertissement', pp. 215–22.
11. *Oeuvres*, vol. I, pp. 187–89, 232. ロベスピエールの挙げている英雄たちについては以下参照。Annie Jourdan, 'Robespierre and Revolutionary Heroism', in Haydon and Doyle (eds), *Robespierre*, pp. 54–74.
12. Louis Madelin, *Fouché 1759–1820*, 2nd edn, 2 vols, Paris: Plon, 1903, vol. 1, p. 16. フシェは1790年10月、オラトリオ会によって、ナントにある系列のコレージュに移された。
13. Werner Krauss, 'Le Cousin Jacques: Robespierre et la Révolution française', *AHRF*, 32 (1960), pp. 305–8.
14. *Oeuvres*, vol. III, pp. 30–34; Scurr, *Fatal Purity*, pp. 46–49.
15. *Oeuvres*, vol. III, pp. 30, 34–35. Charles Vellay's note with the letter reprinted in *Annales révolutionnaires*, 1 (1908), pp. 107–9.
16. *Oeuvres*, vol. I, pp. 222, 241–44.
17. 肖像画のいくつかに薄い緑色の眼鏡が描かれている。遠くを眺める際、彼はこの眼鏡に加えて、さらに大きな眼鏡をかける必要があっただろう。彼の身体的特徴については、以下参照。Henri Guillemin, *Robespierre: politique et mystique*, Paris: Éditions du Seuil, 1987, pp. 21–28.
18. Proyart, *Vie et crimes de Robespierre*, pp. 62–63.
19. Charlotte Robespierre, *Mémoires*, p. 39.
20. Guennifey, 'Robespierre', p. 303.
21. Claude Mazauric, 'Présentation', *Oeuvres*, vol. I, pp. xiv–xv; vol. II, p. 26. アラスは、1770年以降も登録法廷弁護士の数が安定していた珍しいケースである。Leuwers, *Invention du barreau français*, p. 40; cf. Richard L. Kagan, 'Law Students and Legal Careers in Eighteenth-Century France', *P&P*, 68 (1975), pp. 38–72. ロベスピエールの名前は1790年2月の段階で依然裁判所の記録の中に見ることができるが、彼はこの時期出席できてはいなかったはずだ。
22. *Oeuvres*, vol. III, p. 34: リールの救貧院の管理官に対し、ロベスピエールから、カトリーヌ・カネの「完璧なる」行動についての温かい書簡が送られている。

23. *Oeuvres*, vol. XI, p. 148.
24. *Oeuvres*, vol. II, p. 10.
25. E. Lecesne, *Arras sous la Révolution*, 3 vols., Arras: Sueur-Charruey, 1882–83, vol. 1, pp. 1–62; Legay, *États provinciaux*, pp. 484–508; Hervé Leuwers, Annie Crépin and Dominique Rosselle, *Histoire des provinces françaises du nord. La Révolution et l'Empire. Le Nord—Pas-de-Calais entre Révolution et contre-révolution*, Arras: Artois Presses Université, 2008, ch. 1. William Doyle, *Aristocracy and its Enemies in the Age of Revolution*, Oxford: Oxford University Press, 2009, chs 5–6.
26. Lesueur, 'Avertissement', pp. 155–60; *Oeuvres*, vol. III, pp. 22–23; Maza, *Private Lives and Public Affairs*, pp. 246–55; Doyle, 'Dupaty', pp. 82–106; Barry M. Shapiro, *Revolutionary Justice in Paris, 1789–1790*, Cambridge & New York: Cambridge University Press, 1993, p. 8.
27. *Oeuvres*, vol. I, pp. 160–81.
28. Jean Sgard (ed.), *Dictionnaire des journaux 1600–1789*, Paris: Universitas, 1991, notice 8.
29. オランダの革命とそれによる亡命者については Joost Rosendaal, ' "Parce que j'aime la liberté, je retourne en France". Les réfugiés bataves en voyage', in Willem Frijhoff and Rudolf Dekker (eds), *Le voyage révolutionnaire. Actes du colloque franco-néerlandais du Bicentenaire de la Révolution française, Amsterdam, 12–13 october 1989*, Hilversum: Verloren, 1991, pp. 37–47; Greg Burgess, *Refuge in the Land of Liberty: France and its Refugees, from the Revolution to the End of Asylum, 1789–1939*, Basingstoke: Palgrave Macmillan, 2008, pp. 11–15; Nicolaas C. F. van Sas, 'The Patriot Revolution: New Perspectives', in Margaret C. Jacob and Wijnand W. Mijnhardt (eds), *The Dutch Republic in the Eighteenth Century: Decline, Enlightenment, and Revolution*, Ithaca, N.Y., & London: Cornell University Press, 1992, pp. 91–122.
30. Aston, *The End of an Elite*, pp. 78–79, 86, 135. See, for example, the memoir by Augustin Théry, priest of Camblain, against the Abbey of Mont-St-Éloi in 1766, in Deramecourt, *Le Clergé du diocèse d'Arras*, vol. 1.
31. Oeuvres, vol. XI, pp. 205–45; Legay, *États provinciaux*. 1787 年から 89 年にかけて行われた政治論議における「徳」という響きが持つ簡潔な説明は以下参照。Marisa Linton, 'The Intellectual Origins of the French Revolution', in Peter R. Campbell (ed.), *The Origins of the French Revolution*, Basingstoke: Palgrave Macmillan, 2006, pp. 156–59.
32. Nabonne, *Vie privée de Robespierre*, pp. 97–98.
33. Michael Burrage, *Revolution and the Making of the Contemporary Legal Profession: England, France and the United States*, Oxford: Oxford University Press, 2006, pp. 67–79.
34. *Oeuvres*, vol. VI, Introduction, pp. 6–9. 彼ら「新しい」貴族たちは、第二身分の会議から排除されたが、自分たちの地位について財務総監ジャック・ネケールに対して行った抗議が効を奏し、他の貴族と協同して自分たち第二身分の諸特権を強く主張している。Norman Hampson, 'The Enlightenment and the Language of the French Nobility in 1789: the Case of Arras', in D. J. Mossop, G. E. Rodmell and D. B. Wilson (eds), *Studies in the French Eighteenth Century Presented to John Lough*, Durham: University of Durham, 1978, pp. 81–91.
35. Jacob, *Robespierre vu par ses contemporains*, p. 24.
36. *Oeuvres*, vol. II, pp. 274–352; XI, p. 52; Hampson, 'Robespierre and the Terror', pp. 156–57.
37. *Oeuvres*, vol. XI, pp. 53, 111–12, 117–18, 121.
38. Marie-Laure Legay, *Robespierre et le pouvoir provincial: dénonciation et émancipation politique*, Arras: Commission départementale d'histoire et d'archéologie du Pas-de-Calais, 2002, pp. 15–21; Jean-Pierre Jessenne, 'Les Enjeux artésiens ou l'inévitable prise de distance', and Bruno Decriem, '1788/1789 en Artois: un candidat en campagne électorale, Maximilien de

Robespierre', in Jessenne et al. (eds), *Robespierre*; Jessenne, *Pouvoir au village et révolution: Artois, 1760–1848*, Lille: Presses universitaires de Lille, 1987.
39. *Oeuvres*, vol. XI, pp. 205–45.
40. Paris, *Jeunesse de Robespierre*, p. 281; *Oeuvres*, vol. XI, pp. 275–77.
41. Sueur, *Conseil provincial d'Artois*, p. 339; Leuwers, *Invention du barreau français*, p. 76.
42. *Oeuvres*, vol. VI, Introduction, p. 7.
43. *Oeuvres*, vol. VI, Introduction, pp. 10–13; Paris, *Jeunesse de Robespierre*, p. 43; Jacob, *Robespierre vu par ses contemporains*, pp. 34–35.
44. *Oeuvres*, vol. VI, Introduction, pp. 13–16.
45. *Oeuvres*, vol. IX, Introduction, p. 9.
46. Jacob, *Robespierre vu par ses contemporains*, p. 36. 1792年4月28日のジャコバン・クラブでの演説で、「私は彼らに、アルトワの貴族たちに対し、ただ次のように返事をするよう促した。すなわち、人民にすでに属しているものを人民に与える権利を持つ者などいないということである。……これでも、私が野心的な人民の指導者、あるいは危険な煽動者だというのだろうか。」
47. Proyart, *Vie et crimes de Robespierre*, pp. 69–74.
48. François Wartelle, 'Les Communautés rurales du Pas-de-Calais et le système fédodal en 1789–1790', *Cahiers d'histoire de l'Institut de recherches marxistes*, 32 (1988), pp. 100–21.
49. プロワイヤールの見解の残響は以下にも見える。Simon Schama, *Citizens: a Chronicle of the French Revolution*, New York: Knopf, 1989, p. 577; François Furet, *The French Revolution 1770–1814*, translated by Antonia Nevill, Oxford: Blackwell, 1992, p. 143; Patrice Guennifey, 'Robespierre', in Annie Jourdan (ed.), *Robespierre—figure-réputation*, Amsterdam & Atlanta, GA: Rodopi, 1996, p. 2; Scurr, *Fatal Purity*, p. 8.
50. Vivian R. Gruder, *The Notables and the Nation: The Political Schooling of the French, 1787–1788*, Cambridge, MA: Harvard University Press, 2007.
51. Walter, *Robespierre*, vol. 2, pp. 408–09; Hampson, 'Robespierre and the Terror', p. 158. The comments are handwritten, dated 1 May 1789 and appended to the Bibliothèque nationale copy of *À la nation artésienne*.

第五章

1. Fleischmann, *Robespierre and the Women He Loved*, p. 80; Proyart, *Vie et crimes de Robespierre*, p. 79.
2. Bell, *Lawyers and Citizens*, pp. 187–89; Michael Fitzsimmons, *The Parisian Order of Barristers and the French Revolution*, Cambridge, MA: Harvard University Press, 1987, ch. 2.
3. Jules Claretie, *Camille Desmoulins and his Wife; Passages from the History of the Dantonists Founded upon New and Hitherto Unpublished Documents*, translated by Cashel Hoey, London: Smith, Elder, 1876, pp. 77–80.
4. *Oeuvres*, vol. III, pp. 36–42.
5. デムランと同様に、タルジェの家系もギーズ市にそのルーツがある。Jean-Paul Bertaud, *Camille et Lucile Desmoulins. Un couple dans la tourmente*, Paris: Presses de la Renaissance, 1986, p. 55.
6. Edna Hindie Lemay, *La Vie quotidienne des députés aux Etats Généraux, 1789*, Paris: Hachette, 1987, p. 56; F. A. Aulard, *La Société des Jacobins. Recueil des documents pour l'histoire du Club des Jacobins de Paris*, 6 vols, Paris: Librairies Jouaust, Noblet et Quantin, 1889–97, vol. 1, p. viii.
7. Étienne Dumont, *Souvenirs sur Mirabeau et sur les deux premières assemblées législatives*, Paris:

Librairie de Charles Gosselin, et chez Hector Bossange, 1832, pp. 250–51.

8. Dumont, *Souvenirs sur Mirabeau*, pp. 59–62. Early drafts of some of his speeches, replete with crossings-out, are among the papers aquired at auction by the Archives Nationales in May 2011 from the estate of Philippe Lebas.
9. Thompson, Robespierre, p. 53; Barry M. Shapiro, *Traumatic Politics: The Deputies and the King in the Early French Revolution*, University Park, PA: Pennsylvania State University Press, 2009, pp. 87–88.
10. *Oeuvres*, vol. III, pp. 42–50.
11. Jacob, *Robespierre vu par ses contemporains*, p. 53.
12. Timothy Tackett, *Becoming a Revolutionary: The Deputies of the French National Assembly and the Emergence of a Revolutionary Culture (1789– 1790)*, Princeton, N. J.: Princeton University Press, 1996, pp. 165–69; Micah Alpaugh, 'The Politics of Escalation in French Revolutionary Protest: Political Demonstrations, Non-violence and Violence in the *grandes journées* of 1789', *FH*, 23 (2009), pp. 336–59.
13. *Oeuvres*, vol. VI, pp. 39–40.
14. *Oeuvres*, vol. VI, pp. 48–50. Jeffrey Larrabee Short, 'The Lantern and the Scaffold: The Debate on Violence in Revolutionary France, April–October 1789', Ph.D. thesis, State University of New York at Binghamton, 1990, ch. 3.
15. Jean-Clément Martin, *Violence et Révolution: Essai sur la naissance d'un mythe national*, Paris: Éditions du Seuil, 2006, p. 15.
16. バルナーヴがこうした言葉を使ったかどうかについては、Short, 'The Lantern and the Scaffold', pp. 168–70.
17. Lynn Hunt, 'The World We Have Gained: The Future of the French Revolution', *AHR*, 108 (2003), pp. 4–9.
18. *Affiches d'Artois*, 28 July 1789, in Nolibos, *Arras*, p. 106; Leuwers, Crépin and Rosselle, *Histoire des provinces françaises du nord*, pp. 25–29.
19. Michael P. Fitzsimmons, *The Night the Old Regime Ended: August 4, 1789 and the French Revolution*, University Park, PA: Pennsylvania State University Press, 2003.
20. *Oeuvres*, vol. VI, pp. 52–53.
21. Legay, *États provinciaux*, p. 490; Hervé Leuwers, 'Des nations à la nation. Obstacles et contradictions dans le cheminement politique de deux hommes des provinces du nord: Robespierre et Merlin de Douai (1788–1791)', in Jessenne et al. (eds), *Robespierre*, pp. 73–87.
22. Dale Van Kley (ed.), *The French Idea of Freedom: The Old Regime and the Declaration of Rights of 1789*, Stanford, CA: Stanford University Press, 1994; Jean-Pierre Gross, 'Robespierre et l'impôt progressif ', in Jessenne et al. (eds), *Robespierre*, pp. 279–97; Thompson, *Robespierre*, pp. 55–57.
23. Hervé Leuwers, 'Rendre la justice à la nation. Révolution constituante et réforme judiciaire, 1789–1791', in Michel Biard (ed.), *La Révolution française. Une histoire toujours vivante*, Paris: Tallandier, 2009, pp. 123–36.
24. Walter, *Robespierre*, vol. 1, pp. 87–88.
25. Marc Bouloiseau, 'Aux origines des légendes contre-révolutionnaires. Robespierre vu par les journaux satiriques (1789–1791)', *Bulletin de la Société d'histoire moderne*, 57 (1958), pp. 6–8.
26. Jacob, *Robespierre vu par ses contemporains*, pp. 53–54, 213.
27. *Oeuvres*, vol. VI, pp. 86–95.
28. *Oeuvres*, vol. VI, pp. 99–101.
29. *Oeuvres*, vol. VI, pp. 121–23; Riho Hayakawa, 'L'Assassinat du boulanger Denis François le 21

octobre 1789', *AHRF*, 333 (2003), pp. 1–19. 議員たちが革命家となっていくプロセスについては、次の著作によって専門的に検討されている。Tackett, *Becoming a Revolutionary*.

30. ロベスピエールは当初、これらの諸県によって、「封建的な特権階級が破壊されたあとで、今度は富による特権階級が作られないか」懸念していた。*Oeuvres*, vol. III, pp. 57–59.
31. *Oeuvres*, vol. VI, p. 46.
32. *Oeuvres*, vol. VI, pp. 130–34; Eric Thompson, *Popular Sovereignty and the French Constituent Assembly 1789–1791*, Manchester: Manchester University Press, 1952; Michael Kennedy, *The Jacobin Clubs in the French Revolution: The First Years*, Princeton, N. J.: Princeton University Press, 1982, pp. 245–88.
33. *Oeuvres*, vol. VI, pp. 167–68.
34. *Oeuvres*, vol. XI, pp. 281–97. ロベスピエールは成年男子による普通選挙を、たとえば 1790 年 2 月、変わらず主張している。また国民衛兵になる資格を全男子に開放することも主張し続けた。*Oeuvres*, vol. VI, pp. 200–3, 552–53; Raymonde Monnier, *Républicanisme, patriotisme et Révolution française*, Paris: Harmattan, 2005, p. 17.
35. *Oeuvres*, vol. VI, pp. 95, 514. こうした見方のうちのいくつかは、当時の政治空間で共有されていた。Paul H. Beik, 'The French Revolution Seen from the Right: Social Theories in Motion, 1789–1799', *Transactions of the American Philosophical Society*, 46 (1956), pp. 18–19. ロベスピエールの 1789 年以降の陰謀への関心は以下参照。Linton, 'Robespierre's Political Principles', in Haydon and Doyle (eds), *Robespierre*, pp. 38–39; Roger Barny, 'Robespierre et les Lumières', in Jessenne et al. (eds), *Robespierre*, pp. 45–59.
36. Thompson, *Robespierre*, pp. 61–62; Lemay, *Vie quotidienne des députés*, p. 206.
37. この聖堂は 1791 年 8 月に解体された。Marc Bouloiseau, 'Robespierre vu par les journaux satiriques'; Pierre Rétat, 'Notes sur la présence de Robespierre dans les journaux de 1789', in Jean Ehrard, Antoinette Ehrard and Florence Devillez, *Images de Robespierre: actes du colloque international de Naples, 27–29 septembre 1993*, Napoli: Vivarium, 1996, pp. 3–10; Murray, *Right-Wing Press*, p. 220; Élisabeth Roudinesco, *Madness and Revolution: The Lives and Legends of Théroigne de Méricourt*, translated by Martin Thom, London & New York: Verso, 1991, pp. 29–32; Olivier Blanc, 'Cercles politiques et "salons" de début de la Révolution (1789–1793)', *AHRF*, 344 (2006), p. 79. On Charles de Lameth, see Edna Hindie Lemay, *Dictionnaire des constituants 1789–1791*, 2 vols, Oxford: Voltaire Foundation, 1991, vol. I, pp. 512–15. 1789 年の段階では、ロベスピエールは、「パリでまともに生活するのに十分な手段を持たない他の議員たちとともに」ラメットのもとを頻繁に訪れていたようだ。
38. *Oeuvres*, vol. III, pp. 57–59, undated letter bearing the note 'received 9 November 1789'.

第六章

1. *Oeuvres*, vol. III, pp. 66–67.
2. *Oeuvres*, vol. VI, pp. 217–18. See Jean Bart, 'Droit individuel et droits collectifs', in Jessenne et al. (eds), *Robespierre*, pp. 259–60. Peter Jones, *The Peasantry in the French Revolution*, Cambridge: Cambridge University Press, 1988.
3. *Oeuvres*, vol. VI, pp. 271–74; vol. XI, pp. 299–300; Wartelle, 'Les Communautés rurales du Pas-de-Calais', pp. 118–20.
4. *Oeuvres*, vol. VI, pp. 227–28, 237–41.
5. *Oeuvres*, vol. VI, pp. 324–25; Bart, 'Droit individuel et droits collectifs', pp. 260–61.
6. Edna Hindie Lemay, 'Poursuivre la Révolution: Robespierre et ses amis à la Constituante', in Jessenne et al. (eds), *Robespierre*, pp. 139–56; Lemay and Alison Patrick, *Revolutionaries at Work:*

The Constituent Assembly 1789–1791, Oxford: Voltaire Foundation, 1996, p. 16.

7. *Oeuvres*, vol. III, pp. 69–70, 96–97, 102–3. ロベスピエールは全国の政治クラブとの間のつながりを強めていくが、それについては Kennedy, *The Jacobin Clubs: The First Years*, pp. 253–58; Aulard, *Société des Jacobins*, vol. 1.
8. *Oeuvres*, vol. III, pp. 85–90.
9. Burgess, *Refuge in the Land of Liberty*, ch. 1.
10. Marc Bélissa, 'Robespierre et la guerre de conquête', in Jessenne et al. (eds), *Robespierre*, pp. 349–58.
11. *Oeuvres*, vol. VI, p. 588; Michael Rapport, 'Robespierre and the Universal Rights of Man, 1789–1794', *FH*, 10 (1996), pp. 303–33; Annie Geffroy, 'Le mot nation chez Robespierre', in Jessenne et al. (eds), *Robespierre*, pp. 89–104.
12. Alan Forrest, 'Robespierre: la guerre et les soldats', in Jessenne et al. (eds), *Robespierre*, pp. 358–68; *Oeuvres*, vol. VI, p. 530; Michael Kennedy, *The Jacobin Clubs in the French Revolution: The Middle Years*, Princeton, N.J.: Princeton University Press, 1988, pp. 115–17.
13. Jean Bouchary, *Les Faux-monnayeurs sous la Révolution française*, Paris: M. Rivière et Cie, 1946.
14. Tallett, 'Robespierre and Religion', pp. 98–99. ロベスピエールは、大きくは、「ジャンセニスト」の見解を共有している。William Doyle, *Jansenism: Catholic Resistance to Authority from the Reformation to the French Revolution*, Basingstoke: Macmillan, 2000, ch. 8.
15. *Oeuvres*, vol. III, pp. 81–82; vol. VI, pp. 397–99; Dale Van Kley, *The Religious Origins of the French Revolution: From Calvin to the Civil Constitution, 1560–1791*, New Haven, CT, & London: Yale University Press, 1996, pp. 360–61, 374; Thompson, *Robespierre*, pp. 83–87.
16. *Oeuvres*, vol. 1, p. 222; Bouloiseau, 'Robespierre vu par les journaux satiriques', pp. 7–8; Abbé François-Xavier de Montesquiou-Fezensac, *Adresse aux provinces, ou examen des opérations de l'Assemblée Nationale*, n.p., n.l, 1790.
17. Thompson, *Robespierre*, pp. 91–92.
18. *Oeuvres*, vol. III, pp. 83–84; Claretie, *Camille Desmoulins and his Wife*, p. 14; Bertaud, *Camille et Lucile Desmoulins*, pp. 101–2. デムランは、実際には、ロベスピエールの三学年下である。
19. *Oeuvres*, vol. III, p. 100; Claretie, *Camille Desmoulins and his Wife*, pp. 137–40. Bertaud, *Camille et Lucile Desmoulins*, ch. 4.
20. Pierre Villiers, *Souvenirs d'un déporté*, Paris: chez l'Auteur, an X [1802], pp. 1–2. ヴィリエは、1792年8月、テュイルリ宮を守っていて負傷している。彼は共和五年フリュクティドール18日のクーデタ後に追放されたあとで、回想録を出版している。ヴィリエが当時ロベスピエールと生活を共にしていたかどうかについては、決着がついていない。Fleischmann, *Robespierre and the Women He Loved*, pp. 84–85; Charlotte Robespierre, *Mémoires*, p. 48; René Garmy, 'Aux origines de la légende anti-robespierriste: Pierre Villiers et Robespierre', in Soboul (ed.), *Actes du colloque Robespierre. XIIe congrès international des sciences historiques*, Paris: Société des études Robespierristes, 1967, pp. 19–33. ヴィリエは、「ほぼ毎夜、ロベスピエールの枕は血にまみれている」と主張していた。Artarit, *Robespierre*, p.66 によれば、この血は、「心身相関の鼻血で、女性による強い刺激があった」ことを示唆しているという。
21. これらの書簡は以下に収録。Fleischmann, *Robespierre and the Women He Loved*, pp. 194–203. そこでは、ロベスピエールが「老いた女性」(38歳)に惹かれていたという可能性については否定的である。実際には彼の取り巻きは、「若々しい女性たち」だった。アルベール・マティエは次のように明言している。「ロベスピエールが女性たちから好かれたのは、こうした女性たちが、本能的に、彼が自身のすべてを捧げていること、実際に捧げる日の来ることを知っていたからである。」*Girondins et Montagnards*, Paris: Firmin-Didot, 1930, p. 26.

22. Norman Hampson, *Saint-Just*, Oxford: Blackwell, 1991, p. 28 and ch. 2; Jacques Guilhaumou, *La Langue politique et la Révolution française: de l'événement à la raison linguistique*, Paris: Méridiens Klincksieck, 1989, pp. 65–69; Marisa Linton, 'The Man of Virtue: The Role of Antiquity in the Political Trajectory of L. A. Saint-Just', *FH*, 24 (2010), pp. 393–419.
23. Geoffrey Cubitt, 'Robespierre and Conspiracy Theories', in Haydon and Doyle (eds), *Robespierre*, 75; *Oeuvres*, vol. VI, pp. 184, 230; Bouloiseau, 'Robespierre vu par les journaux satiriques'.
24. 陰謀の言説は、最近とみに学界の注目を集めている。Campbell, Kaiser and Linton (eds), *Conspiracy in the French Revolution*; Lynn Hunt, *Politics, Culture, and Class in the French Revolution*, Berkeley, CA: University of California Press, 1984, pp. 39–44; Timothy Tackett, 'Conspiracy Obsession in a Time of Revolution: French Elites and the Origins of the Terror, 1789–1792', *AHR*, 105 (2000), pp. 691–713; Patrice Gueniffey, *La Politique de la Terreur: essai sur la violence révolutionnaire*, Paris: Fayard, 2000.
25. *Ami du Roi*, 22 March 1791, cited in J. Gilchrist and W. J. Murray (eds), *The Press in the French Revolution*, Melbourne & London: F. W. Cheshire & Ginn and Co., 1971; Bouloiseau, 'Robespierre vu par les journaux satiriques', pp. 7–8.
26. Peter R. Campbell, 'Conspiracy and Political Practice from the *ancien régime* to the French Revolution', in Barry Coward and Julian Swann (eds), *Conspiracy in Early Modern Europe*, Aldershot, Hants, & Burlington, VT: Ashgate, 2004, pp. 197–212. 敵による陰謀への関心は、フランスやフランス革命に特有の現象ではない。古典的な研究は以下参照。Bernard Bailyn, *The Ideological Origins of the American Revolution*, Cambridge, MA: Harvard University Press, 1967; and Daniel Field, *Rebels in the Name of the Tsar*, Boston: Houghton Mifflin, 1976.
27. マリ＝アントワネットに対する罵詈雑言に関しては以下が検討を行っている。Lynn Hunt, *The Family Romance of the French Revolution*, Berkeley, CA: University of California Press, 1992; Chantal Thomas, *The Wicked Queen: The Origins of the Myth of Marie-Antoinette*, translated by Julie Rose, New York: Zone Books, 1999; and Thomas E. Kaiser, 'Who's Afraid of Marie-Antoinette? Diplomacy, Austrophobia and the Queen', *FH*, 14 (2000), pp. 241–71. ロベスピエールはこうした嫌悪感には免疫があったようだ。
28. *Oeuvres*, vol. VII, pp. 16–17, 346–50, 361–62; Yves Bénot, 'Robespierre, les colonies et l'esclavage', in Jessenne et al. (eds), *Robespierre*, pp. 409–21; Lemay and Patrick, *Revolutionaries at Work*, pp. 102–5; Florence Gauthier, *L'Aristocratie de l'épiderme. Le Combat de la Société des citoyens de couleur, 1789–1791*, Paris: CNRS, 2007. サン＝ドマングの植民地主義者と彼らと手を結ぶ議会の議員たちは運動を行い、1791年9月24日にこの措置を議会に撤回させている。しかし1792年3月24日、今度はこの撤回措置が破棄されている。この時点で、サン＝ドマングは全島を巻き込んだ内乱に突入していた。
29. *Oeuvres*, vol. VII, pp. 368–71. ロベスピエールが述べた意見の趣旨についての議論は、以下を参照。Florence Gauthier (ed.), *Périssent les colonies plutôt qu'un principe! Contributions à l'histoire de l'abolition de l'esclavage, 1789–1804*, Paris: Société des études Robespierristes, 2002, pp. 96–97; Frédéric Régent, *La France et ses esclaves. De la colonisation aux abolitions (1620–1848)*, Paris: Grasset, 2007, p. 226.
30. Marcel Dorigny and Bernard Gainot, *La Société des amis des noirs, 1788–1799: contribution à l'histoire de l'abolition de l'esclavage*, Paris: Éditions UNESCO, 1998, pp. 252–53; Gilchrist and Murray (eds), *The Press in the French Revolution*, pp. 259–60.
31. *Oeuvres*, vol. VI, pp. 429–31.
32. *Oeuvres*, vol. VII, pp. 46–48, 63–65, 129–31; Serge Aberdam, 'Curé rouge ou légende noire?

Jean-François Carion: une figure emblématique de prêtre révolutionnaire en Sud-Morvan', *AHRF*, 274 (1988), pp. 366–408. See *Oeuvres*, vol. VII, pp. 135–39. ドゥエでの反抗では、3月14日、一名の国民衛兵と一名の商人を絞首刑にするという厳しい措置がとられたが、これに対するロベスピエールの関心については、Oeuvres, vol.VII, pp.135-39を参照。1790年11月、ルイ=ル=グランでのロベスピエールの同窓生デュポン・ド・テルトルはフランス最初の司法大臣に任じられている。

33. *Oeuvres*, vol. VII, pp. 181–82, 187; Bernard Schnapper, 'Liberté, égalité, autorité: la famille devant les assemblées révolutionnaires (1790–1800)', in Pierre Lenoël and Marie-Françoise Lévy (eds), *L'Enfant, la famille et la Révolution française*, Paris: Olivier Orban, 1990, pp. 325–40; Gross, 'Robespierre et l'impôt progressif ', pp. 253–97; Suzanne Desan, *The Family on Trial in Revolutionary France*, Berkeley, CA, & London: University of California Press, 2004, pp. 61, 147. 革命期の性別役割と政治的諸権利の問題については Anne Verjus, *Le Cens de la famille: les femmes et le vote, 1789–1848*, Paris: Belin, 2002, and *Le Bon Mari: une histoire politique des hommes et des femmes à l'époque révolutionnaire*, Paris: Fayard, 2010.
34. *Oeuvres*, vol. VII, pp. 18–19, 85, 320–21, 542–43; Hugh Gough, *The Newspaper Press in the French Revolution*, Chicago: Dorsey Press, 1988, pp. 46–47; Lucien Jaume, *Le Discours jacobin et la démocratie*, Paris: Fayard, 1989, pp. 201–3; Jacob, *Robespierre vu par ses contemporains*, p. 78; Murray, *Right-Wing Press*, pp. 40–41, 262–63. ロベスピエールは、1789年7月27日の書簡の検閲に関する演説のあと、郵便管理の安全に関する自身の見解を変えたようだ。Short, 'The Lantern and the Scaffold', p. 177; Shapiro, *Revolutionary Justice*, pp. 51–53.
35. *Oeuvres*, vol. VII, pp. 432–37.
36. *Oeuvres*, vol. VII, pp. 383–88. Barry M. Shapiro, 'Self-Sacrifice, Self-Interest, or Self-Defence? The Constituent Assembly and the "Self-Denying Ordinance" of May 1791', *FHS*, 25 (2002), pp. 625–56. この論考は次のように主張している。ロベスピエールを含む議員たちは、革命原理の表明や党派的な利益からというよりはむしろ、自分たち自身の資格の不十分さへの心理的な不安を隠そうとはしなかった。Scurr, *Fatal Purity*, p.137 にとっては、これは、ロベスピエールが自身の掲げる諸原則に厳格にこだわっているという点で、彼の「致死的な純粋」の一例となっている。
37. Michael P. Fitzsimmons, *The Remaking of France: The National Assembly and the Constitution of 1791*, Cambridge & New York: Cambridge University Press, 1994.
38. *Oeuvres*, vol. III, pp. 105–6, 108–9; Jacob, *Robespierre vu par ses contemporains*, pp. 68–75. Stephen Clay, 'Vengeance, Justice and the Reactions in the Revolutionary Midi', *FH*, 23 (2009), pp. 22–46.
39. *Oeuvres*, vol. III, p. 109; Étienne Charavay (ed.), *Assemblée électorale de Paris*, vol. 1, Paris: D. Jouaust, Charles Noblet, Maison Quantin, 1890–1905, pp. 589–90, 601; Bouloiseau, 'Robespierre vu par les journaux satiriques', pp. 7–8; Jacob, *Robespierre vu par ses contemporains*, pp. 59–60.
40. *Oeuvres*, vol. III, pp. 109–13; vol. VII, p. 514.
41. Timothy Tackett, *When the King took Flight*, Cambridge, MA: Harvard University Press, 2003.
42. *Oeuvres*, vol. VII, pp. 553–58; Parker, *Cult of Antiquity*, pp. 38–39, 43–45; Marisa Linton, 'Robespierre's Political Principles', p. 45.
43. Jacob, *Robespierre vu par ses contemporains*, p. 80; Plutarch, *Life of Lycurgus*, translated by John Dryden, Boston: Little, Brown, 1906; Gordon H. McNeil, 'Robespierre, Rousseau, and Representation', in Richard Herr and Harold T. Parker (eds), *Ideas in History: Essays Presented to Louis Gottschalk by his Former Students*, Durham, N.C.: Duke University Press, 1965, pp. 135–

56; Susan Maslan, *Revolutionary Acts: Theater, Democracy, and the French Revolution*, Baltimore, MD: Johns Hopkins University Press, 2005, ch. 3.
44. *Oeuvres*, vol. VII, pp. 591–94.
45. *Oeuvres*, vol. XI, pp. 339–76.
46. Edna Hindie Lemay, 'Robespierre et ses amis à la Constituante', in Jessenne et al. (eds), *Robespierre*, pp. 139–56. フイヤン派の分裂については Kennedy, *The First Years*, ch. 15. ジャコバン・クラブを去る理由の一例として以下参照。Nicole Felkay and Hervé Favier (eds), *En prison sous la Terreur. Souvenirs de J.-B. Billecocq (1765–1829)*, Paris: Société des études Robespierristes, 1981, pp. 73–75.
47. Lenôtre, *Robespierre's Rise and Fall*, pp. 1–6; Thompson, *Robespierre*, pp. 177–84.
48. *The Correspondence of William Augustus Miles 1789–1817*, London: 1890, vol. I, p. 245.
49. Laura Auricchio, *Adélaïde Labille-Guiard: Artist in the Age of Revolution*, Los Angeles: J. Paul Getty Museum, 2009, pp. 77–79.
50. Jacob, *Robespierre vu par ses contemporains*, pp. 78–81. Oelsner figures prominently in Thomas P. Saine's discussion of German reactions to the French Revolution, *Black Bread–White Bread: German Intellectuals and the French Revolution*, Columbia, S.C.: Camden House, 1988.
51. Jacob, *Robespierre vu par ses contemporains*, pp. 82–84.
52. Thompson, *Robespierre*, pp. 167–68.
53. *Oeuvres*, vol. VII, pp. 754–59.
54. *Oeuvres*, vol. VII, pp. 268, 439; Jourdan, 'Robespierre and Revolutionary Heroism', pp. 56–57; Susan Carpenter Binkley, *The Concept of the Individual in Eighteenth-Century French Thought from the Enlightenment to the French Revolution*, Lewiston, N.Y., Queenstown, Ontario, & Lampeter, Wales: Edwin Mellen Press, 2007, pp. 76–84.
55. *Oeuvres*, vol. VII, pp. 754–59.
56. Tackett, *Becoming a Revolutionary*, pp. 226–34, 321. 全体で 1315 人の議員がいるが、このうち議会で発言した者は 766 人いて、その中の 336 人は 1 回ないし 2 回しか発言していない。ミラボのものと思われる皮肉については以下を参照。Hamel, *Histoire de Robespierre*, vol. 1, pp. 396–97, but cf. Barbara Luttrell, *Mirabeau*, Carbondale & Edwardsville: Southern Illinois University Press, 1990, p. 237. It may have originated in Thomas Carlyle, *The French Revolution*, vol. I, *The Bastille*, chapter 1.6.II: 'The Constituent Assembly', 1837.
57. *Oeuvres*, vol. IV, Introduction, pp. 1–5 ; Lemay and Patrick, *Revolutionaries at Work*, p. 29; Kennedy, *The Jacobin Clubs: The Middle Years*, p. 8; Paul Friedland, *Political Actors: Representative Bodies and Theatricality in the Age of the French Revolution*, Ithaca, N.Y.: Cornell University Press, 2002, pp. 279–82.

第七章

1. ARBR, *Bulletin*, 28; Walter, *Robespierre*, vol. 1, pp. 95–97, 148–50.
2. *Oeuvres*, vol. XI, pp. 281–97.
3. *Oeuvres*, vol. III, pp. 57–59, undated letter bearing the note 'received 9 November 1789'.
4. Lecesne, *Arras*, vol. 1, chs 1–2.
5. Leuwers, Crépin and Rosselle, *Histoire des provinces françaises du nord*, pp. 29–36, 82–93; Nolibos, *Arras*, pp. 107–8; Leuwers, *Invention du barreau français*, pp. 249–52.
6. *Oeuvres*, vol. III, pp. 66–68.
7. *Oeuvres*, vol. III, pp. 74–83, esp. pp. 82–83; vol. XI, pp. 317–29, 330–36. Bruno Decriem, '1790: l'affaire des impôts d'Artois' in ARBR, *Bulletin*, 8.

8. Yalom, *Blood Sisters*, p. 103; Hugh Gough, 'Robespierre and the Press', in Haydon and Doyle (eds), *Robespierre*, pp. 111–12; Fréderic Barbier, *Lumières du Nord. Imprimeurs, librairies et 'gens du livre' dons le Nord au XVIIIe siècle (1701–1789)*, Geneva, Droz, 2002, p. 384. マルシャンは1792年1月に亡命する。フシェはのちに、ロベスピエールに金を貸したのは自分であると主張した。*Memoirs*, vol. 1, London: H. S. Nichols, 1896, p. 10.
9. *Oeuvres*, vol. XI, pp. 451–56.
10. Léon-Noël Berthe et al., *Villes et villages du Pas-de-Calais en 1790: 60 questions et leurs réponses*, vol. 1, *Districts d'Arras et de Bapaume*, Arras: Commission départementale d'histoire et d'archéologie du Pas-de-Calais, 1990; Wartelle, 'Les Communautés rurales du Pas-de-Calais', pp. 100–21.
11. Jessenne, 'Les Enjeux artésiens', pp. 27–30; *Pouvoir au village*, ch. 1.
12. Leuwers, Crépin and Rosselle, *Histoire des provinces françaises du nord*, pp. 53–55, 80–81.
13. ARBR, *Bulletin*, 55; Leuwers, Crépin and Rosselle, *Histoire des provinces françaises du nord*, ch. 3.
14. *Oeuvres*, vol. III, p. 107; vol. VII, p. 623; Walter, *Robespierre*, vol. 1, p. 201.
15. Walter, *Robespierre*, vol. 1, p. 200.
16. ロベスピエールのアルトワ州での滞在に関する最良の資料は以下参照。Walter, *Robespierre*, vol. 1; Bruno Decriem, 'Maximilien Robespierre dans l'Artois révolutionnaire', ARBR, *Bulletin*, 5–7.
17. *Oeuvres*, vol. III, pp. 124–26.
18. Charlotte Robespierre, *Mémoires*, pp. 57–58; Jacob, *Robespierre vu par ses contemporains*, pp. 91–94.
19. Hervé Leuwers, 'Révolution constituante et société judiciaire. L'Exemple septentrional', *AHRF*, 350 (2007), pp. 27–47; Sueur, *Conseil provincial d'Artois*, pp. 310–46.
20. *Oeuvres*, vol. VIII, pp. 19–23.
21. *Oeuvres*, vol. VIII, p. 20.
22. Walter, *Robespierre*, vol. 1, p. 202; Auguste Joseph Paris, *La Terreur dans le Pas-de-Calais et dans le Nord: histoire de Joseph Le Bon et des tribunaux révolutionnaires d'Arras et de Cambrai*, Arras: Rousseau-Leroy, 1864, p. 39. ルボンは1765年にアラスで生まれている。すでに1790年、ロベスピエールに対し、打ち解けた呼称「君」(tu)で手紙を書く程度には、彼のことを十分に知っていた。*Papiers inédits trouvés chez Robespierre, Saint-Just, Payan, etc. supprimés ou omis par Courtois, précédés du rapport de ce député à la Convention nationale*, 3 vols, Geneva: Mégariotis Reprints, 1978, vol. 3, pp. 237–41.
23. Charlotte Robespierre, *Mémoires*, pp. 39, 58; Jacob, *Robespierre vu par ses contemporains*, p. 179.
24. Thompson, *Robespierre*, p. 9, and Blum, *Rousseau and the Republic of Virtue*, p. 156, are of the opinion that the piece dates from 1791; cf. Walter, *Robespierre*, vol. 1, p. 76, who dates it to early 1789.
25. *Oeuvres*, vol. 1, pp. 211–12; Robisco, 'Le Mythe de la rencontre avec Rousseau'. ロベスピエールがルソーの思想にこだわっていたことに関するノーマン・ハンプソンの鋭い指摘には注意が必要だろう。*Will and Circumstance*, p. 145; 'Je veux suivre sa trace vénérée: Robespierre as Reincarnation of Rousseau', in Jourdan (ed.), *Robespierre—figure-réputation*, p. 36.
26. Blum, *Rousseau and the Republic of Virtue*, pp. 153–62.
27. Albert Mathiez, 'Babeuf et Robespierre', *Études sur Robespierre (1758–1794)*, Paris: Éditions sociales, 1958, pp. 237–50.
28. *Oeuvres*, vol. III, p. 127.

29. *Oeuvres*, vol. III, p. 126.
30. Georges Sangnier, *Les Émigrés du Pas-de-Calais pendant la Révolution*, Paris: Blangermont, 1959, pp. 29–33.
31. アルトワ州の議員のうち農業従事者の議員たちは、ヴェルサイユではロベスピエールと行動を共にしていたが、この時にはすでに彼と袂を分かっていた。アレクサンドル・プティはのちに亡命することになるし、シャルル・ペイヤンは1794年6月にギロチンにかけられる。
32. Jacob, *Robespierre vu par ses contemporains*, pp. 65–68; also in Fleischmann, *Robespierre and the Women He Loved*, pp. 172–78. これはシャルロットが保管していた手紙の一つである。Charlotte kept: Charlotte Robespierre, *Mémoires*, pp. 50–52. On Theizé, see Jeanne-Marie Phlipon Roland, *Private Memoirs of Madame Roland*, translated by Edward Gilpin Johnson, London: Grant Richards, 1901, p. 357.
33. *Oeuvres*, vol. III, pp. 129–30.
34. ARBR, *Bulletin*, 7, 56.

第八章

1. *Oeuvres*, vol. III, pp. 130–31.
2. ハイチについては近年、研究論文が豊富に出されている。Robin Blackburn, 'Haiti, Slavery, and the Age of the Democratic Revolution', *William and Mary Quarterly*, 63 (2006), pp. 633–74; Laurent Dubois, *Avengers of the New World: The Story of the Haitian Revolution*, Cambridge, MA: Belknap Press of Harvard University, 2005; John D. Garrigus, *Before Haiti: Race and Citizenship in St-Domingue*, London: Palgrave Macmillan, 2006; Jeremy D. Popkin, *You Are All Free: The Haitian Revolution and the Abolition of Slavery*, Cambridge and New York: Cambridge University Press, 2010.
3. *Moniteur universel*, no. 313, 9 November 1791, vol. 10, p. 325; Michael Sydenham, *The Girondins*, London: Athlone Press, 1961, pp. 101–8; Tackett, 'Conspiracy Obsession in a Time of Revolution'; Munro Price, 'Mirabeau and the Court: Some New Evidence', *FHS*, 29 (2006), pp. 37–75; Olivier Blanc, *La Corruption sous la Terreur (1792–1794)*, Paris: Robert Laffont, 1992, ch. 4.
4. Aulard, *Société des Jacobins*, vol. 3, p. 266.
5. *Oeuvres*, vol. VIII, pp. 47–64. Note the comments of Alan Forrest, 'Robespierre, the War and its Organisation', in Haydon and Doyle (eds), *Robespierre*, pp. 128–30. 戦争の諸原因についての議論は以下参照。Thompson, *Robespierre*, pp. 202–26; Georges Michon, *Robespierre et la guerre révolutionnaire, 1791–1792*, Paris: M. Rivière, 1937; Kennedy, *The Jacobin Clubs: The Middle Years*, ch. 9; Jordan, Robespierre, ch. 5.
6. *Oeuvres*, vol. VIII, pp. 74–93.
7. *Oeuvres*, vol. VIII, pp. 178–80. Maxime Rosso, 'Les Réminiscences spartiates dans les discours et la politique de Robespierre de 1789 à Thermidor', *AHRF*, 349 (2007), pp. 51–77.
8. *Oeuvres*, vol. VIII, pp. 74–93.
9. *Oeuvres*, vol. III, pp. 135–36; vol. VIII, p. 131.
10. *Oeuvres*, vol. VIII, pp. 137–50, 210–12, 229–37.
11. Jacob, *Robespierre vu par ses contemporains*, p. 96; Thompson, *Robespierre*, pp. 213–14.
12. Fleischmann, *Robespierre and the Women He Loved*, pp. 203–09. シャラーブルの手紙は以下参照。*Papiers inédits trouvés chez Robespierre*, vol. 1, pp. 171–78.
13. Sydenham, *Girondins*, pp. 86–91.
14. *Oeuvres*, vol. III, pp. 139, 144; vol. IV, pp. 12–13; vol. VIII, pp. 193–98; Melvin Edelstein, *'La*

Feuille villageoise': communication et modernisation dans les régions rurales pendant la Révolution, Paris: Bibliothèque nationale, 1977, p. 53.

15. *Oeuvres*, vol. VIII, pp. 250–53; Warren Roberts, *Jacques-Louis David and Jean-Louis Prieur, Revolutionary Artists: The Public, the Populace, and Images of the French Revolution*, Albany, N.Y.: State University of New York Press, 2000, pp. 139–44.
16. Saint-Paulien, *Robespierre, ou les dangers de la vertu, 1789–1799*, Paris: Table Ronde, 1984, p. 7; *Oeuvres*, vol. VIII, pp. 311, 315; Jourdan, 'Robespierre and Revolutionary Heroism', p. 71. Jaume, *Discours jacobin*, pp. 68–71, 80–83. Pierre Rosanvallon, *Democracy Past and Future*, New York: Columbia University Press, 2006, 同書の主張するところでは、ルソー的な革命のデモクラシーは、単一の一般意志を掲げ、「党派」「派閥」の傾向を持つあらゆるものを信用しないことで、本質的に全体主義的であるという。
17. *Oeuvres*, vol. IV, pp. 202–3; Jacob, *Robespierre vu par ses contemporains*, p. 105, fn. 1. Olivier Coquard, 'Marat et Robespierre: la rencontre de deux politiques révolutionnaires', in Jessenne et al. (eds), *Robespierre*, pp. 157–66. Marat was living further along the Rue St-Honoré with the Évrard sisters.
18. *Oeuvres*, vol. IV, pp. 8–11; Hardman, *Robespierre*, p. 43; Jack R. Censer, 'Robespierre the Journalist', in Harvey Chisick (ed.), *The Press in the French Revolution*, Oxford: Voltaire Foundation, 1990, pp. 189–96; Michel Eude, 'La politique de Robespierre en 1792, d'après le *Défenseur de la constitution*', *AHRF*, 28 (1956), pp. 1–28. In all, its 12 numbers make up 594 pages across 17 May–20 August 1792.
19. *Oeuvres*, vol. IV, pp. 83–84.
20. Sukla Sanyal, 'The 1792 Food Riot at Étampes and the French Revolution', *Studies in History*, 18 (2002), pp. 23–50; R. B. Rose, 'The "Red Scare" of the 1790s and the "Agrarian Law" ', *P&P*, 103 (1984), pp. 113–30; David Hunt, 'The People and Pierre Dolivier: Popular Uprisings in the Seine-et-Oise Department, 1791–1792', *FHS*, 11 (1979), pp. 184–214; Maurice Dommanget, *1793: les Enragés contre la vie chère–les curés rouges, Jacques Roux–Pierre Dolivier*, Paris: Spartacus, 1976.
21. Anthony Crubaugh, *Balancing the Scales of Justice: Local Courts and Rural Society in Southwest France, 1750–1800*, University Park, PA: Pennsylvania University Press, 2001, pp. 55–56.
22. *Oeuvres*, vol. IV, pp. 109–36.
23. *Oeuvres*, vol. IV, pp. 144–49.
24. Alan Forrest, 'Robespierre, the War and its Organisation', p. 133; *Oeuvres*, vol. VIII, p. 101.
25. *Oeuvres*, vol. VIII, pp. 377–83; Thompson, *Robespierre*, pp. 246–47.
26. *Oeuvres*, vol. IV, pp. 165–89.
27. *Oeuvres*, vol. IV, pp. 225–42.
28. *Oeuvres*, vol. VIII, pp. 390–94.
29. *Oeuvres*, vol. VIII, p. 212; vol. XI, pp. 381–89.
30. 「徳」という中核概念と、政治的アクション、戦略としてのその諸結果について専門的に検討したものとして以下参照。Marisa Linton: ' "Do You Believe That We're Conspirators?" Conspiracies Real and Imagined in Jacobin Politics, 1793–94', in Campbell, Kaiser and Linton (eds), *Conspiracy in the French Revolution*, pp. 144–45; idem, 'Ideas of the Future in the French Revolution', in Malcolm Crook, William Doyle and Alan Forrest (eds), *Enlightenment and Revolution: Essays in Honour of Norman Hampson*, Burlington, VT, & Aldershot: Ashgate, 2004, pp. 153–68; idem, *Politics of Virtue*; 'Robespierre's Political Principles', esp. pp. 45–46.
31. *Oeuvres*, vol. IV, p. 9. Raymonde Monnier, 'Républicanisme et Révolution française', *FHS*, 26

(2003), pp. 87–118. ロベスピエールが述べていることは、奇妙なことに、以下の書における、共和主義と「恐怖政治」は、ジャコバン主義に本質的に備わっているものだという主張と親和性がある。Dan Edelstein, *The Terror of Natural Right: Republicanism, the Cult of Nature, and the French Revolution*, Chicago: University of Chicago Press, 2009, pp. 19, 249–56.

32. *Oeuvres*, vol. IV, pp. 13, 23–24.
33. *Oeuvres*, vol. IV, pp. 317–33; vol. VIII, p. 408. C. J. Mitchell, *The French Legislative Assembly of 1791*, Leiden: E. J. Brill, 1988, pp. 238–41 and ch. 15.
34. *Moniteur universel*, no. 216, 3 August 1792, vol. 13, pp. 305–6. 反革命の持つ潜在的な力は、次の著作でも様々なかたちで強調されている。D. M. G. Sutherland, *The French Revolution and Empire: the Quest for a Civic Order*, Oxford: Blackwell, 2003, chs 4–6; Murray, *Right-Wing Press*, chs 9, 12.
35. *Oeuvres*, vol. III, p. 151.
36. *Oeuvres*, vol. IV, p. 336.
37. *Oeuvres*, vol. IV, p. 352 ; vol. VIII, pp. 427–28.
38. Raymonde Monnier, 'Robespierre et la Commune de Paris', in Jessenne et al. (eds), *Robespierre*, pp. 125–37; idem, *L'Espace public démocratique: essai sur l'opinion à Paris de la Révolution au Directoire*, Paris: Éditions Kimé, 1994, pp. 135–37; R. B. Rose, *Tribunes and Amazons: Men and Women of Revolutionary France 1789–1871*, Sydney: Macleay Press, 1998, ch. 12; McNeil, 'Robespierre, Rousseau, and Representation', pp. 135–56.
39. *Oeuvres*, vol. IV, pp. 352–59.
40. *Oeuvres*, vol. IV, pp. 360–66.
41. *Oeuvres*, vol. III, p. 153; vol. VIII, pp. 435–37.
42. J. M. Thompson (ed.), *English Witnesses of the French Revolution*, Oxford: Oxford University Press, 1938, pp. 180–81.
43. *Oeuvres*, vol. III, p. 152.
44. Fleischmann, *Robespierre and the Women He Loved*, pp. 179–82.
45. John Moore, *Journal of a Residence in France, from the Beginning of August to the Middle of December 1792*, vol. 3 of *The Works of John Moore, M.D. with Memoirs of his Life and Writings*, 7 vols, Edinburgh: Stirling and Slade, 1820, pp. 107–9, 135.
46. AN D XLII 5: ここには1792年11月付のリストがあり、全2616名のうち1079名の殺された囚人の詳細が分かる。九月虐殺についての必読文献は以下。Pierre Caron, *Les Massacres de septembre*, Paris: Maison du livre français, 1935. また優れた概説として以下参照。Andress, *Terror*, ch. 4.
47. Cited in René Moulinas, *Les Massacres de la Glacière: Enquête sur un crime impuni, Avignon 16–17 octobre 1791*, Aix-en-Provence: Edisud, 2003, p. 175.
48. Jeanne-Marie Roland de la Platière, *Lettres de Madame Roland*, 2 vols, Paris: C. Perroud, 1900–2, vol. 2, pp. 434–35. ルース・スカーにとっては、これは、「群衆による血の要求」との偉大なる妥協であった。*Fatal Purity*, pp. 200–1. J. W. クロカーは、ロベスピエールが、ブリソ派の指導者たちを殺害し、選挙に圧力をかけるために虐殺を指揮したと判断したが、ジョン・ハードマンはこの判断に依拠している。'Robespierre', in *Essays on the Early Period of the French Revolution*, London: John Murray, 1857, p. 350. Dingli, *Robespierre*, pp.272-73は、「事実である」として、ロベスピエールが1792年9月にブリソを逮捕させようとしたと明言しているが、その根拠となっているのは、*Mémoires inédites de Pétion*, Paris: C. A. Dauban, 1866, pp. 53, 163. ハードマンにも同様の主張が見られる。*Robespierre*, pp. 50–52, 56–57; Walter, *Robespierre*, vol. 1, pp. 338–53; Hampson, 'Robespierre and the Terror', p. 163; Sydenham, *Girondins*, 117–18.

49. Andress, *Terror*, pp. 113–14; Édith Bernardin, *Jean-Marie Roland et le Ministère de l'Intérieur (1792–1793)*, Paris: Société des études Robespierristes, 1964, pp. 16–17; Jean Massin, *Robespierre*, Paris: Club français du livre, 1957, pp. 127–37, これらの研究すべて、明白な証拠などないと述べている。もちろん重要なことは、ブリソ派が、ロベスピエールがそう試みていたと信じていたことである。Alphonse de Lamartine, *Histoire des Girondins*, 6 vols, Paris: Pagnerre, Hachette & Furne, 1860, Livre 25, IV. 同書によれば、ロベスピエールの友人が個人的に、ロベスピエールが果たした役割を証言しているということだが、これについても根拠は提示されていない。
50. Marcel Dorigny, 'Violence et Révolution: les Girondins et les massacres de septembre', in Albert Soboul (ed.), *Actes du colloque Girondins et Montagnards (Sorbonne, 14 décembre 1975)*, Paris: Société des études Robespierristes, 1980, pp. 102–20; Élisabeth and Robert Badinter, *Condorcet: un intellectuel en politique*, Paris: Fayard, 1988, ch. 8.
51. 虐殺は誰かの命令で起きたわけではない。虐殺が広い範囲で見られたという事実（9月32県で殺人による「血の精算」が60件以上確認されている）は、これらの虐殺が、ブラウンシュヴァイクの軍隊が行うとされた殺戮の恐怖に対する本能的反応であることを示唆している。Caron, *Massacres de septembre*; Paul Nicolle, 'Les Meurtres politiques d'août–septembre 1792 dans le département de l'Orne: étude critique', *AHRF*, 62 (1934), pp. 97–118; Mona Ozouf, 'Massacres de septembre: qui est responsable?', *Histoire*, 342 (2009), pp. 52–55.
52. Charlotte Robespierre, *Mémoires*, p. 49; Aulard, *Société des Jacobins*, vol. 4, pp. 250–68; Charavay (ed.), *Assemblée électorale de Paris*, vol. 3, 2 *septembre 1792–17 frimaire an II*, pp. 98–111; Thompson, *Robespierre*, pp. 273–77. Massin, *Robespierre*, pp. 127–37; and Frédéric Bluche, *Septembre 1792: logiques d'un massacre*, Paris: Robert Laffont, 1986. 両者ともに、断固とした行動に失敗したのはブリソ派のリーダーたち自身、とりわけロランであると主張している。
53. Arno J. Mayer, *The Furies: Violence and Terror in the French and Russian Revolutions*, Princeton, N.J.: Princeton University Press, 2000, pp. 182–83.
54. *Oeuvres*, vol. IX, pp. 90–91.
55. Louis Blanc, *Histoire de la Révolution française*, Paris: Librairie Internationale, Paris, 1869, vol. 2, pp. 206–7. ブランは、ロベスピエールが虐殺を止めようと努力しなかったことをスベルビエルが責めたと確信している。Thompson, *Robespierre*, pp. 276–77.
56. Charavay (ed.), *Assemblée électorale de Paris*, vol. 3, *2 septembre 1792–17 frimaire an II*, pp. xxiii–lxv, 162, 612–13. On Méhée, see Blanc, *Corruption sous la Terreur*, pp. 120–23.
57. Lecesne, *Arras*, vol. 1, pp. 271–96; Hampson, *Saint-Just*, pp. 34–35.
58. Jessenne, 'Les Enjeux artésiens', pp. 27–33; *Pouvoir au village*. Examples of hostility towards prosperous farmers in Pas-de-Calais are in Georges Lefebvre, *Questions agraires au temps de la Terreur. Documents publiés et annotés*, La Roche-sur-Yon: Henri Potier, 1954, pp. 194–98.
59. Fleischmann, *Robespierre and the Women He Loved*, pp. 108–9. Hampson, 'Robespierre and the Terror', p. 163.

第九章

1. 革命期には、現代的な意味での政治党派は存在しない。国民公会内にどのような政治的・社会的傾向が見られたかについては、長年にわたって論争がある。Alison Patrick, *The Men of the First French Republic: Political Alignments in the National Convention of 1792*, Baltimore, MD: Johns Hopkins University Press, 1972; Sydenham, *Girondins*, for example, pp. 27–31, chs 8–9; and the forum in *FHS*, 15 (1988), pp. 506–48. On the conflict between 'Girondins'

and 'Montagnards', Paul R. Hanson, *The Jacobin Republic under Fire: The Federalist Revolt in the French Revolution*, University Park, PA: Pennsylvania State University Press, 2003, ch. 2.

2. *Oeuvres*, vol. V, *Lettres . . . à ses commettans*, nos 3 and 9; Gough, 'Robespierre and the Press', p. 116. Twenty-two numbers of *Lettres* were published between 30 September 1792 and mid-April 1793.
3. *Oeuvres*, vol. V, pp. 15–19. Michel Vovélle, *Les Métamorphoses de la fête en Provence, de 1750 à 1820*, Paris: Flammarion, 1976, chs 7–8; Mona Ozouf, *Festivals and the French Revolution*, translated by Alan Sheridan, Cambridge, MA: Harvard University Press, 1988, ch. 4.
4. Norman Hampson, 'The Heavenly City of the French Revolutionaries', in Colin Lucas (ed.), *Rewriting the French Revolution*, Oxford: Clarendon Press, 1991, pp. 56–57.
5. *Oeuvres*, vol. VIII, pp. 233–34; Tallett, 'Robespierre and Religion', pp. 96–97; Sydenham, *Girondins*, pp. 190–92.
6. *Oeuvres*, vol. V, pp. 116–21.
7. *Oeuvres*, vol. IX, pp. 13–14 ; Dorigny, 'Violence et Révolution'. Cf. Sydenham, *Girondins*, ch. 6.
8. *Oeuvres*, vol. IX, pp. 16–22; 31–40; Jacob, *Robespierre vu par ses contemporains*, p. 123. 地方のジャコバン・クラブの分裂した反応については、以下参照。Kennedy, *The Jacobin Clubs: The Middle Years*, pp. 302–07.
9. David P. Jordan, *The King's Trial: The French Revolution vs. Louis XVI*, Berkeley, CA: University of California Press, 1979, pp. 53–54; William Wordsworth, *The Complete Poetical Works*, London: Macmillian, 1888, 'The Prelude', Book 10, lines 99–102. ジョン・ムーアもまたそこにいた。Thompson (ed.), *English Witnesses*, pp. 210–13.
10. *Oeuvres*, vol. IX, pp. 62–65; Jean-Baptiste Louvet de Couvray, *Accusation contre M. Robespierre*, Paris: Imprimerie nationale, 1792. Scurr, *Fatal Purity*, pp. 213–17.
11. Jean-Paul Bertaud, *The Army of the French Revolution: From Citizen-Soldiers to Instrument of Power*, translated by R. R. Palmer, Princeton, N.J.: Princeton University Press, 1988, pp. 85–86; Thompson, *Robespierre*, p. 285.
12. *Oeuvres*, vol. IX, pp. 77–78, 86–91. 1793年8月10日には、9月虐殺はすでに「有益なもの、善行」ということになっていた。*Oeuvres*, vol. V, p. 322. Note the comments of Bronislaw Baczko, 'The Terror before the Terror? Conditions of Possibility, Logic of Realization', in Keith Michael Baker (ed.), *The French Revolution and the Creation of Modern Political Culture*, vol. 4, *The Terror*, Oxford: Pergamon Press, 1994, p. 30.
13. *Oeuvres*, vol. IX, p. 78; Olympe de Gouges, *Écrits politiques 1792–1793*, Paris: Côté femmes, 1993, pp. 164–73.
14. Jacob, *Robespierre vu par ses contemporains*, p. 126; Marc Bouloiseau, 'Robespierre d'après les journaux girondins', in *Actes du colloque Robespierre. XIIe Congrès international des Sciences historiques*, Paris: Société des études Robespierristes, 1967, pp. 12–13. ロベスピエールの個人的な生活と女性たちとの関係に関する敵意に満ちた見解は、以下に雑多に収集されている。Dingli, *Robespierre*, pp. 431–48.
15. Moore, *Journal of a Residence in France*, pp. 150, 330, 369; Thompson (ed.), *English Witnesses*, p. 206; Jean-Baptiste Louvet de Couvray, *À M. Robespierre et à ses royalistes, etc.* Paris: Imprimerie du Cercle social, 1792, esp. pp. 9, 13, 21, 31, 34, 47, 50–51.
16. Bernardin, *Jean-Marie Roland*, pp. 387, 515–19; Gough, *Newspaper Press*, pp. 90–92; Kennedy, *The Jacobin Clubs: The Middle Years*, pp. 302–3, Appendix F.
17. AN F13 281A. Duplay was one of about fifteen tradesmen thus contracted, and received 22,460

livres.

18. AN W 501; Fleischmann, *Robespierre and the Women He Loved*, pp. 144, 163–64; Stéfane-Pol [Paul Coutant], *Autour de Robespierre: le conventionnel Le Bas, d'après des documents inédits et les mémoires de sa veuve*, Paris: E. Flammarion, 1901, ch. 5, p. 107; Thompson, *Robespierre*, pp. 177–87; Hamel, *Histoire de Robespierre*, vol. 3, pp. 281–99; Richard Cobb, *Paris and its Provinces 1792–1802*, London: Oxford University Press, 1975, pp. 134–35.「ブルン」はデュエ嬢が彼のためにベテュヌで育てた犬であったかもしれない。
19. Charlotte Robespierre, *Mémoires*, pp. 52–56. Fleischmann, *Robespierre and the Women He Loved*, pp. 108–09.
20. Sabine Dupuy, 'Du parrainage d'un enfant du peuple aux conciliabules de Charenton: itinéraire d'une amitié chez Robespierre', in Jessenne et al. (eds), *Robespierre*, pp. 117–24.
21. Fleischmann, *Robespierre and the Women He Loved*, p. 133. デュプレ家の正確な間取りについては以下参照。Victorien Sardou, Preface to Stéfane-Pol, *Autour de Robespierre*. Cf. Hamel, *Histoire de Robespierre*, vol. 3, pp. 281–99. 室内については以下。Scurr, *Fatal Purity*, pp. 10, 207, and Hardman, *Robespierre*, p. 34. スカーは、他にもありえそうにない主張をしている。ルイ 16 世が 5 カ月間の投獄中に 250 冊の本を読み、ある書物全体を英語から翻訳し、同時に息子にラテン語と地理を教え、息子のためにいくつか遊びを考案したというのである。ポール・バラスは、隙あらばロベスピエールのイメージを貶めようと狙っていた人物で、のちに、フシェとともにロベスピエールの部屋を訪問したことを詳細に回想しているが、胸像については一切言及していない。*Memoirs*, translated by Charles E. Roche, 4 vols, London: Osgood, McIlvaine & Co., 1895, vol. 1, pp. 181–87. ロベスピエールの部屋をのちに捜索した人々もやはり触れていない。AN F7/4774/94—dossier Maximilien Robespierre.
22. *Oeuvres*, vol. III, pp. 155–57; vol. IX, pp. 142–45. ロベスピエールはアルジャーノン・シドニにもオマージュを捧げている。
23. Jacob, *Robespierre vu par ses contemporains*, p. 127.
24. *Oeuvres*, vol. V, pp. 97–115, 140–59.
25. Martin Nadeau, 'La Politique culturelle de l'an II: les infortunes de la propagande révolutionnaire au théâtre', *AHRF*, 327 (2002), pp. 57–74; Maslan, *Revolutionary Acts*, pp. 61–64.
26. *Oeuvres*, vol. IX, pp. 120–30; Jordan, *The King's Trial; Patrick, Men of the First French Republic.*
27. Cf. Edelstein, *The Terror of Natural Right*, ch. 3.
28. *Oeuvres*, vol. III, p. 159, vol. V, pp. 189–204; McNeil, 'Robespierre, Rousseau, and Representation'.
29. Rose, *Tribunes and Amazons*, p. 211; *Oeuvres*, vol. IX, pp. 212–15.
30. *Oeuvres*, vol. IX, pp. 228–29.
31. *Louis XVI tragédie en vers et en cinq actes*. En Allemagne, mars 1793, Act 1; Bouloiseau, 'Robespierre vu par les journaux satiriques', pp. 7–8. Jules Charrier, *Claude Fauchet, évêque constituionnel du Calvados*, Paris: Honoré Champion, vol. 2, pp. 196–98, 232.
32. R. R. Palmer (ed.). *From Jacobin to Liberal: Marc-Antoine Jullien, 1775–1848*, Princeton, N.J.: Princeton University Press, 1993, p. 28.
33. *Oeuvres*, vol. V, pp. 243–64; Hamel, *Histoire de Robespierre*, vol. 2, p. 598.
34. *Oeuvres*, vol. V, pp. 83, 86; vol. IX, pp. 106–18.
35. Florence Gauthier, 'Robespierre critique de l'économie politique tyrannique et théoricien de l'économie politique populaire', in Jessenne et al. (eds), *Robespierre*, pp. 235–43.
36. *Oeuvres*, vol. IX, pp. 274–75, 286–87. William H. Sewell, 'The Sans-Culotte Rhetoric of Subsistence', in Baker, *Terror*, pp. 265–67; Haim Burstin, *Une Révolution à l'oeuvre: le Faubourg*

Saint-Marcel (1789–1794), Seyssel: Champ Vallon, 2005, pp. 778–80.
37. *Oeuvres*, vol. V, pp. 345–46.
38. *Oeuvres*, vol. V, pp. 75–77; vol. IX, pp. 295–99, 327; Gough, 'Robespierre and the Press', pp. 124–26. 悩みに悩んだあげく、ロベスピエールは、「道を誤った」ジャーナリストを黙らせる方策を支持することになった。*Oeuvres*, vol. IX, p. 490. vol. IX, pp. 157, 430, for other references to his 'martyrdom'.
39. *Oeuvres*, vol. IX, pp. 307–17, 332–33.
40. *Oeuvres*, vol. IX, pp. 376–409 ; Forrest, 'Robespierre: la guerre et les soldats'; Thompson, *Robespierre and the French Revolution*, pp. 95–96.
41. Robert Allen, *Les Tribunaux criminels sous la Révolution et l'Empire, 1792–1811*, translated by James Steven Bryant, Rennes: Presses universitaires de Rennes, 2005.
42. 1792年から1795年にかけて、保安委員会に持ち込まれた何千もの裁判に関する書類は、348の箱に分けられて以下に所蔵されている。AN F7 4577–4775. On the response to the military crisis, see Howard G. Brown, *War, Revolution, and the Bureaucratic State: Politics and Army Administration in France, 1791–1799*, Oxford: Clarendon Press, 1995, ch. 3.
43. Roger Dupuy, *La République jacobine. Terreur, guerre et gouvernement révolutionnaire*. Paris: Éditions du Seuil, 2005, chs 3–4.
44. *Oeuvres*, vol. IX, pp. 487–94. See, too, vol. IX, pp. 513–15.
45. Marc Bouloiseau, *The Jacobin Republic 1792–1794*, translated by Jonathan Mandelbaum, Cambridge & Paris: Cambridge University Press and Éditions de la Maison des Sciences de l'Homme, 1983, p. 64.
46. Kennedy, *The Jacobin Clubs: The Middle Years*, pp. 378–81; Françoise Brunel, 'Les députés montagnards', in Soboul (ed.), *Girondins et Montagnards*, Appendix; Patrick, *Men of the First French Republic*.
47. *Oeuvres*, vol. V, pp. 360–63; vol. IX, pp. 455–56. Thompson, *Robespierre*, pp. 351–66; Rapport, 'Robespierre and the Universal Rights of Man', pp. 321–22; Jean-Louis Matharan, 'Salut public et sentiment national', in Jessenne et al. (eds), *Robespierre*, pp. 337–47.
48. *Oeuvres*, vol. IX, pp. 459–62. Jean-Pierre Gross, *Fair Shares for All: Jacobin Egalitarianism in Practice*, Cambridge & New York: Cambridge University Press, 1997; Françoise Theuriot, 'La Conception robespierriste du bonheur', *AHRF*, 192 (1968), pp. 207–26; Jean-Pierre Jessenne, 'The Land: Redefinition of the Rural Community', in Baker, *Terror*, ch. 13; Rosso, 'Réminiscences spartiates'; Mossé, *L'Antiquité dans la Révolution française*, ch. 4; Rose, 'The "Agrarian Law" '. マルクス主義者の古典的解釈は、ロベスピエールの社会政策上のプログラムとサン＝キュロットとの間により根本的な相違点を強調する。Albert Soboul, 'Robespierre and the Popular Movement of 1793–4', *P&P*, 5 (1954), pp. 54–70.
49. Maslan, *Revolutionary Acts*, ch. 3; Friedland, *Political Actors*, pp. 283–84; *Oeuvres*, vol. IX, pp. 502–3. 彼は同様の指摘を1792年12月にもしている。*Oeuvres*, vol. V, p. 129.
50. *Oeuvres*, vol. IX, pp. 495–510.
51. *Oeuvres*, vol. III, pp. 167–68. 銀行家でジャコバンのエゴワンは息子にギヨム＝アウグスト・マクシミリアン・ロベスピエールと名づけた。Albert Mathiez, *The Fall of Robespierre, and Other Essays*, New York: A. M. Kelley, 1968, p. 44.
52. *Oeuvres*, vol. IX, pp. 416–21, 433–34. ロベスピエールは、マラへの支持を明確に表明したデムラン他50名のモンターニュ派議員に同調しないと決めた。このことはのちに、ロベスピエールがマラの人気に嫉妬していたのだという非難を生むことになった。Coquard, 'Marat et Robespierre', pp. 164–65.

53. *Oeuvres*, vol. V, pp. 169–70.
54. AN AF IV 1470. 5月15日から6月7日まで欠落がある。
55. *Oeuvres*, vol. IX, pp. 524–27; R. B. Rose, *The Enragés: Socialists of the French Revolution?*, Melbourne: Melbourne University Press, 1965, pp. 22–24.
56. *Oeuvres*, vol IX, pp. 370–71, 526, 541; Monnier, 'Robespierre et la Commune', pp. 134–37; Friedland, *Political Actors*, pp. 282–87; Morris Slavin, 'Robespierre and the Insurrection of 31 May–2 June 1793', in Haydon and Doyle (eds), *Robespierre*, pp. 141–43; *The Making of an Insurrection: Parisian Sections and the Gironde*, Cambridge, MA, & London: Harvard University Press, 1986, esp. pp. 21–22.
57. *Oeuvres*, vol. IX, pp. 539–41.
58. *Oeuvres*, vol. IX, pp. 544–47, 554–55.
59. Hanson, *Jacobin Republic under Fire*, ch. 3; Bette W. Oliver, *Orphans on the Earth: Girondin Fugitives from the Terror, 1793–1794*, Lanham, MD: Lexington Books, 2009.
60. *Oeuvres*, vol. IX, p. 606.
61. *Oeuvres*, vol. IX, pp. 612–15. Colin Lucas, 'Revolutionary Violence, the People and the Terror', in Baker, *Terror*, ch. 4; Hampson, *Will and Circumstance*, pp. 229–37; Jaume, *Discours jacobin*, Part 1, ch. 3.
62. *Oeuvres*, vol. IX, pp. 501–2, 566. Anne Sa'adah, *The Shaping of Liberal Politics in Revolutionary France: A Comparative Perspective*, Princeton, N.J.: Princeton University Press, 1990, pp. 190–93; Pierangelo Catalano, ' "Peuple" et "citoyens" de Rousseau à Robespierre: racines romaines du concept démocratique de "République" ', in Michel Vovelle (ed.), *Révolution et République: l'exception française*, Paris: Éditions Kimé, 1994, pp. 27–36.

第十章

1. *Oeuvres*, vol. IX, p. 553; Thompson, *Robespierre and the French Revolution*, pp. 78–80; *Papiers inédits trouvés chez Robespierre*, vol. 2, pp. 13–16.
2. *Oeuvres*, vol. X, p. 9.
3. *Oeuvres*, vol. X, p. 76.
4. Thompson, *Robespierre*, pp. 384–90; Palmer, *Twelve who Ruleds*, ch. 3; Bernard Gainot, *Dictionnaire des membres du Comité de salut public: dictionnaire analytique, biographique et comparé des 62 membres du Comité de salut public*, Paris: Tallandier, 1990. エロ・ド・セシェルは12月29日に辞任している。
5. AN F7 4432, plaque 2; Raymonde Monnier, 'Les Sociétés populaires dans le département de Paris sous la Révolution', *AHRF*, 278 (1989), p. 371; Fleischmann, *Robespierre and the Women He Loved*, p. 101; Stéfane-Pol, *Autour de Robespierre*, p. 104; Jacob, *Robespierre vu par ses contemporains*, pp. 215–19; Yalom, *Blood Sisters*, pp. 115–25. デュプレ家は、ロベスピエールとの親交がどのようなものだったのかについて、のちに監視下に置かれている。AN W 79, liasse 23.
6. Gallo, *Robespierre*, pp. 62, 254.
7. Barras, *Memoirs*, vol. 1, p. 191; *Papiers inédits trouvés chez Robespierre*, vol. 1, pp. 247–49, 253–54, 333–34; vol. 2, p. 261; vol. 3, pp. 3–55, 237–41; *Oeuvres*, vol. III, passim.
8. Charlotte Robespierre, *Mémoires*, ch. IV. 以下では、オギュスタンの行動について、好意的な見方が紹介されている。Sergio Luzzatto, *Bonbon Robespierre. La terreur à visage humain*, translated from the Italian by Simone Carpentari Messina, Paris: Arléa, 2010.
9. Nolibos, *Arras*, pp. 109–10; *Oeuvres*, vol. I, p. 27; vol. III, tome 2, pp. 83–85. Leuwers, *Crépin*

and Rosselle, Histoire des provinces françaises du nord, ch. 4; Ivan Gobry, *Joseph Lebon: la Terreur dans le nord de la France*, Paris: Mercure de France, 1991, chs 1–3.

10. Serge Aberdam, 'Politiques agraires, questions agraires, Terreur et loi agraire', in Michel Biard (ed.), *Les Politiques de la Terreur, 1793–1794: actes du colloque international de Rouen, 11–13 janvier 2007*, Rennes: Presses Universitaires de Rennes; Paris: Société des études Robespierristes, 2008, pp. 291–306. ロベスピエールは、穀物の収穫増大のために池の干拓を進めるべきなのかどうかをめぐる議論では、立場を明確にできていない。Reynald Abad, *La Conjuration contre les carpes. Enquête sur les origines du décret de dessèchement des étangs du 14 frimaire an II*, Paris: Fayard, 2006, p. 164; *Papiers inédits trouvés chez Robespierre*, vol. 2, p. 19.
11. ルイ＝ル＝グラン校を除くとパリの中等学校はすべて閉鎖されてしまった。ルイ＝ル＝グランは1792年9月から校名がコレージュ・ド・レガリテ（平等学校）となった。Palmer, *School of the French Revolution*, pp. 7, 11, 22, 33–34.
12. *Oeuvres*, vol. X, pp. 10–12; R. R. Palmer, *The Improvement of Humanity: Education and the French Revolution*. Princeton, N. J.: Princeton University Press, 1985, pp. 137–42; Jean Bloch, *Rousseauism and Education in Eighteenth-Century France*, Oxford: Voltaire Foundation, 1995, ch. 8.
13. *Oeuvres*, vol. X, pp. 35–42. Rosso, 'Réminiscences spartiates', pp. 69–76; Wilda Anderson, 'Régénérer la nation: les enfants terrorisés de la Révolution', *MLN*, 117 (2002), pp. 698–709.
14. *Oeuvres*, vol. X, pp. 69–70; *Moniteur Universel*, no. 91, 21 December 1793, vol. 19, 6; Dominique Julia, *Les Trois Couleurs du tableau noir. La Révolution*, Paris: Éditions Belin, 1981, pp. 122–23.
15. *Oeuvres*, vol. X, pp. 292–93; Jourdan, 'Robespierre and Revolutionary Heroism', pp. 63–67; Rosso, 'Réminiscences spartiates', pp. 63–64.
16. See the prospectus of the *Feuille du salut public*, the Committee's mouthpiece, cited by James A. Leith, 'The Terror: Adding the Cultural Dimension', *Canadian Journal of History/Annales canadiennes d'histoire*, 32 (1997), pp. 315–37.
17. ロベスピエールは、革命暦についても、キリスト教的な名称の抹消についても、熱心であったようには見えない。
18. Palmer, *Twelve who Ruled*, p. 109. On the Committee's preoccupation with war, see the key archival series AN AF II 20–417, AF II* 1–305 and F7* 1–103. この史料群のほぼ80%が直接戦争に関わる。1794年12月に行われたシモン・デュプレへの尋問記録の中に、ロベスピエールが専門性を欠いていたことに関する興味深い証言が残されている。W 79, liasse 23.
19. *Oeuvres*, vol. V, pp. 282, 295; vol. VII, p. 263. 史料は、軍事的な勝利を構成する決定的な要素の一つは、明らかにこのような意味での愛国心であることを示唆している。Alan Forrest, *Soldiers of the French Revolution*, Durham, N. C.: Duke University Press, 1990, pp. 132–40; idem, 'Robespierre, the War and its Organisation', pp. 127–40; Bertaud, *Army of the French Revolution*.
20. *Oeuvres*, vol. III; AN F7 4433, plaque 2. 手紙が要約されているのは以下。Thompson, *Robespierre*, pp. 414–24.
21. AN F7 4775/8–dossier Rouvet.
22. *Oeuvres*, vol. X, p. 88. David A. Bell, *The First Total War: Napoleon's Europe and the Birth of Warfare as We Know It*, Boston: Houghton Mifflin; London: Bloomsbury, 2007; Jean-Yves Guiomar, *L'Invention de la guerre totale: XVIIIe–XXe siècle*, Paris: Le Félin, 2004.「根絶」extermination という言葉は、当時どの立場の人も等しく使った言葉であるが、ロベスピエールがこの言葉を使ったことをもって、レナルド・セシェはロベスピエールを大量虐殺者

だと非難する。*A French Genocide: The Vendée*, translated by George Holoch, Notre Dame, IN: University of Notre Dame Press, 2003, pp. 249–50. Cf. Sutherland, *French Revolution and Empire*, pp. 223–25.

23. 「恐怖政治」の構造や性質については以下を比較参照のこと。Martin, *Violence et Révolution*, Antoine de Baecque of *Annales*, July 2002; Sutherland, *French Revolution and Empire*, chs 6–7; and Gueniffey, *Politique de la Terreur*.
24. Jacques Guilhaumou, 'Fragments of a Discourse of Denunciation (1789–1794)', in Baker, *Terror*, p. 147; Martin, *Violence et Révolution*; Dupuy, *République jacobine*, ch. 6; Michel Biard and Christine Peyrard, 'Les Rouages de la Terreur', in Biard (ed.), *Politiques de la Terreur*, pp. 23–37. ジャン=クレマン・マルタンは、「恐怖政治 the Terror」という言葉は、この時期についてもはや使用されるべきではないと説得的な主張をしている。例えば、'Violences et justice', in Biard (ed.), *Politiques de la Terreur*, pp. 129–40. ジャコバン主義のイデオロギーについては、Patrice L. R. Higonnet, *Goodness beyond Virtue: Jacobins during the French Revolution*, Cambridge, MA: Harvard University Press, 1998, chs 4, 5, 7; Gross, *Fair Shares for All*.
25. G. A. Kelly, 'Conceptual Sources of the Terror', *Eighteenth-Century Studies*, 14 (1980), pp. 18–36.
26. Diane Ladjouzi, 'Les Journées des 4 et 5 septembre à Paris. Un movement d'union entre le peuple, la Commune de Paris et la Convention pour un exécutif révolutionnaire', *AHRF*, 321 (2000), pp. 27–44; Richard Cobb, *The People's Armies. The 'armées révolutionnaires': Instrument of the Terror in the Departments, April 1793 to Floréal Year II*, translated by Marianne Elliott, New Haven, CT, & London: Yale University Press, 1987.
27. 民衆暴力の行き過ぎをコントロールしようとする意志については、以下の文献でそれぞれ対照的な扱われ方をしている。Martin, *Violence et Révolution*; Haim Burstin, 'Pour une phénoménologie de la violence révolutionnaire', *Historical Reflections*, 29 (2003), pp. 389–407; Sophie Wahnich, *La liberté ou la mort: essai sur la Terreur et le terrorisme*, Paris: La Fabrique, 2003.
28. *Oeuvres*, vol. X, pp. 109–13.
29. *Oeuvres*, vol. X, pp. 82–83; Scott H. Lytle, 'The Second Sex (September, 1793)', *JMH*, 27 (1955), pp. 14–26; Dominique Godineau, *Citoyennes tricoteuses: les femmes du peuple à Paris pendant la Révolution française*, Aix-en-Provence: Alinéa, 1988, pp. 129–77; Blum, *Rousseau and the Republic of Virtue*, ch. 11; Suzanne Desan, 'Jacobin Women's Clubs', in Bryant T. Ragan and Elizabeth A. Williams (eds), *Re-creating Authority in Revolutionary France*, New Brunswick, N. J.: Rutgers University Press, 1992, ch. 1; Marie Cerati, *Le Club des citoyennes républicaines révolutionnaires*, Paris: Éditions sociales, 1966; Rose, *Enragés*, chs 5–6; Sepinwall, 'Robespierre, Old Regime Feminist?'
30. David P. Jordan, 'The Robespierre Problem', in Haydon and Doyle (eds), *Robespierre*, p. 23; 'Robespierre and the Politics of Virtue', in Jourdan (ed.), *Robespierre–figure-réputation*, pp. 61–62.
31. *Papiers inédits trouvés chez Robespierre*, vol. 3, pp. 3–55; Hamel, *Histoire de Robespierre*, vol. 1, pp. 29–30; Stéfane-Pol, *Autour de Robespierre*, pp. 69–71; M. Favone, *Dans le sillage de Maximilien Robespierre: Joachim Vilate*, Paris: M. Rivière, 1938; Palmer (ed.), *Marc-Antoine Jullien*, ch. 2; Pierre Gascar, *L'Ombre de Robespierre*, Paris: Gallimard, 1979; Marisa Linton, 'Fatal Friendships: The Politics of Jacobin Friendship', *FHS*, 31 (2008), pp. 51–76.
32. *Papiers inédits trouvés chez Robespierre*, vol. 2, pp. 7–13; G. Lenôtre, *Le Tribunal révolutionnaire (1793–1795)*, Paris: Perrin, 1908, p. 243.
33. Charles Walton, *Policing Public Opinion in the French Revolution: The Culture of Calumny and*

the Problem of Free Speech. Oxford & New York: Oxford University Press, 2009, pp. 109–12, 133–34, 207–10. ロベスピエールの地元セクションの革命委員会は公民の徳をめぐる徹底的な調査の見本だった。AN F7 4778.

34. Jeremy Popkin, 'The Royalist Press in the Reign of Terror', in T. C. W. Blanning, *The Rise and Fall of the French Revolution*, Chicago: University of Chicago Press, 1996, pp. 417–32; Gough, 'Robespierre and the Press', pp. 124–26.
35. *Oeuvres*, vol. X, pp. 116–21; Hamel, *Histoire de Robespierre*, vol. 3, p. 139.
36. *Oeuvres*, vol. X, pp. 132–43. 以下の鋭敏な指摘に注意。Hunt, 'The World We Have Gained', p. 18; Carla Hesse, 'La Logique culturelle de la loi révolutionnaire', *Annales*, 57 (2002), pp. 915–33.
37. *Oeuvres*, vol. X, pp. 133–34; Linton, 'Conspiracies Real and Imagined', pp. 132–36; Hanson, *Jacobin Republic under Fire*, pp. 20–21. これらの議員たちは、集団としても、また個々でも、感謝の意を表明している。*Oeuvres*, vol. III, 197; Jacob, *Robespierre vu par ses contemporains*, pp. 130–31.
38. Kaiser, 'Catilina's Revenge', pp. 191–92, 200.
39. Fleischmann, *Robespierre and the Women He Loved*, pp. 179–82; Jeanne-Marie Roland de la Platière, *An Appeal to Impartial Posterity*, Oxford & New York: Woodstock Books, 1990, pp. 181–88. 彼女は手紙を送らなかった。
40. *Oeuvres*, vol. IX, p. 275; vol. X, pp. 71, 73, 110, 155, 166, 193, 278–79, 446; Thompson, *Robespierre*, pp. 326–27; Cubitt, 'Robespierre and Conspiracy Theories', p. 80; Jourdan, 'Robespierre and Revolutionary Heroism', pp. 60–63; Linton, 'Robespierre's Political Principles', pp. 46–48.
41. *Oeuvres*, vol. X, pp. 43–45, 143–45, 278. 革命の「普遍主義」と国民の軍事的諸利益との間の緊張関係については、Albert Mathiez, *La Révolution et les étrangers: cosmo- politisme et défense nationale*, Paris: La Renaissance du Livre, 1918; Burgess, *Refuge in the Land of Liberty*, pp. 22–30; Sophie Wahnich, *L'Impossible citoyen. L'Étranger dans le discours de la Révolution française*, Paris: Albin Michel, 1997; Michael Rapport, *Nationality and Citizenship in Revolutionary France: The Treatment of Foreigners 1789–1799*, Oxford: Clarendon Press, 2000, pp. 202–3, 224–39; Peter Sahlins, *Unnaturally French: Foreign Citizens in the Old Regime and After*, Ithaca, N. Y., & London: Cornell University Press, 2004; Philippe Raxhon, 'Robespierre et la Belgique: histoire et mémoire', in Jessenne et al. (eds), *Robespierre*, pp. 381–87.
42. *Oeuvres*, vol. X, pp. 167–84; Bénot, 'Robespierre, les colonies et l'esclavage', pp. 418–19. ロベスピエールが、外務大臣ドフォルグに、この演説のための状況説明に最適な人物の紹介を求めた際、外務官僚だったジャン＝ヴィクトル・コルシャンは、ロベスピエール自身が彼の「憎悪」の対象であり、ブリーフィングを求めるということは、そうすることで彼は自分自身をそこに見ることになると反撃している。ロベスピエールはこれに対し、努めて礼儀正しく振る舞ったようだ。Georges Lefebvre, 'Robespierre et Colchen', *AHRF*, 27 (1955), pp. 1–4.
43. ロベスピエールはすでに、こうした措置をとるよう、例えば1792年2月にはストラスブールのジャコバン・クラブから要求を受けていた。AN F7 4433, plaque 2.
44. *Oeuvres*, vol. X, pp. 226–32; Rapport, 'Robespierre and the Universal Rights of Man', pp. 323–24; Laurent Petit, 'Robespierre et le discours sur l'étranger: buts et limites d'une modélisation des nationalités', in Jessenne et al. (eds), *Robespierre*, pp. 315–36.
45. *Oeuvres*, vol. XI, pp. 397–415; Thompson, *Robespierre*, pp. 387–402.
46. Michel Vovelle, *The Revolution against the Church: From Reason to the Supreme Being*, translated by Alan José, Cambridge: Polity Press, 1991; Suzanne Desan, 'The Family as Cultural Battle-

ground: Religion vs Republic under the Terror', in Baker, *Terror*, ch. 10; Michael Kennedy, *The Jacobin Clubs in the French Revolution, 1793–1795*, New York: Berghahn Books, 2000, ch. 10.

47. *Oeuvres*, vol. III, pp. 213–14.
48. *Oeuvres*, vol. X, pp. 193–201.
49. *Oeuvres*, vol. X, pp. 238–40; Martine Braconnier, 'Robespierre et Couthon: de la Raison à l'Être Suprême: deux itinéraires', in Jessenne et al. (eds), *Robespierre*, pp. 185–86; Alain Corbin, *Les Cloches de la terre*, Paris: Albin Michel, 1994, p. 33 and ch. 1.
50. *Oeuvres*, vol. X, pp. 246–51, 257–62; William Doyle, *Aristocracy and its Enemies in the Age of Revolution*, Oxford: Oxford University Press, 2009, pp. 290–91; Wahnich, *L'Impossible citoyen*, pp. 185–200.
51. Cobb, *The People's Armies*, pp. 520–23; Françoise Brunel, *Thermidor, la chute de Robespierre*, Brussels: Éditions Complexe, 1999, pp. 16–17.
52. Gross, *Fair Shares for All*; McPhee, *Living the French Revolution*, ch. 7. Cf. David Andress, *The French Revolution and the People*. London and New York: Hambledon and London, 2004, for example, pp. 213, 216.
53. Kennedy, *Jacobin Clubs, 1793–1795*, pp. 54–55. 派遣議員のリストは以下参照。AN F7 4444, plaque 2.
54. *Papiers inédits trouvés chez Robespierre*, vol. 2, pp. 199–217.
55. Barras, *Memoirs*, vol. 1, pp. 181–87; Henri Buisson, *Fouché, duc d'Otrante*, Bienne: Panorama, 1968, pp. 52, 573–74. ポール・マンスフィールドによれば、公安委員会全体がこうした過度の暴力を承認した責任を共有しており、加えて国民公会とジャコバン・クラブも何も言わなかったという。'The Repression of Lyon, 1793–4: Origins, Responsibility and Significance', *FH*, 2 (1988), pp. 74–101. Cf. Hanson, *Jacobin Republic under Fire*, p. 194.
56. Norman Hampson, 'François Chabot and his Plot', *Transactions of the Royal Historical Society*, 5th series, 26 (1976), pp. 1–14; Andress, *Terror*, pp. 251–53, 261–62.
57. *Oeuvres*, vol. IX, pp. 617–19; vol. X, pp. 46, 52–53.
58. *Oeuvres*, vol. X, pp. 219–25.
59. Camille Desmoulins, *Le Vieux Cordelier*, Paris: Belin, 1977.
60. *Oeuvres*, vol. X, pp. 253–55.
61. *Oeuvres*, vol. X, pp. 262–65, 283–92; Blanc, *Histoire de la Révolution française*, vol. 2, p. 676.
62. Peter McPhee, *Collioure et la Révolution française, 1789–1815*, Perpignan: Le Publicateur, 1989, chs 2–3. Cf. Hardman, *Robespierre*, p. 93 では、1793 年末頃には「フランスの領内に外国軍は存在しなかった」と主張している。

第十一章

1. *Oeuvres*, vol. X, pp. 300–11. 第 5 号はニヴォーズ 5 日(12 月 25 日)付だが､同 16 日(1 月 5 日)まで発行しなかった。
2. From Rousseau's *Discourse on the Sciences and Arts*, awarded the prize by the Academy of Dijon in 1750. Mossé, *L'Antiquité dans la Révolution française*, pp. 120–21.
3. *Oeuvres*, vol. X, pp. 311–15.
4. *Oeuvres*, vol. X, pp. 326–42. 第 6 号はニヴォーズ 10 日（12 月 30 日）付だが、プリュヴィオーズ 6 日（1 月 25 日）まで発行しなかった。
5. Linton, 'Conspiracies Real and Imagined', pp. 136–43; Thomas E. Kaiser, 'From the Austrian Committee to the Foreign Plot: Marie-Antoinette, Austrophobia, and the Terror', *FHS*, 26 (2003), pp. 579–617; Claretie, *Camille Desmoulins and his Wife*, ch. 5.

6. Kaiser, 'From the Austrian Committee to the Foreign Plot'; Jean Bouchary, *Les Manieurs d'argent à Paris à la fin du XVIIIe siècle*, 3 vols, Paris: Marcel Rivière, vol. 1, 1939.
7. *Oeuvres*, vol. IX, pp. 460–61. ロベスピエールは棺という比喩表現をミラボから拝借したようだ。Luttrell, *Mirabeau*, p. 290.
8. Jean-Daniel Piquet, 'Robespierre et la liberté des noirs en l'an II', *AHRF*, 323 (2001), pp. 69–91; Piquet, *L'Émancipation des noirs dans la Révolution française (1789–1795)*, Paris: Karthala, 2002; Marcel Dorigny (ed.), *The Abolitions of Slavery: From Léger Félicité Sonthonax to Victor Schoelcher, 1793, 1794, 1848*, New York & Oxford: Berghahn Books; Paris: Éditions UNESCO, 2003, p. 169.
9. *Oeuvres*, vol. X, pp. 350–66; Rosso, 'Réminiscences spartiates', p. 62; Parker, *Cult of Antiquity*, ch. 13.
10. Jean-Clément Martin, 'La Révolution française: généalogie de l'ennemi', *Raisons politiques*, 5 (2002), pp. 69–79; Dupuy, *République jacobine*, ch. 11.
11. Fleischmann, *Robespierre and the Women He Loved*, pp. 112–15; Jacob, *Robespierre vu par ses contemporains*, pp. 132–33; Morris Slavin, *The Hébertistes to the Guillotine: Anatomy of a 'Conspiracy' in Revolutionary France*, Baton Rouge & London: Louisiana State University Press, 1994, pp. 46–47.
12. Walter, *Robespierre*, vol. 2, pp. 191–322.
13. Jacob, *Robespierre vu par ses contemporains*, pp. 146–47; Gallo, *Robespierre*, pp. 179–80, 222–24, 271–72; André Cadet de Gassecourt, *Une curieuse figure du passé: Joseph Souberbielle, neveu du Frère Côme*, Paris: Les Presses Modernes, 1934, p. 95; Bibliothèque de l'Institut national de médecine, Paris, Non-classés–dossier Joseph Souberbielle; Nabonne, *Vie privée de Robespierre*, pp. 124, 186–88. 1840年代にエリザベート・ルバに会ったヴィクトリアン・サルドゥも、ロベスピエールは静脈瘤性潰瘍を患っていたと主張している。Sardou, Preface to Stéfane-Pol, *Autour de Robespierre*, p. xii; Hamel, *Histoire de Robespierre*, vol. 3, pp. 286, 374–75, 412–14.
14. Linton, 'Conspiracies Real and Imagined'; Marcel Gauchet, 'Le Démon du soupçon', *Histoire*, 84 (1985), pp. 49–56; Kaiser, 'From the Austrian Committee to the Foreign Plot'; Blanc, *Corruption sous la Terreur*.
15. *Oeuvres*, vol. X, pp. 373–74; Slavin, *Hébertistes to the Guillotine*, p. 132. ジュリアンはロベスピエールに、カリエの行い、彼による不快な犯罪の擁護について報告している。*Oeuvres*, vol. III, p. 239. カリエの行った残虐行為に対し、ロベスピエールはきちんと対処しようとしたにもかかわらず、カリエがロベスピエールの命令によって行動していたというのちの推定を防ぐことはできなかった。Jean-Clément Martin, 'Vendée: les criminels de guerre en procès', *Histoire*, 25 (2004), pp. 82–87. Louis Jacob, *Hébert, le Père Duchesne: chef des sans-culottes*, Paris: Gallimard, 1960, chs 12–15.
16. *Oeuvres*, vol. X, pp. 388–90.
17. Rapport, 'Robespierre and the Universal Rights of Man', pp. 327–29; Mathiez, *Études sur Robespierre*, p. 75. The argument for the guilt of those charged is put by Mathiez, *Un procès de corruption sous la Terreur: l'affaire de la Compagnie des Indes*, Paris: Félix Alcan, 1920.
18. 第7号はプリュヴィオーズ15日（2月3日）付となっているが、ヴァントーズ15日（3月5日）までは少なくとも書かれておらず、テルミドール後まで発行されなかった。
19. Jacob, *Robespierre vu par ses contemporains*, pp. 136–37.
20. *Oeuvres*, vol. X, pp. 421–22. ロベスピエールの「小ブルジョワ的」階級利害は、アルベール・ソブールによるロベスピエールとフランス革命の古典的なマルクス主義的解釈においては、致命的なものと考えられている。*The French Revolution, 1787–1799: From the Storming of the*

Bastille to Napoleon, translated by Alan Forrest and Colin Jones, London: Unwin Hyman, 1989, esp. pp. 412–15; 'Robespierre and the Popular Movement of 1793–4'; idem, 'Robespierre ou les contra- dictions du jacobinisme', *AHRF*, 50 (1978), pp. 1–19.

21. *Oeuvres*, vol. X, pp. 412–19; Hampson, *Danton*, pp. 157–64. 3月の終わり、デムランは、ロベスピエールに会おうとしたが拒否されたと、ある友人に主張している。Bertaud, *Camille et Lucile Desmoulins*, p. 276 and ch. 9.
22. *Oeuvres*, vol. XI, p. 441; Thompson, *Robespierre*, pp. 463–70; Albert Mathiez, *Robespierre, terroriste*, Paris: Renaissance du livre, 1921; Hampson, *Danton*, ch. 4. Popkin, *You Are All Free*, pp. 366, 376, 384, これらはロベスピエールが植民地を維持しようと考えていることを、初期の頃奴隷制廃止を支持していたことと矛盾していると見るわけであるが。Piquet, 'Robespierre et la liberté des noirs'.
23. Linton, 'Conspiracies Real and Imagined', p. 143; Poumiès de la Siboutie, *Recollections of a Parisian Doctor under Six Sovereigns, Two Revolutions and a Republic (1789–1863)*, translated by Theodora Davidson, London: John Murray, 1911, ch. 2.
24. *Oeuvres*, vol. III, p. 160, vol. XI, p. 433; Marisa Linton, ' "The Tartuffes of Patriotism": Fears of Conspiracy in the Political Language of Revolutionary Government, France 1793–94', in Coward and Swann (eds), *Conspiracy in Early Modern Europe*, pp. 248–49; Hampson, *Danton*, pp. 162–63; Scurr, *Fatal Purity*, pp. 180, 184, 234; Thompson, *Robespierre*, pp. 463–70.
25. *Oeuvres*, vol. III, pp. 100, 274; Claretie, *Camille Desmoulins and his Wife*, pp. 137–40; Bertaud, *Camille et Lucile Desmoulins*, pp. 11, 173, 295. オラスの市庁舎での出生届の証人は、ロラン・ルコワントルとアントワーヌ・メルラン・ド・ティオンヴィルだったが、今や二人ともロベスピエールと仲違いしてしまっていた。Scurr, *Fatal Purity*, pp. 280–87, is excellent on the trial.
26. Wahnich, *Liberté ou la mort*, pp. 65–70. Olivier Blanc, *Last Letters: Prisons and Prisoners of the French Revolution 1793–1794*, translated by Alan Sheridan, New York: Farrar, Straus & Giroux, 1987, pp. 32–35. 同書によれば、ロベスピエールの敵対者たちは意図的にその活動を控えていたという。
27. Dupuy, *République jacobine*, p. 257; Arne Ording, *Le Bureau de police du Comité de salut public. Étude sur la Terreur*. Academi i Oslo: Skrifter utgitt av det Norske Videnskaps, no. 6, 1931; Thompson, *Robespierre*, pp. 511–18.
28. AN F7 4437.
29. ロベスピエールが自身の知人の多くについて記したノートはAN F7 4436/1, plaques 3–4. W 501.
30. Hardman, *Robespierre*, pp. 115–18.
31. Georges Lefebvre, *Questions agraires au temps de la Terreur. Documents publiés et annotés*, Strasbourg: Imprimeries F. Lenig, 1932, pp. 1–132; Jean-Pierre Hirsch, 'Terror and Property', in Baker, *Terror*, ch. 12.
32. *Oeuvres*, vol. X, 387, 503; Gough, 'Robespierre and the Press', p. 123; Jean-Paul Bertaud, 'An Open File: The Press under the Terror', in Baker, *Terror*, ch. 16; Edelstein, *'La Feuille villageoise'*, pp. 53, 62.
33. AN F7 3821–2; Bouloiseau, *Jacobin Republic*, p. 195.
34. Charlotte Robespierre, *Mémoires*, pp. 74–75; Thompson, *Robespierre and the French Revolution*, pp. 159–60.
35. Jacob, *Robespierre vu par ses contemporains*, pp. 157–60. バラスの回想録は1820年代に刊行された。

36. Nolibos, *Arras*, p. 110; Jacob, *Robespierre vu par ses contemporains*, p. 197.
37. *Oeuvres*, vol. III, pp. 284–86; Fleischmann, *Robespierre and the Women He Loved*, pp. 170–71; *Papiers inédits trouvés chez Robespierre*, vol. 1, pp. 253–54; Gobry, *Joseph Le Bon*, ch. 13; Paris, *La Terreur dans le Pas-de-Calais*, pp. 513–17, livre XIII; AD Pas-de-Calais, 2 L Arras 45. 確かなこととして、ルボンが呼び戻されてのちすぐに、容疑をかけられた者たちが釈放されるという変化があったようだ。
38. *Oeuvres*, vol. X, pp. 442–65. 最高存在の礼拝と、フィロゾーフたちの「唯物論」のロベスピエールによる拒絶については、Michel Vovelle, 'The Adventures of Reason, or From Reason to the Supreme Being', in Lucas (ed.), *Rewriting the French Revolution*, pp. 132–50; Blum, *Rousseau and the Republic of Virtue*, ch. 13.
39. Thompson, *Robespierre and the French Revolution*, pp. 123–24: this was 'the last testament of a republican idealist'. See the round-table discussion in Jessenne et al. (eds), *Robespierre*, pp. 427–39; Tallett, 'Robespierre and Religion', pp. 100–8; Guillemin, *Robespierre*, ch. 5; Carr, *Robespierre*, ch. 19; Barny, 'Robespierre et les Lumières', pp. 45–59. ルソーは 1794 年 4 月 14 日にパンテオンに埋葬され、少年バラとヴィアラはそのすぐ後に続いた。
40. Françoise Brunel, 'Le Jacobinisme, un "rigorisme de la vertu"? "Puritanisme" et révolution', in *Mélanges Michel Vovelle. Sur la Révolution, approches plurielles*, Paris: Société des études Robespierristes, 1997, p. 278; Ansart-Dourlen, *Action politique des personnalités*, pp. 58–90.
41. *Oeuvres*, vol. X, p. 445.
42. *Oeuvres*, vol. X, pp. 479–83; AN D XXXVIII 3. Ozouf, *Festivals*, pp. 106–18; Favone, *Joachim Vilate*, ch. 6.
43. Dupuy, *République jacobine*, pp. 261–62; Hamel, *Histoire de Robespierre*, vol. 3, p. 543; Doyle, *The Oxford History of the French Revolution*, p. 277.
44. Claudine le Vaulchier, 'Iconographie des décors révolutionnaires', in *Les Architectes de la liberté, 1789–1800*, Paris: École nationale supérieure des Beaux-Arts, 1989, p. 265.
45. AN D XXXVIII 5; Scurr, *Fatal Purity*, pp. 292–93; Crane Brinton, *The Jacobins: An Essay in the New History*, New York: Russell & Russell, 1961, pp. 211, 225–26; Vovelle, *Revolution against the Church*, pp. 8, 26. Isaac Rodrigues' letter was communicated to me by Helen Davies.
46. *Oeuvres*, vol. X, p. 461.
47. 少なくともこれは、ルイ＝フィリップの 1850 年の回想である。ただ彼は、この出来事が起きたとされる頃、わずか 18 歳に過ぎないことになる。*The Correspondence and Diaries of the Late Right Honourable John Wilson Croker*, 3 vols, London, 1885, vol. 3, p. 209.
48. Poumiès de la Siboutie, *Recollections*, ch. 2. エレオノールは、もし夜ロベスピエールを訪ねようとするならば、両親の寝室を通らなければならなかった。Nabonne, *Vie privée de Robespierre*, Part II, ch. 8.
49. Fleischmann, *Robespierre and the Women He Loved*, pp. 215–18, 224–26. 教えることを申し出てきた方は、ミラボとは無関係な家系の出身であったとも言われている。Luttrell, *Mirabeau*, p. 292.
50. Burstin, *Faubourg Saint-Marcel*, pp. 796–98; Lenôtre, *Robespierre's Rise and Fall*, ch. 2.
51. Burstin, *Faubourg Saint-Marcel*, p. 785.
52. *Oeuvres*, vol. X, pp. 469–71.
53. Antoine de Baecque, 'The Trajectory of a Wound: From Corruption to Regeneration', in Baker, *Terror*, ch.9.
54. *Archives Parlementaires*, vol. 91, pp. 41–43; Joachim Vilate, *Causes secrètes de la révolution du 9 au 10 thermidor*, Paris, an III, pp. 33–38; AN W 37; Scurr, *Fatal Purity*, pp. 294–95;

Antoine de Baecque, *The Body Politic: Corporeal Metaphor in Revolutionary France, 1770–1800*, translated by Charlotte Mandell, Stanford, CA: Stanford University Press, 1997, pp. 304–7. ロベスピエールに対する脅威に関する警察の報告書類についてはAN F7 4437.

55. Thompson, *Robespierre*, pp. 531–37; *Oeuvres*, vol. III, p. 297, vol. III, part 2, pp. 115–17: undated (Floréal-Prairial) note found among Robespierre's papers.
56. ロベスピエールの最も熱心な擁護者であるアルベール・マティエすら、このプレリアル22日法を第一次世界大戦期の諸法と比較しつつ、アドミラとルノによる暗殺未遂が、依然病からの回復途上にあったロベスピエールの中に、ある種の「熱病的な興奮状態」を引き起こしたと信じていた。Mathiez, 'Robespierre terroriste', in *Études sur Robespierre*, pp. 79–80. プレリアル22日法が公正で「効率的」であるとする解釈をとっているのは、Liliane Abdoul-Melek, 'D'un choix politique de Robespierre: la Terreur', in Jessenne et al. (eds), *Robespierre*, pp. 191–203. Cf. the argument of Edelstein, *The Terror of Natural Right*, pp. 249–56, 268–69. 同書によれば、この法は革命の「自然な」帰結であるという。
57. *Oeuvres*, vol. X, pp. 484–90; Thompson, *Robespierre*, pp. 505–11, 548.
58. Hamel, *Histoire de Robespierre*, vol. 3, pp. 547–54.
59. Martin, *Violence et Révolution*, pp. 221–26.

第十二章

1. *Oeuvres*, vol. X, pp. 491–98.
2. AN F7 4436/1, plaque 3; *Papiers inédits trouvés chez Robespierre*, vol. 2, pp. 16–21. ロベスピエールはすでにフランソワ・ブルドンをジャコバン・クラブから除名していた。
3. Michel Eude, 'Points de vue sur l'affaire Catherine Théot', *AHRF*, 198 (1969), pp. 606–29; idem, 'Le Comité de sûreté générale en 1793–1794', *AHRF*, 261 (1985), pp. 295–306; Lenôtre, *Robespierre's Rise and Fall*, pp. 184–95, 272; Martyn Lyons, 'The 9 Thermidor: Motives and Effects', *European Studies Review*, 5 (1975), pp. 137–38; Burstin, *Faubourg Saint-Marcel*, pp. 796–98; Auricchio, *Adélaïde Labille-Guiard*, pp. 96–97. テオはフリュクティドール31日（8月31日）に獄死した。
4. Palmer, *Twelve who Ruled*, p. 402.
5. *Correspondence of William Augustus Miles*, vol. I, pp. 175–78.
6. AN F7 4436/1, plaque 1; Ording, *Le Bureau de police du Comité de salut public*, pp. 37–43; Mathiez, *Robespierre, terroriste*, pp. 88–89; Thompson, *Robespierre*, pp. 540–44; Guillemin, *Robespierre*, pp. 10–11. Cf. Hardman, *Robespierre*, pp. 151–56. 同書は、ロベスピエールが「不快な気質」の持ち主で、あまりに神経質に過ぎ、自分の机に溢れかえっている数々の告発について、取り憑かれたように、さらなる詳細を知ろうとしていると非難する。
7. David Owen, *In Sickness and in Power: Illness in Heads of Government During the last 100 years*, London: Methuen, 2008.
8. *Oeuvres*, vol. III, p. 293. この日付のない手紙はロベスピエールの死後彼の下宿から見つかった書類の中にあった。Charlotte Robespierre, *Mémoires*, ch. IV and pp. 76–77; Thompson, *Robespierre*, pp. 416–18.
9. Fleischmann, *Robespierre and the Women He Loved*, pp. 119–22; Charlotte Robespierre, *Mémoires*, pp. 95–96.
10. *Papiers inédits trouvés chez Robespierre*, vol. 1, pp. 247–52; Thompson, *Robespierre*, p. 544; Jacob, 'Buissart', p. 286; Luzzatto, *Bonbon Robespierre*, pp. 131–40.
11. *Papiers inédits trouvés chez Robespierre*, vol. 2, pp. 133–34, 151–55; Alphonse Esquiros, *Histoire des Montagnards*, Paris: Librairie rue Visconti, 1851, p. 111; Mathiez, *Fall of Robespierre*, ch. 2.

12. AN F7 3321.
13. AN F7 3821–2; Bouloiseau, *Jacobin Republic*, p. 195.
14. Mathiez, *Fall of Robespierre*, chs 8–9.
15. *Oeuvres*, vol. X, pp. 511–18.
16. *Oeuvres*, vol. X, pp. 518–24.
17. *Oeuvres*, vol. X, pp. 530–35; Hardman, *Robespierre*, pp. 138–41.
18. Jacques Bernet, 'Terreur et religion en l'an II. L'Affaire des Carmélites de Compiègne', in Biard (ed.), *Les Politiques de la Terreur*, pp. 435–46; Bluche, *Septembre 1792*, p. 243.
19. Jacob, *Robespierre vu par ses contemporains*, p. 131; Brunel, *Thermidor*, p. 71.
20. AN F7 4436/1.
21. Jeff Horn, 'The Terror in the Département of the Aube and the Fall of Robespierre', Paper presented at the Society for French Historical Studies, Wilmington, DE, 26 March 1994. ルスランは短期だが投獄されている。
22. Brunel, *Thermidor*, p. 77.
23. Bluche, *Septembre 1792*, p. 243; Brunel, *Thermidor*, p. 71. Cf. Scurr, *Fatal Purity*, on 'Robespierre's red summer'.
24. *Oeuvres*, vol. X, pp. 430–31; P. Raxhon, 'Les Réfugiés Liégeois à Paris: un état de la question', in M. Vovelle (ed.), *Paris et la Révolution* (1989), pp. 212–24; Rapport, 'Robespierre and the Universal Rights of Man', pp. 329–30; Morvin A. Carlson, 'The Citizen in the Theater', in Renée Waldinger, Philip Dawson and Isser Woloch (eds). *The French Revolution and the Meaning of Citizenship*, Westport, CT: Greenwood Press, 1993 pp. 84–85.
25. *Oeuvres*, vol. X, pp. 537–41; Aulard, *Société des Jacobins*, vol. 4, p. 231.
26. Thompson, *Robespierre*, pp. 554–58; Brown, *War, Revolution, and the Bureaucratic State*, pp. 120–21; AN F7 4433.
27. *Oeuvres*, vol. X, pp. 543–76. 詳細な記述は以下二著を参照。Gérard Walter, *La Conjuration du Neuf Thermidor, 27 July 1794*, Paris: Gallimard, 1974, Richard Bienvenu, *The Ninth of Thermidor: The Fall of Robespierre*, Oxford and New York: Oxford University Press, 1968. 死去した年に刊行されたこのウォルター晩年の考察は、それより40年前に書かれた伝記よりも、ロベスピエールについてずっと辛辣だけれども、貴重なオリジナルの史料を収録している。例えば第三部では、セクションの反応を知ることができる。
28. Linton, 'Robespierre's Political Principles', pp. 51–52.
29. François Hincker, 'L'Affrontement Cambon–Robespierre le huit thermidor', in Jessenne et al. (eds), *Robespierre*, pp. 299–307; Bienvenu, *Ninth of Thermidor*, p. 179.
30. Mathiez, *Robespierre, terroriste*, pp. 84–87; Barras, *Memoirs*, vol. 1, pp. 205–11; Hampson, 'Robespierre and the Terror', p. 172.
31. Quoted in Bienvenu, *Ninth of Thermidor*, p. 184.
32. Aulard, *Société des Jacobins*, vol. 6, pp. 246, 282–83; Walter, *Conjuration du Neuf Thermidor*, p. 121; Jean Guilaine, *Billaud-Varenne: l'ascète de la Révolution (1756–1819)*, Paris: Fayard, 1969, ch. 9. 精神分析医ジャック・アンドレは、このスピーチは、臨床的には被害妄想に近いと主張している。'L'Incorruptible: considérations psychanalytiques', in Jourdan (ed.), *Robespierre—figure-réputation*, pp. 147–48.
33. AN W 79, liasses 1, 18.
34. Thompson, *Robespierre and the French Revolution*, p. 137.
35. Brunel, *Thermidor*, p. 7.
36. *Oeuvres*, vol. X, pp. 588–95; Jacob, *Robespierre vu par ses contemporains*, pp. 141–45; Linton,

'The Man of Virtue', pp. 417–18. テルミドール9日の出来事についての優れた記述は以下参照。Andress, *Terror*, pp. 332–44; Thompson, *Robespierre*, pp. 565–82; Barras, *Memoirs*, vol. 1, ch. XIX.

37. See the comments of Jean d'Yzèz in Jacob, *Robespierre vu par ses contemporains*, p. 182. ある別のジャコバン派の人物が、両者の軍事的バランスについて述べる中で同様の見方を提示している。Joseph Cassanyes, *Un Catalan dans la Révolution française*, Perpignan: Fédération des Oeuvres Laïques, 1989, pp. 114–20.
38. AN F7 4432, plaque 1; 4433; 4778.
39. Huet, *Mourning Glory*, pp. 105–19; Mathiez, *Fall of Robespierre*, ch. 10; Stéfane-Pol, *Autour de Robespierre*, p. 292. Cf. Lenôtre, *Robespierre's Rise and Fall*, pp. 243, 313–14; Barras, *Memoirs*, p. 246; Walter, *Robespierre*, vol. 1, pp. 477–78.
40. 「ロベスピエールの傷の手当てに関する保険衛生官たちによる報告書」: Notes et Archives. URL:http://www.royet.org/nea1789–1794) Accessed 15 October 2010; Autograph manuscript by J. Nicolas Jomard, 'Notes on the day of 9 thermidor Year II', in Christian Albertan and Anne-Marie Chouillet, 'Autographes et documents', *Recherches sur Diderot et sur l'Encyclopédie*, numéro 37 *Cyclopaedia*. URL: http://rde.revues.org/index4529. html. Accessed 15 October 2010.
41. Barras, *Memoirs*, p. 247; Lyons, '9 Thermidor', p. 126.
42. Antoine de Baecque, 'Le Tableau d'un cadavre. Les Récits d'agonie de Robespierre: du cadavre hideux au dernier héros', in Jourdan (ed.), *Robespierre—figure-réputation*, pp. 169–202. 死刑宣告は以下にある。AN W 434.
43. Jacob, *Robespierre vu par ses contemporains*, pp. 179–80.

終章

1. Aulard, *Société des Jacobins*, vol. 6, pp. 295–96; Artarit, *Robespierre*, pp. 50–51; Paris, *Jeunesse*, Appendix, pp. 3–5; Forrest, *Soldiers of the French Revolution*, p. 115. ロベスピエールのかつての秘書は、彼をティベリウス、ネロ、カリギュラに同時に喩えることすらしたのである。*Souvenirs d'un déporté*, pp. 6, 128.
2. Jacob, *Robespierre vu par ses contemporains*, pp. 125, 136–37, 181–87.
3. 191人の名前がみえる。*Liste des noms et domiciles des individus convaincus ou prévenus d'avoir pris part à la conjuration de l'infâme Robespierre*, Paris: n.p., Year II; Vilate, *Causes secrètes*, pp. 16, 23; Favone, *Joachim Vilate*. On Deschamps, see Dupuy, 'Du parrainage d'un enfant du peuple', pp. 122–23; AN W 439, dossier 34.
4. AN F 7, 4432; 4444, plaques 1 and 4; W 79, liasse 18; W 500–01.
5. AN F7 4694/1; W 499; Ording, *Le Bureau de police du Comité de salut public*, pp. 39–40; Yalom, *Blood Sisters*, pp. 125–30. デュプレ家への尋問と女性たちの訴えは以下参照。W 79, liasse 23.
6. Jacob, *Robespierre vu par ses contemporains*, pp. 63, 101; Fleischmann, *Robespierre and the Women He Loved*, pp. 212–13; Berthe, *Dictionnaire*, pp. 55–56; Stéfane-Pol, *Autour de Robespierre*, p. 295; Jacob, 'Buissart', pp. 287–93; H. Piers, *Biographie de la ville de Saint-Omer*, St-Omer: J.-B. Lemaire, 1835, pp. 164–65. ビュイサールはアラスからの支持をあてにすることもできた。AN F7 4432, plaque 2. 彼はこのあと公的な世界からは引退するが、復古王政下で市評議会議員となり、また1817年に再興されたアカデミーの創立者の一人ともなる。1820年、彼は83歳でこの世を去った。
7. AN F7 7904/4561; W 79, liasse 1; Jacques Bernet, 'La perception de Robespierre dans les clubs

de Jacobins de Champagne et de Picardie (1791–1795)', in Jessenne et al. (eds), *Robespierre*; Kennedy, *Jacobin Clubs, 1793–1795*, ch. 17; McPhee, *Living the French Revolution*, pp. 163–68; Ozouf, *Festivals*, p. 96.

8. Albert Mathiez, *After Robespierre: The Thermidorian Reaction*, translated by Catherine Alison Phillips, New York: Grosset & Dunlap, 1965; Bronislaw Baczko, *Ending the Terror: The French Revolution after Robespierre*, translated by Michael Petheram, Cambridge & New York: Cambridge University Press; Paris: Éditions de la maison des sciences de l'homme, 1994; Martin, *Violence et Révolution*, ch. 7; Françoise Brunel, 'Bridging the Gulf of the Terror', in Baker, *Terror*, ch. 18; Sergio Luzzatto, 'Un futur au passé; la Révolution dans les mémoires des conventionnels', *AHRF*, 61 (1989), pp. 455–75; François Furet and Mona Ozouf (eds), *The French Revolution and the Creation of Modern Political Culture*. vol. 3, *The Transformation of Political Culture 1789–1848*, Oxford: Pergamon Press, 1989, Part II. Letters of denunciation and interrogations are to be found, for example, in AN F7 4432, plaque 2; 4433, plaques 3 and 4, and in the Committee of General Security files in AN F7 4577–4775.
9. Antoine de Baecque, *Glory and Terror: Seven Deaths under the French Revolution*, translated by Charlotte Mandell, New York & London: Routledge, 2001, pp. 160–65. Felhémési (anagram for Méhée fils), *La Vérité toute entière, sur les vrais auteurs de la journée du 2 septembre 1792*, was used extensively by Carlyle, *French Revolution*, vol. 3, book 1, chs 4–6.
10. Hampson, *Danton*, pp. 51, 57–59, 145–46. クルトワとダントンはトロワで同じ学校に通ったが、年齢は数年開きがある。cf. Claudine Wolikow, 'Danton', in Soboul et al. (eds), *Dictionnaire historique*, pp. 321–22.
11. Edme-Bonaventure Courtois, *Rapport fait au nom de la commission chargée de l'examen des papiers trouvés chez Robespierre et ses complices*, Paris: Imprimerie nationale des lois, Nivôse Year III [1795]; *Papiers inédits trouvés chez Robespierre*, vol. 1, pp. 1–111. *Oeuvres*, vol. III, Introduction, p. 17; Fabienne Ratineau, 'Les Livres de Robespierre au 9 thermidor,' *AHRF*, 287 (1992), pp. 131–35; Thompson, *Robespierre*, pp. 598–99.
12. Courtois, *Rapport*, pp. 154–57; *Papiers inédits trouvés chez Robespierre*, vol. 1, pp. 154–59. Carr, *Robespierre*, p. 72. 同書によれば、ロベスピエールがオレンジを好んだのは、彼の常変わらぬ短気をもたらす便秘ゆえであるという。
13. Watkin Tench, *Letters Written in France, to a Friend in London, Between the Month of November 1794, and the Month of May 1795*, Whitefish, MT: Kessinger Publishing, 2009, pp. 67, 191–92, 194–95, 198; Gavin Edwards (ed.), *Watkin Tench: Letters from Revolutionary France*, Cardiff: University of Wales Press, 2001, Introduction.
14. Jules Michelet, *La Révolution française*, 2 vols, Paris: Gallimard, 1952, vol. 2, p. 61; Antoine-Christophe Merlin de Thionville, *Portrait de Robespierre*, Paris: n.p., n.d. [c. 1794]; Jacob, *Robespierre vu par ses contemporains*, pp. 187–88. Gérard Minart, *Pierre Claude François Daunou, l'anti-Robespierre: de la Révolution à l'Empire, l'itinéraire d'un juste (1761–1840)*, Toulouse: Privat, 2001, pp. 97–98; Dominique Vivant Denon, *Lettres à Bettine*. Arles: Actes Sud, 1999, pp. 316, 328–29; Pierre-Louis Roederer, *Mémoires sur la Révolution, le Consulat et l'Empire*, Paris: Plon, 1942, pp. 75–83; Antoine de Baecque, 'Robespierre, monstre-cadavre du discours thermidorien', *Eighteenth-Century Life*, 21 (1997), pp. 203–21.
15. Proyart, *Vie et crimes de Robespierre*; Palmer, *School of the French Revolution*, pp. 181–84. Galart de Montjoie [pseud. Christophe Ventre], *Histoire de la conjuration de Maximilien Robespierre*, Paris: n.p., 1795, pp. 143–45.
16. Hamel, *Histoire de Robespierre*, vol. 3, pp. 547, 807. 1847年に出版された以下の著作もジャコ

バン派に好意的な見解を提示している。Alphonse Esquiros, *Histoire des Montagnards*. 一般的に、19世紀におけるこの問題に関する史学史は以下を参照。Walter, *Robespierre*, vol. 2, pp. 159–89, 370–89.

17. Albert Soboul, *Understanding the French Revolution*, translated by April A. Knutson, New York: International Publishers, 1988, ch. 15; Mathiez, *Études sur Robespierre (1758–1794)*, pp. 32, 63–64; Georges Lefebvre, 'Remarks on Robespierre', translated by Beatrice F. Hyslop, *FHS*, 1 (1958), pp. 7–10; Ralph Korngold, *Robespierre, First Modern Dictator*, London: Macmillan, 1937; James Friguglietti, 'Rehabilitating Robespierre: Albert Mathiez and Georges Lefebvre as Defenders of the Incorruptible', in Haydon and Doyle (eds), *Robespierre*, pp. 212–23. ウォルターによる網羅的な伝記の「最終版」は、1936年～1939年に初版が出ている。しかし、国家社会主義者たちもロベスピエールに関心を持っている。例えば以下参照。Friedrich Sieburg, *Robespierre*, translated by John Dilke, New York: Robert McBride, 1938.
18. Palmer, *Twelve Who Ruled*, p. 279.
19. Lecesne, *Arras*; Deramecourt, *Clergé du diocèse d'Arras*; Paris, *Jeunesse de Robespierre*. Nolibos, *Arras*, pp. 111–13; François Wartelle, 'Destinées du Jacobinisme dans le Pas- de-Calais entre la chute de Robespierre et le coup d'État du 18 fructidor an V', Université de Paris-I, unpublished dissertation; Anne Gillion, 'La Mémoire de Robespierre à Arras', *Revue du Nord*, 71 (1989), pp. 1,037–50.
20. 市長の演説は以下。ARBR, *Bulletin*, 2. この出来事に関する激動の物語については、Kaplan, *Disputed Legacies*, pp. 450–56. ロベスピエール研究協会ののちの会長マルク・ブロワゾは、ロベスピエール、クトン、そしてサン＝ジュストの死を記念するために、毎年7月28日に、『ル・モンド』紙に彼らの死亡記事を掲載することになる。
21. ARBR, *Bulletins*, 4, 9, 19, 31, 59.
22. ARBR, *Bulletin*, 1. 1996年24号以降、会のニューズレターは『県報』から『清廉の人』になった。
23. http://www.robespierre-europe.com/ ; http://teamrobespierre.blogspot.com/ accessed 1 October 2010.
24. Doyle and Haydon, 'Robespierre: After Two Hundred Years', p. 3; ARBR, *Bulletin*, 62, 63.
25. 'Robespierre indésirable à Paris', *Libération*, 1 October 2009, p. 12; 'Une rue Robespierre à Paris!', *Humanité*, 29 October 2009; Walter, *Robespierre*, vol. 2, pp. 380–87. 1946年、フランスの国土解放のあと、パリ市評議会はロベスピエールの名をマルシェ＝サン＝トノレ広場につけたのだが、この決定は1950年に撤回されている。
26. Albert Parry, *Terrorism from Robespierre to Arafat*, New York: Vanguard Press, 1976; Andrew Sinclair, *An Anatomy of Terror: A History of Terrorism*, Basingstoke: Macmillan, 2003. 後者はさらに、史料的根拠もなく、ロベスピエールとフリーメイソンとのつながりを主張する。
27. これは革命裁判所の裁判官だったジャン＝バティスト・コフィナルの言葉である。Cf. Gillian Tindall's superb *Footprints in Paris: A Few Streets, a Few Lives*, London: Pimlico, 2010, p. 76.
28. Secher, *A French Genocide*, pp. 249–50; David A. Bell, *The Cult of the Nation in France: Inventing Nationalism, 1680–1800*, Cambridge, MA: Harvard University Press, 2001, p. 101.
29. Scurr, *Fatal Purity*, pp. 5, 7, 173, 207. 同種の描写は以下にも見える。Jordan, 'The Robespierre Problem', p. 17.
30. Bruce Mazlish, *The Revolutionary Ascetic: Evolution of a Political Type*, New York: Basic Books, 1976; Jacques André, *La Révolution fratricide. Essai de psychanalyse du lien social*, Paris: Presses universitaires de France, 1993; Carr, *Robespierre*; Huet, *Mourning Glory*, ch. 7; Saint-Paulien, *Robespierre*, pp. 49, 259. Saint-Paulien（サン＝ポリアン）はモリス・イヴァン＝ピカールの偽名である。この人物は、ヴィシー政権下の対ナチス協力者で反ユダヤ主義者であるが、彼の

書いたこのロベスピエール伝は、こうした傾向を持つ代表的な著作である。

31. Dingli, *Robespierre*, pp. 23, 35, 435, Epilogue.
32. Artarit, *Robespierre*, for example pp. 55, 66, 68, 79, 81, 106–7, 112–14, 170, 366–67. ランティエットは、字の読めない靴直し業者デルモットが使った名前である。デルモットは、自身の所属する同業組合の陳情書を作成した 1789 年にロベスピエールと親しくなった。
33. Gueniffey, *Politique de la Terreur*; idem, 'Robespierre, itinéraire d'un tyran', *Histoire*, 177 (1994), pp. 36–47; Keith Michael Baker, *Inventing the French Revolution: Essays on French Political Culture in the Eighteenth Century*, Cambridge: Cambridge University Press, 1990, esp. pp. 304–5; Schama, *Citizens*, p. 447; Furet, *French Revolution*, pp. 146 and 142–58; and *Interpreting the French Revolution*, translated by Elborg Forster, Cambridge & Paris: Cambridge University Press and Éditions de la Maison des Sciences de l'Homme, 1981, pp. 56 and 55–72. 1971 年に刊行された著作での「革命は終わった」というフュレの攻撃は、クロード・マゾリックとの険悪なやりとりにおける中心テーマであった。*Interpreting*, especially pp. 81–131; Claude Mazauric, *Sur la Révolution française et l'homme moderne*, Paris: Éditions Messidor.
34. Jacob, *Robespierre vu par ses contemporains*, pp. 200–1; pp. 155–57, 202–03.
35. Peter Gay, 'Rhetoric and Politics in the French Revolution', *AHR*, 66 (1961), p. 674; *Freud for Historians*, New York & Oxford: Oxford University Press, 1985, p. 12. Gueniffey, *Politique de la Terreur*, for example, pp. 337–40; Jordan, 'The Robespierre Problem', p. 31; Hampson, *Will and Circumstance*, p. 144.
36. Gay, 'Rhetoric and Politics'. In general, see the incisive discussions in Gay, *Freud for Historians*; Judith Brett, 'The Tasks of Political Biography', in Joy Damousi and Robert Reynolds (eds), *History on the Couch: Essays in History and Psychoanalysis*, Melbourne: Melbourne University Press, 2003, pp. 73–83.
37. Desan, *Family on Trial*.
38. *Oeuvres*, vol. XI, pp. 281–97.
39. Poumiès de la Siboutie, *Recollections of a Parisian Doctor*, ch. 2; Blanc, *Révolution française*, vol. 2, p. 206. プミエスによれば、スベルビエルは「90 歳という老齢になっても、心身共に健康な状態を保っていた。私はここでの彼の意見に一切手を加えていない。」ブランの方は、スベルビエルの表現を整えたと注意書きしている。ジャン＝フランソワ・ジャクティによれば、ブランのロベスピエール評は、「フランス革命のキリスト教的預言者」というものだ。*AHRF*, 331 (2003), pp. 105–27. スベルビエルはロベスピエールに心酔していたが、うまくはいかなかったものの、レジオン・ドヌール勲章の受勲を貪欲に望み続けたし、ロベスピエールとの関係を慎重に隠して、復古王政下で王立医学アカデミーへの入会も果たしている。Bibliothèque de l'Institut national de médecine, Paris, Mss. 34 (34); 86 (58), papiers du docteur Joseph Souberbielle (1754–1846); Non-classés, dossier Joseph Souberbielle.
40. *Oeuvres*, vol. III, tome II, pp. 170–72; Charlotte Robespierre, *Mémoires*, Introduction, pp. 42–43; Yalom, *Blood Sisters*, pp. 109–12. シャルロットの年金については以下参照。Stéfane-Pol, *Autour de Robespierre*, p. 86. シャルロットは、当時ロベスピエールの書き残したものの出版を計画していた熱心な共和主義者で、彼女よりも 50 歳も若いアルベール・ラポヌレに、回想録の執筆を勧められた。ラポヌレは彼女の死後、この回想録を出版している。
41. Peter McPhee, *Les Semailles de la République dans les Pyrénées-Orientales, 1846–1852: classes sociales, culture et politique*, Perpignan: L'Olivier, 1995, pp. 338–40. この人口 2300 人の町に、15 もの非合法な政治クラブが存在したのだ。
42. James Livesey, 'The Limits of Terror: The French Revolution, Rights and Democratic Transition', *Thesis* 11, 97 (2009), pp. 63–79.

*